데이터 품질의 비밀

| 표지 설명 |

표지 동물은 '그리벳원숭이grivet monkey (학명은 *Chlorocebus aethiops*)'다. 구세계원숭이Old World monkey의 긴꼬리원숭잇과에 속하며, 유인원과 유사하다. 그러나 유인원과 달리, 꼬리가 있으며 몸집이 작다. 이들은 건기에 물을 얻기 위해 강 근처에 널리 퍼져 서식하며, 먹을 때는 볼주머니를 사용하여 음식을 저장한 뒤, 안전한 장소로 이동하여 먹는다. 그리벳원숭이는 매우 사회적인 동물로, 6~20마리 정도가 무리 지어 생활하며 위계질서가 뚜렷하다. 인간과도 친하게 지냈다. 고대 이집트에서 사육한 다섯 종의 원숭이 중 하나로 알려졌으며, 무덤 벽화에서 애완동물로 묘사되기도 했다. 대규모 농업과 토지 개발로 인해 서식지가 파괴되었지만, 국제자연보전연맹IUCN에서는 멸종 위기종 9개 등급 중 하위에서 세 번째인 최소관심종least concern으로 분류하고 있다. 표지 그림은 마말리아Mammalia의 흑백 판화를 기반으로 캐런 몽고메리Karen Montgomery가 그렸다.

데이터 품질의 비밀

데이터 신뢰를 쌓는 데이터옵스의 핵심과 엔드 투 엔드 단계별 가이드

초판 1쇄 발행 2023년 4월 10일

지은이 바 모세스, 라이어 개비쉬, 몰리 보르웨르크 / **옮긴이** 데이터야놀자 / **감수·베타리더** 데이터야놀자

펴낸이 김태헌 / **펴낸곳** 한빛미디어(주) / **임프린트** 디코딩
주소 서울시 서대문구 연희로2길 76 2층 / **전화** 02-325-0300 / **팩스** 02-325-9898
등록 2022년 12월 12일 제2022-000114호 / **ISBN** 979-11-981408-1-4 93000

총괄 고지연 / **기획·편집** 장혜림 / **교정교열** 김정미
디자인 표지·내지 박정화 / **전산편집** 이소연
영업 김형진, 장경환, 조유미 / **마케팅** 박상용, 한종진, 이행은, 고광일, 성화정, 김선아, 김한솔 / **제작** 박성우, 김정우

디코딩은 한빛미디어(주)의 임프린트로 IT 전문 출판 브랜드입니다.
이 책에 대한 의견이나 오탈자 및 잘못된 내용에 대한 수정 정보는 홈페이지나 이메일로 알려주세요.
잘못된 책은 구입하신 서점에서 교환해드립니다. 책값은 뒤표지에 표시되어 있습니다.

홈페이지 www.decoding.co.kr / **이메일** ask@decoding.co.kr / **기획·원고 모집** writer@decoding.co.kr

데이터 품질의 비밀

데이터 신뢰를 쌓는
데이터옵스의 핵심과
엔드 투 엔드
단계별 가이드

바 모세스, 라이어 개비쉬,
몰리 보르웨르크 지음
데이터야놀자 옮김

디코딩

추천의 글

데이터를 신뢰할 수 없다면 데이터 투자, 인프라 및 통찰력은 모두 소용없다. 이 책의 공동 저자인 바Barr, 라이어Lior, 몰리Molly는 데이터 신뢰의 근본적인 의미를 꼼꼼히 설명하기 위해 엄청난 노력을 기울였으며, 기업에서 데이터 품질을 구현할 때 매우 실용적으로 쓸 수 있는 프레임워크를 만들었다. 데이터 품질에 관심 있는 사람이라면 누구나 읽어야 할 필독서라고 자신 있게 추천한다.

데바쉬스 사하Debashis Saha **(전 앱젠AppZen, 인튜이트Intuit, 이베이eBay 데이터 리더)**

데이터 아키텍처가 점점 더 분산되고, 데이터에 대한 책임도 점점 더 분산되면서 데이터 품질이 갈수록 중요해질 것이다. 이 책은 요즘 가장 중요한 기술과 프로세스에 주목하며, 데이터의 정확성·신뢰성·사실성을 진지하게 개선하는 엔지니어링 조직을 위해 핵심 정보를 제공한다.

맘마드 자데Mammad Zadeh **(데이터 리더 겸 전 인튜이트 엔지니어링 부사장)**

데이터 엔지니어, ETL 프로그래머, 전체 데이터 파이프라인 조직은 이 책과 같은 참고 문서, 테스트 가이드가 절실히 필요하다. 데이터 애플리케이션의 품질을 보장하는 데 도움이 되는 각 요소와 프로세스 및 도구가 무엇인지, 또 그것들이 어떤 역할을 하는지 배울 수 있기 때문이다. 이 책은 특히 신선한 관점과 실용적인 테스트 시나리오를 통해 최신 데이터 파이프라인을 테스트할 때 인사이트를 제공한다.

웨인 야도우Wayne Yaddow **(데이터 및 ETL 품질 분석가)**

데이터 품질은 데이터 분석의 신뢰도와 밀접하게 연관돼 있다. 데이터가 원활하게 흐르는 조직이 되기 위해서는 구성원들이 데이터에 쉽고 빠르게 접근해서 활용할 수 있어야 하는데 이때 의사 결정 속도를 확보하는 것이 곧 비즈니스 발전 속도가 됐다. 이 책에서 데이터옵스를 통해 신뢰도 높은 데이터를 확보하는 방법과 이를 기반으로 빠른 의사 결정을 내리는 사례를 찾아보기 바란다. 현재 조직의 데이터옵스 현황도 진단해 보면 더할 나위 없겠다.

윤정환**(OP.GG 데이터 팀 리드)**

이 책의 특별함은 데이터를 활용한 비즈니스적인 성과가 주를 이루는 많은 데이터 관련 출판물과는 달리, 데이터 활용 전에 이루어져야 하는 데이터 정합성과 무결성을 높이는 기본에 관한 방법론을 제시하는 데 있다.

장재영(신한카드 D&D 연구소장, 최고 데이터 책임자CDO)

데이터 품질 문제는 데이터 엔지니어링 분야에서 빈번하게 발생한다. 이 책은 그 문제를 해결할 데이터 팀의 기술, 프로세스, 문화를 종합적으로 다뤘다. 그래서 데이터 분석가, 데이터 과학자, 데이터 파이프라인을 구축하고 관리하는 모든 분에게 자신 있게 추천할 수 있는 책이다.

조승완(비바리퍼블리카 데이터 엔지니어)

데이터가 없는 것보다 잘못된 데이터에 기반한 의사 결정이 더 무섭다고 생각한다. 이 책은 데이터 품질을 챙기고 싶지만 어디서부터 시작해야 할지 혼란스러운 실무자와 의사 결정권자들에게 다양한 규모의 조직에서 적용해 볼 수 있는 실질적인 방법론을 제시한다. 더불어 기술에만 국한되지 않고 조직 관점에서 실제 사례를 제공하기 때문에 지침서로서도 손색이 없다.

조재영(오토피디아 데이터 엔지니어)

과거와 달리 이제는 데이터 파이프라인이라는 개념이 어느 정도 정립되었다. 수집할 데이터의 텔레메트리 디자인부터 시작하여 데이터 전송과 수집, 가공, 공급, 테스트, 모니터링 등으로 분화되어 데이터 파이프라인을 구성하는데, 그 모든 분야에서 품질 관리가 필수적이다. 컴퓨터라는 단어조차 없을 때의 격언은 지금의 첨단 기술에도 해당된다 – garbage in, garbage out. 제대로 관리되지 않은 데이터를 기반으로 한 AI라면 아무리 훌륭한 기술이라도 좋은 결과를 낼 수가 없다. 신뢰할 수 있는 데이터 시스템을 거대 스케일로 구축하는 데에 필요한 구성 요소를 폭넓게 커버하는 이런 책이 꼭 필요하다고 본다.

주한나(양파)(MS 코파일럿 응용 AI 팀, 데이터 과학자)

“
작은 조직에서는 데이터 엔지니어뿐 아니라 분석가도 데이터 플랫폼 구축에서 많은 역할을 하게 된다. 그 관점에서 데이터 품질에 관해 기술뿐 아니라 조직 구성과 문화에 이르기까지 광범위하게 다뤄지고 있는 점이 많은 도움이 되었다. 조직의 엔지니어와 협업 시 무엇을 요청하고 같이 고민할 수 있을지도 참고할 수 있었다. 기술 서적은 보통 신간 위주로 보게 되는데, 이 책은 본질적으로 중요한 요인을 중심으로 최신 아키텍처나 기술을 곁들여 설명하고 있어서 시간이 지나서도 북마크를 해둔 곳은 자주 열어볼 것 같다.

김해인(OP.GG 프로덕트분석셀, 데이터 분석가)
”

“
이 책은 데이터 품질과 품질을 측정할 수 있는 지표에 대한 얘기로 시작한다. 이어서 신뢰성 담보를 위한 모니터링 시스템을 이상 탐지에 빗대어 설명하는데, 이때 탐지 기준을 설정하는 여러 방법에 대해 쿼리 수준에서 가이드도 받을 수 있다. 마지막으로 데이터 계보와 품질 개선 방안 및 실사례로 끝을 맺는다. garbage in, garbage out, 데이터 프로덕트의 근간은 데이터의 신뢰성에 기반한다. 또 그만큼 데이터를 프로덕트로 생각하고 접근하는 모든 이들에게 이 책을 추천한다.

조동민(넥슨코리아, 데이터 분석가)
”

“
이 책은 데이터 품질의 개념과 이를 관리하기 위해 필요한 요소 및 아키텍처를 정리하려고 시도했다는 것만으로도 충분히 가치 있다고 생각한다. 데이터는 비즈니스 및 서비스의 형태에 따라 구조와 성격이 달라지기 때문에 보편적인 품질에 관하여 정리하기 어려운 분야이기도 하다. 이 책이 다룬 여러 회사의 사례와 데이터의 형태별 품질에 대한 논의 및 정리는 데이터 품질 관련 고민을 시작한 이들에게 폭넓은 이해를 제공해준다. 나아가 각자 조직의 상황에 맞추어 데이터 품질 관리 방법을 생각해 볼 수 있는 시발점이 된다.

구다희(쿠팡 CMG Analytics, 데이터 분석가)
”

점점 커지는 데이터를 현업에서 마주하며 문득 이런 생각이 들었다. 내가 처리하는 이 데이터를 과연 믿을 수 있을까? 점점 많아지는 파이프라인과 다양한 도메인 등 여러 복잡한 환경이 섞이는 와중에 데이터 품질에 대한 일관적인 정책 없이 작업을 수행하다 보니 나 스스로도 데이터 신뢰성에 대한 의구심이 생겼다. 다른 곳에서는 이러한 문제를 어떻게 해결하고 있는지 찾아봤지만, 뚜렷한 답을 찾기 어려웠다. 이 책은 방대한 데이터 세상 속에서 나와 같이 데이터 품질에 관해 방황하는 사람들에게 적절한 방향성을 제시해 줄 수 있는 지침서가 될 것이다. 데이터 품질에 신경 써야 하는 이유부터 데이터 파이프라인 전반에 얽힌 복잡한 문제들까지 다루기 때문이다. 데이터 품질에 관해 감을 잡고 싶다면 이 책으로 시작해도 좋다.

성재우(**AWS 코리아 CSC 팀, 솔루션 아키텍트**)

이 책은 쿼리 하나로 데이터의 신선도를 파악하는 기술적인 부분부터 데이터 거버넌스와 문화까지 좋은 데이터 품질을 갖추기 위한 전체적인 방법론을 설명하고 있다. 그래서 조직 규모가 커질수록 데이터 다운타임이 일어날 확률이 높아지는 현실, 실무에서 깨끗한 데이터를 유지하는 방법 등에 대해 끊임없이 고민해온 나에게도 좋은 지침서가 되어 주었다. 특정 직군에 국한되지 않고 업무에 데이터를 조금이라도 활용한다면 이 책을 꼭 한 번 읽어보길 추천한다.

오준엽(**에잇퍼센트 CSS 팀, 데이터 분석가**)

이 책이 만들어지기까지 함께 힘써 주신
14명의 첫 독자에게 깊은 감사 인사를 전합니다!

구다희, 김건우, 김해인, 박근해, 변홍균, 성재우, 오준엽, 우수빈, 이수연, 이호상, 전성현, 조동민, 최규민, 홍지연

지은이 소개

지은이 **바 모세스** Barr Moses

바 모세스는 데이터 신뢰성 솔루션 회사 몬테카를로Monte Carlo의 CEOChief Executive Officer 겸 공동 설립자로, 데이터 분야에서 10여 년간 일했다. 이스라엘 공군의 데이터 인텔리전스 부대 사령관, 베인앤컴퍼니Bain&Company의 컨설턴트, 게인사이트Gainsight의 운영 부사장으로 재직하면서 데이터 및 분석팀을 구성하고 이끌었다. 또한 데이터 엔지니어 분야의 화두인 데이터 통합 옵저버빌리티를 주제로 한 오라일리의 첫 번째 강좌에서 강연자로 나섰다. 그녀는 데이터 옵저버빌리티 관련 어려움을 겪고 있는 수백 개의 데이터 조직과 협업하며, 현장에서 얻은 생생한 영감을 바탕으로 '데이터 다운타임' 문제를 식별하고 해결하며 예방하는 솔루션을 개발하고 있다. 데이터 다운타임이란 데이터가 누락됐거나, 부정확하거나, 데이터에 오류가 있어 생기는 문제를 말한다. 그녀는 데이터 조직들이 이 책을 통해 기술적·조직적·문화적 모범 사례를 배워서 대규모로 양질의 데이터 품질을 달성할 수 있기를 바라며, 본인의 경험과 교훈을 공유했다.

지은이 **라이어 개비쉬** Lior Gavish

라이어 개비쉬는 몬테카를로의 CTOChief Technology Officer 겸 공동 설립자다. 몬테카를로에 합류하기 전에는 사이버 보안 스타트업인 수카사Sookasa를 공동 설립했으며, 이 회사는 2016년 바라쿠다Barracuda에 인수됐다. 이후 바라쿠다에서 엔지니어링 수석 부사장을 역임하며 부정 및 사기 방지Fraud prevention를 위한 머신러닝 프로덕트를 출시해 관련 상을 수상했다. 라이어는 스탠퍼드 대학교에서 MBA를, 텔아비브 대학교에서 컴퓨터 공학 석사를 취득했다.

지은이 **몰리 보르웨르크** Molly Vorwerck

몰리 보르웨르크는 몬테카를로의 콘텐츠 책임자다. 몬테카를로에 합류하기 전에는 우버Uber 엔지니어링 블로그의 편집장 겸 우버 기술 브랜드 팀의 수석 프로그램 관리자로 근무하면서, 소속 엔지니어, 데이터 과학자, 분석가들과 함께 기술 업무와 경험에 관해 콘텐츠를 작성하고 편집했다. 또한 우버 CTO를 위한 내부 커뮤니케이션과 우버 AI랩스Uber AI Labs의 연구 검토 프로그램 전략을 리드했다. 여가 시간에는 USA투데이USA Today에 데이터 최신 동향 기사를 투고하는 프리랜서로 일하며, 캘리포니아 역사학회에서 자원봉사도 한다.

지은이 머리말

바 모세스 라이어 개비쉬 몰리 보르웨르크

다음 시나리오를 한 번쯤 경험해 봤고, 그때 느낀 감정에 공감하는 사람이라면 아마 조용히 고개를 끄덕이게 될 것이다.

- (상대적으로 예측 가능하지만) 중요한 테이블의 5,000개 행이 맥락도 없이 갑자기 500개 행으로 바뀌는 상황
- 대시보드가 손상되어 실행 대시보드에 NULL 값이 출력되는 상황
- 숨겨진 스키마 변경으로 인해 다운스트림 파이프라인이 중단되는 상황

이외에도 유사한 상황을 더 나열할 수 있을 것이다.

이 책은 신뢰할 수 없는 데이터로 고통받고, 내적 비명을 지르며 이 상황을 개선하기 위해 무언가를 하고 싶어 하는 모든 사람들을 위해 출간되었다. 이들은 데이터 엔지니어, 데이터 분석 또는 데이터 과학 분야 출신으로서, 회사의 데이터 파이프라인을 구축, 확장 및 관리하는 데 적극적으로 참여하는 사람들일 것이다.

이 책은 표면적으로는 데이터를 정제하고 이해하는 방법에 관한 매뉴얼처럼 보일 수 있다. 그러나 여기서 더 나아가, 보다 안정적인 데이터 시스템을 구축하고 그 과정에서 조직 및 이해관계자와 데이터 신뢰를 구축하는 모범 사례, 기술 및 프로세스에 대해서도 설명한다.

개략적인 내용은 장별 도입부에 있는 [PREVIEW] 소개글을 참고하기 바란다.

최소한 조직 전체에 걸쳐 데이터 품질과 신뢰성의 우선순위를 정하는 데 몇 가지 요령을 터득한 후에 책을 덮기를 바란다. 경험이 풍부한 데이터 리더라면 누구나 알 수 있듯, 데이터 신뢰는 하루아침에 구축되는 것이 아니라 올바른 접근 방식을 통해 파이프라인별로 점진적으로 발전한다.

옮긴이 소개

옮긴이 **데이터야놀자** datayanolja.master@gmail.com

데이터야놀자는 오픈 소스 커뮤니티 정신을 바탕으로 하여 구성원 모두의 자발적인 참여로 운영되어 왔다. 어울림, 참여, 즐거움의 가치를 최우선으로 하여 발표자, 청중, 커뮤니티, 후원 기업 모두가 데이터로 어울릴 수 있는 장을 펼쳐 가고 있다. 데이터에 대한 관심은 나날이 늘고 있지만, 데이터를 가지고 '놀 줄 아는' 사람들의 이야기는 접하기가 어렵다. 더 많은 데이터 이야기가 공유되고 생태계가 활성화될 수 있도록 매년 10월 컨퍼런스를 진행하고 있다. '놀자'가 중심이고 '데이터'는 거들 뿐! 올해도 데이터야놀자는 계속된다. 즐거운 분위기에서 데이터로 놀아본 경험을 공유할 발표자와 청중, 커뮤니티 그리고 후원은 데이터야놀자 대표 이메일로 문의해 주기를 바란다!

생생한 커뮤니티 소식은 페이스북에서 확인해 보자! (`https://www.facebook.com/datayanolja`)

데이터야놀자가 이 책의 번역부터 감수·베타리딩까지 거의 대부분의 과정에 기여했다. 이렇게 데이터야놀자 구성원들이 함께 함으로써 한층 더 완성도 있는 책을 만들었다고 자부한다.

dataya nolja

Playground for every data people

이 책이 만들어지기까지 함께 힘써 주신
7명의 역자분들

이일섭, 강민구, 김소령, 백경재, 오세규, 윤화영, 임영진

옮긴이 머리말

데이터는 이제 모든 업계에서 비즈니스의 필수 요소가 되었다. 많은 회사가 사람의 휴리스틱에만 의존하는 것이 아닌, 데이터에 기반한 근거 있는 의사 결정으로 더 나은 성과를 위해 실질적으로 데이터를 사용하고 있는 것이다. 이러한 업무 환경 및 프로세스 변화의 기저에는, '데이터는 믿을 수 있다'라는 큰 전제가 깔려 있다.

하지만 데이터의 신뢰성을 담보할 수 없다면 어떨까? 간단한 예로, 대시보드의 이상치가 발견되었을 때 그 숫자를 그대로 믿어야 할지, 아니면 집계에 문제가 생긴 것은 아닌지 의문이 들 수 있을 것이다. 다른 예로는, 동일한 비즈니스 목적에 대한 숫자가 보고서마다 달라 의사 결정권자가 어떤 값을 믿고 결정을 내려야 할지 혼란스러운 경우도 적지 않을 것이다.

매년 각기 다른 직무, 직책, 업계에서 데이터를 다루는 사람들이 모여 소통하고 성장하는 '데이터야놀자' 행사에서도 데이터 신뢰는 매년 나오는 화두다. 그만큼 데이터와 관련된 모든 사람들에게 데이터를 믿을 수 있는가는 중요한 사항이다.

이에 데이터 신뢰를 확보하려면 더 체계적으로 이 프로세스를 정의하고 구축할 필요가 있다고 보았다. 그래서 데이터야놀자 커뮤니티에서는 현업의 생생한 경험이 잘 전달될 수 있도록 숙고하며 이 책을 공동 번역하였다.

이 책은 데이터 품질을 최상의 수준으로 관리하고 이를 통해 데이터 신뢰를 확보하기 위한 단계별 가이드라인이 담겨 있다. 또한 구체적인 예시와 함께 실제 사례를 다뤄서 데이터 관련 실무자부터 조직의 최고 의사 결정권자까지, 데이터 품질에 대한 실질적인 정보를 얻을 수 있도록 구성되어 있다.

데이터를 다루는 모든 분들을 대표하여 이 책을 번역하게 되기까지, 그동안 데이터야놀자 커뮤니티에서 각기 다른 형태로 기여해 준 모든 분들에게 진심으로 감사의 마음을 전한다. 또한 많은 분들에게 하나의 글로서 잘 전달될 있도록 헤아려 주신 장혜림 편집자님께도 감사 인사를 전한다.

이 책을 통해 더 많은 분들이 데이터의 가치를 더 잘 활용할 수 있기를 기대한다. 나아가 서로의 사례를 커뮤니티에서 공유하며 함께 성장할 수 있는 문화가 확산되기를 바란다.

감사의 글

> 우리가 어디로 눈을 돌리든,
> 큰 그림을 보는 래Rae와 로버트Robert에게 이 책을 바칩니다.
> 몬테카를로 젤리피쉬jellyfish와 데이터 신뢰성 선구자들,
> 여러분과 여정을 함께할 수 있음에 감사의 마음을 전합니다.

이 책이 애정 어린 노동의 결과인 만큼 감사해야 할 사람이 많다.

먼저 우리를 믿어준 대담한 편집자 제스 하버만Jess Haberman에게 감사 인사를 전한다. 제스가 우리에게 데이터 품질 관련 내용을 책으로 내보자는 아이디어를 제안했을 때 한편으로는 당황스러웠다. (우리에게는 소중하고 친근한 주제인) 데이터 신뢰성을 개인 블로그 글 밖에서 다루게 될 줄은 몰랐기 때문이다. 그러나 그녀의 헌신과 격려 덕분에 이 분야에서 이미 발표된 도서들과 차별화된 구성 제안서를 작성할 수 있었고, 궁극적으로 데이터 다운타임으로 어려움을 겪고 있는 동료 데이터 실무자들에게 가치를 제공하는 책을 쓸 수 있게 되었다.

또한 집필 전체 과정에서 스타워즈의 요다Yoda처럼 현자의 역할을 해준 질 레오나드Jill Leonard에게도 감사하다. 책의 전반적인 흐름과 핵심 문구에 대한 귀중한 지침을 제공하는 것부터 격려 연설과 브레인스토밍 세션에 이용할 수 있는 자료에 이르기까지, "이 장은 꼭 여기에 들어가야 하나요? 저기는 어때요? 서론은 어떤가요?"와 같이 자세하게 질문을 해준 질은 우리에게 스타워즈의 제다이Jedi 같은 역할도 해주었다. 특히, 고양이를 향한 사랑이 우리끼리 유대감을 굳히는 데 도움이 되었다.

기술 리뷰어인 트리스탄 베이커Tristan Baker, 데바쉬스 사하Debashis Saha, 웨인 야도우Wayne Yaddow, 스콧 헤인스Scott Haines, 샘 베일Sam Bail, 조이 페이튼Joy Payton, 로버트 안셀Robert Ansel에게 큰 빚을 졌다. 이들은 책의 초안을 보고 날카로운 편집과 소중한 피드백을 주었다. 실제로 데브옵스의 모범 사례를 만들어 내며 업계에 우수한 데이터 위생을 제공하고 있는 이들의 열정은 늘 보고 배울 만하다. 함께 일할 수 있어 영광이었다.

이 책을 공저한 라이언 컨즈Ryan Kearns에게도 무한한 감사를 표한다. 그는 다수 장을 주도해 저작했으며 책에서 논의된 기술 및 프로세스에 관해 중요한 통찰력까지 제공했다. 그의 도움이 없었다면 이 책은 세상에 나오지 못했을 것이다. 매일 그에게 배우고, 그를 소중한 동료로 둘 수 있는 건 내게 행운이다. 앞으로 라이언은 분명히 데이터 엔지니어링과 데이터 과학에서 중요한 목소리를 내는 사람 중 한 명이 될 것이다.

이 책과 함께, 지난 1년 동안 우리가 진행한 다양한 프로젝트를 위해 몇몇 산업 전문가들, 선구자들과 인터뷰했다. 특별한 순서 없이, 브랜든 바이델Brandon Beidel, 알렉스 트베르돌렙Alex Tverdohleb, 안토니오 피타스António Fitas, 고피 크리쉬나머시Gopi Krishnamurthy, 마누 라즈Manu Raj, 자마크 데가니Zhamak Dehghani, 맘마드 자데Mammad Zadeh, 그레그 왈드만Greg Waldman, 웬디 터너 윌리엄스Wendy Turner Williams, 조시아 코소우스키Zosia Kossowski, 에릭 버나드슨Erik Bernhardsson, 제시카 처니Jessica Cherny, 조시 윌스Josh Wills, 카일 섀넌Kyle Shannon, 아툴 굽트Atul Gupte, 채드 샌더슨Chad Sanderson, 패트리시아 호Patricia Ho, 마이클 셀렌타노Michael Celentano, 프라틱 차울라Prateek Chawla, 신디 호슨Cindi Howson, 데바쉬스 사하Debashis Saha, 멜로디 치엔Melody Chien, 안쿠쉬 자인Ankush Jain, 막심 부체민Maxime Beauchemin, DJ 파틸DJ Patil, 밥 무글리아Bob Muglia, 마우리시오 데 다이아나Mauricio de Diana, 섀인 무레이Shane Murray, 프란시스코 알베리니Francisco Alberini, 메이 타오Mei Tao, 수안지 한Xuanzi Han, 헬레나 무노즈Helena Munoz에게 감사 인사를 전한다.

또한 개요와 초안 작성에 도움을 주고 항상 "사적인 감정을 죽이자."라며 격려해 준 브랜든 거비토사Brandon Gubitosa, 사라 게이츠Sara Gates, 마이클 세그너Michael Segner에게도 감사하다.

우리의 부모님, 엘리샤와 카디아 모세스Elisha and Kadia Moses, 모티와 비라 개비쉬Motti and Vira Gavish, 그레그와 바바라 보르웨르크Gregg and Barbara Vorwerck에게 감사 인사를 올린다. 또한 우리의 팬이 되어준 래 바 개비쉬Rae Barr Gavish(RBG)와 우리만의 전담 SRE가 되어준 워드프레스WordPress 컨설턴트 겸 데브옵스 구루 로버트 안셀Robert Ansel에게도 특별한 감사의 마음을 전한다.

그리고 우리와 함께 데이터 옵저버빌리티 카테고리를 개척하고, 대규모로 신뢰할 수 있는 데이터 기반 구축의 미래를 만들어 가는 고객들에게 무한한 감사 인사를 드린다.

CONTENTS

CONTENTS

CONTENTS

CHAPTER 8 데이터 품질 민주화

CONTENTS

CONTENTS

CHAPTER 10 신뢰할 수 있는 데이터 시스템의 미래 개척

CHAPTER 1

지금, 데이터 품질에 주목해야 하는 이유

PREVIEW

1장에서는 현재 시점에서 데이터 품질에 주목해야 하는 이유를 살펴보고 아키텍처 및 기술 동향이 전반적인 거버넌스 및 신뢰성에 어떤 영향을 주고 있는지 설명한다. 이와 관련하여 '데이터 다운타임'이라는 개념을 소개하고, 사이트 신뢰성 엔지니어링SRE, Site Reliability Engineering 팀의 초창기로 거슬러 올라가, 동일한 데브옵스DevOps 원칙을 어떻게 데이터 엔지니어링 워크플로에도 적용할 수 있는지 설명한다.

여러분은 다음 시나리오에 공감할 수 있는가?

디지털 기술을 활용하는 기업에서는 회사의 최고경영자CEO, Chief Executive Officer가 의사 결정할 때 데이터를 최우선순위에 두고, 비즈니스 인텔리전스BI, Business Intelligence[1] 도구들도 능숙하게 사용한다. 또 최고기술책임자CTO, Chief Technology Officer는 시스템을 클라우드로 마이그레이션하는 데 지대한 관심을 보이고, 관련 부서에는 쏟아져 나오는 최신 기술에 대한 성능 측정을 강조하는 기사를 계속 공유한다. 프로덕트 분석가 혹은 마케팅 및 영업 등의 현업 부서에서는 내부 데이터를 신속하고 효율적으로 활용할 수 있게 하는 고객 관계 관리CRMs, Customer Resource Management, 고객 경험 플랫폼CXPs, Customer Experience Platforms, 콘텐츠 관리 시스템CMSs, Content Management Systems과 같은 분석 도구들을 이용한다.

막대한 쿼리 작업이나 데이터 파이프라인 구축과 같은 큰 업무를 마친 후 현업 부서 담당자에게서 "필요한 데이터가 누락되었다."라는 피드백을 받아본 적이 있는가? 이와 반대로 데이터가 중복되었다는 피드백은? 혹은 IT 관련 부서의 급박한 메신저나, 부정확하거나 잘못된 숫자가 있다는 최고경영자의 메모를 받아본 적이 있는가? 데이터를 다루는 사람이라면 대개 이 같은 상황을 경험해 본 적이 있을 것이다.

'데이터 다운타임data downtime'은 데이터가 수집되지 않아 누락되거나 부정확하게 측정되는 등의 데이터 손실로 인해 소프트웨어 또는 서비스의 가동이 중지되는 상황을 의미한다. 이는 혁신

1 옮긴이_비즈니스 인텔리전스는 기업의 비전이나 목표를 달성하기 위해 효과적으로 비즈니스 전략을 지원하고, 각 조직의 구성원들이 적시에 의사 결정을 할 수 있도록 돕는 정보 체계다.

적인 테크 기업이나 데이터가 중심인 기업에서도 발생할 수 있는 이슈로 데이터를 다루는 기업들이 직면할 수 있는 큰 문제 중 하나다. 대시보드에 잘못된 데이터를 표시하여 잘못된 의사 결정을 내릴 수 있기 때문이다. 다시 말해 데이터 다운타임은 신뢰할 수 없는 데이터가 너무 많을 때 일어난다.

데이터 다운타임은 기업에 대한 고객의 신뢰도에 부정적인 영향을 끼칠 뿐 아니라 기업이 연간 수백만 달러 이상의 비용을 지출하는 데 직접적인 영향을 미치기도 한다.[2] 기업용 데이터베이스 업체인 줌인포ZoomInfo에 따르면, 2019년에만 약 20%의 기업이 데이터 품질 문제로 고객이 빠져 나가는 경험을 했다고 한다.

물론, 데이터 다운타임 자체만으로 기업의 수익성이 크게 나빠지는 것은 아니다. 하지만 관련 조사에 따르면, 데이터 조직이 데이터 품질 문제를 처리하기 위해 전체 업무 시간의 40% 이상을 소모한다고 한다.[3] 만약 품질 이슈가 없었다면 더 흥미로운 프로젝트를 수행하거나 실질적인 비즈니스 혁신을 만들어 가는 데 더 많은 시간을 할애할 수 있었을 것이다.

개인적으로 이러한 통계치는 전혀 놀랍지 않았다. 어쩌면 독자들에게도 마찬가지일 것이다.

필자는 고객 성공 소프트웨어 회사customer success software company에서 부사장으로 근무하며, CEO를 위한 대시보드 생성부터 사용자 메트릭metric 기반의 이탈 관리 및 전략 설정까지, 데이터 기반의 의사 결정에 관한 업무를 담당했다.

하루는 업무를 마치고 녹초가 되어 자리로 돌아와 앉았는데 컴퓨터 모니터에 '데이터가 잘못되었다'라는 포스트잇이 붙어 있었다. 데이터 관련 사소한 이슈는 지속적으로 발생했기 때문에 데이터 오류는 흔한 일이었으므로 놀랄 일은 아니었다. 다만 이는 잠재적으로 큰 문제로 발전할 위험성을 내포하고 있었기 때문에 이 상황을 개선해야만 했다.

낮은 데이터 품질과 신뢰할 수 없는 데이터는 지난 수십 년간 많은 조직이 직면한 골칫거리였다. 이는 조직 내에서 데이터를 더 활발히 사용하고, 더 복잡한 데이터 인프라와 활용 체계를 구축할수록 더 큰 문제가 될 것이다.

오래 전부터 데이터 품질과 관련된 이슈는 존재해 왔다(엄밀히 말하면, 저품질 데이터는 잘못된 정보가 담긴 '나쁜 데이터bad data'와 다른 개념임). 영국의 로버트 팰컨 스콧Robert Falcon Scott을

2 「데이터 품질 개선을 위한 비즈니스 사례 개발」, *https://oreil.ly/FF8kC*

3 「데이터 품질 투자 성과를 증명하는 데이터 성능 관리」, *https://oreil.ly/HEpED*

비롯한 초기 남극 탐험가들은 신뢰할 수 없는 저품질 데이터로 인해 목적지인 남극의 위치를 잘못 계산했다.

1999년에 일어난 미국 항공우주국NASA의 화성 기후 궤도선 사고는 궤도 데이터에 대한 미국 사용 단위와 미터법을 혼동하여 발생한 일이었다. 이 충돌 사고로 인해 NASA는 무려 1억 2,500만 달러라는 엄청난 비용을 치러야 했다. 마찬가지로, 데이터 파이프라인 역시 분석 프로세스에서 발생할 수 있는 크고 작은 변경 때문에 상상할 수 없을 만큼 막대한 영향을 받을 수 있다. 하지만 이러한 유형의 오류는 빙산의 일각일 뿐이다.

포스트잇 사건 이후 많은 사람이 유사한 문제를 겪고 있을 것이라는 생각이 들었다. 그래서 동료와 함께 '데이터 다운타임' 문제의 근본적인 원인을 파악하기 시작했다. 데이터를 다루는 기업의 수많은 팀을 인터뷰한 결과 데이터 품질에 관한 다양한 이슈를 확인할 수 있었다. 구체적으로는 데이터베이스 스키마[4] 변경으로 인한 데이터 파이프라인 중단이나 주요 행 또는 열 중복 현상, 대시보드 내 오류값 발생[5] 등 다양한 문제를 찾아냈다. 전자상거래부터 의료 분야에 이르기까지 다수 업계가 유사한 문제를 겪고 있었으며 이를 해결하기 위해 기업들은 상당한 비용과 자원을 쓰고 있었다. 그래서 데이터 신뢰성 개선의 선순환 구조를 구축하고 데이터가 신뢰받는 문화를 만들기 위해 데이터 품질 이슈를 더 효과적으로 전달하고 소통하는 방법이 필요하다는 사실을 깨달았다.

필자는 지금까지 수행한 수많은 인터뷰에서 얻은 지식과 모범 사례를 바탕으로 이 책을 집필했다. 이 책을 통해, 데이터 수집부터 분석에 이르는 파이프라인의 각 단계에서 데이터 다운타임을 방지하기 위해 데이터 품질을 유지·관리하는 방법을 제시하고자 한다.

이 책에서 언급할 '프로덕션 데이터data in production'는 소스 시스템의 데이터다. 프로덕션 데이터는 고객관리 시스템이나 콘텐츠 관련 프로그램과 같은 데이터 소스로부터 수집되어 데이터 레이크data lake 등의 저장 공간에 쌓인 데이터를 말한다. 적재된 데이터는 구축된 파이프라인을 통해 사용자들에 의해 가공되어 다양한 형태로 쓰일 수 있다. 데이터 파이프라인은 배치batch 및 스트리밍 형태로 구성할 수 있으며, 두 형태에서 데이터 품질을 구체적으로 측정하는 방법은 유사하다.

4 옮긴이_컴퓨터 과학에서 데이터베이스 스키마는 데이터베이스에서 자료의 구조, 자료의 표현 방법, 자료 간의 관계를 형식 언어로 정의한 구조다.

5 옮긴이_대시보드는 자동으로 업데이트되는데, 대시보드에 값을 노출하기 위해 필요한 데이터가 수집되지 못한 경우 혹은 포맷에 맞지 않는 데이터가 입력된 경우 등을 일컫는다.

앞서 말한 것처럼 다운타임은 가동 중지 시간(소프트웨어 또는 서비스가 '사용 가능', '작동', '사용 불가능', '다운'되는 빈도)을 의미하며, 그 외 정상적으로 수행되는 시간을 업타임uptime이라고 한다. 데이터 다운타임은 소프트웨어 엔지니어링, 개발 및 운영 모두와 관련이 있으며 애플리케이션을 비롯한 모든 소프트웨어에서 성능과 정상 가동 여부를 확인하여 측정할 수 있다. 소프트웨어의 성능 저하는 고객에게 직접적으로 영향을 끼치기 때문에, 데이터 신뢰성을 다루는 엔지니어들은 대개 업타임을 측정 기준으로 삼는다. 업타임의 신뢰성 '99.999%'가 업계 표준이 된 상황에서 데이터 품질 분야도 이 기준을 충족할 수 있을까?

이 책에서는 오늘날 데이터 조직들이 신뢰할 수 있는 데이터 품질 확보를 위해 보다 탄력적으로 기술을 활용하는 방법, 데이터 조직과 프로세스를 구축하는 방법을 다룰 것이다.

1장에서는 전체적인 맥락에서 데이터 품질이 무엇을 의미하는지 정의한다. 이어서 데이터 품질이 점점 더 중요한 이슈가 되는 이유를 구체적으로 살펴보고, 나아가 데이터 파이프라인의 각 단계에서 높은 데이터 품질을 달성하는 방법과 이를 유지하기 위해 필요한 사항을 다룰 것이다. 이를 통해 비즈니스 인텔리전스, 데이터 프로덕트, 머신러닝 모델 구축 등을 위한 데이터 품질 확보에 초점을 맞추고자 한다.

1.1 데이터 품질이란?

데이터 품질data quality은 새로운 개념이 아니며, 인류가 데이터를 다루기 시작한 이래 꾸준히 존재해 왔다.

지난 수십 년 동안, 데이터 품질의 정의는 데이터의 신뢰성reliability, 완전성completeness, 정확성accuracy을 측정하는 기능적인 측면부터 구체화되기 시작했다. "측정하지 않으면 관리할 수 없고, 관리할 수 없으면 개선할 수도 없다."라는 말처럼 고품질 데이터는 강력한 분석 프로그램을 만드는 필요조건이 된다. 또한 데이터 품질은 데이터가 비즈니스 요구 사항을 충족하고 있는지 확인할 수 있는 강력한 요소이기도 하다.

여기서는 책의 목적에 따라 데이터 품질을 데이터 라이프사이클에 따른 단계별 상태로 정의한다. 데이터 품질은 데이터 파이프라인의 모든 단계뿐 아니라 데이터 수집 전이나 운영 중 또는 분석 중에도 영향을 미친다.

사실, 데이터 품질 관리는 저평가되곤 한다. 조직에서는 데이터 품질 관리를 우선시해야 한다는 사실을 알고 있지만 이 작업이 '머신러닝'이나 '데이터 과학', '분석'처럼 그럴싸해 보이는 일은 아니기 때문이다. 그래서 대부분의 기업에는 모델링과 분석 업무 외에 품질까지 풀타임으로 관리할 자원이 부족하다. 이로 인해 분석가나 엔지니어가 더 중요한 프로젝트에 참여하지 못하고 데이터 관리에 투입되는 일이 생기기도 한다.

하지만 데이터 자체와 그 데이터로 동작하는 프로덕트를 전적으로 보증하지 못할 경우 사용자가 조직을 어떻게 신뢰할 수 있을까? "저품질 데이터를 쓰느니 데이터가 없는 편이 더 낫다."라는 말이 있다. 일리 있는 말이지만, 현실적으로 쉽지 않은 일이다.

데이터 품질 문제는 오늘날 기업의 성장과 데이터 사용의 확산 속도를 고려할 때 불가피한 문제다. 하지만 이 책을 통해 데이터 품질을 정의하는 방법을 이해하면 데이터 품질을 측정하고 데이터 다운타임을 방지하는 것이 훨씬 수월해질 것이다.

1.2 데이터 품질의 현재

데이터 관련 부서들은 데이터 품질을 관리하고 개선하기 위해 노력해 왔지만, 2020년대에 들어서야 많은 기업이 최우선순위로 고려하게 됐다. 이제 데이터는 단순한 산출물이 아니라 회사 수익과 직결되는 것이므로 데이터의 신뢰도가 무엇보다 중요해졌다.

그 결과 기업들은 점점 더 데이터를 코드처럼 여기며, 기존 IT 부서에서 사용하던 오랜 표준과 프레임워크를 데이터 조직과 아키텍처에도 적용해 가고 있다. 기존 기술 영역에서는, 시스템 개발 라이프사이클을 단축하는 데브옵스DevOps, Development Operations를 통해 업계를 선도하는 모범 사례를 만들었다. 해당 사례에는 사이트 신뢰성 엔지니어링SRE, Site Reliability Engineering, 지속적인 통합CI, Continuous Integration, 지속적인 배포CD, Continuous Deployment 및 마이크로서비스에 기반한 아키텍처 등이 포함된다. 요컨대, 데브옵스의 목표는 개발과 운영의 원활한 소통과 효율화로 보다 안정적이고 탁월한 성능의 소프트웨어를 출시하는 것이다.

지난 몇 년 사이, 다수 기업이 데브옵스의 개념을 '데이터옵스DataOps'라는 이름으로 데이터에 적용해 왔다. 데이터옵스는 데이터 관리의 자동화를 통해 데이터의 안정성과 성능을 개선하고,

데이터 사일로[6]를 줄이며 데이터 분석 속도를 높이고 오류는 감소시키는 프로세스를 말한다.

인튜이트Intuit[7], 에어비앤비Airbnb[8], 우버Uber[9], 넷플릭스Netflix[10] 등은 2019년부터 데이터옵스 모범 사례를 적용하여 비즈니스 전반에서 모든 사용자가 신뢰할 수 있고 가용성이 높은 데이터를 확보하겠다고 발표했다. 기업 내에서 확보한 데이터는 전략기획이나 재무, 그로스 마케팅과 같은 분야에서 데이터 분석에 기반한 의사 결정이 가능하도록 도움을 줄 뿐만 아니라 애플리케이션이나 디지털 서비스를 다양하게 지원한다. 반면 어떤 기업들은 부정확하거나 누락된 데이터 혹은 잘못된 데이터 때문에 비용 및 시간 측면에서 손해를 입고 나아가 고객들의 신뢰를 잃기도 한다.

앞서 빅테크들이 데이터 품질의 중요성을 강조하고 높은 수준의 품질을 달성하기 위해 노력하는 모습을 확인했다. 하지만 최근에는 업종이나 규모에 상관없이 많은 기업이 데이터옵스 모범 사례를 참고하여 많은 투자를 진행하고 있다.

그렇다면 지금 이 시점에 데이터 품질을 더 추구하게 된 이유는 무엇일까? 데이터 환경이 어떻게 변화됐기에 데이터옵스의 확산 및 데이터 품질의 향상이 화두가 되었을까? 이와 같은 질문에 대한 해답을 지금부터 살펴보고자 한다.

1.2.1 데이터 다운타임 증가

지금은 데이터 자체를 수익화하려는 움직임, 데이터 정확도를 높이려는 노력이 그 어느 때보다 활발한 시기다. 따라서 다음과 같이 데이터 다운타임을 일으키는 요소에 대해 좀 더 자세히 알아볼 필요가 있다.

클라우드 마이그레이션

20년 전에는 기업의 데이터 웨어하우스(정형 데이터를 변형하고 저장하는 공간)가 AWS나 애

6 옮긴이_각 조직 단위 또는 목적별로 IT 인프라를 도입 및 구축해 사용함으로써 부서, 사업, 솔루션별로 데이터가 고립되어 전사 관점의 의사 결정을 막는 현상을 말한다.

7 「인튜이트의 데이터 여정」, *https://oreil.ly/NhMtB*

8 「에어비앤비가 다루는 데이터 품질」, *https://oreil.ly/fbHlY*

9 「우버의 대규모 데이터 품질 모니터링」, *https://www.uber.com/en-KR/blog/monitoring-data-quality-at-scale/*

10 「넷플릭스의 스트리밍 데이터 인프라스트럭처 모니터링하고 트레이싱하기」, *https://oreil.ly/Ai2zC*

저Azure가 아닌 사무실 어딘가에 있었을 것이다. 그러나 데이터 분석의 확산과 교차 기능 조직[11]의 등장으로 클라우드 서비스가 선호되기 시작했다. 또한 클라우드를 활용한 아마존 레드시프트Amazon Redshift나 스노우플레이크Snowflake, 구글 빅쿼리Google BigQuery와 같은 솔루션을 통해 사용자가 더 쉽고 빠르게 데이터를 처리할 수 있게 되면서 클라우드는 더 큰 인기를 끌게 되었다.

데이터 웨어하우스뿐만 아니라 비정형 데이터를 변환하고 적재하는 데이터 레이크 역시 클라우드로 이동하기 시작했으며 이를 통해 데이터 조직은 더 큰 유연성을 확보할 수 있게 되었다. 즉, 기업의 IT 환경과 데이터가 클라우드로 이동함에 따라 데이터 기반 의사 결정과 높은 수준의 데이터 품질 관리가 비즈니스의 우선순위가 되었다.

더 많은 데이터 소스들

오늘날 각 기업에서는 많게는 수백 개에 이르는 데이터 소스를 통해 머신러닝 모델링 및 분석을 진행한다. 이러한 데이터 소스들 중 하나라도 예기치 못하게 변동되거나 이슈가 발생된다면 비즈니스 의사 결정에 사용되는 데이터에도 손상이 생길 수 있다.

예를 들어, 엔지니어링 팀이 기업 웹사이트나 애플리케이션에서 어떤 것을 변경하면 그와 관련된 데이터셋도 변경될 수 있다. 만약 이러한 변동 사항이 제대로 반영되지 못하여 마케팅 지표가 잘못된다면 회사에서 이루어지는 여러 캠페인에 대해 잘못된 의사 결정이 내려지거나, 판매량 및 수익성에 대한 부정확한 예측으로 이어질 수 있다.

데이터 파이프라인의 복잡성 증가

데이터 소스의 증가, 이종 데이터 간 결합, 경영진의 데이터 사용 증가 등으로 인해 처리 과정이 늘어나고 데이터 간 사소하지 않은 종속성(서비스가 점점 더 고도화되면서 특정 행위에서 생성된 데이터가 다른 데이터에도 영향을 주는 종속관계가 넓어지고 깊어짐)이 커지는 등 데이터 파이프라인은 점점 더 복잡해지고 있다. 이러한 데이터 종속성을 정확히 파악하지 않으면 특정 데이터셋을 변경하였을 때, 이에 종속된 또 다른 데이터셋의 정확성에 의도치 않은 결과가 나타날 수 있다.

11 옮긴이_교차 기능 조직은 서로 다른 부서에서 공통의 목표를 위해 구성된 조직을 의미한다. 현업 부서에 데이터 분석가나 데이터 과학자가 포함되거나 데이터 조직 내에 엔지니어와 현업을 이해하고 있는 구성원이 참여하는 사례가 확대되고 있다.

요컨대, 데이터 파이프라인에서는 많은 일이 진행되고 있는데, 소스 데이터는 다양한 애플리케이션 프로그래밍 인터페이스(이하 API) 및 파이프라인에서 진행되는 여러 과정의 통합을 통해 추출·수집·변환·불러오기·저장·처리되어 또 다른 단계로 전달된다. 개발 영역에서 코드가 병합될 때마다 애플리케이션 다운타임이 발생할 수 있듯이, 위 프로세스의 각 시점에서도 데이터 다운타임이 발생할 가능성이 생기게 된다. 또한 데이터 웨어하우스 간에 데이터가 마이그레이션되거나 데이터가 수동으로 입력 및 변경되는 대대적인 이벤트가 아닐지라도 데이터에 문제가 발생할 수 있다.

데이터 조직의 전문성 강화

기업이 현명한 의사 결정을 내리기 위해 점점 더 데이터에 의존하게 되면서 기본적인 비즈니스 운영뿐 아니라 서비스 및 프로덕트 강화를 위하여 더 많은 데이터 엔지니어와 분석가, 데이터 과학자를 고용하고 데이터 파이프라인과 분석 환경을 구축·유지·관리하고 있다.

데이터 분석가는 회사 내 담당자들이 풍부하고 실현 가능한 비즈니스 인사이트를 얻을 수 있도록 데이터셋을 수집·정제하며 모델링과 분석을 담당한다. 데이터 엔지니어는 요구하는 성능을 빠르고 안정적으로 충족할 수 있도록 분석 기술과 시스템을 구축하고 관리한다. 데이터 과학자는 분석 및 엔지니어링과 더불어 수학 및 통계학, 컴퓨팅 기법을 활용하여 보다 고도화된 능력을 발휘해야 하는 역할을 담당한다. 데이터 분석가와 데이터 과학자의 구분은 다소 모호할 수 있으며 이는 회사의 구조와 비즈니스적 요구에 따라 각기 다르게 구분되기도 한다. 예를 들어, 우버는 2010년대 후반 조직 개편에서 모든 데이터 분석가의 직함을 데이터 과학자로 변경하였다.

데이터가 점점 더 비즈니스의 기반이 됨에 따라 데이터 조직은 더 확장될 것이다. 실제로 대기업에선 데이터 거버넌스 리더, 데이터 스튜어드data steward[12], 운영 분석가operations analysts와 같은 역할도 생겨나고 있다. 대규모로 데이터 조직을 꾸릴 자원이 부족한 경우 분석-엔지니어와 같은 하이브리드 직무가 활용되기도 한다.

하지만 이렇게 역할을 나누어 데이터를 다루면 의사소통에 문제가 생기거나 요건 조율이 충분히 되지 않는 경우가 불가피하게 발생하여 복잡한 시스템에 다운타임을 일으킬 수도 있다.

12 옮긴이_현업 부서에서 비즈니스 관점으로 데이터의 생성부터 활용까지 프로세스를 총괄하는 역할을 의미한다.

분산된 데이터 조직

데이터가 기업 경영의 핵심 요소가 되면서 점점 더 많은 기능 조직이 데이터 관리 및 분석에 참여하였다. 그 과정에서 인사이트 도출 프로세스가 간소화되었다. 결과적으로 많은 데이터 조직이 탈중앙화되고 분산된 조직 형태를 채택하게 되었다. 이는 2010년대 중반 소프트웨어 엔지니어링의 대세였던 모놀리식monolithic에서 마이크로서비스 아키텍처microservice architecture로 변화하는 흐름과 유사하다.

그렇다면 분산된 데이터 아키텍처란 무엇일까? 중앙의 플랫폼 조직에서는 데이터를 관리하고, 비즈니스 전반의 데이터 분석 기능이나 데이터 과학자들은 분산시키는 구조를 말한다. 갈수록 많은 팀이 데이터 분석가를 활용하는 모델을 채택하고 있다. 그리고 해당 유형의 아키텍처에 의존하는 팀도 늘어나는 추세다(분산 도메인 지향 데이터 아키텍처인 데이터 메시data mesh[13]와는 다른 개념임).

예를 들어 직원이 200명인 회사에서 데이터 엔지니어 3명, 데이터 분석가 10명 규모로 데이터 인력을 확보하고, 이 인원들을 비즈니스 요구 사항에 보다 잘 대응할 수 있도록 각 기능 부서에 분산하여 배치했다고 가정해 보자. 해당 구조에서 분석가는 현업 부서나 중앙의 데이터 조직과는 협업하지만 업무에 필요한 데이터셋 구성과 보고는 직접 수행한다. 이렇게 분산된 데이터 아키텍처는 회사 내의 여러 곳에서 데이터를 생성하고 활용하므로 시간이 지남에 따라 부서에서 사용하는 데이터셋이 중복 혹은 누락되거나 상이해지는 현상이 생길 수밖에 없다. 이 책의 독자들은 자신과 관련 없는 데이터셋을 사용했던 경험이 낯설지 않을 것이다.

1.2.2 데이터 산업 동향

앞서 언급한 데이터 다운타임을 발생시킬 수 있는 요인 외에도 다양한 기술 혁신으로 인해 데이터 환경에 변화가 일어나고 있다. 동시에 이러한 변화는 데이터 품질에 대한 관심도 높혔다.

데이터 메시

소프트웨어 엔지니어링이 모놀리식에서 마이크로서비스 아키텍처로 전환되었다고 했는데, 데이터 메시는 마이크로서비스 아키텍처의 데이터 플랫폼 버전으로 볼 수 있다. 데이터 메시라는

13 「데이터 메시 원칙과 이론적인 아키텍처」, *https://oreil.ly/Vga7I*

개념은 생겨난 지 얼마 되지 않아, 데이터 커뮤니티에서는 문화와 기술 관점에서 이를 구현하는 방법론부터 데이터 메시의 가치 여부까지 많은 논의가 이뤄지고 있다.

글로벌 기술 컨설팅 업체 써트웍스Thoughtworks의 컨설턴트이자 데이터 메시를 최초로 명명한 자마크 데가니Zhamak Dehghani는 [그림 1-1]과 같이 개념을 정리했다. 데이터 메시는 일종의 사회 기술적sociotechnical 시스템 패러다임[14]으로, 사용자가 복잡해지는 아키텍처 및 솔루션과 상호작용할 수 있도록 한다. 데이터 메시는 도메인 지향 분산형 아키텍처로 셀프 서비스 설계를 활용하여 도메인별로 데이터가 편재성[15]을 갖도록 하였다. 여기에는 에릭 에반스Eric Evans의 '도메인 주도 설계Domain-driven Design' 이론을 활용했다. 해당 이론은 유연하고 확장성 높은 소프트웨어 개발 접근법을 포함하며, 코드의 구조와 사용된 언어와 비즈니스 도메인은 상응한다.

단일 중앙 집중형 데이터 레이크에서 소비·저장·변환·출력을 처리하는 기존 모놀리식 데이터 인프라와 달리, 데이터 메시는 자체 파이프라인을 통해 '프로덕트형 데이터data-as-a-product' 관점에서 분산된 도메인별로 데이터 소비자가 활용할 수 있도록 처리하고 지원한다. 범용적 상호운용성 레이어를 통해 데이터에 동일한 표준을 적용하고, 개별 도메인과 데이터가 연결될 수 있도록 한다.

데이터 메시는 데이터를 프로덕트로 제공할 책임이 있는 도메인 이해관계자들이 데이터 소유권을 공유할 수 있게 하는 동시에, 도메인 내외의 분산된 데이터 간의 커뮤니케이션을 원활하게 한다.

데이터 인프라는 각 도메인에 데이터 처리에 필요한 솔루션을 제공하는 역할을 한다. 반면 도메인은 데이터의 수집·정제·집계를 관리하며, 해당 데이터는 비즈니스 인텔리전스 애플리케이션에 사용될 수 있는 자산이 된다. 또한 각 도메인은 각각의 파이프라인을 소유할 책임이 있는데, 원시 데이터를 저장하고 카탈로그catalog화하며 유지 관리하고 접근 권한을 관리하는 것은 모든 도메인이 보유한 일련의 기능이다. 그렇게 특정 도메인에 데이터가 제공되어 데이터가 변환되면 도메인 소유자는 분석이든, 운영이든 필요에 따라 데이터를 활용할 수 있다.

---

14 옮긴이_기술 영역의 사회 체계를 일컫는다. 복잡해지는 인간 세상에서 정치·사회 체계가 고도화된 것처럼 한 번에 파악하기 어려울 정도로 수많은 서비스를 수행하는 기업의 기술 기반 사회 체계의 발달을 의미한다.

15 옮긴이_도메인별로 데이터가 퍼져 있는 현상을 말한다.

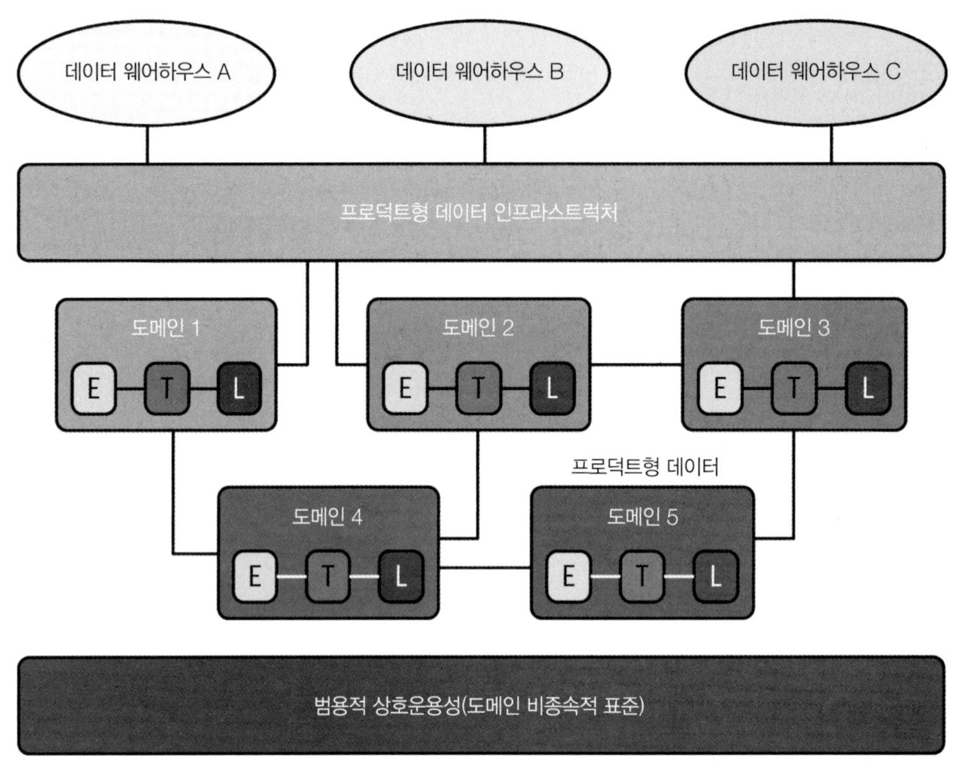

그림 1-1 자마크 데가니가 정리한 데이터 메시는 신뢰할 수 있는 고품질 데이터와 범용적인 거버넌스에 의존한 도메인 지향 분산 데이터 아키텍처로 이루어져 있다.

데이터 메시 패러다임은 데이터를 신뢰할 수 있으며, '범용적 상호운용성'이 도메인 간에 적용될 때에만 성공적일 수 있다. 데이터를 신뢰할 수 있는 유일한 방법은 테스트하고 모니터링하는 것이다.

최근 많은 회사에서 데이터 메시 구조를 채택하고 있으며, 특히 데이터 도메인이 여러 개인 대기업에서 활발히 적용되고 있다. 예를 들어, 인튜이트의 전 데이터 엔지니어링 부사장 맘마드 자데Mammad Zadeh와 경험 및 서비스 수석부사장인 라지 아라수Raji Arasu가 2021년 1월에 게재한 기고문[16]에서, 인튜이트를 데이터 메시로 변환한 'AI 기반 전문 플랫폼 회사'로 소개했다. 또한 JP모건 체이스JPMorgan Chase[17]는 데이터 메시를 접목하여 개별 도메인에서 분석 기능 간 데이터

16 「인튜이트의 데이터 여정」, *https://oreil.ly/oxTyk*

17 「JP모건 체이스의 데이터 메시 아키텍처」, *https://oreil.ly/Tga4W*

소유권을 확보하고, 기업 전체의 데이터 활용을 향상시켰다고 소개했다.

데이터 메시는 관련 커뮤니티에서 뜨거운 감자다. 분산 데이터 아키텍처 및 조직 구조와 관련된 블로그[18] 일독을 권한다.

스트리밍 데이터

스트리밍 데이터는 비즈니스 의사 결정에 즉시 적용할 수 있는 인사이트를 도출하기 위해 데이터를 실시간으로 흐르게 하는 것을 의미한다. 전통적으로 데이터 품질에 대한 분석은 배치 데이터에 한하여 파이프라인 유입 시 이루어졌으나, 점점 더 많은 기업에서 실시간 분석에 대한 요구가 커지고 있다. 스트리밍 데이터에는 더욱 빠른 인사이트 도출을 끌어내는 잠재력이 있지만, '움직이고 살아 있는 것'이기 때문에 데이터 품질과 관련하여 또 다른 과제가 되기도 한다.

점점 더 많은 비즈니스에서 배치와 스트리밍 처리를 모두 채택하고 있으므로 데이터 조직은 데이터 테스트 및 모니터링 방법을 재고해야 한다.

데이터 레이크하우스의 등장

"데이터 웨어하우스를 사용할 것인가, 데이터 레이크를 사용할 것인가?" 데이터 엔지니어에게 이렇게 묻는 것만으로도 그 자체로 의미 있는 질문이 될 것이다. 구조화된 데이터 저장소인 데이터 웨어하우스와 보다 자유도가 높은 데이터 레이크 모두 고품질 데이터가 필요하다. 점점 더 많은 데이터 조직이 증가하는 비즈니스 요구 사항을 소화하기 위해 데이터 웨어하우스와 데이터 레이크를 둘 다 사용하고 있다. 이것이 데이터 레이크하우스Data Lakehouse가 부각되는 이유다.

데이터 레이크하우스라는 개념은 클라우드 플랫폼 분야에서 아마존의 '레드시프트 스펙트럼Redshift Spectrum'이나 '데이터브릭스Databricks'의 '레이크하우스Lakehouse'와 같은 기능이 추가되면서 처음 등장했다. 당시 데이터 레이크에도 SQL 질의 및 스키마와 같은 데이터 웨어하우스의 기능이 추가되는 추세였다. 사실상 오늘날에는 웨어하우스와 레이크의 기능적 차이가 줄어들고 있으며, 두 형태의 장점을 결합한 데이터 레이크하우스가 확산되고 있다.

레이크하우스로 마이그레이션한다는 것은 데이터 파이프라인이 점점 더 복잡해지고 있음을 시사한다. 이 과정에서 누군가는 데이터 웨어하우스와 데이터 레이크의 기능을 모두 활용하기 위

18 「데이터 메시에 관해 꼭 하고픈 말」, *https://oreil.ly/rcFTp*

해 단일 벤더의 솔루션을 사용할 것이다. 반면 다수의 스토리지에 데이터를 마이그레이션하고 레이어를 각각 처리하는 사용자도 있을 것이다. 다만 이런 경우 충분한 테스트를 거쳤더라도 데이터 다운타임이 발생할 여지가 커진다.

1.3 마치며

클라우드, 분산형 데이터 아키텍처, 데이터 전담 조직의 등장과 함께 데이터의 솔루션화가 일어나면서 기업에서는 데이터 조직 리더들에게 신뢰할 수 있는(신뢰도 높은 분석을 유도하는) 데이터를 확보하도록 요구하고 있다. 신뢰할 수 있는 데이터 확보를 위한 여정은 마라톤에 비유할 수 있다. 이 여정은 데이터 파이프라인의 여러 단계를 포함한다. 더불어 데이터 품질을 개선하려면 기술적인 측면뿐 아니라 거버넌스와 조직 문화 같은 다른 많은 영역을 고려해야 한다. 2장에서는 원활한 데이터 파이프라인을 구축하기 위한 다양한 기술을 다룬다. 해당 기술들을 활용해서 양질의 프레임워크를 구축하고, 이를 기반으로 조직 내 커뮤니케이션과 (데이터) 전달을 원활하게 만드는 것이 목표다. 더불어 데이터 다운타임을 방지할 수 있는 방법도 알아본다.

CHAPTER 2

신뢰할 수 있는 데이터 시스템 구축을 위한 블록 조립

PREVIEW

2장에서는 데이터 웨어하우스, 데이터 레이크 및 데이터 카탈로그의 주요 데이터 파이프라인 기술에서 데이터 품질을 보장하고 측정할 수 있는 방법을 살펴본다. 이를 통해 탄력적인 데이터 시스템을 구축하는 방법에 대해 설명한다. 여기서 소개하는 세 가지 기본 기술은 양질의 데이터 프로덕션을 위한 사전 준비에 사용되며, 데이터를 저장·처리·추적한다.

라이언 컨즈 Ryan Kearns **공저**

운영 환경에서 데이터 품질 문제를 해결하는 것은 모든 데이터 실무자에게 매우 중요한 기술이다. 이때 적절한 시스템과 프로세스를 구축하면 데이터 다운타임을 대부분 방지할 수 있다.

데이터는 소프트웨어와 마찬가지로 운영, 프로그래밍, 심지어는 파이프라인의 다양한 단계에서 나타나는 데이터 관련 영향에 크게 의존한다. 그리고 단 한 번의 스키마 변경 혹은 코드 푸시만으로도 다운스트림 보고서에 문제를 일으킬 수 있다.

8장에서 설명하겠지만, 데이터 품질 문제 해결과 좀 더 안정적인 데이터 파이프라인 구축은 프로세스, 기술, 인력이라는 세 가지 핵심 구성 요소로 나뉜다. 2장에서는 이 세 가지 중 기술에 관해 설명하고, 데이터 파이프라인의 서로 다른 부분과 각 단계에서 데이터 다운타임을 측정, 개선 및 방지하는 데 필요한 사항을 함께 다룬다.

데이터 시스템은 터무니없이 복잡한데, 데이터 파이프라인의 다양한 단계가 이러한 복잡성을 야기한다. 기업이 데이터와 데이터 분석에 점점 더 많이 투자하면서 데이터 엔지니어는 데이터 시스템을 규모에 맞게 구축해야 한다는 압박감으로 인해 데이터가 파이프라인에 들어가기도 전에 데이터 품질 요구 사항을 고려해야 한다는 과중한 과제를 안게 된다.

2장에서는 데이터 카탈로그에서 데이터 웨어하우스 및 데이터 레이크에 이르기까지 메타데이터를 기반으로 한 다양한 구성 요소를 설명한다. 이를 통해, 데이터 파이프라인의 각 단계에서 고품질 데이터를 확보하여 전체 데이터 인프라도 성공적으로 구축할 수 있는 방법을 공유한다.

2.1 운영 데이터와 분석 데이터의 차이

만약 데이터 엔지니어에게 조직 내 데이터를 가장 크게 구분해 달라고 요청한다면, '운영 데이터'와 '분석 데이터'라는 용어를 듣게 될 것이다. 운영 환경과 분석 환경의 차이는 데이터를 분리하는 여러 방법 중 하나다. 이는 중요한 문제로서, 데이터 품질 문화를 조성하는 데 관심이 있다면 반드시 이해해야 한다.

여기서는 운영 데이터에 대해서도 간단히 설명하겠지만, 이 책의 목적에 맞게 분석 데이터 품질에 계속 집중할 것이다. 운영 데이터의 품질과 신뢰성 관리는 종종 데브옵스, 사이트 신뢰성 엔지니어링 및 기타 소프트웨어 분야, 분석 데이터로 정보가 제공되는 소프트웨어 프로덕트를 구축하는 것과 밀접하게 관련된 소프트웨어 원칙에 포함된다.

운영 데이터

운영상 생성된 데이터, 즉 조직에서 일상적인 운영을 통해 생성된 데이터[1]다. 특정 시점의 인벤토리 스냅샷, 고객 인상 및 거래 기록은 모두 운영 데이터의 예다.

분석 데이터

분석적으로 사용되는 데이터, 즉 데이터 기반 의사 결정에 활용되는 데이터를 말한다. 마케팅 전환율, 클릭률, 글로벌 지역별 광고 노출 등이 분석 데이터의 예다.

간단히 말해, 운영 데이터는 시스템 및 프로세스의 신속한 업데이트를 위해 실제 비즈니스 프로세스의 데이터를 기록하는 반면 분석 데이터는 좀 더 강력하고 효율적인 분석을 하는 데 사용된다. 더 쉽게 이야기하면, 운영 데이터로 비즈니스를 운영하고 분석 데이터로 비즈니스를 관리한다. 분석 데이터가 운영 데이터와 다른 방식으로 비즈니스 인텔리전스를 주도한다는 점을 고려할 때, 이 데이터가 조직의 성공에 더 중요하거나 '중심적'이라고 생각할 수 있다. 그러나 분석 데이터는 변환·집계된 운영 데이터에 의존하기 때문에 항상 그런 것만은 아니다.

NOTE_ 운영 데이터와 분석 데이터의 차이는 트랜잭션 처리와 분석 데이터 시스템(OLTP vs OLAP)의 비교에서 발생한 것과 동일하다. 『데이터 중심 애플리케이션 설계』(위키북스, 2018)를 참고해 보자.

1 「운영 데이터와 분석 데이터 시스템의 차이」, *https://oreil.ly/kZmui*

2.2 차이는 어떻게 만들어지는가?

분석 데이터와 운영 데이터는 [그림 2-1]과 같이 신뢰성을 관리하는 몇 가지 방법에서 중요한 차이를 보인다.

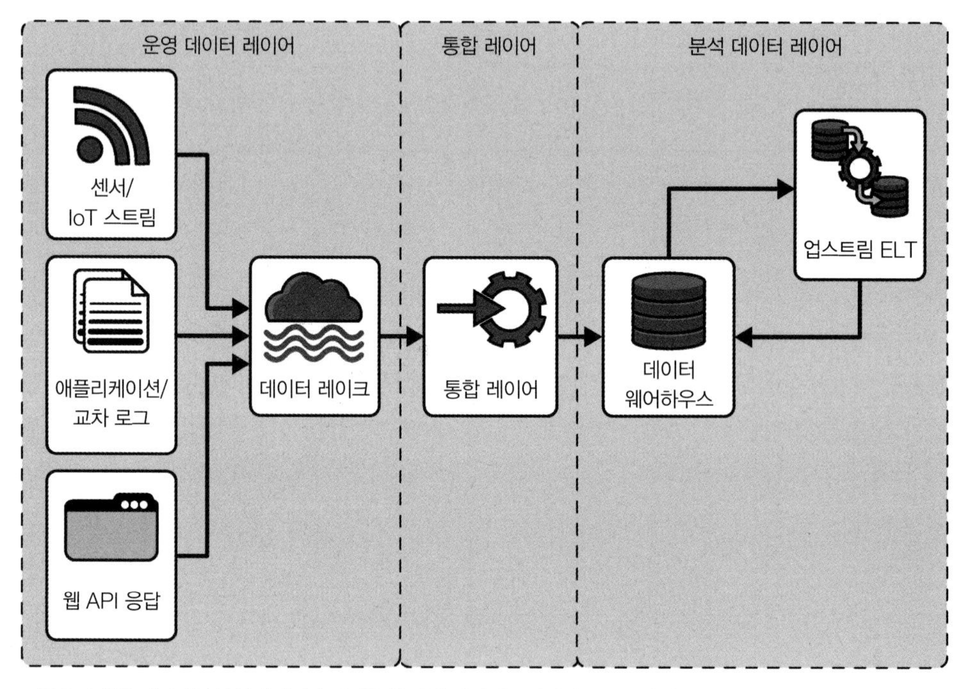

그림 2-1 운영 데이터와 분석 데이터의 차이를 한 번에 설명하는 데이터 플랫폼의 예

운영 데이터는 데이터 파이프라인의 분석 데이터에서 거의 대부분 업스트림으로 나타난다. 이는 분석 데이터가 운영 데이터 스토어의 집계 또는 확장을 포함하는 경우가 많기 때문이다. 예를 들어 오전 5시 브라우저에서 특정 사용자의 클릭률은 하나의 운영 기준이 되며, 12월 마케팅 캠페인의 클릭률은 분석 기준에 해당된다.

운영 데이터와 분석 데이터의 차이가 중요한 이유 중 하나는 처리량과 대기 시간의 균형 때문이다. 처리량-대기 시간 제약은 고정된 처리 능력을 가진 모든 시스템에 영향을 미친다. 일반적으로 처리량은 일정 단위 시간 내에 처리되는 데이터의 양을 의미하며, 대기 시간은 데이터 처리가 끝날 때까지의 지연을 의미한다.

줄을 길게 서야 하는 인기 카페를 생각해 보자. 줄의 맨 끝에 있는 사람이 커피를 받을 때까지 얼마의 시간이 걸릴까? 커피를 받기 위해 줄을 서서 주문하고, 돈을 지불한 후 바리스타가 음료를 만들 때까지 기다려야 한다. 이 시간들의 합계는 카페의 대기 시간이 된다. 그리고 실내에서 커피를 즐길 수 있는 고객의 수는 카페의 처리량이 된다.

아쉽게도 이 두 가지 데이터 처리의 성능 척도는 양립할 수 없다. 많은 처리량과 짧은 대기 시간은 서로 트레이드오프 관계이기 때문이다. 단순히 처리량과 대기 시간이 정반대의 목표를 가지고 있기 때문은 아니다. 데이터 처리 시스템이 현실에서 어떻게 설계[2]되는지는 특히 제한된 수의 요청 핸들러handler와 연관이 있다.

자, 앞에서 예를 든 카페로 돌아가 보자. 카페의 직원 수는 정해져 있고 서빙 로봇을 구입했는데 칩이 부족해 도움이 안 된다고 가정해 보자. 관리자로서 에스프레소 기계와 계산대에 몇 명의 직원을 배치할지, 홀에는 몇 명의 직원이 돌아다녀야 할지 결정해야 하는 상황이다. 이때 절충안은 무엇일까? 무슨 수를 써서라도 카페 대기 시간 최적화를 달성해야 하기 때문에 가능한 한 빨리 음료를 주문하고 픽업할 수 있도록 계산대와 에스프레소 기계에 거의 모든 직원을 배치해야 할 것이다. 이렇게 하면 대기 시간은 크게 줄일 수 있지만, 빈 테이블을 정리하는 직원이 없어 새로운 고객이 자리에 앉을 수 없게 된다. 반대로, 대부분의 직원이 테이블을 정리하도록 한다면, 계산대를 보는 사람이 없어 대기 시간이 증가하게 된다.

어떤 경우에는 이 균형이 명백하다. 운영, 즉 트랜잭션[3] 데이터베이스의 경우 페이지 로드 시 주문 세부 정보와 같은 특정 정보를 최대한 빨리 가져와야 한다. 결과적으로 그들의 아키텍처는 짧은 지연 시간을 달성하는 데 최적화될 것이다. 반면 분석 데이터베이스는 대규모 데이터셋에서 사용자의 요구에 부응하기 위해 높은 처리량에 맞게 최적화해야 한다. 이 휴리스틱heuristic[4]은 어떤 서비스를 어떤 용도로 사용해야 하는지에 대해 완벽히 설명하지는 않지만 일반적으로 고객의 사용자 인터페이스UI에서 스노우플레이크 또는 레드시프트 쿼리를 하지 않는 이유, MySQL 또는 PostgreSQL 인스턴스에서 수많은 행의 집계를 실행하지 않는 이유를 설명한다.

2 「대기 시간과 처리량 사이의 절충: 빠른 서비스가 느린 이유, 느린 서비스가 빠른 이유」, *https://oreil.ly/nf0nq*

3 「성장하는 조직의 데이터 전략」, *https://oreil.ly/IZfuX*

4 옮긴이_문제를 해결하려고 할 때 경험적 지식을 이용하는 방법을 의미한다.

2.3 데이터 웨어하우스 vs 데이터 레이크

데이터 웨어하우스와 데이터 레이크. 데이터 엔지니어링 팀의 일상적인 언어에서 이 두 개념만큼 빠르게 통합하여 정의하기 어려운 단어도 없을 것이다. 데이터 웨어하우스와 데이터 레이크를 바꿔 사용할 수는 없지만, 둘을 융합하여 각각의 장점을 활용할 수 있다.

많은 조직에서 데이터 파이프라인 내에 이 두 가지 유형의 시스템을 모두 필요로 하지만 둘은 서로 다른 용도로 사용된다. 일반적으로 데이터 웨어하우스는 데이터를 구조화된(행-열) 형식으로 저장한다. 해당 데이터는 고도로 변환(정의된 전처리 절차의 결과)되며 이처럼 변환된 데이터는 적어도 이론적으로는 확실한 존재 이유가 있다.

2.3.1 데이터 웨어하우스: 스키마 수준의 테이블 타입

데이터 웨어하우스에는 '쓰기 스키마schema on write' 액세스 권한이 필요하다. 이는 데이터 웨어하우스에 데이터가 들어오는 즉시 데이터의 구조를 설정한다는 의미다. 이 같은 데이터의 추가 변환에 따라 모든 단계에서 명시적으로 새로운 구조를 만들어야 한다.

데이터 웨어하우스는 완벽하게 통합되고 관리되는 솔루션이므로, 즉시 구축하고 운영할 수 있다. 데이터 웨어하우스는 데이터 레이크와 달리 일반적으로 더 많은 구조와 스키마가 필요하므로 데이터 위생data hygiene[5]이 개선된다. 그리고 데이터를 읽고 사용할 때 복잡성이 줄어든다.

현대의 데이터 웨어하우스는 1980년대 데이터 웨어하우스/비즈니스 인텔리전스 라이프사이클 방법론[6]을 개발한 킴볼 그룹Kimball Group이 제안했다. 이러한 시스템 설계 혁신은 엔지니어가 가장 많이 사용하는 데이터 수집 및 전처리 단계를 포함하여 기업의 모든 수준에서 가치를 입증했다. 킴볼 그룹은 단순한 기술을 선호하는 대신 데이터 스토리지 기술을 비즈니스 자산으로 파악했으며, 이는 업계에 큰 영향을 미쳤다.

현대의 데이터 웨어하우스는 쓰기 스키마와 아키텍처, 루커Looker 및 태블로Tableau와 같은 비즈니스 인텔리전스 도구를 통합하여 이 방법론을 실현한다. 간단히 말해, 데이터 웨어하우스의

5 옮긴이_데이터 위생은 데이터가 정확하고 일관되며, 오류가 없는지 확인하는 데 사용되는 관행이나 프로세스(누락 값 채우기, 중복 레코드 식별 및 제거 등)를 말한다.

6 「킴볼 데이터 웨어하우스/비즈니스 인텔리전스 라이프사이클 방법론」, https://oreil.ly/uxbcY

데이터에는 존재 이유가 있고, 그 이유는 비즈니스 목표와 일치해야 한다. 요즘 가장 많이 사용하는 데이터 웨어하우스 기술은 다음과 같다.

아마존 레드시프트

최초의 클라우드 데이터 웨어하우스이자 그만큼 자주 사용되는 아마존 레드시프트는 AWS를 기반으로 하며, 소스 커넥터source connector를 활용해 원시 데이터 소스의 데이터를 관계형 스토리지로 파이프라인을 통해 전달한다. 레드시프트의 열 기반 저장 구조columnar storage와 병렬 처리는 분석 작업의 부하를 줄여준다.

구글 빅쿼리

레드시프트와 마찬가지로, 자사의 독점 클라우드 플랫폼인 GCPGoogle Cloud Platform를 활용하고 열 기반 저장 구조를 사용하며, 빠른 쿼리를 위해 병렬 처리를 활용한다. 빅쿼리는 레드시프트와 비교했을 때 사용 패턴에 따라 확장되는 서버리스serverless 솔루션으로 더 잘 사용할 수 있다.

스노우플레이크

운영을 위해 클라우드에 의존하는 레드시프트 또는 GCP와 달리, 스노우플레이크의 클라우드 데이터 웨어하우징 기능은 AWS, 구글, 애저 및 기타 퍼블릭 클라우드 인프라를 기반으로 한다. 스노우플레이크에서는 사용자가 컴퓨팅 및 스토리지 비용을 별도로 지불할 수 있으므로 좀 더 유연한 비용 구조를 원하는 팀에게 데이터 웨어하우스를 제공할 수 있다.

이렇게 미리 패키징된 기능과 SQL에 대한 강력한 지원으로 인해 데이터 웨어하우스는 빠르고 실행 가능한 쿼리를 지원하므로 데이터 분석팀에 적합하다.

데이터 웨어하우스는 비즈니스 분석에 매우 유용하지만, 데이터 품질 관리와 관련해 염두에 두어야 할 몇 가지 약점이 있다.

제한된 유연성

데이터 웨어하우스는 가장 유연한 데이터 스토리지 솔루션은 아니다. 이는 상대적으로 확장성이 낮다는 말이 아니다. 그저 웨어하우스의 형식이 제한되어 있음을 말한다. 데이터 웨어하우스에 대한 항목은 명확한 스키마가 있는 표 형식으로 강제 지정되어야 한다. JSON JavaScript Object Notation과 같은 반구조화된 데이터와 그 쿼리는 대개 적합하지 못하고, 나쁜 데이터의 경우 강제 변환되지 않으면 쉽게 소실되기도 한다.

SQL 전용 지원

데이터 웨어하우스에 요청할 때는 SQL과 같은 쿼리 언어를 사용해야 한다. 파이썬과 같은 명령형 언어는 강력한 라이브러리 생태계를 보유하므로, 머신러닝에 유용한 데이터 조작 처리를 지원하지 않는다. 따라서 머신러닝을 구현할 때 추가 프로세싱을 하려면 SQL을 활용해 데이터를 데이터 웨어하우스 밖으로 이동시켜야 한다. 이러한 데이터 이동은 종종 데이터를 망가뜨리고 데이터의 볼륨과 신선도에 부정적인 영향을 미치며 스키마 이상anomaly 현상의 원인이 되기도 한다.

워크플로에서의 마찰 Frictional workflows

프로덕트의 이터레이션iteration[7]이 반복됨에 따라 긴밀하게 협업하는 소규모의 데이터 과학자 팀은 쓰기 스키마 시스템이 제공하는 명확함이 유익하기보다는 번거롭다고 느낄 것이다. 신속하게 작업하고자 할 때는 데이터 구조에 대한 기준이 느슨해지는 것이 좋다. 하지만 이러한 구조는 지속적으로 변화할 것이고, 데이터 웨어하우스는 지속적인 스키마 변경을 달가워하지 않는다.

이러한 이유로 데이터 조직은 대개 분석 워크로드에 대해 데이터 웨어하우스와 데이터 레이크를 모두 채택하여 각각 다른 용도로 사용한다.

2.3.2 데이터 레이크: 파일 수준의 조작

현대 데이터 시스템에서 점점 인기를 끌고 있는 저장소이자 컴퓨팅 옵션인 데이터 레이크는 최적의 결과를 제공하기 위해 고품질의 분석 데이터에 의존한다.

데이터 웨어하우스와 달리, 데이터 레이크 아키텍처를 사용하면 '읽기 스키마schema on read'에 접근할 수 있다. 즉, 데이터를 사용할 준비가 되었을 때 데이터 구조를 추론한다.

7 옮긴이_개발이 진행되는 기간을 말한다. 이때 일부 기능을 배포함으로써 고객 및 이해관계자들은 프로덕트를 빠르게 사용하고 피드백을 줄 수 있다. 기간은 프로젝트마다 다른데, 일반적으로 1주일에서 4주일 사이다(대부분 주어진 전체 프로젝트 동안 고정됨).

데이터 레이크는 데이터 웨어하우스의 DIY 버전으로, 팀의 시스템 요구 사항에 따라 다양한 메타데이터, 저장소, 컴퓨팅 기술을 선택할 수 있다. 데이터 레이크는 다수의 데이터 엔지니어가 운영하는 맞춤형 플랫폼을 구축하려는 데이터 조직에 이상적인데, 데이터 레이크를 사용하면 데이터 과학자, 머신러닝 엔지니어 그리고 데이터 엔지니어가 반구조 형식과 비구조 형식을 모두 포함하는 훨씬 더 큰 데이터 풀에서 데이터를 가져올 수 있다.

데이터 레이크의 개념은 소프트웨어 회사 펜타호Pentaho의 설립자이자 전 CTO인 제임스 딕슨James Dixon이 처음 주장했다. 그는 데이터 레이크를 "자연적인 상태의 거대한 데이터 호수다. 데이터 소스에서 데이터가 유입되어 채워지고 다양한 사용자들은 이 호수에서 탐색(검사), 다이빙(탐험) 또는 샘플 채취를 할 수 있다."[8]라고 묘사했다.

극초기의 데이터 레이크는 주로 아파치 하둡 맵리듀스Apache Hadoop MapReduce[9]와 HDFS를 기반으로 구축되었으며, SQL 엔진으로 데이터를 쿼리하기 위해 아파치 하이브Apache Hive[10]를 활용했다. 2010년대 초, 아파치 스파크Apache Spark[11]는 데이터 레이크를 훨씬 더 쉽게 유지할 수 있도록 만들었고, 데이터 레이크의 대규모 데이터셋에 걸쳐 분산된 계산을 위한 일반화된 프레임워크를 제공했다.

데이터 레이크의 일반적인 특징은 다음과 같다.

분산된 저장소 및 컴퓨팅

비용 절감에 상당한 도움이 되고, 실시간 스트리밍 및 쿼리 데이터를 풍부하게enrich 만들며, 해당 데이터의 구문 분석을 용이하게 한다.

분산 컴퓨팅 지원

분산 컴퓨팅은 더 나은 세그먼트 쿼리 성능, 더 많은 시스템 지속성 설계 및 우수한 병렬 데이터 처리를 가능케 한다. 이를 통해 대규모 데이터를 효율적으로 처리할 수 있다.

8 「데이터 레이크의 역사」, *https://oreil.ly/M2rLh*

9 옮긴이_방대한 양의 데이터를 처리하는 작업을 작성하기 위한 소프트웨어 프레임워크다.

10 옮긴이_하둡에서 동작하는 데이터 웨어하우스 인프라 구조로서 데이터 요약, 질의 및 분석 기능을 제공한다.

11 옮긴이_SQL, 스트리밍, 머신러닝 및 그래프 처리를 위한 기본 제공 모듈이 있는 대규모 데이터(빅데이터) 처리용 통합 분석 엔진이다.

사용자 지정 및 상호운용성

데이터 레이크는 '플러그 앤 처그plug and chug'[12] 특성으로 인해, 기업의 데이터 요구 사항이 발전하고 성숙해짐에 따라 스택의 다양한 요소가 원활하게 동작할 수 있어 데이터 플랫폼의 확장성을 지원한다.

오픈 소스 기술 기반 구축

공급업체에 대한 의존도를 줄이고 훌륭한 맞춤형 기능을 제공하므로, 대규모 데이터 엔지니어링 팀을 보유한 기업에 적합하다.

비정형 또는 거의 정형화되지 않은 데이터 처리 능력

데이터 레이크는 원시 데이터를 지원하기 때문에 데이터를 사용할 때 유연성이 향상되어 데이터 과학자와 데이터 엔지니어에게 이상적이다. 원시 데이터로 작업하면 집계 및 계산을 보다 효과적으로 제어할 수 있다.

정교한 비SQL 프로그래밍 모델 지원

대부분의 데이터 웨어하우스와 달리, 데이터 레이크는 고급 데이터 과학 및 머신러닝을 위한 아파치 하둡, 스파크, 파이스파크PySpark, 그 외 프레임워크를 지원한다.

데이터 웨어하우스는 데이터 조직이 데이터를 효율적으로 운영할 수 있는 구조를 제공한다(예 분석 통찰력 수집 및 기계 학습 기능 지원). 하지만 이러한 구조는 특정 애플리케이션에 유연하게 맞출 수 없으므로 비용이 많이 들 수 있다. 반면, 데이터 레이크는 한없이 유연하고 사용자 정의가 자유로우며 민첩성이 뛰어나서 광범위한 사용 사례를 지원한다. 하지만 데이터 구성 및 거버넌스와 관련된 다른 문제가 많이 발생하기도 한다.

데이터 조직이 데이터 레이크 환경에서 보다 안정적인 데이터를 얻기 위해 고려해야 할 중요 과제는 다음과 같다.

12 옮긴이_문제 해결 능력이 필요하지 않은 상황에서 간단하게 값을 입력하여 수치로 답을 구하는 기법이다.

데이터 무결성

파일 레벨에서 조작되는 데이터 레이크의 리소스는 데이터 스키마에 대한 보장이 없다. 만약 레이크 속 데이터를 변환하고 있고, 그것의 스키마에 대한 어떤 가정을 세웠다면, '블라인드 ETL(Extract-Transform-Load, 추출-변환-적재)'을 하고 있는 것이다. 다시 말해, 눈을 감은 채 ETL 프로세스를 처리하는 것과 같은 위험한 짓을 하고 있는 것이다. 예상치 못한 업스트림 변경으로 인해 언제든지 변환이 실패할 수 있기 때문이다.

늪지화 swampification

늪지화는 시간이 지남에 따라 데이터 레이크가 기술적 부채와 암묵적 지식을 발생시키는 경향을 말한다. 특정 데이터가 어디에 존재하는지, 해당 데이터의 이해관계자가 누구인지, 데이터가 어떻게 변화할 것으로 예상되는지 등은 숙련된 데이터 엔지니어나 데이터 과학자에게 의존해야 하는 경우가 많다. 하지만 여기에 너무 의존하면 데이터 레이크에 습기가 가득 차 늪이 되고 만다. 이 경우, 데이터를 잘 사용하려면 학습 곡선 상위에 도달해야만 하기 때문에 아무도 작업을 수행할 수 없게 된다.

엔드포인트 endpoint 증가

데이터를 수집·조작·변환할 수 있는 방법이 다양하기 때문에, 데이터 안정성은 종종 데이터 레이크에서 큰 문제가 된다. 데이터 파이프라인의 단계가 많아질수록 오류 발생 가능성이 높아지기 때문이다.

데이터 레이크는 종종 일부 머신러닝 작업 목적으로 애플리케이션 데이터 또는 자동 생성 데이터와 같은 대량의 비정형 데이터의 수집 지점으로 사용된다. 이 데이터는 레이크에서 원시 형식으로 유지되거나 AWS 글루Glue와 같은 통합 레이어를 통해 데이터 웨어하우스 또는 비즈니스 인텔리전스 도구에 일부 업스트림 리소스를 공급하기 위한 것이다.

또는 소규모 팀의 경우 신속하게 이동 가능하도록 강력한 인프라를 구축하지 않기 위해, 데이터 레이크를 유일한 데이터 저장소로 운영할 수도 있다. 하지만 이 작업을 수행하는 실무자는 앞서 설명한 '데이터 늪' 문제를 항상 경계해야 한다.

2.3.3 데이터 레이크하우스의 특성

데이터 레이크하우스는 클라우드 웨어하우스 제공 업체가 레드시프트 스펙트럼Redshift Spectrum 또는 델타 레이크Delta Lake와 같은 자유도가 높은 형태의 이점을 제공하는 기능을 추가하기 시작했을 때 처음 등장했다. 마찬가지로, 데이터 레이크는 SQL 기능 및 스키마와 같은 웨어하우스 스타일의 기능을 제공하는 기술을 추가해 오고 있다. 최근에는 데이터 웨어하우스와 데이터 레이크 간의 차이가 좁혀지고 있어 한 패키지에서 둘의 장점을 모두 누릴 수 있게 되었다. 데이터 레이크하우스에서 두 기술 사이의 경계를 모호하게 만드는 기능은 다음과 같다.

우수한 성능의 SQL

프레스토Presto 및 스파크와 같은 기술은 데이터 레이크에서 대화형 속도에 가까운 SQL 인터페이스를 제공한다. 이를 통해 기존 데이터 웨어하우스에 대한 요약 및 ETL 없이 데이터 레이크가 분석 및 탐색 요구를 직접 처리할 수 있는 가능성이 생겼다.

스키마

파케이Parquet와 같은 파일 형식은 데이터 레이크 테이블에 더 엄격한 스키마를 도입하게 했다. 또한 쿼리 효율성을 높이기 위해 컬럼 형식도 도입하게 만들었다.

원자성, 일관성, 격리성, 내구성ACID

델타 레이크와 아파치 후디Apache Hudi와 같은 레이크 기술은 쓰기/읽기 트랜잭션의 신뢰성을 높였고, 레이크는 전통적인 데이터베이스 기술의 표준인 매우 바람직한 ACID 속성에 한 걸음 더 가까워졌다.

관리 서비스

데이터 레이크를 구축·운영하고 관련 운영 부담을 줄이고자 하는 조직을 위해 클라우드 제공 업체는 다양한 레이크 관리 서비스를 제공한다. 예를 들어, 데이터브릭스Databricks는 아파치 하이브, 델타 레이크, 아파치 스파크의 관리 버전을, 아마존 아테나Amazon Athena는 완전 관리형 레이크 SQL 쿼리 엔진을, 아마존의 글루는 완전 관리형 메타데이터 서비스를 제공한다.

아주 빠른 속도로 분석하기 위한 실시간 데이터 집계 및 스트리밍이 증가함에 따라(실리콘 밸리 기술의 엄청난 속도를 생각해 보자. 우버, 도어대시DoorDash, 에어비앤비가 그 예임), 데이터 레이크하우스는 향후 몇 년 동안 업계 전반에 걸쳐 데이터 조직에서 인기가 높아질 것으로 예상된다.

2.3.4 데이터 웨어하우스와 데이터 레이크 간 동기화

서로 다른 데이터 웨어하우스와 데이터 레이크는 데이터 통합 레이어로 연결된다. AWS 글루, 파이브트랜Fivetran, 마틸리온Matillion과 같은 데이터 통합 툴은 서로 다른 소스에서 데이터를 수집하여 이 데이터를 통합한 후 업스트림 소스로 변환한다. 데이터 통합의 전형적인 사용 사례는 레이크 속 데이터를 수집하여 구조화된 형식으로 데이터 웨어하우스에 적재하는 것이다.

ETL은 데이터 통합 내에서 잘 알려진 프로세스 중 하나다. 일반적으로 하나 이상의 데이터 저장소에서 데이터를 먼저 추출하고, 새로운 구조 또는 형식으로 변환한 다음, 최종적으로 대상 데이터 저장소에 적재하는 통합 단계를 말한다.

지금까지 최신 데이터 파이프라인의 핵심 요소에 대해 논의했다. 이제 이 핵심 요소가 함께 작동하는 방법과 각 단계에서 높은 데이터 품질을 보장하기 위해 무엇을 할 수 있는지 살펴보자.

2.4 데이터 품질 지표 수집

지금까지 운영 데이터와 분석 데이터, 트랜잭션 데이터베이스와 분석 데이터베이스, 데이터 레이크와 데이터 웨어하우스의 다양한 차이점에 대해 다루었다. 이 모든 차이를 이해한다면 데이터가 저장될 위치를 정확하게 파악할 수 있다. 그리고 데이터 파이프라인 스토리지 형식과 단계가 다양할 때 그 장점과 위험성을 예측할 수 있다. 그렇다면 데이터 품질과 관련하여 구체적으로 어떤 지표를 고려해야 할까?

이 절에서는 데이터 품질 지표란 무엇이고, 데이터 품질 측정 기준이 무엇인지, 이 기준을 어디서 찾을 수 있는지 살펴본다. 또한 데이터 품질 측정 기능을 올바르게 활용하고 있는지 확인하는 방법에 대해서도 알아볼 것이다.

2.4.1 데이터 품질 지표란?

측정할 수 없는 것은 관리할 수도 없다. 마찬가지로, 데이터 품질 지표 없이는 데이터 품질을 유지할 수 없다. 즉, 주요성과지표(이하 KPI) 또는 데이터가 건강하고 신뢰할 수 있음을 나타내는 지표 없이는 데이터 품질을 보존할 수 없다.

데이터가 온전하지 않거나 잘못되었거나 누락되었을 때 데이터 다운타임의 관점에서 데이터 품질을 측정하는 것에 모두 동의할 것이다. 앞서 말한 것처럼, '다운타임'은 인터넷 태동기부터 있었다. 그때는 온라인 애플리케이션을 소유하고 있다는 것만으로 좋았고, 잠시 다운되어도 큰 문제가 아니었다. 기업들이 다운타임을 크게 신경 쓰지 않았기 때문에 감당할 수 있었던 것이다. 그로부터 20년이 지나 인터넷 시대가 되었고, 온라인 애플리케이션은 거의 모든 산업에서 미션 크리티컬[13]하다. 이제 기업들은 다운타임을 꼼꼼하게 측정하고, 서비스 중단을 방지하기 위해 많은 리소스를 투자하고 있다.

데이터도 마찬가지다. 기업들은 일상 업무는 물론 중요한 의사 결정을 할 때 데이터에 의존하고 있지만 아직 데이터 다운타임을 신중하게 처리하지 못하고 있다. 소수 기업에서는 데이터 조직에 정확하고 신뢰할 수 있는 데이터에 대한 책임을 묻기 위해 '서비스 수준 계약(이하 SLA, Service-level agreements)'을 시행하고 있지만 아직 표준은 아니다. 향후 몇 년 동안은 데이터 다운타임에 대한 정밀 조사가 증가하고 이를 최소화하는 작업이 매우 중요해질 것이다. 데이터가 중단되었는지 여부를 평가할 때는 다음 내용을 체크해 보면 된다.

- 데이터가 최신 상태인가?
- 데이터가 완전한가?
- 필드가 예상 범위 내에 있는가?
- NULL 비율이 예상보다 높은 것은 아닌가?
- 스키마가 변경되었는가?

이 체크 목록이 사용자의 데이터 품질 요구 사항을 완벽하게 충족하지는 못하지만, 좋은 시작점이 될 것이다. "데이터가 다운되었나?"라는 포괄적이고 난감한 질문에 바로 답하기보다는 좀 더 구체적인 질문의 순서를 따르는 작업이다. 정량적이고 측정 가능한 결과로 앞선 질문에 답하며 데이터 품질 지표를 측정하는 방향으로 나아갈 수 있다.

13 옮긴이_작은 실수가 치명적인 결과를 초래할 수 있다는 의미다.

2.4.2 데이터 품질 지표를 가져오는 법

이 제목에 대한 답변은 특정 데이터 자산 분석에서 나온 것으로, 앞서 설명한 리소스(데이터 웨어하우스, 데이터 레이크, 이 둘 간의 레이어 변화 등)에 따라 다르다.

데이터 웨어하우스 환경에서 데이터 품질 지표를 어떻게 구성해야 할까? 2.3절에서 데이터 웨어하우스가 구조화되고 쓰기 스키마 구조로 차별화되었음을 다루었다. 이 내용을 다시 떠올려 보자.

확장성

많은 수의 테이블과 대규모의 데이터셋을 추적하는 작업은 까다로울 수 있다. 요청을 한 번에 처리하고, 규모에 맞게 쿼리를 최적화하며, 중복을 제거하고, 다양한 방법으로 스키마를 정규화할 뿐만 아니라 이 모든 정보를 확장 가능한 데이터 저장소에 저장하여 말이 되도록 만들어야 한다. 이를 위해 시간이 지남에 따라 운영과 업데이트 및 유지 관리할 수 있는 전용 데이터 파이프라인을 구축해야 한다.

> **TIP** 최고 재무 책임자 CFO, Chief Financial Officer에게 전화를 받고 싶지 않다면, 스노우플레이크 사용 내역을 잊지 말고 기록하자.

그 외 스택에 걸쳐 모니터링하기

신뢰할 수 있는 데이터 파이프라인을 구축하고 데이터 옵저버빌리티 observability[14]를 달성하려면 지표 수집 이상의 것이 필요하다. 실제로 데이터 스택이 발전함에 따라 실시간 스트리밍 데이터, 데이터 레이크, 대시보드, 머신러닝 모델 및 기타 자산의 신뢰성을 모니터링하는 일이 중요해졌다.

데이터 스택이 증가하면서 추가 기술과 데이터 소스를 통합하기 위해 데이터 품질 지표를 모니터링하는 일은 기본 과제가 되었다. 데이터는 파이프라인 곳곳에서 망가질 수 있으므로, 웨어하우스뿐만 아니라 다른 자산에서도 지표와 메타데이터를 가져올 수 있는 방법이 필요하다.

14 옮긴이_데이터 수집 및 분석 등을 통해 언제, 무엇이, 어디에서 일어나고 있는지 관측할 수 있도록 시스템을 유지하는 능력 또는 사고방식이다.

이러한 통합을 통해 최종 사용자에게 잘 맞는 솔루션에 투자하는 것이 최우선 과제다. 이는 데이터 엔지니어, 분석 엔지니어, 머신러닝 팀, 데이터 과학자 등 어느 포지션에 속하는지에 관계없이 중요하다.

이제 스노우플레이크에서 데이터 품질 지표를 추출하여 웨어하우스의 데이터 상태를 측정하는 방법에 대해 설명한다. 구체적인 설명을 위해 스노우플레이크를 예로 들겠지만, 레드시프트, 빅쿼리 및 기타 인기 있는 OLAP 기반 웨어하우스에서 데이터 품질 정보를 가져올 때도 유사한 프로세스를 따른다.

예: 스노우플레이크에서 데이터 품질 지표 가져오기

스노우플레이크는 가장 인기 있는 클라우드 데이터 웨어하우징 툴 중 하나로, 초기부터 데이터 품질과 무결성을 우선으로 하는 설계를 채택했다. 보다 안정적인 데이터 파이프라인을 구축할 때 데이터 웨어하우스의 가장 편리한 기능 중 하나는 직접 데이터 품질 지표를 가져와 쉽게 분석할 수 있도록 시각화한다는 것이다(그림 2-2 참조).

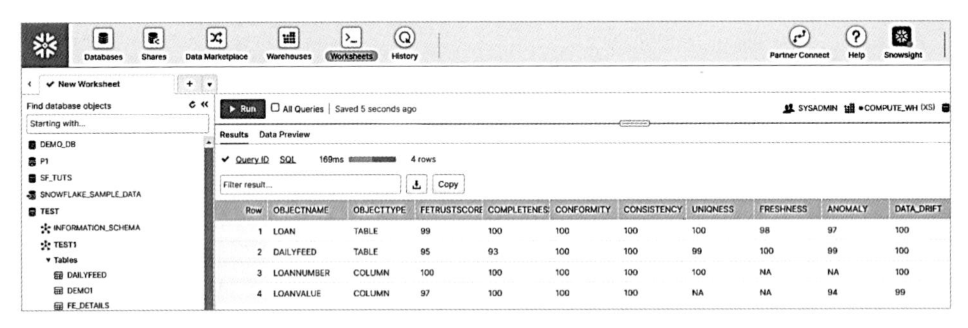

그림 2-2 스노우플레이크에서 데이터 품질 지표를 추출하면, 웨어하우스에서 데이터 상태의 스냅샷을 특정 시점에 렌더링하는 데 도움이 된다.

스노우플레이크에서 데이터 품질 지표를 성공적으로 수집하기 위해서는 다음의 4단계를 거쳐야 한다(이 튜토리얼은 일부를 수정하여 다른 브랜드의 데이터 웨어하우스에도 적용할 수 있음).

1단계: 인벤토리 매핑하기

이 튜토리얼에서는 스노우플레이크에 ANALYTICS라는 단일 데이터베이스만 있다고 가정한다. 사용자 환경에서 다음 쿼리를 실행하려면 추적할 데이터베이스의 이름을 ANALYTICS로 바꾸기만 하면 된다. 계정의 데이터베이스를 나열하려면 SHOW DATABASES를 실행하면 된다.

첫 번째 단계는 웨어하우스에 있는 모든 테이블을 매핑하여 추적해야 할 사항을 파악하는 것이다. 이 작업을 수행하는 동안 매핑 스키마는 각 테이블에 어떤 내용이 있는지, 시간에 따라 어떻게 변화하는지를 이해하는 데 유용한 도구가 될 것이다. 스노우플레이크를 사용하는 방법은 다음 [예제 2-1]과 같다.

예제 2-1 **관련 메타데이터가 있는 테이블 목록을 끌어오는 쿼리**

```
SELECT
 TABLE_CATALOG,
 TABLE_SCHEMA,
 TABLE_NAME,
 TABLE_OWNER,
 TABLE_TYPE,
 IS_TRANSIENT,
 RETENTION_TIME,
 AUTO_CLUSTERING_ON,
 COMMENT
FROM "ANALYTICS".information_schema.tables
WHERE
 table_schema NOT IN ('INFORMATION_SCHEMA')
 AND TABLE_TYPE NOT IN ('VIEW', 'EXTERNAL TABLE')
ORDER BY TABLE_CATALOG, TABLE_SCHEMA, TABLE_NAME;
```

이 쿼리는 설정에 대한 유용한 메타데이터와 함께 모든 테이블 목록을 가져온다. COMMENT를 사용하여 데이터를 부지런히 문서화하는 사람이라면 '주석 코멘트 속성'[15]이 유용하겠다.

테이블의 스키마를 가져오려면 [예제 2-2]의 쿼리를 사용할 수 있다(데이터 손상을 방지하고 문제를 해결하는 데 유용한 방법을 이해하는 데 도움을 줌).

15 「스노우플레이크 COMMENT」, *https://oreil.ly/CZvoU*

예제 2-2 스노우플레이크의 테이블에 대한 스키마 검색

```
SELECT
  '"' || TABLE_CATALOG || '"."' || TABLE_SCHEMA || '"."' || TABLE_NAME
    || '"' AS FULL_NAME,
  COLUMN_NAME,
  DATA_TYPE,
  COLUMN_DEFAULT,
  IS_NULLABLE,
  COMMENT,
  CHARACTER_MAXIMUM_LENGTH,
  NUMERIC_PRECISION,
  NUMERIC_SCALE,
  DATETIME_PRECISION
FROM "ANALYTICS".information_schema.columns;
```

앞의 스니펫은 테이블에 도움이 되지만, 뷰와 외부 테이블은 일부러 생략했다. 해당 메타데이터를 가져오려면 다음 쿼리를 사용하는 것이 좋다.

```
SHOW VIEWS IN DATABASE "ANALYTICS";
SHOW EXTERNAL TABLES IN DATABASE "ANALYTICS";
```

구현할 때 복잡성을 가중시킬 수 있지만, 위의 쿼리는 information_schema.tables를 쿼리할 때 사용할 수 없는 유용한 정보를 가져온다. 예를 들어, 뷰에 대한 기본 SQL 쿼리를 조회하는 작업에 관한 통찰력을 제공한다.

2단계: 데이터 신선도와 볼륨 모니터링하기

볼륨과 신선도를 추적하는 작업[16]은 스노우플레이크 데이터 옵저버빌리티와 데이터 파이프라인의 전반적인 상태를 이해하는 데 매우 중요하다. 다행히 스노우플레이크는 데이터가 데이터 웨어하우스의 테이블에 기록되는 것을 추적한다. 테이블에 있는 바이트 수와 가장 최근에 업데이트된 시간을 가져올 수 있는 쿼리는 다음 [예제 2-3]과 같다.

16 「데이터 옵저버빌리티를 지탱하는 5개의 기둥」, *https://oreil.ly/ICi96*

예제 2-3 테이블의 새로고침과 관련된 결과를 생성하는 쿼리

```
SELECT
 TABLE_CATALOG,
 TABLE_SCHEMA,
 TABLE_NAME,
 ROW_COUNT,
 BYTES,
 CONVERT_TIMEZONE('UTC', CREATED) as CREATED,
 CONVERT_TIMEZONE('UTC', LAST_ALTERED) as LAST_ALTERED
FROM "ANALYTICS".information_schema.tables
WHERE
 table_schema NOT IN ('INFORMATION_SCHEMA')
 AND TABLE_TYPE NOT IN ('VIEW', 'EXTERNAL TABLE')
ORDER BY TABLE_CATALOG, TABLE_SCHEMA, TABLE_NAME;
```

이러한 지표를 저장하고 시간이 지남에 따라 테이블이 어떻게 변경되는지 관찰함으로써, 테이블이 업데이트되는 빈도와 각 업데이트에서 예상되는 데이터양을 가늠할 수 있다. 특히 누락된 데이터가 있는지, 데이터에 비정상적인 업데이트는 없었는지 식별할 수 있다.

뷰의 볼륨과 신선도를 측정하는 것은 기본 쿼리에 포함된 테이블의 함수이기 때문에 명확하지 않다. 외부 테이블에 관해서는 상기 SHOW EXTERNAL TABLES... 부분을 활용해 신선도 정보를 확인하는 것이 좋다.

3단계: 쿼리 기록 작성하기

스노우플레이크 환경에서 실행 중인 모든 쿼리에 대한 정확한 기록을 보유하는 것은 문제를 해결할 때 매우 유용한 도구가 된다. 최근 작성된 테이블을 언제 어떻게 작성했는지를 확실하게 확인할 수 있기 때문이다. 보다 광범위하게 쿼리 로그를 분석하는 것은 테이블 간의 종속성을 매핑하는 데 도움이 될 것이다. 또한 어떤 사용자가 어떤 자산을 사용하는지 파악하고 스노우플레이크 인스턴스의 성능과 비용을 최적화할 수 있다.

[예제 2-4]는 쿼리 로그를 추출할 때 사용하는 쿼리로, 노이즈를 줄이기 위해 시스템 및 오류를 필터링한다. 이를 통해 주어진 테이블을 어떤 용도로 사용했는지에 관한 중요한 정보를 확인할 수 있다.

예제 2-4 **쿼리 로그 추출하기**

```
SELECT
   "QUERY_TEXT",
   "DATABASE_NAME",
   "SCHEMA_NAME",
   "QUERY_TYPE",
   "USER_NAME",
   "ROLE_NAME",
   "EXECUTION_STATUS",
   "START_TIME",
   "END_TIME",
   "TOTAL_ELAPSED_TIME",
   "BYTES_SCANNED",
   "ROWS_PRODUCED",
   "SESSION_ID",
   "QUERY_ID",
   "QUERY_TAG",
   "WAREHOUSE_NAME",
   "ROWS_INSERTED",
   "ROWS_UPDATED",
   "ROWS_DELETED",
   "ROWS_UNLOADED"
FROM snowflake.account_usage.query_history
WHERE
   start_time BETWEEN to_timestamp_ltz('2021-01-01 00:00:00.000000+00:00')
     AND to_timestamp_ltz('2021-01-01 01:00:00.000000+00:00')
   AND QUERY_TYPE NOT IN ('DESCRIBE', 'SHOW')
   AND (DATABASE_NAME IS NULL OR DATABASE_NAME NOT IN ('UTIL_DB', 'SNOWFLAKE'))
   AND ERROR_CODE is NULL
ORDER BY start_time DESC;
```

또한 작업 기록을 살피고 데이터가 어떻게 적재되고 이동하였는지 이해할 수 있으며, 이는 테이블의 신선도를 이해하는 데 도움을 준다(예제 2-5 참조).

예제 2-5 **데이터 로드 방법에 대한 정보 수집 쿼리**

```
SELECT
   "FILE_NAME",
   "STAGE_LOCATION",
   "LAST_LOAD_TIME",
```

```
    "ROW_COUNT",
    "FILE_SIZE",
    "ERROR_COUNT",
    "STATUS",
    "TABLE_CATALOG_NAME",
    "TABLE_SCHEMA_NAME",
    "TABLE_NAME",
    "PIPE_CATALOG_NAME",
    "PIPE_SCHEMA_NAME",
    "PIPE_NAME",
    "PIPE_RECEIVED_TIME"
FROM snowflake.account_usage.copy_history
WHERE
    LAST_LOAD_TIME between to_timestamp_ltz('2021-01-01 00:00:00.000000+00:00')
      AND to_timestamp_ltz('2021-01-01 01:00:00.000000+00:00')
    AND STATUS != 'load failed'
ORDER BY LAST_LOAD_TIME DESC;
```

다음 단계에서는 무언가 잘못되었음을 알리는 이상 징후인 NULL과 0 값을 모니터링하는 쿼리를 실행하여 스노우플레이크로 데이터 품질을 한층 더 깊이 분석한다.

4단계: 상태 점검하기

마지막으로, 일부 중요한 테이블의 경우 데이터 품질 검사를 실행하여 모든 필드가 올바르게 채워지고 정상적인 값을 갖는지 확인할 수 있다. 시간 경과에 따른 상태 메트릭을 추적하고 이를 과거 배치와 비교함으로써, 다양한 데이터 품질 문제가 나타나는 즉시 해당 문제를 찾을 수 있다. [예제 2-6]은 지정된 테이블의 어디에 이상이 생겼는지 확인하기 위해 스노우플레이크 데이터 기록을 쿼리하는 방법이다.

예제 2-6 스노우플레이크 데이터 기록 쿼리하기

```
SELECT
    DATE_TRUNC('HOUR', created_on) as bucket_start,
    DATEADD(hr, 1, DATE_TRUNC('HOUR', created_on)) as bucket_end,

    COUNT(*) as row_count,

    -- string field
```

```
COUNT(account_id) / CAST(COUNT(*) AS NUMERIC) as account_id___completeness,
COUNT(DISTINCT account_id) as account_id___approx_distinct_count,
COUNT(DISTINCT account_id) / CAST(COUNT(*) AS NUMERIC)
  as account_id___approx_distinctness,
AVG(LENGTH(account_id)) as account_id___mean_length,
MAX(LENGTH(account_id)) as account_id___max_length,
MIN(LENGTH(account_id)) as account_id___min_length,
STDDEV(CAST(LENGTH(account_id) as double)) as account_id___std_length,
SUM(IFF(REGEXP_COUNT(TO_VARCHAR(account_id),
  '^([-+]?[0-9]+)$', 1, 'i') != 0, 1, 0)) / CAST(COUNT(*) AS NUMERIC)
  as account_id___text_int_rate,
SUM(IFF(REGEXP_COUNT(TO_VARCHAR(account_id),
  '^([-+]?[0-9]*[.]?[0-9]+([eE][-+]?[0-9]+)?)$', 1, 'i') != 0, 1, 0))
  / CAST(COUNT(*) AS NUMERIC) as account_id___text_number_rate,
SUM(IFF(REGEXP_COUNT(TO_VARCHAR(account_id),
  '^([0-9a-fA-F]{8}-[0-9a-fA-F]{4}-[0-9a-fA-F]{4}-[0-9a-fA-F]{4}
  -[0-9a-fA-F]{12})$', 1, 'i') != 0, 1, 0)) / CAST(COUNT(*) AS NUMERIC)
  as account_id___text_uuid_rate,
SUM(IFF(REGEXP_COUNT(TO_VARCHAR(account_id),
  '^(\\s+)$', 1, 'i') != 0, 1, 0)) / CAST(COUNT(*) AS NUMERIC)
  as account_id___text_all_spaces_rate,
SUM(IFF(UPPER(account_id) IN ('NULL', 'NONE', 'NIL', 'NOTHING'), 1, 0))
  / CAST(COUNT(*) AS NUMERIC) as account_id___text_null_keyword_rate,
```

다음 [예제 2-7]에서는 데이터의 특정 숫자 필드(또는 분포)의 정확도를 추적할 수 있다. 이 예에서는 특히 account_id와 num_of_users의 두 필드에 걸친 데이터 분포에 대한 정보를 수집한다.

예제 2-7 account_id와 num_of_users에 대한 데이터 분포 정보 수집하기

```
-- numeric field
  COUNT(num_of_users) / CAST(COUNT(*) AS NUMERIC)
    as num_of_users___completeness,
  SUM(IFF(num_of_users = 0, 1, 0)) / CAST(COUNT(*) AS NUMERIC)
    as num_of_users___zero_rate,
  SUM(IFF(num_of_users < 0, 1, 0)) / CAST(COUNT(*) AS NUMERIC)
    as num_of_users___negative_rate,
  COUNT(DISTINCT num_of_users) / CAST(COUNT(*) AS NUMERIC)
    as num_of_users___approx_distinctness,
  AVG(num_of_users) as num_of_users___numeric_mean,
  MIN(num_of_users) as num_of_users___numeric_min,
  MAX(num_of_users) as num_of_users___numeric_max,
```

```
    STDDEV(CAST(num_of_users as double)) as num_of_users___numeric_std,
    ARRAY_CONSTRUCT(APPROX_PERCENTILE(num_of_users, 0.00),
      APPROX_PERCENTILE(num_of_users, 0.20),
      APPROX_PERCENTILE(num_of_users, 0.40),
      APPROX_PERCENTILE(num_of_users, 0.60),
      APPROX_PERCENTILE(num_of_users, 0.80),
      APPROX_PERCENTILE(num_of_users, 1.00))
      as num_of_users___approx_quantiles

FROM analytics.prod.client_hub
WHERE
    DATE_TRUNC('HOUR', measurement_timestamp)
      >= DATEADD(day, -1, CURRENT_TIMESTAMP())
GROUP BY bucket_start, bucket_end
ORDER BY bucket_start ASC;
```

[예제 2-7]에서는 `client_hub` 테이블의 두 필드에 대한 상태 지표를 수집하고 있다.

문자열인 `account_id` 필드는 완전성(NULL이 아닌 값의 비율), 유일성(고윳값의 비율), 보편적으로 고유한 식별자UUID의 비율(UUID 형식과 일치하는 레코드의 비율)과 같은 지표를 추적한다. 이러한 항목을 시간 경과에 따라 추적하면 ID가 없는 계정, 중복 레코드, 잘못된 형식의 ID와 같은 일반적인 문제를 식별하는 데 도움이 된다.

숫자 필드인 `num_of_users`는 값이 0인 레코드의 비율과 평균 및 분위수와 같은 다양한 종류의 지표를 추적한다. 이 지표를 시간 경과에 따라 관찰하면, 데이터 누락으로 인해 사용자 수가 0이 되거나 사용자 수가 크게 빗나가는 버그와 같은 일반적인 문제를 식별하는 데 도움이 된다.

확장성을 위해 최근 데이터만 추적하고 과거 데이터가 이전 쿼리에 저장되었다고 가정해 보자(참고로, 예시의 최근 데이터는 하루를 의미함). 이 방법은 필요한 경우 샘플링과 함께 상당한 규모의 데이터셋을 효율적이고 효과적인 비용으로 추적할 수 있도록 지원한다.

특히 문제가 발생하여 데이터 파이프라인에서 근본 원인 분석[17]을 수행 중인 팀이라면 데이터 품질 지표를 추적하기 위해 수집한 정보를 다른 구성원이 쉽게 사용할 수 있도록 해야 한다. 문제가 감지될 때마다 자동으로 알림을 보내는 방식, 워크플로를 더 잘 처리하기 위해 사용하

17 「데이터 엔지니어를 위한 근본 원인 분석」, *https://oreil.ly/Z3Nm5*

는 중앙 집중형(및 탐색이 쉬운) UI를 사용하면 며칠 동안 지속되는 데이터 재해를 빠르게 해결할 수 있다.

2.4.3 쿼리 로그를 통한 데이터 웨어하우스의 데이터 품질 파악

웨어하우스 환경에서 접근할 수 있는 메타데이터의 강력한 소스는 쿼리 로그(웨어하우스에서 만들어진 변환에 대한 기록)다. 쿼리 로그를 사용하면 다음과 같은 질문에 대답할 수 있다.

- 누가 이 데이터에 접근하는가?
- 업스트림 또는 다운스트림은 어디서 오는가?
- 평균적으로 이 특정 변환이 얼마나 자주 실행되는가?
- 몇 개의 행이 영향을 받는가?

이 정보는 대부분의 주요 데이터 웨어하우스 공급업체의 시스템 테이블에 패키지로 제공된다. 시작은 스노우플레이크 QUERY_HISTORY 테이블 패밀리[18], 빅쿼리의 AuditLogs 리소스 및 레드시프트 STL_QUERY 테이블 패밀리[19]가 될 수 있다.

쿼리 로그 테이블은 일반적으로 (1) 며칠간의 쿼리 기록만 저장하며, (2) 데이터 품질 이니셔티브에 필요한 것보다 훨씬 더 많은 정보를 포함한다. 즉, 데이터 품질 메트릭을 위해 쿼리 로그를 처리하는 강력한 솔루션은 사전 예방적으로 원하는 메트릭과 집계를 보다 영구적인 위치에 저장해야 한다는 것이다. 스노우플레이크와 레드시프트의 경우 다음과 같이 미리 만들어진 지표들이 준비돼 있다.

- 쿼리를 실행한 사용자 ID
- 쿼리의 SQL 텍스트와 쿼리를 식별하는 해시hash
- 시작에서 결과까지 쿼리의 총 시간
- 오류 코드가 생성된 경우
- 쿼리의 입출력 사이즈(행 또는 바이트 단위)

18 「스노우플레이크 QUERY_HISTORY , QUERY_HISTORY_BY_*」, *https://oreil.ly/NcspE*

19 「AWS STL_QUERY」, *https://oreil.ly/00KBm*

이 자체로는 별것 아닌 것처럼 보일 수 있지만, 수집된 메타데이터를 지능적으로 적용하면 다음 질문의 답을 얻을 수 있다.

- 이 테이블은 언제 마지막으로 쿼리되었는가?
- 업데이트는 지금까지의 흐름과 유사했는가? 아니면 패턴을 깨는가?
- 데이터 웨어하우스의 하루 적재량은 어느 정도인가?
- 두 달 전보다 점진적으로 더 오래 걸리는가?
- 누가(또는 어떤 봇이) 이 리소스에 접근할 수 없는가?

쿼리 로그는 이 질문은 물론 더 많은 질문에도 답변할 수 있다. 그 방법을 살펴보자.

2.4.4 쿼리 로그를 사용한 데이터 레이크의 데이터 품질 파악

2.3.2절에서 살펴보았듯이, 데이터 레이크는 주로 허용하는 저장소 형식의 유연성 측면에서 데이터 웨어하우스와 다르다. 데이터 레이크는 데이터를 원시 파일 형식으로 저장하고 조작할 수 있는 '읽기 스키마' 접근 프로토콜을 허용한다. 이는 명확한 장점이지만 '늪지화' 위험을 증가시킨다. 데이터를 삽입할 때 스키마가 시스템에 의해 강제되지 않기 때문에 데이터 웨어하우스 아키텍처에 존재하는 많은 데이터 품질 지표는 얻기 어렵거나 불가능하다. 하지만 오늘날 데이터 레이크가 데이터 품질을 보장하기 위한 방법은 다양하므로 걱정하지 않아도 된다.

데이터 레이크에서는 일부 메타데이터를 자연스럽게 얻을 수 있다. 데이터 레이크는 새로운 데이터가 추가될 때 객체 메타데이터를 수집하고 저장한다. 이때 '의도치 않게' 이를 장점으로 활용할 수 있다. 예를 들어, 아마존 S3의 경우 객체 관리를 위해 객체 삽입 시간과 페이로드 크기를 저장해야 한다. 이때, 이 메타데이터를 활용하면 "이 객체의 마지막 업데이트 시기는 언제인가?" 또는 "이 유형의 파일은 평균 크기가 얼마인가? 최근에 증가 추세인가?"와 같은 질문에 답할 수 있다.

대부분의 현대 데이터 레이크에서 제공하는 시스템 메타데이터는 다음을 포함한다.

- 객체 삽입 시간
- 객체 크기(바이트)
- (인식되는 경우) 객체 파일 형식
- 암호화 사용 여부

시스템이 사용자를 대신하여 저장하는 메타데이터 외에도 생성 시 추가 객체 헤더를 지정할 수 있다. 여기서 데이터 품질을 위한 솔루션은 보다 개방적이다. 데이터 다운타임을 평가하는 데 필요한 시스템 정의 메타데이터에 무엇이 부족한지 생각해 보라. 다음은 관련 예시다.

- 객체 생성에 관해 어떤 작업 파이프라인 또는 사용자에게 책임이 있는가?
- 객체가 사용하거나 의존하는 스키마는 무엇인가? 예를 들어, ETL 워크플로에서 업스트림 변환이 이뤄지고 객체(리소스)가 특정 ETL 워크플로의 스키마에 따라 변환되었는지, 또는 변환의 한쪽이 더 이상 사용되지 않았는지 여부를 확인할 수 있다.

그러나 "이 객체 생성의 책임자는 누구인가?"라는 질문에 답하는 또 다른 일반적인(그리고 아마 더 전체론적인) 방법은 보다 엄격하게 접근 권한을 적용하고, 단일 파이프라인에만 쓰기 권한을 부여하는 것임을 명심해야 한다. 이는 데이터 품질이 좀 더 능동적으로 처리되도록 보장한다.

데이터 품질에 대한 이해를 돕는 데이터 스택의 또 다른 핵심 요소는 데이터 카탈로그다.

2.5 데이터 카탈로그 설계

실제 도서관의 카탈로그와 유사하게, 데이터 카탈로그는 메타데이터의 인벤토리 역할을 하며, 사용자에게 데이터 접근성, 상태 및 위치를 평가하는 데 필요한 정보를 제공한다. 얼레이션 Alation, 콜리브라 Collibra, 인포매티카 Informatica와 같은 기업에서는 데이터를 계속 모니터링하고 머신러닝 및 자동화와 통합하여 데이터를 좀 더 쉽게 검색하고 협업할 수 있게 한다. 그리고 이제는 조직 및 업계 전체 또는 정부 규정까지 준수할 수 있도록 지원하는 솔루션을 제공한다.

데이터 카탈로그는 회사의 데이터 소스에 대한 하나의 출처를 제공하므로 파이프라인의 데이터를 관리하는 데 용이하다. 또 데이터 카탈로그는 이해관계자가 구체적인 소스 코드의 흐름을 더 잘 이해할 수 있도록 메타데이터를 저장하는 데 사용될 수 있으므로 데이터 자체에 대한 신뢰도를 높일 수 있다. 더불어 데이터 카탈로그를 사용하면 개인 식별 가능 정보가 저장될 수 있는 위치와 제멋대로 퍼져나가는 다운스 트림, 조직 내에서 파이프라인을 통해 접근 권한을 가지는 사용자가 누구인지도 쉽게 추적할 수 있다.

데이터 카탈로그는 다음과 같은 질문에 답하도록 설계되었다.

- 데이터를 어디에서 찾아야 하는가?
- 이 데이터는 중요한가?
- 이 데이터는 무엇을 나타내는가?
- 이 데이터가 관련성이 있고 그 관련성은 중요한가?
- 이 데이터를 어떻게 사용할 수 있는가?

데이터 카탈로그를 처음 설계하는 기업이 이 질문들에 답하기 위해 가장 낮은 수준의 기술로 접근하는 방식은 모든 데이터 정보를 하나의 거대한 스프레드시트에 모으는 것이다. 즉, 기존에는 엑셀을 사용하여 데이터 카탈로그를 설계해 왔다.

하지만 데이터 카탈로그를 직접 만들다 보면 문제가 발생하기 쉽다. 대형 데이터 웨어하우스에 수만 개의 테이블이 있는 상황에서 자동화는 필수다. 기존 데이터 카탈로그 및 거버넌스 방법론은 일반적으로 데이터 조직이 수동으로 데이터를 입력하는 방식을 사용하고, 데이터 자산이 발전함에 따라 카탈로그 업데이트 작업을 수행했다. 이러한 접근 방식은 시간이 많이 소요될 뿐 아니라 자동화할 수 있는 상당수의 일을 수작업으로 진행하게 만든다. 자동화를 하면, 데이터 엔지니어와 분석가가 실제로 가시적인 변화를 이끌어 내는 프로젝트에 집중할 수 있는 시간을 확보할 수 있다.

게다가, 오늘날 저장되는 데이터에는 비정형적이고 유동성이 매우 높은 데이터가 많다. 소수의 엔지니어를 풀타임 작업으로 배치하는 경우가 아니라면, 이러한 형식의 데이터를 수동 카탈로그 방식으로 유지 관리하는 것은 불가능하다. 여기에 더해, 소비자가 접근해서 사용하는 데이터를 단순히 설명하는 것이 아니라 그 의도와 목적에 따라 데이터를 이해해야 할 필요성도 커지고 있다. 데이터 생산자가 자산으로서 데이터의 가치를 설명하는 방법은 이 데이터의 사용자가 그 기능을 이해하는 방법과 매우 다를 수 있다. 심지어 데이터 사용자 간에도 데이터에 부여된 의미를 이해하는 측면에서 엄청난 차이가 있을 수 있다. 결국 수동 데이터 카탈로그는 이제 사용하기 어렵다.

다행히도 데이터 카탈로그화는 (특별히 어려운 작업이라기보다) 데이터 파이프라인을 설명하는 적절한 메타데이터를 발견하고 구성하는 문제일 수 있다. 그리고 이는 자동화할 수 있는 작업이다.

2.6 데이터 카탈로그 구축

데이터 카탈로그를 처음부터 구축한다고 가정해 보자. 어떻게 시작해야 할까?

카탈로그를 구축하거나 투자하기 전에, 운영 및 분석 팀의 다운스트림 이해관계자와 협력하여 비즈니스에 가장 중요한 데이터가 무엇인지 파악하고 문서화 및 카탈로그화해야 한다. 대다수 조직에서는 데이터 소스와 연결 대상, 마지막 업데이트 시기를 스프레드시트에 강조 표시하는 것으로 첫 단계(가지런하게 정리하기)를 해결한다.

이렇게 정리한 후, 컬럼(및 데이터)을 최신 상태로 유지할 책임이 있는 소유자를 지정해야 한다. 일부 조직에서는 소스, 스키마 또는 데이터 도메인을 기반으로 소유권을 할당한다.

가장 기본적인 데이터 카탈로그는 데이터의 위치, 소유권, 잠재적인 사용 사례에 대한 맥락과 통찰력을 제공하는 데이터(메타데이터)의 모음이다. [표 2-1]과 같이 가장 기본적인 상태로 작성된 데이터 카탈로그를 실제로 채우기 위해, 데이터 조직은 데이터 웨어하우스의 모든 테이블을 수동으로 검색하거나 자동화된 SQL 파서SQL Parser를 사용하여 작업을 수행할 수도 있다. Sqlparse[20], ANTLR[21], 아파치 캘사이트Apache Calcite[22], MySQL의 SQL 파서[23] 모두 널리 사용되는 오픈 소스 형의 SQL 구문 분석 솔루션이다.

표 2-1 기본적인 카탈로그 초안

테이블 이름	대시보드/보고 형식	최근 업데이트 일자	소유자	비고
LIOR_GOOD_TABLE_3.csv	임원 사업 예측 V3 (루커, Looker)	2022. 3. 3.	라이어 개비쉬 (lior@internet.org)	라이어의 테이블; 임원을 위한 재무 예측에 사용됨. 예 회계적 이익률법(ARR)
MEETINGS_DOWNTIME_2022.csv	리포트 1234 (태블로, Tableau)	2022. 2. 2.	바 모세스 (Barr@internet.org)	대면 회의 중 중단 발생

20 「깃허브 andialbrecht/sqlparse」, *https://oreil.ly/5zhUG*

21 「ANTLR 웹페이지」, *https://oreil.ly/XTGr5*

22 「아파치 캘사이트 웹페이지」, *https://oreil.ly/wl7ok*

23 「깃허브 phpmyadmin/sql-parser」, *https://oreil.ly/55PCH*

DONT_ USE_4_ MV.csv	대시보드 Yikes (차트아이오, Chartio)	2021. 10. 30.	몰리 보르웨르크 (molly@internet.org)	Who knows?
RYANS_DATA. csv	마케팅 모델 (루커, Looker)	2022. 3. 3.	라이언 컨즈 (ryan@internet.org)	소셜 미디어를 통해 광고 지출 안내를 위한 수요 창출 모델

SQL 파서는 SQL 문의 일부(키워드, 식별자, 절 등)를 다른 루틴이 처리할 수 있는 데이터 구조로 분리한다.

SQL 구문을 분석한 후에는 SQL을 저장하고 처리할 곳이 필요하다. 데이터 카탈로그를 밑바닥부터 구축하는 경우에 오픈 ELK 스택[24], PostgreSQL[25], MySQL[26], MariaDB[27]와 같은 오픈 소스 데이터베이스는 좋은 선택지가 된다.

각 파서와 데이터베이스 응용 프로그램은 다르게 동작하지만 [예제 2-8]은 주어진 데이터베이스의 데이터에 대한 정보를 연결하는 쿼리를 풀 때 쓸 수 있는 코드를 보여준다. 이 예제의 경우, ANTLR을 사용해 CSV 파일에서 쿼리를 추출하고 쿼리의 '출력'을 MySQL로 연결한다.

예제 2-8 **카탈로그 또는 검색 도구에 저장할 메타데이터를 수집하기 위한 데이터베이스 쿼리**

```
String sql = "SELECT CUST_NAME FROM CUSTOMERS WHERE CUST_NAME LIKE 'Kash%'";

MySqlLexer lexer = new MySqlLexer(CharStreams.fromString(sql));
MySqlParser parser = new MySqlParser(new CommonTokenStream(lexer));
ParseTree root = parser.dmlStatement();

System.out.println(root.toStringTree(parser));
```

이 쿼리의 결과는 [예제 2-9]와 같이 주어진 데이터베이스의 데이터에 대한 메타데이터를 렌더링하며, 이 데이터들은 데이터 카탈로그 또는 검색 도구에 저장된다.

24 「ELK 스택 웹페이지」, *https://oreil.ly/JarRL*
25 「PostgreSQL 웹페이지」, *https://oreil.ly/QdVve*
26 「MySQL 웹페이지」, *https://oreil.ly/TwfWw*
27 「MariaDB 웹페이지」, *https://oreil.ly/M027O*

예제 2-9 **예제 2-8의 결과**

```
(dmlStatement
  (selectStatement
    (querySpecification SELECT
    (selectElements
         (selectElement
         (fullColumnName
         (uid
            (simpleId CUST_NAME)))))
    (fromClause FROM
    (tableSources
         (tableSource
         (tableSourceItem
         (tableName
            (fullId
            (uid
            (simpleId CUSTOMERS))))))) WHERE (expression (predicate

    (predicate
         (expressionAtom
         (fullColumnName
         (uid (simpleId CUST_NAME))))) LIKE
    (predicate
         (expressionAtom
         (constant
         (stringLiteral 'Kash%'))))))))))
```

GraphQL[28], REST[29], Cube.js[30]와 같은 오픈 소스 쿼리 언어 도구를 사용하면 데이터베이스에서 SQL을 쿼리하고, 아문센Amundsen[31], 아파치 아틀라스Apache Atlas[32], 데이터허브DataHub[33], CKAN[34]과 같은 카탈로그 시각화 서비스에서 렌더링할 수 있다.

28 「GraphQL 웹페이지」, *https://oreil.ly/WbFAK*
29 「REST는 무엇인가」, *https://oreil.ly/MT2pR*
30 「Cube.js 웹페이지」, *https://oreil.ly/LlBTt*
31 「아문센 웹페이지」, *https://oreil.ly/Svhlg*
32 「아파치 아틀라스 웹페이지」, *https://oreil.ly/Q1X7F*
33 「데이터허브 웹페이지」, *https://oreil.ly/CCH6M*
34 「CKAN 웹페이지」, *https://oreil.ly/K2HVG*

명확한 모델을 사용하는 경우 데이터 카탈로그가 제대로 동작한다. 하지만 데이터 파이프라인이 점점 복잡해지고 비정형 데이터가 표준이 됨에 따라 데이터가 무엇을 하는지, 누가 사용하는지, 어떻게 사용하는지 등 데이터에 대한 이해는 현실을 반영하지 못하고 있다.

차세대 카탈로그는 데이터를 학습, 이해 및 추론할 수 있는 기능을 갖추고 있어 사용자가 데이터 통찰력을 스스로 습득하고 활용할 수 있게 한다. 가장 중요한 것은 데이터 카탈로그가 자동 데이터 탐색과 활성 메타데이터를 지원한다는 것이다. 슬랙Slack, 팀즈Teams, 그 외 커뮤니케이션 채널을 사용해 웨어하우스의 데이터를 쿼리할 수 있다면 어떨까? 이는 단순히 흥미로운 이야기에 그치지 않고, 가까운 미래가 될 것이다.

데이터 관리 전략은 데이터 카탈로그화 외에도 분산 데이터 자산의 상태를 실시간으로 파악하기 위한 새로운 접근 방식을 사용해 데이터 검색을 통합해야 한다. 자마크 데가니와 써트웍스의 데이터 메시 모델이 제안한 분산 도메인 지향 아키텍처에서 차용한 데이터 검색은 서로 다른 데이터 소유자가 자신의 데이터를 프로덕트로서 책임을 지고, 서로 다른 위치에 분산된 데이터 간의 통신을 촉진한다고 가정한다. 주어진 도메인에 데이터가 제공되고 변환되면 도메인 데이터 소유자는 운영 또는 분석 요구 사항에 맞추어 데이터를 활용할 수 있다.

데이터 검색은 특정 소비자가 데이터를 수집·저장·집계·사용하는 방식을 기반으로 데이터에 대한 도메인별 동적인 이해를 제공함으로써 데이터 카탈로그의 필요성을 대체한다. 데이터 카탈로그와 마찬가지로 거버넌스 표준과 툴링은 이러한 도메인에 걸쳐 연합되어 접근성과 상호운용성이 향상되었다. 하지만 데이터 카탈로그와 달리, 데이터 검색은 이상적이고 '카탈로그화된' 상태가 아닌 데이터의 현재 상태를 실시간으로 파악한다.

데이터 검색은 데이터의 이상적 상태뿐 아니라 각 도메인에 걸친 데이터의 현재 상태에 대해서도 다음과 같은 질문에 답할 수 있다.

- 가장 최근의 데이터셋은 무엇인가? 사용되지 않을 가능성이 있는 데이터셋은 무엇인가?
- 테이블이 마지막으로 업데이트된 것은 언제인가?
- 도메인에서 주어진 필드의 의미는 무엇인가?
- 누가 이 데이터에 접근할 수 있는가? 마지막으로 사용한 것은 언제, 누구인가?
- 이 데이터의 업스트림과 다운스트림의 의존성은 무엇인가?
- 프로덕트가 될 수 있을 만한 수준으로 데이터 품질이 높은가?

- 도메인 비즈니스 요구 사항에 중요한 데이터는 무엇인가?
- 가정은 무엇이며, 가정이 충족되었는가?

데이터 품질을 우선으로 하는 카탈로그에는 다음과 같은 기능이 있다.

셀프 검색 서비스 및 자동화

데이터 조직은 전담 지원 팀 없이도 데이터 카탈로그를 쉽게 활용할 수 있어야 한다. 데이터 툴링을 위한 셀프 서비스, 자동화, 워크플로 조정 기능은 데이터 파이프라인 단계 사이의 사일로를 제거한다. 그리고 그 과정에서 데이터를 더 쉽게 이해하고 접근할 수 있도록 지원한다. 데이터 접근성이 높아져 데이터 엔지니어링 팀의 부담을 줄여준다.

데이터 진화에 따른 확장성

기업이 점점 더 많은 데이터를 수집하고, 비정형 데이터가 표준으로 자리 잡음에 따라, 이러한 요구를 충족시킬 수 있는 확장성이 데이터 이니셔티브의 성공에 있어 매우 중요해질 것이다. 데이터 검색은 머신러닝을 활용해 데이터 자산이 확장될 때 조감도를 확장하고, 데이터가 진화함에 따라 이해가 조정되도록 한다. 이러한 방식으로 데이터 소비자는 구식 문서(오래된 데이터에 대한 방대한 데이터!) 또는 더 나쁜 정보나 직감에 기반한 의사 결정에 의존하지 않고, 좀 더 지능적이고 데이터에 입각한 의사 결정을 내릴 수 있다.

분산 검색을 위한 데이터 계보

데이터 검색은 데이터 자산 간의 업스트림 및 다운스트림 의존성dependency을 매핑하기 위해 테이블 및 필드 레벨 계보에 크게 의존한다. 그 계보는 적절한 정보를 적시에 제공(데이터 검색의 핵심 기능)하고, 데이터 자산 간의 연결을 유도하여 데이터 파이프라인이 고장 났을 때 문제를 해결할 수 있도록 도와준다. 이는 현대의 데이터 스택이 더 복잡한 사용 사례를 수용할 수 있도록 진화함에 따라 점점 더 빈번히 일어나는 문제가 되고 있다. 7장에서 자체 데이터 파이프라인을 위한 계보를 실제로 구축하는 방법에 대해 다룰 것이다.

사실, 데이터 검증을 수작업으로 하든, 엔지니어가 작성하는 맞춤형 검증 규칙을 사용하든, 단순히 손상된 데이터를 기반으로 의사 결정을 하든, 알려지지 않은 자동 오류에 따른 비용이 발생하든, 상관없다. 어쨌든 대부분의 조직에서는 데이터 검색에 투자하고 있을 것이다.

데이터 검색을 통해 데이터 조직은 데이터에 대한 가정이 현실과 일치한다는 것을 신뢰할 수 있으며, 도메인에 관계없이 데이터 인프라 전반에서 동적 검색과 높은 수준의 안정성을 실현할 수 있다.

2.7 마치며

진정으로 검색 가능한 데이터를 얻으려면, 데이터를 '카탈로그화'할 뿐만 아니라 정확하고 깨끗하게, 수집에서 사용까지 완벽하게 관찰할 수 있어야 한다. 즉, 신뢰할 수 있어야 한다. 그리고 모든 라이프사이클 단계와 도메인에 걸쳐 데이터 자체와 데이터의 상태, 그 사용 방법까지 이해하고 있어야만 비로소 신뢰할 수 있게 된다.

3장에서는 데이터 파이프라인 전반에서 데이터 품질을 관리하고 규모에 맞게 데이터를 수집·정제·변환·테스트하는 방법을 설명한다.

CHAPTER 3

데이터 수집·정제·변환·테스트

PREVIEW

3장에서는 데이터 품질과 신뢰성을 염두에 두고 데이터를 수집·정제·변환·테스트하는 방법을 설명한다. 이를 통해 데이터가 파이프라인에 있기 전과 파이프라인에 있는 동안 품질을 관리하는 방법을 알려준다. 특히, 최근 주목받는 방법론인 데이터 실시간 처리 시 사용할 수 있는 데이터 품질 관리 툴과 해당 툴의 이점을 짚어준다. 마지막으로 데이터 테스트 단계를 마친 뒤, 아파치 에어플로를 활용하여 데이터 품질을 효율적으로 관리할 수 있는 방법을 안내한다.

라이언 컨즈 공저

데이터 신뢰성을 최우선시하는 데 필요한 다양한 도구를 어느 정도 이해했으니, 이제 데이터 품질을 고려하여 프로덕션 사용 사례에 맞게 데이터를 준비하는 방법에 대해 알아보자.

2장에서는 일부 도메인 용어를 살펴봤고, 품질을 관리할 대상인 '데이터 덩어리(대부분 메타데이터)' 분류법을 알아보았다. 하지만 데이터 파이프라인에서 데이터 품질을 철저히 파악하려면 조직에서 지속적으로 운영하는 데이터의 라이프사이클을 엔드 투 엔드end-to-end로 살펴봐야 한다.

3장에서는 전체 데이터 품질에 영향을 미치는 네 가지 주요 단계인 '데이터 수집·정제·변환·테스트'를 통해 데이터가 파이프라인에 있기 전과 파이프라인에 있는 동안 이를 관리하는 방법을 안내한다. 데이터 수집 및 정제는 프로덕션 파이프라인의 첫 번째 단계와 관련이 있고, 변환 및 테스트는 데이터 분석을 수행할 수 있게끔 만드는 여정과 관련이 있다.

3.1 데이터 수집

데이터 수집에 초점을 맞추면, 데이터 파이프라인 중 가장 업스트림에 있는 '진입점'이 아마 가장 중요할 것이다. 진입점은 '외부 세계의 데이터가 파이프라인에 들어오는 초기 접촉 지점'으로 정의할 수 있다. 도커Docker 컨테이너화에 익숙한 사용자는 진입점entrypoint 키워드가 익숙할 것이다. 진입점은 컨테이너를 시작할 때마다 실행되는 초기 명령이다. 마찬가지로, 소프트웨어 엔지니어링 용어로서의 '진입점'은 종종 프로그램의 초기 실행 지점을 의미한다. 데이터 공학에서도 비슷하게 해석된다.

진입점의 데이터는 그것이 모델링하는 외부 세계의 전형적인 노이즈와 불규칙성을 모두 포함하고 있기 때문에 가장 원시적이다. 그러한 데이터는 애플리케이션 또는 서비스 로그, 클릭 스트림 소스 또는 라이브 센서에서 수집할 수 있다. 수집된 데이터는 아마도 매우 다양할 것이다. 즉, 정형화되어 있기도 하고 정형화되어 있지 않기도 하여 (파이프)라인에서 문제가 발생할 가능성이 있다.

데이터 수집 소스를 보유하고 있는 데이터 엔지니어는 거의 없다. 대부분 분석 서비스 또는 API와 같은 일부 비즈니스 목표 또는 업스트림 도구에 의존한다. 데이터 소스는 크게 세 가지 범주로 분류되며, 3.1.1절부터 각 범주를 살펴볼 것이다. 각 유형의 고유한 장단점을 이해하면 처리 솔루션을 설계할 때 도움이 될 수 있다.

3.1.1 애플리케이션 로그 데이터

'애플리케이션 로그'는 일부 소프트웨어 애플리케이션 내의 작업으로 생성된 데이터를 나타낸다. 해당 애플리케이션은 클라이언트용 또는 내부용일 수 있으며, 작업은 사용자 시작 또는 프로그래밍 방식일 수 있다. 종종 타임스탬프가 표시되는 이벤트 설명과 함께 애플리케이션 소프트웨어에서 생성된 오류 또는 경고 메시지를 찾을 수 있다.

중요한 점은 운영 체제가 부팅될 때 일련의 이벤트를 기록할 수 있는 시스템 로그와 달리, 애플리케이션 로그에 포함되거나 제외되는 데이터는 개발자에게 달려 있다는 것이다. 즉, 로그는 애플리케이션 사용에 대한 전체 기록이 아닐 수도 있다. 그렇다 해도 해당 데이터 소스는 여전히 다수의 비즈니스에서 중요하게 사용되고 있다.

다음은 애플리케이션 로그 데이터 수집 사용 사례다.

- 한 블로그 독자가 웹 페이지에서 10분을 머물렀으며, 블로그 텍스트에서 나가는 링크 3개를 클릭했고, 문서 맨 아래까지 스크롤했다.
- 엔지니어가 클라우드 컴퓨팅 서비스에 가상 머신 인스턴스를 생성했다. 6개의 vCPU가 있는 인스턴스 유형을 선택했지만, 본인이 있는 지역에서 그 유형을 사용할 수 없으므로 다시 탐색하여 구성을 변경해야 했다.

- 머신러닝 모델은 데이터셋에 적합하다. 로그에는 다양한 훈련 에폭(epoch), 현재 정확도, 손실이 표시된 외부 대시보드의 링크가 기록된다.

비즈니스 측면에서는 다양한 출처와 다양한 형식의 애플리케이션 로그를 수집할 것이다. 다음은 로그 데이터를 처리할 때 고려해야 할 요소들이다.

구조

애플리케이션 로그는 단순한 직렬화 텍스트이므로 ASCII 또는 이진 형식으로 사용할 가능성이 높다. 이렇게 하면 애플리케이션 로그의 구조가 어떻게 구성되었든, 심지어 얼마나 오래되었든(그리고 로그 파일이 결과적으로 얼마나 크든), 그에 따른 제약이 '거의 없다'. 애플리케이션 프로그래머는 로그에 들어가는 내용을 결정하기 때문에 구조가 매우 다양하다.

타임스탬프

대부분의 애플리케이션 로그 텍스트는 `\n` 문자로 구분된 설명이 있는 개별 이벤트다. 프로그래머가 작업을 올바르게 수행하는 경우 이러한 이벤트에 타임스탬프가 표시된다. 타임스탬프는 이벤트 설명과 달리 ISO 표준 형식(`yyyy-mm-ddThh:mm:ss[.mmm]`)이나 이와 유사한 형식으로 고도로 표준화되어야 한다.

로그 레벨

좋은 애플리케이션 로그는 '레벨'을 사용하여 대략적으로 각 이벤트의 로그 유형을 체계화한다. 자주 사용되는 'INFO' 로그에는 순수하게 설명적인 정보가 포함된다. 'WARN' 로그는 애플리케이션 경고지만 실패 오류는 아니다. 'ERROR' 로그는 애플리케이션의 프로그래밍 오류다.

목적

모든 데이터는 수집하는 데 비용이 들기 때문에 애플리케이션 로그는 아무렇게나 수집되지 않는다. 따라서 흔해 보이는 로그라도 어딘가에 '쓸모가 있다'는 것을 인지해야 한다. 실제로 다수 조직에서 다음 두 가지 이유 중 하나로 애플리케이션 로그를 수집하고 있을 것이다.

▪ 진단

요청이 얼마나 자주 시간을 초과하는가? 페이지 로드가 느려지고 있는가? 더 이상 활용되지 않는 라이브러리 기능을 사용하고 있는가? 이러한 모든 질문은 진단 기준을 의미하고, 질문에 답변하기 위해 로그를 지능적으로 수집하고 구문 분석하여 도출한다. 진단 목적으로 로그 데이터를 수집하는 경우 질문에 대한 답변이 특정한 WARN 또는 ERROR 수준 로그에 있을 수 있다. 또한 컬렉션의 대부분은 '현재' 제기하는 '특정' 의문과 관련이 없을 것이다.

▪ **감사**
누가 그 요청을 했는가? 몇 번 요청했는가? 시스템은 어떻게 응답했는가? 이 동작은 주말에도 발생하는가, 아니면 패턴이 다른가? 진단 로깅과 달리 감사 로깅은 애플리케이션 내의 이벤트 발생을 기록하는 것이다. 대부분의 INFO 수준 로그가 이 작업에 유용하며, 감사 기능은 주로 애플리케이션 세션의 대규모 집계에 사용된다.

3.1.2 API 응답

하나의 애플리케이션이 모든 것을 할 수는 없기 때문에 특정 기능을 다른 애플리케이션에 맡긴다. 이를 위한 표준 방법은 API를 사용하는 것이다. API는 두 프로그램 사이의 매개체로, 특정 형식의 '요청'과 이에 대한 '응답'이 필요하다. 이때 목적에 맞는 데이터는 반구조화 데이터[1]다.

애플리케이션 로그 외에도 API 엔드포인트에서 가져온 데이터를 저장할 수 있다. 그런데 이러한 데이터 유형의 형식에는 알아야 할 몇 가지 중요한 차이점이 있다. API 데이터를 사용할 때는 다음 사항에 주의해야 한다.

구조

API 응답 개체는 로그처럼 직렬화할 수 있지만 구조화 또는 반구조화 형식으로 압축이 풀린다. 특히 웹 API에서 볼 수 있는 공통 객체 형식 중 하나는 JSON이다. JSON 객체는 매우 유연하지만 중요한 방식으로 구조에 제약을 받는다. JSON 객체(또는 파일) 내의 모든 것은 '키-값 쌍'이거나 '값 목록'이다. 이는 단순히 텍스트 스트림일 수도 있는 로그 데이터와는 크게 다르다. 다른 API 응답 유형에도 유사한 형식이 있다. 예를 들어, HTTP/1.1과 같은 HTTP 응답 사양은 HTTP 요청 또는 응답 본문에도 JSON 또는 XML을 포함할 수 있다.

1 옮긴이_데이터의 형식과 구조가 변경될 수 있는 데이터로, 데이터의 구조 정보를 함께 제공하는 파일 형식의 데이터를 말한다.

응답 코드

API 요청은 성공하거나 실패할 수 있으므로 대부분의 API 사양에는 다양한 응답 유형에 대한 코드가 있다. HTTP 상태 코드(200 OK, 404 Not Found, 500 Internal Server Error)가 가장 널리 알려졌지만, 다른 코드 표준(예 HTTP 또는 기타 전송 프로토콜을 사용할 수 있는 SOAP API)도 있다. 이러한 코드에는 각각 의미가 있다. 예를 들어, HTTP 500 응답 속도는 서버 중단 여부를 나타내는 주요 지표다. API 응답 데이터를 저장하는 경우 그러한 코드 사양이 존재한다면 이에 대해 고려해야 한다.

목적

API 사용 사례의 세계는 방대하므로 발생할 수 있는 모든 사용 사례를 예측할 수는 없다. API는 무수히 많은 방식으로 사용되며, 특정 용도의 세부 사항은 해당 용도에 저장된 데이터가 의미하는 것에 영향을 미친다. 예를 들어 HTTP 응답에는 종종 응답 코드, 일부 키 값의 쌍 정보, 때로는 요청된 내용인 긴 '본문'이 포함된다.

서버 오류율에 관심이 있다면 응답 코드에 근본적으로 신경을 쓸 것이다. 하지만 API를 통해 외부 서버에서 데이터를 가져오는 경우 응답 코드는 관련이 없을 수도 있다. 다시 말해 사용 사례는 API 응답 개체의 어떤 정보가 의미 있는지에 영향을 줄 수 있다. 즉, 특정 상황에서 전송된 일부 정보는 유용하지 않을 수 있다.

3.1.3 센서 데이터

수집할 수 있는 세 번째 형태의 데이터는 사물 인터넷 장치 또는 연구 장비와 같은 '센서'에서 얻을 수 있다. 센서는 내부 논리가 매우 단순하기 때문에 반드시 애플리케이션으로 활용하진 않는다. 예를 들어, 온도 센서는 일부 하드웨어로 온도를 기록하고 INFO 수준 로그에서 추가로 어딘가에 응용하지 않은 채 단순히 수집용으로 데이터를 전송한다. 다음은 센서 데이터를 사용하는 경우 중요하게 고려해야 할 내용들이다.

노이즈

실제 센서에서 수집된 데이터에는 믿을 수 없을 정도로 노이즈가 많을 것이다. 수집 단계에서는 이 부분에 반드시 초점을 맞출 필요는 없다. 그러나 센서를 다룰 때 처리량의 중요성은 강조해야 한다. 간단히 말해, 센서 데이터의 일부는 쓰레기일 수 있다. 하지만 다운스트림 처리(3.2절에서 설명함)는 센서 데이터에 대해 많은 오류값 제거, 평활화 및 기타 변환을 수행하므로 항상 안정적이고 일관된 스트림이 필수다.

고장 모드

센서는 애플리케이션처럼 똑똑하지 않다. 즉, 센서가 실패했을 때 알림을 주지 못할 수도 있다. 예를 들어, 온도 센서가 고장난 경우 'ERROR: 장치 오프라인' 로그를 보내지 않고 엉뚱한 온도 값을 보내거나 전혀 보내지 않을 수도 있다. 이처럼 센서를 다루는 것은 애플리케이션을 다루는 것보다 더 까다롭다. 따라서 애플리케이션 설계자의 선의에 의존할 수는 없으며, 수신된 데이터의 양이나 배치 사이의 시간 델타[2]와 같은 항목을 더 영리하게 확인해야 한다.

목적

애플리케이션 로그 및 API 응답과 같은 센서 데이터는 많은 다운스트림 작업에 사용된다. 오늘날 많은 센서 데이터는 머신러닝 시스템으로 처리된다. 이를 위해 수집되는 데이터의 양이 중요한 요소가 될 수 있다. 최고의 머신러닝 시스템은 종종 가장 방대한 데이터셋을 소비한다. 결과적으로 머신러닝에 사용되는 센서 데이터의 처리량은 매우 중요하다. 한편, 센서 데이터가 추론 기반 작업에 사용되는 경우에는 주의를 기울여야 한다. 예를 들어, '문 앞에서 움직임이 있을 때 사용자에게 경고하라'는 작업의 경우 대기 시간을 가장 중시해야 한다.

데이터를 제대로 수집했다면, 다음 단계는 데이터 정제다.

3.2 데이터 정제

높은 데이터 품질을 달성하는 데 가장 큰 장애물 중 하나는 데이터 정제data cleaning다. 어떤 전문가들에게 물어도 동의할 것이다. 데이터 정제는 사용 가능한 데이터셋에서 부정확하거나 대표적이지 않은 데이터를 제거하는 것이다. 데이터 정제에는 데이터 유형, 데이터 처리 및 데이터 프로덕트 개발 상태에 따라 다양한 종류가 있다.

2 옮긴이_시간 또는 날짜의 차이

방금 센서 데이터 관련 내용에서 본 것처럼 진입점의 데이터는 깨끗하지 않다. 외부 세계의 혼돈 속에 있던 데이터가 막 도착한 것이다. 이러한 데이터에는 누락, 오류 메시지, 극단적인 값 및 호환되지 않는 형식 등의 문제가 있겠지만, 데이터 정제에 대한 올바른 접근 방식을 사용하면 이러한 문제를 쉽게 해결할 수 있다. 데이터 정제는 특히 최근 머신러닝에서 큰 관심을 받고 있다. 다만 어떻게 올바르게 데이터 정제를 진행할 것인가를 결정하는 데에는 많은 노력이 든다. 다음은 데이터를 정제하는 데 필요한 몇 가지 일반적인 방법과 각 사례에 대해 수행할 수 있는 작업이다.

오류값 제거

세상은 노이즈로 가득 차 있다. 데이터도 마찬가지일 것이다. 너무 심각한 노이즈로 인해 머신러닝 파이프라인이 실패하거나 비즈니스 대시보드가 매우 부정확해 보일 때가 많다. 그래서 가능한 한 빨리 데이터에서 오류값을 식별하고 제거해야 한다. 예를 들어, 다운스트림 작업이 '이상값 감지'인 경우 분명히 어떤 값은 말이 되지 않는다. 이때 센서 데이터 등을 다시 고려해야 한다. 99999°의 온도 판독 값은 그러려니 하고 전달되어서는 안 된다. 이상값을 제거하려면 표준점수(z점수)[3]와 같은 통계적 기술이나 아이솔레이션 포레스트Isolation forest[4]와 같은 더 세련된 알고리즘 기술을 고려해야 한다. 데이터셋이 큰 경우라면 문제 해결 절차에 걸리는 시간 복잡도[5]를 특히 주의해야 한다. 5장에서 이상 탐지에 관해 더 자세히 설명할 것이다.

데이터셋 특징 평가

수집한 데이터의 구조를 보자. 모든 것이(혹은 간접적으로라도) 관련이 있는가? HTTP 상태 코드에 관해 이야기한 것처럼, 때로는 데이터의 전체 섹션이 다운스트림 작업과 관련이 없다. 그런 경우라면 해당 데이터 섹션은 버려도 좋다. 물론 클라우드 스토리지 비용도 줄어들겠지만 의미 없는 데이터를 저장하는 것은 단순한 스토리지 이슈 이상의 문제다. 다른 엔지니어들은 왜 특정 분야가 존재하는지 혼란스러워할 수도 있다. 일반적으로 더 많은 기능은 시스템을 이해하는 데 필요한 더 많은 문서 또는 더 많은 도메인 지식을 의미하며, 둘 다 분석을 복잡하게 만들고 데이터 품질에 좋지 않은 영향을 줄 수도 있다. 문제를 해결하기 위해 어떤 데이터셋 기능이 필요한지 잘 생각해 보자.

---

3 「표준점수 위키피디아 페이지」, https://oreil.ly/N60ol

4 「아이솔레이션 포레스트 위키피디아 페이지」, https://oreil.ly/J9kTW

5 옮긴이_문제를 해결하는 데 걸리는 시간과 입력의 함수 관계를 말한다.

정규화

일부 데이터 포인트는 별도로 검사할 수 있고 이는 문제가 되지 않는다. 반면 어떤 데이터는 동일한 유형의 다른 데이터와 비교할 때 가장 의미가 있다. 이 경우 정제 또는 변환 단계에서 데이터를 정규화하는 것(머신러닝 시스템 포함)이 도움이 될 때가 많다. 정규화에서 가장 자주 사용하는 선택지로 L1('맨하탄Manhattan') 정규화[6] 및 L2('유닛Unit') 정규화[7], 평균차분demeaning[8] 및 단위 분산[9]이 있으며, 최상의 선택이 무엇인지는 데이터의 사용 사례에 따라 달라진다.

데이터 재구성

수집한 데이터의 특정 필드가 누락되는 경우가 있다. 이런 상황은 오류가 발생하기 쉬운 API 호출이나 오프라인이 될 수 있는 센서와 같은 것들에서 일어날 수밖에 없다. 대개 이러한 누락은 별 문제가 없지만 경우에 따라 모든 필드에 값을 지정해야 할 수도 있다. 이러한 경우에는 종종 보간법Interpolation[10], 외삽법Extrapolation[11], 서로 비슷한 데이터의 범주화/분류[12] 등의 기법을 사용하는데, 이렇게 하면 약간의 노이즈가 포함되겠지만 오류값을 대체할 수 있다.

시간대 변환

표준 시간대 변환을 일종의 정규화로 간주할 수 있다. 그러나 이 단계는 많은 데이터 정제 작업에서 매우 중요하므로 독립적으로 언급할 가치가 있다. 애플리케이션 사용자 또는 센서가 서로 다른 국가에 걸쳐 있을 수 있으므로 그에 맞는 로컬 타임스탬프를 기록하게 된다. 타임스탬프를 서로 비교하는 것은 하나의 기준이 있어야만 가능하다. 그 기준은 대부분 세계 표준시UTC, Coordinated Universal Time다. UTC는 표준 시간이지 시간대는 아니며, 그리니치 표준시GMT, Greenwich Mean Time를 사용하는 국가는 UTC를 인정하지만 정작 UTC를 사용하지는 않는다. 만약 시간대를 변환하지 않고 시간대 정보만 수집한다면, 2개의 국제적인 사건이 언제 발생했는지 결코 알 수 없을 것이다. 또한 많은 소프트웨어 버그는 시간대 혼동(예 Y2K)으로 추적될 수 있으므로 시간대를 주의 깊게 살펴 UTC로 변환/지정되는지 확인해야 한다.

---

6 「L1 정규화 설명 페이지」, *https://oreil.ly/0zwO2*
7 「L2 정규화 설명 페이지」, *https://oreil.ly/BOhNm*
8 옮긴이_평균을 0으로 만드는 작업
9 「단위 분산 설명 페이지」, *https://oreil.ly/aY8Cy*
10 「보간법 위키피디아 페이지」, *https://oreil.ly/AJFGz*
11 「외삽법 위키피디아 페이지」, *https://oreil.ly/FsNTx*
12 「기본 수준 범주 레이블 지정 및 자동 식별 위키피디아 페이지」, *https://oreil.ly/sAwB3*

유형 변환

대부분의 정형화된 데이터는 유형이 지정된다. 즉, 특정 형식을 따라야 한다. 그러나 컴퓨팅에서 애플리케이션이 작동하려면 형식 변화에 유동성을 부여해야 하는 경우가 많다. 부동소수점수는 정수로 잘릴 수 있고, 문자characters는 문자열string이 될 수 있다. 다운스트림 애플리케이션에 특정 유형의 데이터가 필요한 경우 정제 프로세스의 일부로 한 데이터 유형에서 다른 데이터 유형으로 값을 자동 또는 암시적으로 '변환'하는 형식을 고려해야 한다. 유형 변환은 다른 형식의 데이터를 결합하는 경우에도 필수적이다. 많은 라이브러리와 애플리케이션에는 서로 다른 항목에 대한 자체 데이터 유형이 있으며, 종종 더 새롭고 만족스러운 형식으로 명시적으로 변환해야 한다.

데이터를 정제할 수 있는(그리고 종종 해야만 하는) 방법은 이외에도 다양하다. 이제 다음 단계는 무엇일까? 바로 데이터 처리다.

3.3 배치 처리 vs 실시간 처리

데이터를 배치batch 처리할 것인지 실시간으로 데이터를 스트리밍할 것인지에 대한 논쟁은 시간의 역사만큼 오래된 논쟁이다.

분석 데이터 수집에는 배치 처리와 실시간 처리의 두 가지 주요 방법이 있다. 배치 처리는 일정 기간 동안 데이터를 수집하여 대량의 데이터를 별개의 패킷으로 '배치'하는 반면, 실시간 처리는 (배치 처리보다) 프로세스는 길지만 데이터를 거의 즉시 처리한다.

2010년대 중반까지 배치 처리는 분석 데이터를 처리하는 가장 일반적인 접근 방식이었다. 실시간 처리보다 훨씬 저렴하기 때문에 심지어 가장 시의적절한 처리 요구에도 충분히 활용할 수 있었다. 하지만 산업 전반의 기업들이 실시간 데이터에 점점 더 의존하게 됨에 따라 아파치 카프카Apache Kafka 및 아마존 키네시스Amazon Kinesis와 같은 기술을 통해 스트리밍 데이터에 대한 접근성과 경제성이 크게 향상되었다.

배치 처리는 오랜 세월 검증된 표준으로, 아직까지는 기업이 대량의 데이터를 수집할 때 가장 일반적으로 사용하는 방법이다. 하지만 조직이 실시간 통찰력을 얻고자 할 때 배치 처리로는 부족하다.

이때 실시간 처리가 해당 격차를 메울 수 있다. 실시간으로 데이터에 접근한다는 것은 획기적인 일이며, 지속적으로 업데이트되는 데이터에 의존하는 프로덕트 및 서비스의 투자 수익률을 높일 수 있다.

배치 처리와 실시간 처리의 차이를 보여주는 쉬운 예는 신용 카드 거래 처리다. 공급업체 측에서는 특정 기간 동안 결제를 처리하는 데 몇 시간 또는 며칠이 걸릴 수 있으며, 이 작업은 종종 일괄로 처리된다. 예를 들어, 월요일에 지역 상점에서 새 스카프를 구입했는데 대금은 수요일 저녁까지 정산되지 않는다. 반면, 신용카드 제공자 측에서는 일단 거래가 허가되면, 사기 가능성이 있는 거래인지 즉시 확인하고 의심의 여지가 있다면 신용카드 소지자에게 경고를 보낼 수 있다. 하지만 거래 데이터가 정확하지 않고 최신 상태가 아닌 경우(즉, 배치 스트리밍을 사용하는 경우) 사기 탐지가 너무 지연되거나 심지어 누락될 수 있다.

아파치 하둡은 분산 저장 및 대용량 데이터셋의 처리를 위한 가장 인기 있는 오픈 소스 배치 처리 프레임워크 중 하나다. 하둡은 파일을 더 작은 데이터 패킷으로 분할한 다음 관리 가능한 덩어리를 클러스터의 노드에 분산시킴으로써 작동한다. 하둡의 대안으로는 구글 빅쿼리, 스노우플레이크, 마이크로소프트 애저, 아마존 레드시프트가 있다.

실시간 처리의 예로 실시간 승차 공유 앱의 콜 요청 상황을 들 수 있다. 즉, 사용자가 앱을 통해 우버나 리프트Lyft의 차를 요청하고 현재 승차가 가능한 운전자와 실시간으로 연결되는 경우(다시 말해 운전자가 가능해지는 즉시!)다. 승차 공유 애플리케이션은 실시간 위치, 가격 및 운전자 데이터 등 실시간 스트리밍 데이터를 결합하여 사용자와 승차 가능한 차를 즉시 연결할 수 있다.

실시간 처리에 사용하는 가장 일반적인 오픈 소스 기술로는 스파크, 카프카, 플링크Flink, 스톰Storm, 삼자Samza, 플룸Flume과 같은 아파치의 솔루션이 있다. 이렇게 많은 솔루션을 사용할 수 있지만 가장 널리 사용되는 오픈 소스 기술은 아파치 스파크와 카프카다. 아파치 스파크는 들어오는 스트림을 더 작은 패킷으로 나누는 마이크로 배치 처리 방식을 사용한다. 대안으로는 데이터브릭스, 클라우데라Cloudera 및 애저가 있다. 『스트리밍 시스템: 대용량 데이터 처리를 위한 핵심 개념과 원리』(에이콘출판사, 2021)에서 접근 방식, 기술 및 사용 사례에 대해 훨씬 더 자세히 설명한다.

3.4 실시간 처리를 위한 데이터 품질

배치 처리와 실시간 처리의 주요 차이점은 배치당 처리되는 데이터의 양과 처리 속도다. 배치 처리는 지연이 발생하더라도 가능한 한 많은 데이터를 수집하는 것과 관련이 있는 반면, 실시간 처리는 가능한 한 빨리 데이터를 수집하는 것과 관련이 있으므로 손실이 발생할 수 있다. 즉, 데이터 품질(파이프라인에서 주어진 단계에서 데이터의 상태를 의미)은 배치 스트리밍 시스템에서 더 높은 경향이 있지만, 데이터를 실시간으로 스트리밍할 때 오류(및 낮은 데이터 품질)의 중요성은 훨씬 커진다.

예를 들어, 마케팅 팀은 브랜드 프로덕트, CRM 및 광고 플랫폼 간에 실시간으로 흐르는 데이터를 사용하여 사용자 행동을 기반으로 광고를 내보낸다. 이때 API에서 하나의 작은 스키마 변경으로 인해 잘못된 데이터가 발생하여 기업이 과도한 지출을 하거나 잠재적인 수익을 놓치거나 사용자 경험을 저하시키는 관련 없는 광고를 게재할 수도 있다.

위 시나리오와 이전의 신용 카드 사기 모니터링 예시는 완벽하게 좋은 파이프라인이어도 나쁜 데이터가 사용될 때 나타날 수 있는 일 중 극히 일부에 불과하다. 그렇다면 실시간 처리에서 사용되는 데이터의 품질 문제를 어떻게 해결할 수 있을까?

원래 데이터 품질은 테스트를 통해 관리되었다. 그래서 데이터를 배치로 수집하고 데이터가 필요하다고 생각하는 간격(예 12시간 또는 24시간)에 도착할 것으로 예상했다. 팀은 데이터에 대한 가정을 기반으로 테스트를 작성하지만 가능한 모든 결과를 설명하는 테스트를 작성할 수는 없다.

데이터 품질에 관한 새로운 오류는 늘 발생하며, 엔지니어들은 문제가 다운스트림 테이블과 사용자에게 영향을 미치기 전에 서둘러 근본 원인을 분석한다. 또 데이터 엔지니어들은 문제를 해결하고 해당 문제가 다시 발생하지 않도록 테스트를 수행한다.

간단히 말하면, 테스트는 확장하기 어려웠으며 수백 개의 데이터 조직과 상담한 결과 데이터 품질 문제의 약 20%만 해결할 수 있었다. 즉, '알려진 미지'(4장에서 자세히 설명함)가 있는 것이다. 따라서 기업이 수십 개에서 수백 개의 내부 및 외부 데이터 소스를 소비하는 오늘날의 데이터 생태계에서는 복잡성이 증가함에 따라 기존의 처리 및 테스트 방법이 구식으로 보이기 시작했다.

그럼에도 2010년대 중반의 조직들은 아마존 키네시스, 아파치 카프카, 스파크 스트리밍 및 기타 툴을 사용하여 실시간으로 데이터를 수집하기 시작했을 때에도 앞서 언급한 접근 방식을 그대로 따랐다. 이렇게 실시간으로 통찰력을 얻는 방향으로의 전환은 비즈니스 면에서는 훌륭했지만, 데이터 품질 처리 면에서는 완전히 새로운 문제를 일으켰다.

배치 데이터의 안정성을 보장하는 것이 어렵다고 할 때 분 단위 또는 초 단위로 진화하는 데이터에 대한 실행 및 확장 테스트를 상상해 보자! 필드가 누락되거나 부정확하거나 지연되면 다운스트림 시스템에 악영향을 미칠 수 있다. 또 데이터 문제를 실시간으로 파악할 방법이 없다면 비즈니스 전반에 걸쳐 악영향을 끼칠 수 있다.

단위 테스트, 기능 테스트, 통합 테스트와 같은 기존 데이터 품질 프레임워크는 기본적인 사항을 다룰 수 있지만 실시간으로 예측하고 진화하기 어려운 데이터셋으로는 확장 테스트를 수행할 수 없다. 실시간 사용 사례를 제공하는 데이터가 안정적인지 확인하기 위해 데이터 조직은 실시간 처리를 수행할 때 데이터 품질에 관한 접근 방식을 재고해야 한다.

풀어야 할 문제가 무엇인지 알았으므로 지금부터는 아마존 키네시스 및 아파치 카프카를 활용하여 실시간 처리 시스템의 데이터 품질 관리 방법을 공유한다.

아마존 키네시스

[그림 3-1]에 묘사된 아마존의 키네시스 서비스는 실시간 데이터에 의존하는 애플리케이션을 위한 인기 있는 서버리스 스트리밍 도구다. 키네시스용 용량은 '온디맨드'[13]로 확장되므로 데이터 볼륨이 증가하기 전에 리소스를 프로비저닝provisioning 상태로 만들어 두기 때문에 확장해야 할 필요성이 줄어든다.

키네시스(및 기타 스트리밍 서비스)는 다른 AWS 서비스, 마이크로서비스, 애플리케이션 로그, 모바일 데이터 및 센서 데이터 등에서 데이터를 캡처 가능하도록 구성할 수 있다. 이 서비스는 초당 기가바이트의 데이터를 스트리밍할 수 있도록 확장 가능하다.

13 옮긴이_사용하는 만큼, 언제든지, 즉 수요를 중심으로 결정하는 시스템이나 전략 등을 총칭하는 말이다.

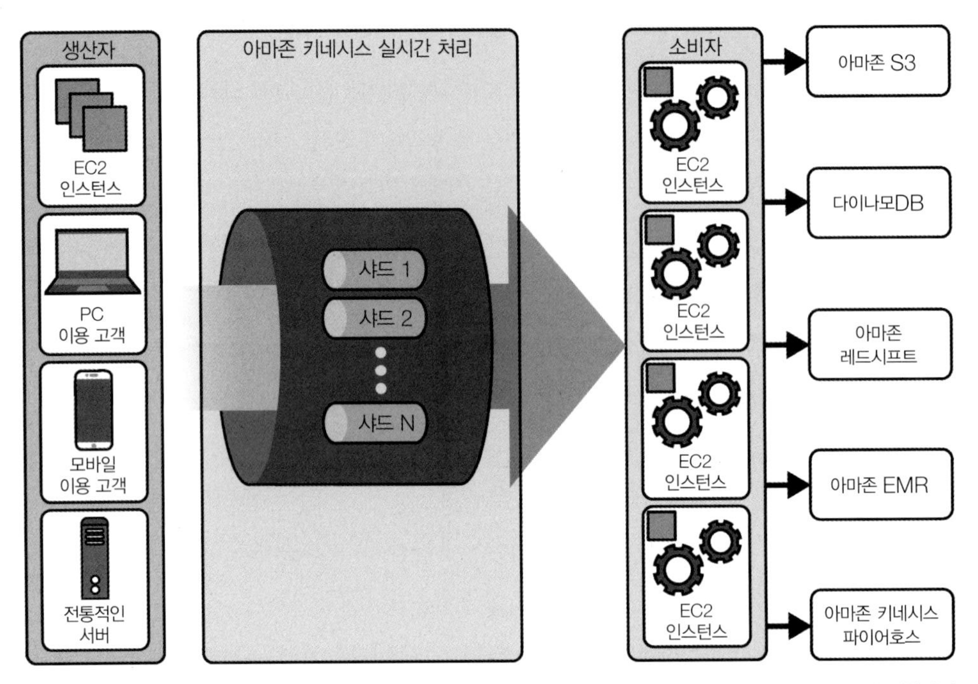

그림 3-1 아마존 키네시스는 데이터 웨어하우스, 데이터베이스, 맞춤형 빅데이터 플랫폼을 비롯해 다양하게 정형화된 사용자에게 데이터를 스트리밍한다.

다음은 아마존 키네시스로 작업했을 때 얻을 수 있는 몇 가지 장점이다.

- **온디맨드 가용성**: AWS는 온디맨드 프로비저닝에 대한 업계 표준을 설정한다. 즉, 로드가 증가하면 리소스 그룹을 확장할 수 있다. 이를 통해 예기치 않은 데이터 볼륨 급증에 대비하여 서비스를 더욱 안정적이고 강력하게 만들어, 경험 많은 데이터 엔지니어가 클러스터 및 파티션 관리를 처리할 필요가 없다.
- **비용 효율성**: 키네시스의 요금은 리소스 사용량에 비례하여 늘어난다. 이는 다른 종류의 서버리스 아키텍처에도 일반적인 장점이지만, 데이터 처리량이 처리 주기를 어떻게 설정하느냐에 따라 크게 변할 수 있는 스트리밍 서비스에 특히 중요하다.
- **철저한 SDK**: 키네시스는 일부 경쟁 서비스보다 훨씬 더 많은 언어로 개발 가능하도록 지원한다. 자바Java, 안드로이드Android, 닷넷.NET, 고Go가 포함된다(반면 카프카는 자바만 지원함).
- **AWS 인프라에 통합**: 키네시스를 선호하는 주요 이유 중 하나는 이미 AWS 스택에 통합되어 있기 때문이다. 아마존의 헤게모니에는 장점이 있다. 예를 들어, 키네시스는 타사 또는 오픈 소스 대안보다 S3, 레드시프트 및 기타 아마존 데이터 서비스와 통합하기가 훨씬 쉽다.

아파치 카프카

아파치 카프카는 오픈 소스 이벤트 스트리밍 플랫폼이다. 특히 카프카 스트림즈는 카프카 클러스터와의 스트리밍 데이터를 지원하는 클라이언트 라이브러리다. 이 서비스는 데이터 스트리밍 및 통합 레이어와 스트리밍 분석을 제공한다. 카프카 스트리밍 서비스는 낮은 대기 시간에 최적화되어 있으며, 네트워크 제한 처리량에 따라 2밀리초의 낮은 대기 시간을 자랑한다.

카프카 스트림즈는 다음과 같은 몇 가지 이점을 제공한다.

- **오픈 소스 커뮤니티:** 카프카는 오픈 소스 소프트웨어이므로 도구를 무료로 사용할 수 있다. 또한 포럼, 모임 및 온라인 참조 자료를 통해 모범 사례와 학습 내용을 공유할 수 있는 온라인 커뮤니티가 활성화되어 있다.
- **향상된 커스터마이징:** 카프카는 키네시스와 같은 통합 스트리밍 솔루션보다 배우기 어렵지만 사용자가 데이터 보존 기간을 수동으로 지정할 수 있는 등 사용자 맞춤 구성이 가능하다(키네시스는 이 기간을 7일로 고정함).
- **높은 처리량:** 테스트를 통해 카프카는 초당 최대 3만 개의 레코드 처리량을 지원하는 것을 확인하였다. 반면, 키네시스는 초당 수천 개의 레코드만 지원한다.

아마존 키네시스나 아파치 카프카와 같은 스트리밍 솔루션은 데이터를 실시간으로 분석 시스템이나 창고에 직접 포팅하여 저장·처리·변환을 수행할 수 있다. 때때로 데이터 조직은 이러한 입력을 다운스트림 시스템으로 직접 '스트리밍하기'로 선택한다. 승차 공유 앱이나 실시간 부정 행위 탐지 도구와 같은 경우가 여기에 해당한다. 그러나 스트리밍 시스템의 높은 대기 시간을 고려할 때, 이러한 유형의 분석 데이터는 종종 더 많은 오류를 발생시키기 쉬우며, 실시간 또는 거의 실시간으로 이를 이해하는 것이 훨씬 더 어려울 수 있다. 이것이 분석 사용 사례에 종종 배치 처리를 선택하는 이유다.

아마존 키네시스와 아파치 카프카 중 하나를 선택하는 일은 데이터 조직의 요구 사항에 따라 결정된다. 신속한 가치 창출을 원하는 소규모 데이터 조직이라면 설정이 쉬운 관리형 솔루션인 아마존 키네시스를 선택하여 서비스형 소프트웨어SaaS, Software-as-a-Service 프로덕트의 이점을 누릴 수 있다. 반면, 보다 구체적인 요구 사항을 가진 대규모 조직은 오픈 소스 아파치 카프카를 활용하는 것이 적합하다.

데이터를 일괄 수집하든, 실시간으로 수집하든 이제는 변환을 통해 실제로 데이터를 이해해야 할 시간이다. 데이터 품질 관리와 관련하여, 이 과정의 첫 번째 단계는 데이터 정규화다.

3.5 데이터 정규화

첫 번째 운영 데이터 변환 레이어를 데이터 정규화 단계라고 한다. 이 이름은 조직에 따라 다르게 붙일 수 있다. 일반적으로 데이터 변환은 하나 이상의 소스 형식에서 목적지 형식으로 데이터를 이동하는 프로그램을 의미한다. 정규화는 데이터가 파이프라인을 통과하는 과정에서 첫 번째로 겪는 변환이다. 노이즈, 모호성 및 이질성이 최대치인 진입점 데이터에서 정규화가 발생하므로 이 단계에서 특별히 고려해야 할 점이 있다.

3.5.1 이종 데이터 소스 처리

데이터 실무자들은 사용자, 프로덕트 또는 애플리케이션에 대한 전체적인 그림을 그리기 위해 서로 다른 소스에서 데이터를 수집한다. 이 중 일부는 유용하지만 대부분은 쓸모가 없다.

다음은 파이프라인의 정규화 지점에서 데이터를 설명하는 몇 가지 주요 기능이다.

대기 시간에 최적화

스트리밍 엔드포인트의 데이터는 생성 즉시 사용할 수 있도록 최적화된다. 앞에서 설명한 것처럼 이는 고정된 네트워크 성능을 고려하여 처리할 수 있으며 실제로는 데이터의 완전성을 결정한다. 즉, 최종 상태와 관계없이 파이프라인으로 즉시 푸시되므로 데이터 배치는 불완전할 것으로 예상해야 한다.

비위계적인 형식

데이터 표준화를 지향하려면 데이터는 효율성과 사용 편의성을 위해 비위계적인, 즉 '수평적인' 스토리지 형식으로 저장될 것이다. 깨끗한 창고+스키마+테이블 저장 방식보다는 S3 버킷과 같은 일부 중앙 저장소에 데이터를 한번에 '쏟아부을(덤핑 dumping)' 가능성이 높다.

원시 파일 형식

진입점 데이터는 '수평적으로' 저장될 뿐만 아니라 스트리밍된 위치에서 원래 파일 형식을 반영할 수 있다. 애플리케이션 로그 데이터와 센서 데이터를 표 형식으로 변환할 필요도 없다. 이는 너무 비쌀 뿐만 아니라 대부분의 데이터는 이러한 변환이 필요하지 않다.

선택적 데이터 필드

스키마가 모든 필드에 값을 요구하는 웨어하우스 데이터와 달리 JSON과 같은 원시 파일 데이터는 선택적 필드를 가질 수 있다. 해당 필드의 부재가 의미하는 것이 NULL 값인지, 숫자 0인지, 혹은 '0시'라는 시간을 의미하는 것인지를 추론해야 할 수 있다. 해당 필드에 따라 기본값이 될 수 있으며, 해당 필드가 없는 경우 업스트림 처리에 문제가 될 수도 있고 그렇지 않을 수도 있다.

이질성

위의 모든 특징은 특정한 종류의 이질성을 가리킨다. 데이터는 다양한 원본 파일 형식으로 다양한 소스로부터 제공되며 동일한 형식의 이전 데이터와 비교하여 처리된 양이 다를 수 있다.

예측 가능한 종류의 이질성에 대비하여 데이터를 이해하는 방법을 배우는 것이 이 단계의 핵심이다. 일단 데이터가 저장되고 처리되면 데이터를 쉽게 변환하여 최대한의 영향을 줄 수 있도록 보장한다.

이질성 측면: 데이터 웨어하우스 vs 데이터 레이크

앞서 언급한 기능들을 보면 대부분 데이터 레이크 형식으로 데이터를 설명한다는 것을 알 수 있다. 2장에서 언급한 데이터 웨어하우스와 데이터 레이크의 차이에 대한 설명을 떠올려 보자.

레이크는 수용할 수 있는 데이터 유형에 대한 제약이 훨씬 적기 때문에 진입점 데이터가 선호하는 스토리지 솔루션인 경우가 많다. 따라서 스트리밍 서비스(아마존 키네시스, 아파치 카프카 등)가 서로 다른 소스 위치에서 비구조화 및 반구조화 데이터를 수집하여 데이터 레이크에 저장한 다음 초기 수준의 운영 변환에 의존하여 이 데이터의 일부를 웨어하우스에서 정형화된 형태로 가져오는 경우를 종종 볼 수 있다. 아마존 키네시스용 AWS 람다 함수 또는 카프카 스트림즈용 아파치 카프카 소비자가 이러한 종류의 정규화를 적용하는 대표적인 방법이다. 또한 AWS 글루[14]는 정기적으로 데이터를 웨어하우스로 이동하는 단계에서 유용하다.

14 「AWS 글루 공식 페이지」, *https://oreil.ly/1TTHB*

3.5.2 스키마 검사 및 유형 변환

스키마 검사와 유형 변환은 데이터 정규화에 적용하고자 하는 두 가지 기술이다. 스키마 검사는 데이터의 구조가 우리가 기대한 그대로인지 검증하는 과정을 말한다. 필수 필드가 있으며, 요구하는 형식의 데이터가 포함되어 있는가? 형식 강제Type forcement는 데이터가 필요한 형식이 아니므로 새로운 형식으로 '강제'되어야 할 때, 명시적으로 혹은 암시적으로 발생한다. 일부 프로그래밍 언어에서는 이 동작을 '캐스팅casting'이라고 한다.

스키마를 확인해야 하는 이유는 무엇인가? 데이터는 패키지 형식으로 제공되는 경우가 많다. JSON, 쉼표로 구분된 값 등이다. 스키마는 처음으로 데이터를 '패키지 해제'할 때 무엇을 기대해야 하는지 알려준다. 스키마 변경은 데이터 손상의 주요 원인이다. 아마 어떤 필드에 의존하고 있더라도, 버전 업데이트로 인한 단일 API 호출의 변경 때문에 해당 필드가 아예 사라졌을 수도 있다. 또 엔지니어링 팀에서 일관성을 위해 필드 이름을 변경했을 수 있다. 그러면 표시된 데이터는 '동일'하지만 사용자 정의 스크립트는 더 이상 작동하지 않는다. 이러한 종류의 오류를 사전에 확인해야 한다. 이는 예상되는 스키마와, 여기에 생길 수 있는 가시적인 변화를 계속 기록하는 작업이다.

유형 변환은 데이터 오류를 일으킬 수 있다. 일부 애플리케이션에서는 오류를 발생시키지 않고 형식을 강제로 지정하거나 암시적으로 캐스팅할 수 있다. 문자열 '4'를 정수 4에 캐스팅하는 것은 큰 문제가 아니다. 하지만 부동소수점 수 4.00을 정수 4에 캐스팅한다면 큰 문제가 될 수 있다. 더 나쁜 문제는 부동소수점 4.99를 정수 4(이를 정수 반올림이라고 하며, 소수점 뒤의 모든 수를 잘라냄)로 캐스팅한다는 것이다. 일부 데이터 애플리케이션에서는 유형 강제 및 변환 문제에 주의해야 한다. 기본적인 것 같지만 이 때문에 악의적인 버그가 생성될 수 있다.

3.5.3 데이터의 구문론적 모호성과 의미론적 모호성

이번에 다룰 내용은 그다지 기술적이지 않지만 데이터에 정통한 사람이라면 누구나 확인할 만한 사항이다. 데이터가 모호하다는 사실은 모두가 알고 있다. 하지만 이 모호함은 특정 방식으로 중요하게 나타난다. '구문 모호성'은 데이터가 표시되는 방식의 혼란을 나타낸다. 데이터 웨어하우스의 서로 다른 필드 이름 아래 여러 위치에 동일한 메트릭이 나타날 수 있다. 한 동료의 'clickthrough_annual'은 다른 동료의 'clickthrough_rate_yr'일 수 있으며, 운영상 일부 변환으로 인해 이름만 변경했을 뿐이다. 마찬가지로 동일한 지표가 데이터 레이크에서는 정수로 나타나지만 웨어하우스에서는 부동소수점 수로 나타날 수 있다. 예를 들어, 항상 '.00'으로 끝나므로 데이터 '값'은 변경되지 않고 유형만 변경된다. 이는 데이터의 구문론적 모호성이며, 데이터 조직에 이슈를 발생시킬 수 있다.

더 치명적인 것은 시스템에서 데이터의 목적에 대한 혼동을 나타내는 의미론적 모호성이다. 예를 들어, 데이터 엔지니어는 X 필드가 파이프라인 성능 메트릭을 추적하기 때문에 테이블에 있다고 생각할 수 있다. 비즈니스 분석가는 동일한 분야를 살펴보고 모호한 이름으로 관심 있는 비즈니스 목표를 추적하여 대시보드에 추가할 수 있다. 즉, 해당 필드는 구성원들이 정확한 목적을 제대로 파악할 수 없기 때문에 의미적으로 모호하다. 그러나 마찰이 발생하는 것보다 더 나쁜 것은 이러한 사례가 조직의 주요 메트릭의 의미를 잘못 전달하는 결과를 초래할 수 있다는 점이다. 문서화는 그와 같은 상황을 피하기 위한 핵심 도구이며, 실제로는 사전 예방적이어야 한다. 모호성은 특히 팀이 빠르게 확장될수록 뿌리 뽑기 어려운 방식으로 빠르게 증가할 수 있다.

3.5.4 아마존 키네시스 및 아파치 카프카 전반에 걸친 운영 데이터 변환 관리

운영 데이터는 원시 상태에서 데이터를 처리하지만, 이것이 완전히 맹목적으로 처리해야 한다는 의미는 아니다. 많은 데이터 스트리밍 및 처리 애플리케이션은 기본 제공 알림과 필요에 따라 더 복잡한 알림을 구성할 수 있는 기능을 제공한다. 3.6절에서 일반적인 내장 데이터 품질 검사의 구체적인 기술 사례를 살펴볼 것이다.

아마존 키네시스

아마존 키네시스 스트림은 AWS 람다 기능을 통해 관리된다. 다양한 전처리 작업을 위해 람다를 구성할 수 있으며, 그 편재성을 통해 해당 전처리[15]에 일부 데이터 품질 보증을 내포할 수 있다. AWS 람다 함수는 닷넷(파워쉘, C#), 고Go, 자바, Node.js, 파이썬, 루비Ruby로 작성할 수 있으며, AWS 콘솔에 업로드만 하면 호출된다.

15 「람다 기능을 이용한 데이터 전처리(Preprocessing Data Using a Lambda Function)」, https://oreil.ly/wZMTx

실행 중인 아마존 키네시스 인스턴스에 AWS 람다를 연결하려면 키네시스 애플리케이션 페이지에서 'Connect to a Source'를 선택한 다음 'Record preprocessing with AWS Lambda'를 선택한다. 애플리케이션 SQL 코드가 실행되거나 아마존에 들어오는 데이터의 스키마 스냅샷을 만들기 전에 실행되는 새로운 람다 함수를 만들 수 있다.

아파치 카프카

아파치 카프카는 높은 학습 곡선을 가진 애플리케이션으로, 주어진 애플리케이션에서 카프카 스트림즈, 데이터 생산자 및 사용자를 위한 세분화된 설정을 풍부하게 제공한다. 더불어 컨플루언트Confluent, 인스트클러스터Instcluster 및 AWS가 제공하는 강력한 스트리밍 프레임워크를 사용한다. 이를 통해 팀이 완벽한 관리 버전의 아파치 카프카를 쉽게 시작하고 실행할 수 있도록 지원한다. 그 결과 필요한 데이터 다운타임 방지를 즉시 처리한다.

이러한 작업을 전부 진행하려면 시간이 너무 오래 걸리지만 아파치 카프카는 데이터 품질을 위한 다양한 구성 가능성을 제공한다. 실제로 컨플루언트를 통한 관리 솔루션으로서 아파치 카프카는 스키마 저장소[16]를 제공하여 데이터 품질 문제를 방지한다. 아파치 카프카를 최적화하여 데이터 품질을 향상시키는 방법에 대한 자세한 내용은 프로젝트의 문서[17]를 참조하자.

기본적으로 아파치 카프카 스트림은 JMXJava Management Extensions를 통해 스트리밍 메트릭을 보고한다. JConsole과 같은 그래픽 도구를 사용하여 JMX 데이터를 시각화할 수도 있다. 또는 카프카 스트림 자바 클래스 인스턴스로 직접 이동하면 `KafkaStreams#metrics()` 메서드를 사용하여 메트릭에 액세스하도록 선택할 수 있다.

일반적으로 운영 변환 단계에서 수행하는 검사는 이 단계에서 지연 시간 초과 처리량에 대한 우선순위와 일치한다. 즉, 이 단계에서는 데이터 드리프트와 같은 처리량 집약적인 집계 검사를 피할 수 있다. 대신 수신 스키마와 과거 스키마를 비교하거나 시간에 따라 검색되는 바이트 볼륨을 추적하는 등 지연 시간이 짧은 검증을 모니터링 목표로 설정해야 한다. 여기서 수행되는 많은 운영 '모니터링'은 수신 데이터가 기존 용량, 스토리지 및 메모리 제약을 초과하지 않도록 하는 데 초점을 맞추기 때문에 데이터 품질을 보장하지 않는다.

---

16 「스키마 저장소 개요(Schema Registry Overview)」, *https://oreil.ly/yZjfS*

17 「아파치 카프카 웹페이지」, *https://oreil.ly/mJ4FG*

3.6 분석 데이터 변환 실행

앞으로 분석 데이터에 대해 수행되는 데이터 변환을 '분석 데이터 변환'이라는 용어로 정의하겠다. 이 용어는 S3 데이터 레이크와 레드시프트 데이터 웨어하우스 사이에 구성된 AWS 글루와 같은 운영 및 분석 소스 간의 데이터 통합 레이어에도 적용될 수 있다. 분석 데이터는 몇 가지 주요 측면에서 운영 데이터와 다르기 때문에 데이터를 변환할 때 주의해야 한다.

3.6.1 ETL 과정의 데이터 품질 보장

요즘 자주 듣는 'ETL'은 분석 데이터 변환과 동의어로 사용된다. ETL은 '추출-변환-적재'를 의미하며, 복잡한 데이터를 가진 조직에서 점점 더 보편화되고 있는 3단계 프로세스를 설명한다.

1. 추출 단계에서는 일부 업스트림 소스에서 원시 데이터를 내보내고 준비 영역으로 이동시킨다. 이러한 소스의 예로는 MySQL 및 NoSQL 서버, CRM 시스템 또는 데이터 레이크의 원시 파일 등이 있다.
2. ETL의 가장 알찬 구성 요소인 변환 단계에서는 준비 영역의 데이터가 데이터 엔지니어의 사양에 따라 결합되고 처리된다. 어떤 경우에는 변환 단계가 보잘것없고 사실상 소스 데이터를 복사하는 것으로 구성될 수 있다. 하지만 또 어떤 경우에는 변환을 향한 집중도가 높을 수 있다. 3.6.1절에서는 이러한 변환의 구성 요소를 설명한다.
3. 마지막으로 로드 단계에서는 변환된 데이터를 스테이징[18] 영역에서 대상(대개 데이터 웨어하우스의 특정 테이블)으로 이동시킨다.

3.6.2 변환 과정의 데이터 품질 보장

앞서 말했듯이 ETL 또는 ELT의 '변환' 단계는 가장 집약적일 수 있으며, 애플리케이션마다 다르다. ETL은 데이터를 스테이징 서버에 먼저 로드한 후 대상 시스템에 로드하는 프로세스를 의미하며, ELT Extract-Load-Transform 는 데이터를 직접 대상 시스템에 로드해야 한다. ETL은 데이터 엔지니어가 데이터를 프로덕션으로 이동하기 전에 검증할 수 있는 기회를 제공하지만, 데이터를 보다 신속하게 처리하고 테스트 및 모니터링을 적절하게 수행하지 않을 경우 데이터 품질이 떨어질 수 있다.

18 옮긴이_데이터가 변환되기 전, 원시 상태의 데이터가 존재하는 단계를 뜻한다.

다음은 소스 데이터를 변환하는 몇 가지 이유다.

- 대상 위치의 스키마 요구 사항에 맞게 필드 이름을 변경할 수 있다.
- 소스 데이터를 필터링, 집계 및 요약, 중복 제거 또는 정제 및 통합할 수 있다.
- 유형 및 단위 변환을 모두 수행해야 할 수도 있다. 서로 다른 통화 필드를 모두 미국 달러와 부동소수점 유형으로 표준화하는 것이 그 예다.
- 이 단계에서 중요한 데이터 필드나 업계 또는 정부 규정을 충족하기 위해 암호화를 수행할 수 있다.
- 궁극적인 목적을 달성하기 위해 가장 중요한 것은 해당 단계에서 데이터 거버넌스 감사나 데이터 품질 검사를 수행할 수 있다는 것이다.

3.7 테스트 및 경고 알람 시스템

모든 소프트웨어 및 데이터 애플리케이션과 마찬가지로 dbt, 웨어스케이프WhereScape 또는 인포매티카와 같은 ETL 시스템도 오류가 발생하기 쉽다. 대량 생산 환경에서 이러한 애플리케이션을 실행하려면 강력한 테스트 및 알람 시스템이 필요하다.

이 절에서는 ETL/ELT 시스템에 일반적인 경고 유형과 데이터 품질에 대한 몇 가지 모범 사례를 설명한다. 데이터 변환 시스템에는 대부분 데이터 품질을 위한 매커니즘이 내장되어 있다. 해당 테스트는 단위 테스트, 파이프라인 상태에 대한 가시성 메트릭, 경고 등의 형태로 수행할 수 있다. 3.8절에서는 기본 제공 툴과 자주 사용하는 변환 툴, 데이터 품질을 제공하는 추가 툴들을 살펴볼 것이다.

데이터 테스트는 프로덕션 데이터 파이프라인에 들어가기 전에 데이터 품질 문제를 발견하는데 중요한 역할을 한다. 엔지니어는 테스트를 통해 문제가 될 만한 것들을 예상하고 사전에 문제를 감지하는 논리를 작성한다.

데이터 테스트는 데이터에 대한 조직의 가정을 검증하는 프로세스로, 생산 전 또는 생산 중에 수행한다. 고유성과 NULL이 아닌 것을 확인하는 기본 테스트는 조직이 소스 데이터에 설정한 기본 가정을 테스트할 수 있다. 또한 데이터가 데이터 조직이 작업할 수 있는 올바른 형식인지, 비즈니스 요구 사항을 충족하는지 확인할 수 있다.

가장 일반적인 데이터 품질 테스트는 다음과 같다.

NULL 값

알 수 없는 값NULL이 있는가?

용량

데이터를 전부 받았는가? 너무 많이 받았는가, 아니면 너무 적게 받았는가?

분포

데이터가 허용 범위 내에 있는가? 값이 지정된 열의 범위 내에 있는가?

유니크함

중복된 값이 있는가?

정보 불변속성

두 개체는 근본적으로 서로 다른가? 예를 들면, 순수익은 항상 매출에서 비용을 뺀 값인가?

경험상, 데이터를 테스트하는 데 가장 적합한 도구가 두 가지 있다. 하나는 dbt 테스트이고, 다른 하나는 보다 범용적인 툴인 '그레이트 익스펙테이션스Great Expectations'이다. 둘 다 오픈 소스이며, 이해관계자에게 전달하기 전에 데이터 품질 문제를 발견하는 데 사용된다. dbt는 테스트 솔루션 그 자체는 아니지만 이미 프레임워크를 사용하여 데이터를 모델링하고 변환하는 경우 즉시 사용할 수 있다.

데이터 품질 테스트를 실행하려면 다음 두 가지 간단한 작업을 수행해야 한다.

- 변환된 데이터를 임시 준비 테이블/데이터셋에 로드한다.
- 테스트를 실행하여 스테이징 테이블의 데이터가 운영에 필요한 임곗값 내에 있는지 확인한다.
  (즉, 신뢰할 수 있는 데이터가 맞는지 묻는 질문에 "예"라고 대답할 수 있어야 함)

만약 데이터 품질 테스트에 실패하면 해당 자산을 담당하는 데이터 엔지니어 또는 분석가에게 경고가 전송되고 파이프라인은 실행되지 않는다. 이를 통해 데이터 엔지니어는 최종 사용자/시스템에 영향을 미치기 전에 예상치 못한 데이터 품질 문제를 파악할 수 있다. 데이터 테스트는 변환 전과 변환 프로세스의 각 단계 후에 수행할 수 있다.

3.7.1 dbt 단위 테스트

dbt는 현대 ELT에서 가장 인기 있는 선택지 중 하나이며, 변환된 테이블에 단위 테스트를 추가할 수 있도록 기능을 확장한다. `dbt run` 명령은 SQL을 사용하여 모델 변환을 실행하고 `dbt test`는 변환된 모델에 대해 단위 테스트를 실행한다. dbt 단위 테스트는 사용자 지정 SQL 쿼리에서 정의하고 '*yml*' 스키마 파일 내 개별 모델에 할당할 수 있다.

SQL에서 dbt 단위 테스트는 실패한 행(예 테스터의 주장과 일치하지 않는 레코드)을 가져오도록 설계되었다. 이는 회피하고자 하는 조건을 식별하는 쿼리를 생성하고 기본적으로 비어 있는 상태를 '어써트assert'하는 SQL의 일반적인 테스트 패러다임이다. 이는 유연하고 효과적인 테스트 기법이지만 한계가 있다. 이에 관한 내용은 이 절의 끝부분에서 설명할 것이다.

사실 '단위 테스트'와 '통합 테스트'의 개념은 dbt를 사용할 때 약간 모호해진다. dbt 모델은 독립 실행형 SQL 문으로, 입력 데이터를 가져와 변환을 적용하고 변환 결과를 대상 테이블에 로드한다. 이 변환 로직은 독립형 방식으로 실패할 수 있으므로, 각 dbt 모델의 품질을 개별적으로 평가하는 '단위 테스트'로 정의하는 것이 타당하다. 동시에 dbt(그리고 실제로 모든 ELT) 모델은 긴 변환 시퀀스 내에 있으므로 전체 파이프라인에 대한 통합을 테스트하는 것도 합리적이다. 따라서 종종 동일한 tests 저장소에서 dbt 모델에 대한 단위 테스트와 통합 테스트를 모두 작성할 수 있다. 이때 문서화가 핵심이다.

dbt 테스트에는 다음 두 가지 종류가 있다.

단일 테스트

이 테스트는 특정 모델을 참조하는 독립 실행형 SQL 테스트다. SQL에서 작성한 단일 테스트를 테스트 디렉터리(테스트 경로 구성 변수로 표시됨)에 저장하면 dbt 테스트를 호출할 때마다 실행된다. [예제 3-1]은 단일 dbt 모델(`'fct_payment'`)을 확인하여 지불 기록에 음수 값이 없는지 확인한다.

예제 3-1 **지불 기록을 확인하기 위한 단일 테스트(출처: dbt 문서[19])**

```
tests/assert_total_payment_amount_is_positive.sql
--------------------------------------------------
-- Refunds have a negative amount, so the total amount should
-- always be >= 0.
```

```
-- Therefore, return records where this isn't true to make the test fail.
select
    order_id,
    sum(amount) as total_amount
from {{ ref('fct_payments' )}}
group by 1
having not(total_amount >= 0)
```

일반 테스트

이 테스트는 여러 모델에서 재사용할 수 있는 'templatized' 테스트다. 매개변수화된 SQL 쿼리 형식을 취하며 인수를 사용할 수 있다. *yml* 스키마 파일에서 특정 모델에 일반 테스트를 적용하고 열 이름 또는 임곗값/SLA와 같은 매개변수를 입력할 수 있다. [예제 3-2]는 모델 및 열 이름을 사용하며 모델이 실행된 후 해당 열의 값이 NULL일 때마다 실패한다.

예제 3-2 **NULL을 확인하는 일반 테스트(출처: dbt 문서)**

```
tests/test_not_null.sql
-----------------------
{% test not_null(model, column_name) %}

      select *
      from {{ model }}
      where {{ column_name }} is null

{% endtest %}
```

dbt는 `unique`, `not_null`, `accepted_values`, `relationships` 이렇게 네 가지 기본 일반 테스트를 수행한다. `unique` 테스트는 특정 열에 대해 동일한 값을 갖는 두 행이 없음을 확인한다. `not_null`은 특정 열의 값이 NULL이 아님을 확인한다. `accepted_values`는 열에 대한 모든 값이 유한 집합 중 하나임을 보장하고, `relationships`는 테이블 간의 '참조 무결성'을 확인하여 기본적으로 ID와 같은 중요 필드에 대한 일대일 대응을 보장한다.

19 「dbt 문서」, *https://oreil.ly/huapD*

dbt 테스트는 일반적으로 ELT에 대한 테스트 표준으로서 훌륭하지만, (다른 모든 테스트 소프트웨어와 마찬가지로) 만병통치약은 아니다. 다음은 dbt 테스트에서 확인해야 할 몇 가지 제약 사항이다.

기술 부채 및 유지

dbt 테스트의 경우 조직의 개발자가 코드 형태로 수동으로 관리한다. ELT 모델은 비즈니스 및 데이터 요구 사항의 변화에 따라 '떠도는' 경향이 있으며, 모델 자체의 업데이트는 해당 모델에 대한 테스트의 업데이트를 의미한다. 복잡한 테스트는 고품질 데이터를 보장할 수 있지만 엔지니어링 리소스에 시간을 많이 들여야 하므로 모델 자체를 개발하는 데 들어가는 시간만큼이나 비용이 든다.

테스트 피로 및 암묵적 지식

테스트 실패가 실효성을 지니려면 '의미가 있어야 한다'. 그렇지 않으면 개발자는 테스트된 코드가 테스트되지 않은 코드보다 무조건 '더 나은' 것으로 생각하여 기반이 제대로 갖춰지지 않은 모델에 테스트된 코드를 추가할 수 있다. 그러면 또 다른 개발자가 (수개월 후에) 와서 테스트를 중단할 수도 있다. 테스트가 수행된 이유를 이해할 수 없는 경우 CI 빌드가 완료되고 티켓을 사용할 수 있도록 테스트를 제거할 수 있다. 이러한 엔지니어링 문화에서 테스트는 모델의 성능에 대한 통찰력을 제공하는 것이 아니라, 개발을 완료하기 위해 극복해야 하는 장애물이 된다. 따라서 테스트가 이런 방식으로 수행되지 않도록 주의해야 한다. 이렇게 잘못된 테스트는 데이터 품질에 아무런 도움이 되지 않으며 개발자의 작업 속도를 저하시킬 뿐이다. 이 문제를 진지하게 받아들일 생각이 없다면 차라리 테스트를 하지 않는 편이 낫다.

제한된 가시성

업스트림 문제로 인해 dbt 테스트가 실패할 수 있다. 예를 들어, 잘못 구성된 AWS 글루 람다 함수와 같은 운영 데이터 저장소의 스키마 불일치 때문에 데이터가 웨어하우스에 도달하기 전에 이미 손상됐을 수 있다. 이 경우 실패한 테스트는 무언가가 잘못되었음을 나타내기 때문에 좋은 신호이지만 빠른 해결책을 제공하지는 못한다. ELT 테스트 체계가 엔드 투 엔드로 진행되지 않았음을 의미하기 때문에 버그를 제거하려면 스택을 전체적으로 다시 점검해야 한다.

3.7.2 그레이트 익스펙테이션스 단위 테스트

그레이트 익스펙테이션스[20]는 오픈 소스 도구로, 단위 테스트의 형태로 데이터에서 '기대되는 것을 파악'할 수 있는 또 다른 방법을 제공한다. 테스트가 파이썬으로 작성돼 dbt 테스트보다 확장성이 뛰어나며, 다양한 ETL/ELT 솔루션에 적용할 수 있다.

그레이트 익스펙테이션스는 데이터에 적용할 수 있는 일반적인 '단위 테스트' 라이브러리를 제공하고 이러한 테스트를 유연한 방법으로 쉽게 적용할 수 있도록 한다. 예를 들어, `zip_code` 열이 올바른 우편 번호를 나타내는지 확인하는 방법은 다음과 같다.

```
expect_column_values_to_be_between(
        column="zip_code",
        min_value=1,
        max_value=99999
)
```

그레이트 익스펙테이션스를 사용하면 단일 소규모 데이터 배치부터 전체 변환에 이르기까지 다양한 데이터 볼륨 범위에서 단위 테스트를 실행할 수 있다. 테스트를 적용한 후 'Data Doc'이라는 사람이 읽을 수 있는 결과 페이지가 렌더링된다. 이 페이지는 다양한 테스트의 실패율에 대한 유용한 분석을 제공하고 실패한 행을 무작위로 샘플링해 보여준다. 그 예를 [그림 3-2]에서 확인할 수 있다.

그레이트 익스펙테이션스는 데이터 단위 테스트에서 경쟁 업체에 비해 여러 가지 장점이 있다.

일반적인 사용 편의성

그레이트 익스펙테이션스는 파이썬 패키지로 제공되며 유용한 명령줄 인터페이스를 확장하고 데이터 검증을 위해 주피터와 같은 도구를 사용한다. 이 소프트웨어는 파이썬 생태계에 가장 익숙한 데이터 과학자들이 매우 사용하기 쉽고 자연스럽다. 또한 그레이트 익스펙테이션스와 통합되는 데이터 소스의 수가 엄청나지만 모든 소스를 단일 .yaml 구성 파일에 표시하고 데이터 수집에 대한 정보를 추상화할 수 있다.

20 「그레이트 익스펙테이션스 웹 페이지」, *https://oreil.ly/zFwJz*

슬랙 연동

그레이트 익스펙테이션스는 유효성 검사 단계가 완료될 때 고도로 구성 가능한 슬랙 알림을 설정하는 방법을 문서에서 설명한다. 동일한 구성으로 이메일도 보낼 수 있으며 일반적으로 그레이트 익스펙테이션스 알림 체계는 잘 고안되어 있고 피로도를 높이지 않는다.

그림 3-2 실패한 테스트 및 해당 실패를 분석하여 설명해 주는 그레이트 익스펙테이션스의 Data Doc 예시

그러나 그레이트 익스펙테이션스 도구에도 다음과 같은 몇 가지 제한 사항이 있다.

파이썬으로 제한된 사용

그레이트 익스펙테이션스는 파이썬 도구다. 즉, 데이터 환경에서 SQL, R 또는 일부 다른 언어를 사용하는 경우 사용이 제한될 수 있다.

변환/작업 오케스트레이션 도구와 분리

데이터 엔지니어링 스택의 변환(dbt 모델) 및 오케스트레이션(dbt Cloud) 조각과 밀접하게 연결된 dbt 단위 테스트와 달리, 그레이트 익스펙테이션스는 학습 곡선이 완전히 다른 별개의 도구다. 이러한 차이점에 근거하면 조직이 Data Docs에서 분석을 제한적으로 사용하거나 테스트에서 광범위한 사용자 지정을 수행하는 경우, dbt 테스트와 같은 통합된 것을 선호할 수 있다.

3.7.3 디쿠 단위 테스트

디쿠Deequ는 AWS에 의해 구축된 오픈 소스 라이브러리로, 데이터에 대한 단위 테스트를 실행한다. 아파치 스파크 위에 구축되어 있어서 포맷 유연성이 좋다. 스파크 데이터 프레임Spark Data Frame에 들어갈 수 있는 CSV 데이터, JSON, 웨어하우스 테이블 데이터, 애플리케이션 로그 데이터 등 모든 것을 디쿠에서 단위 테스트할 수 있다. 또한 개발자들은 파이썬에서 사용하기 위한 PyDeequ 패키지를 전송하는데, 이는 깃허브와 PyPI에서 찾을 수 있다.

dbt 테스트 및 그레이트 익스펙테이션스와 마찬가지로 디쿠는 테스트 조건을 주장하고 실패한 행 또는 데이터 배치를 반환하는 방식으로 작동한다. 또 AWS의 변환 및 스트리밍 환경에 통합될 수 있기 때문에, 애플리케이션이 불량 데이터를 업스트림 소스에 공급하기 전에 '검역quarantine'하도록 설계되었다. 이를 통해 디쿠는 테스트 외에도 배포를 위한 더 나은 통합 도구가 될 수 있다.

실질적으로 디쿠 테스팅의 진입점은 [예제 3-3]에서 볼 수 있듯이 `VerificationSuite` 클래스다. `VerificationSuite` 객체를 사용해 `.onData(data)`에 테스트할 데이터를 할당하고, `addCheck()`를 사용하여 개별 단위 테스트 `Checks`를 추가할 수 있다. 예를 들어, 테스트한 데이터가 특정한 크기를 가지고 있고, 고유하고 NULL이 아닌 열이 있으며, 적절한 범위 내의 분위수가 있는지 테스트할 수 있다. 호출 시 디쿠는 `VerificationSuite`를 일련의 스파크 작업으로 전환하여 가정을 위반할 때 실행하고 오류를 보고한다.

예제 3-3 **더미 데이터 집합에 대한 단순 단위 테스트를 정의하는 디쿠 코드 예시[21](스칼라)**

```
import com.amazon.deequ.VerificationSuite
import com.amazon.deequ.checks.{Check, CheckLevel, CheckStatus}

val verificationResult = VerificationSuite()
  .onData(data)
  .addCheck(
    Check(CheckLevel.Error, "unit testing my data")
      .hasSize(_ == 5) // we expect 5 rows
      .isComplete("id") // should never be NULL
      .isUnique("id") // should not contain duplicates
```

21 옮긴이_awslabs / deequ 깃허브 페이지, *https://github.com/awslabs/deequ*

```
    .isComplete("productName") // should never be NULL
    // should only contain the values "high" and "low"
    .isContainedIn("priority", Array("high", "low"))
    .isNonNegative("numViews") // should not contain negative values
    // at least half of the descriptions should contain a url
    .containsURL("description", _ >= 0.5)
    // half of the items should have less than 10 views
    .hasApproxQuantile("numViews", 0.5, _ <= 10))
  .run()
```

dbt 테스트 및 그레이트 익스펙테이션스와 같은 다른 단위 테스트 소프트웨어가 아닌 디쿠를 실행하도록 선택하면 다음과 같은 이점이 있다.

AWS와 연동

만일 AWS를 이용하여 대부분의 데이터 엔지니어링을 AWS 스택 내에 유지한다면 디쿠가 적합할 수 있다. AWS 글루와 디쿠의 통합은 온라인 기술 블로그에 잘 문서화되어 있어 쉽게 수행할 수 있다.

뛰어난 확장성

스칼라로 실행하면 디쿠는 스칼라 작업 오케스트레이션 및 병렬 처리를 활용하여 효율성을 높일 수 있다. 데이터는 이미 빅데이터 생태계와 그 과제를 위해 특별히 구축된 스칼라 데이터 프레임에 저장된다.

스테이트풀 계산

디쿠는 메트릭 메타데이터를 계산하고 해당 메타데이터를 제자리에 저장한 다음 더 많은 데이터가 수집될 때 주요 메트릭을 다시 계산할 수 있다. 메트릭 계산에 대한 점진적인 접근 방식을 통해 라이브러리는 전체적으로 다시 계산할 여유가 없는 데이터셋으로 작업할 수 있다. 이는 데이터 엔지니어링 워크플로에서 일반적으로 사용되는 대규모 스트리밍 데이터셋에 유용한 기능이다.

이상 탐지 기능 내장

디쿠의 특장점은 고급 이상 탐지를 위한 내장 기능이다. 그레이트 익스펙테이션스는 변화율 또는 단순 임곗값을 기반으로 이상을 '탐지'하도록 구성할 수 있다. 그러나 디쿠의 이상 탐지는 조금 더 자세히 실행 중인 지표 평균 및 편차를 탐지할 수 있다. 데이터 과학자가 사내에서 구축할 수 있는 것만큼 강력하지는 않지만 이미 잘 통합된 도구에 추가적인 정교함을 제공한다.

디쿠에는 다음과 같이 유의해야 할 몇 가지 단점도 있다.

스칼라의 학습 곡선

스칼라는 데이터 엔지니어링 커뮤니티 외부에 있는 사람들에게 친근한 언어가 아니다. 데이터 과학자 및 기타 파이썬을 좋아하는 사람들이 그레이트 익스펙테이션스 또는 PyDeequ에서 스칼라를 더 쉽게 사용할 수 있다는 점을 고려하는 것이 적절하다.

통합 테스트로서는 제한된 적용 가능성

dbt 테스트는 모델별로 실행되고 ELT 파이프라인 전체에서 테스팅 어써션 메소드를 자연스럽게 통합하는데, 이와 달리 디쿠는 사용자가 제공하는 모든 데이터 배치에서 유연하게 실행된다. 사실 디쿠는 애초에 통합 테스트 소프트웨어는 아니다. 이 소프트웨어를 통합 테스트와 유사하게 테스트에 활용하려면, dbt 테스트에 비해 훨씬 더 많은 시간이 필요할 수도 있다.

직관적인 UI 부족

디쿠의 제작자는 소프트웨어를 멋진 인터페이스로 꾸미지 않았다. 오히려 매우 기능적으로 데이터 엔지니어링 목적을 충족한다. 어떤 조직이 그레이트 익스펙테이션스의 Data Doc 또는 슬랙 알림 라우팅과 같이 정보를 잘 정리해서 보여주는 보고서에서 큰 이점을 얻는 경우 디쿠는 미흡하다고 느낄 수 있다.

테스트는 데이터 품질 워크플로의 중요한 부분이지만 데이터 품질을 해결할 때 조직이 취해야 하는 유일한 선제적 조치는 아니다. 다음으로 아파치 에어플로를 활용하여 오케스트레이션 레이어에서 서킷 브레이크circuit break 및 기타 테스트를 구축하는 방법에 대해 설명할 것이다.

3.8 아파치 에어플로를 활용한 데이터 품질 관리

아파치 에어플로, 루이지Luigi, 마틸리온, 스티치Stitch와 같은 툴을 사용하면 데이터 파이프라인 전반에서 워크플로를 프로그래밍 방식으로 작성, 예약 및 모니터링하는 조정 레이어에서 데이터 품질을 보다 효율적으로 관리할 수 있다. 워크플로의 여러 '체크포인트'를 고려할 때(종종 DAG 또는 지시된 비순환 그래프라고 함), 데이터 구조에 장애가 발생하거나 잘못된 변경이 일어나는 상황은 사실 흔하다.

3.8절에서는 현재 가장 널리 사용되는 데이터 엔지니어링 조정 툴 중 하나인 아파치 에어플로를 사용해서 데이터 품질을 개선하는 방법에 대해 중점적으로 알아본다.

아파치 에어플로(및 기타 오케스트레이션) DAG의 가장 일반적인 데이터 다운타임 유형은 쿼리 성능 저하 및 잘못된 파이썬 코드다. 버그 코드는 사람의 실수(예 들여쓰기 같은 것)로 발생할 수 있으며, 아파치 에어플로 작업이 실행되지만 예상보다 오래 걸릴 때 쿼리의 질이 악화된다. 이는 일반적으로 파이프라인이 확장되지 않는다는 이야기다.

아파치 에어플로 사용자는 작업에 소요되는 최대 시간 동안 SLA를 예약할 수 있다. 작업이 더 오래 실행되면 아파치 에어플로 UI에서 'SLA 누락'으로 표시되거나 슬랙, 마이크로소프트 팀, 이메일 또는 기타 선호하는 채널을 통해 통신할 수 있다.

3.8.1 SLA 목록

아파치 에어플로 태스크에 대한 SLA를 설정하려면 사용자가 `datetime.timedelta` 개체를 태스크/운영자의 SLA 매개변수에 전달해야 한다. SLA에 관한 자체 로직을 실행하려는 경우 SLA가 누락되었을 때 트리거되도록 `sla_miss_callback`을 포함할 수 있다.

`sla_miss_callback`의 함수 서명에는 다음 다섯 가지 매개변수가 필요하다.

- **dag**: 태스크가 SLA를 충족하지 못한 DAG 실행에 대한 상위 DAG 개체
- **task_list**: 마지막 `sla_miss_callback` 이후 SLA를 충족하지 못한 모든 작업 목록
- **blocking_task_list**: DAG에서 실행 중인 태스크 중 성공 상태가 아닌 태스크는 `sla_miss_callback` 실행, 즉 실패한 실행
- **slas**: 태스크 목록의 태스크와 연결된 `SlaMiss` 개체 목록
- **blocking_tis**: `blocking_task_list` 임겟값 작업과 연결된 `TaskInstance` 객체 목록

[예제 3-4]는 아파치 에어플로 문서[22]에서 가져온 sla_callback 쿼리를 보여준다. 아파치 에어플로 콜백 쿼리는 데이터 파이프라인이 특정 SLA를 충족하지 않는 경우 일시 중지할 수 있다.

예제 3-4 sla_callback 쿼리

```
def sla_callback(dag, task_list, blocking_task_list, slas, blocking_tis):
    print(
        "The callback arguments are: ",
        {
            "dag": dag,
            "task_list": task_list,
            "blocking_task_list": blocking_task_list,
            "slas": slas,
            "blocking_tis": blocking_tis,
        },
    )

@dag(
    schedule_interval="*/2 * * * *",
    start_date=pendulum.datetime(2021, 1, 1, tz="UTC"),
    catchup=False,
    sla_miss_callback=sla_callback,
    default_args={'email': "email@example.com"},
)
def example_sla_dag():
    @task(sla=datetime.timedelta(seconds=10))
    def sleep_20():
        """Sleep for 20 seconds"""
        time.sleep(20)

    @task
    def sleep_30():
        """Sleep for 30 seconds"""
        time.sleep(30)

    sleep_20() >> sleep_30()

dag = example_sla_dag()
```

22 「아파치 에어플로 문서」, *https://oreil.ly/LpVMY*

오케스트레이션 레이어에서 데이터 사고를 방지하기 위한 또 다른 방법은 실행 중인 데이터 파이프라인에 '서킷 브레이커' 방법론을 적용하는 것이다. 서킷 브레이크는 데이터가 품질 임곗값들을 충족하지 못할 때, 파이프라인 작동을 중지해 버리는 것을 의미한다.

서킷 브레이커는 일반적으로 CI/CD 워크플로에서 새로운 소프트웨어 배포로 인해 시스템이 중단되는 것을 방지하는 수단으로 사용되며, 데이터 파이프라인에도 동일한 개념들 중 상당수를 적용할 수 있다.

데이터 생태계에서 팀은 버전 관리와 같은 CI/CD 프로세스의 테스트 및 기타 단계에 서킷 브레이커를 통합할 수 있다. 예를 들어, [그림 3-3]처럼 다운스트림 작업을 수행하기 전에 무결성 테스트를 실행하기 위해 메트릭 업데이트가 완료된 후 유용한 서킷 브레이커를 구현할 수 있다. 이를 통해 최근 메트릭에서 데이터 다운타임이 발생하는 경우 false positive[23]가 데이터 분석가 또는 데이터 과학자에게 전송되는 것을 방지할 수 있다. 서킷 브레이커의 또 다른 일반적인 사용 사례는 파이프라인에 공급되는 업스트림 데이터가 부정확한 것으로 판명될 경우 파이프라인 중간에서 데이터 워크플로를 일시 중지하는 것이다.

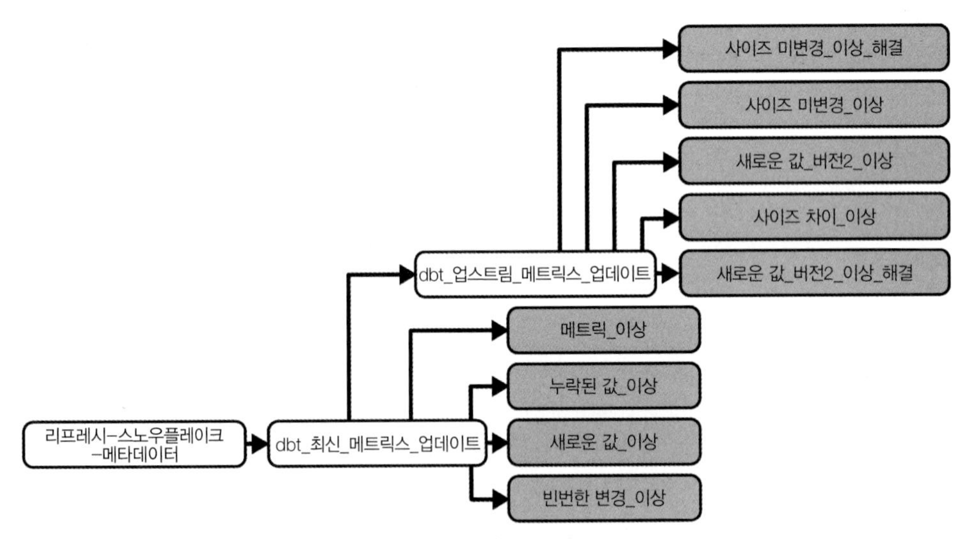

그림 3-3 서킷 브레이커는 특정 데이터 품질 임곗값이 충족되지 않는 경우, 운영 데이터 파이프라인으로 배치나 실시간 스트리밍을 통해 신뢰할 수 없는 데이터가 유입되는 것을 방지한다.

23 옮긴이_통계학에서는 거짓 양성으로 표현하지만, 여기서는 현업에서 자주 사용하는 대로 영문으로 표기한다.

서킷 브레이커는 고품질 데이터와 저품질 데이터가 혼합되는 것을 방지하여 사용 가능한 데이터의 신뢰성을 보장한다. 데이터 서킷 브레이커에는 다음 두 가지 패턴이 있다(그림 3-3 참조).

- **서킷 폐쇄**: 데이터가 파이프라인을 통해 흐르고 있다.
- **서킷 개방**: 데이터가 파이프라인을 통해 흐르고 있지 않다.

이누이트의 전 최고 데이터 설계자 산딥 우탐찬디 Sandeep Uttamchandi[24]에 따르면, 서킷 브레이커를 사용하기 위해 다음과 같은 세 가지 핵심 솔루션이 필요하다.

- 데이터 계보
- 파이프라인 전반의 데이터 프로파일링
- 프로파일링을 통해 발견된 문제를 통해 서킷을 자동으로 트리거하는 기능

실제로 사일로화된 데이터 파이프라인 전반에 걸쳐 신선도, 볼륨, 배포 문제를 방지하기 위해 서킷 브레이커를 사용하는 경우가 있지만, 규모에 따라 자동화에도 유사한 원리가 적용될 수 있다.

3.8.2 아파치 에어플로를 활용한 서킷 브레이커 설치

아파치 에어플로 DAG에 서킷 브레이커를 설치하면 데이터가 새로고침 프로그램, 볼륨 및 스키마 임곗값 요구 사항을 충족하지 못할 경우 조정 레이어에서 실제로 데이터 파이프라인을 중지하여 데이터 품질 문제를 예방할 수 있다.

서킷 브레이킹은 나쁜 데이터가 완벽하게 양호한 파이프라인을 손상시키는 것을 방지할 뿐만 아니라, 데이터 품질 문제가 있는 DAG가 실행될 때 소모된 부분을 다시금 메울 필요가 없도록 보장한다. [그림 3-4]에 관련 예가 나와 있다.

24 「서킷 브레이커를 활용해 데이터 품질을 다루는 법(How we deal with Data Quality using Circuit Breakers)」, *https://oreil.ly/Wd4a1*

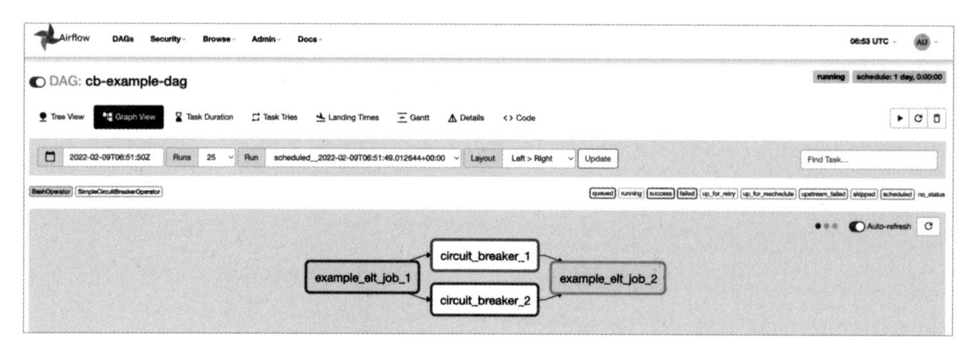

그림 3-4 사용자 지정 파이썬 서킷 브레이커를 설치하는 것은 손상된 데이터 파이프라인을 일시 중지하고 데이터 품질 문제가 다운스트림으로 마이그레이션되는 것을 방지하는 한 가지 방법이다.

다음은 아파치 에어플로 DAG를 '서킷 브레이킹'하는 몇 가지 방법이다.

- DAG의 캐치업 매개변수를 False로 설정한다.
- DAG 내부에 LatestOnlyOperator 연산자를 포함하여 DAG 실행을 중지한다.
- 맞춤형 파이썬 코드를 오케스트레이션 레이어에 삽입하여 '중단'하게 만들고, 데이터 옵저버빌리티 플랫폼 또는 데이터 카탈로그에서 직접 근본 원인 분석과 관련된 메타데이터를 표시한다.

빠르게 움직이는 데이터 조직에서 서킷 브레이커는 잠재적으로 비용을 절감할 수 있는 가치 있는 도구이지만, 가장 중요한 데이터 다운타임 사고에만 사용되는 경우가 많다. 다음으로 아파치 에어플로를 사용하여 보다 일반적이고 능동적으로 데이터 품질을 관리하는 방법인 SQL 검사 연산자를 설명한다.

3.8.3 SQL 검사 연산자

SQL 검사 연산자는 아파치 에어플로 DAG 또는 전체 데이터 파이프라인에서 데이터 품질을 수동으로 검사하는 또 다른 방법이다. SQL 검사 연산자는 그레이트 익스펙테이션스, dbt 또는 기타 데이터 품질 테스트와 동일한 방식으로 작동하여 지정된 DAG의 내용이 값, 간격 및 임곗값을 비롯한 여러 주요 요소에 걸쳐 기대치와 일치하는지 확인한다. 또한 아파치 에어플로를 사용하면 지정된 SQL 쿼리에서 단일 행을 반환하는 사용자 지정 SQL 검사 연산자를 실행하여 해당 행에 반환된 값이 False인지 확인할 수 있다.

다음은 아파치 에어플로 DAG에 적용할 수 있는 SQL 검사 연산자의 예시다.

```
SQLCheckOperator(
    task_id="orange_carddata_row_quality_check",
    sql="row_quality_blue_bankdata_check.sql",
    params={"dropoff_datetime": "2021-01-01"}
)
```

서킷 브레이커와 마찬가지로 테스트를 통과하지 못할 경우 파이프라인을 중지하도록 사용자 지정 파이썬 코드를 구성할 수 있다.

그러나 '파이프라인 중지'는 회사에 심각한 영향을 미칠 수 있는 데이터 사고에만 적용해야 한다. 전략적이고 신중하게 구현하지 않으면, 서킷 브레이크 및 SQL 검사 연산자 때문에 완벽한 품질로 잘 작동하는 전혀 관계 없는 작업을 멈추게 할 수도 있다. 또한 이로 인해 분석 데이터가 다운스트림 시스템으로 이동하지 못하도록 막는 결과를 초래할 가능성도 있다.

3.9 마치며

데이터 다운타임을 관리한다는 것은 다운스트림 대시보드에서 오류값을 발견했을 때 이해관계자에게 응답하는 경우나 CEO에게 '데이터 누락을 확인하라'며 미친듯이 쏟아지는 이메일을 받았을 때 스노우플레이크 쿼리를 들여다보는 경우만을 의미하지 않는다. 데이터 파이프라인 각 단계의 데이터 웨어하우스, 데이터 레이크, 비즈니스 인텔리전스 레이어까지, 데이터 품질 검사를 통합해야만 다운타임을 예방할 수 있다.

기술만으로는 데이터 품질을 해결할 수 없지만, 신뢰성을 염두에 두고 데이터를 수집, 정제, 인제스천ingestion[25], 처리, 오케스트레이션하는 것이 확실히 도움이 될 수 있다. 다행히 3장에서 제시한 다양한 기술을 사용하면, 데이터에 대한 가정이 현실과 맞지 않을 때 적극적으로 해당 상황을 식별할 수 있고, 사고가 일어났을 때 적절한 통합과 사용자 정의를 통해 적절한 통신 채널로 경고 신호를 보낼 수 있다.

25 옮긴이_여러 소스로부터 수집된 데이터를 적절한 표준 형태로 변환하여 저장하는 단계를 뜻한다.

하지만 가장 철두철미한 SQL 검사를 시행하더라도 알려지지 않은 부분들 때문에 균열이 발생할 수 있다. 우리 인생과 마찬가지로 데이터는 결코 완벽하게 신뢰할 수 없다. 이 사실을 빨리 받아들일수록 좋다. 이제 이상 탐지가 필요한 지점에 도착했다. 4장에서는 이상 탐지 관련 주요 기술과 함께 엔드 투 엔드 프로세스를 살펴보고, 이상 탐지의 전통적인 기능을 뛰어넘는 자체 데이터 품질 모니터를 구축하는 방법을 공유한다. 이후 5장에서는 CI/CD, 경고 및 분류, 사고 관리 등 보다 신뢰할 수 있는 데이터 워크플로를 엔지니어링하여 데이터 신뢰성을 높이는 방법을 설명한다.

CHAPTER 4

데이터 파이프라인 모니터링 및 이상 탐지

4장에서는 데이터 신뢰성 워크플로의 가장 중요한 측면 중 하나인 사전 이상 탐지 및 모니터링을 설명한다. 독자들의 이해를 돕기 위해, 공식적으로 사용 가능한 데이터셋인 거주 가능한 외계 행성에 관한 모의 천문 데이터를 활용하여 데이터 품질 모니터 구축 방법을 공유한다.

라이언 컨즈 공저

이 책을 읽는 여러분이 방금 새 차를 구입했다고 가정해 보자. 차를 사기 전 일반적으로 진행하는 사전 점검을 했을 때 모든 부품은 정상 작동했다. 연료 탱크와 브레이크 오일도 가득 차 있었다. 부품은 새것처럼 양호했다.

딜러에게 키를 받고 차를 몰아 고속도로에 진입했다. 새 차 냄새도 없고 모든 것이 훌륭했다. 그런데 시끄러운 소리가 들리면서 갑자기 차가 흔들리기 시작했다. 갓길에 차를 세우고 비상등을 켠 후 차에서 내려 살펴보니 타이어에 펑크가 나 있었다. 차량 상태를 확인하기 위해 대리점에서 얼마나 많은 테스트와 점검을 했는지 여부와 관계없이 고속도로에 못이나 잔해가 있었을 수도 있다. 이처럼 차량에 영향을 미칠 수 있는 알려지지 않은 미지의 요소에 관해서는 예측하기 어렵다.

데이터도 마찬가지다. 테스트와 데이터 품질 검사를 철저히 한다고 해서 데이터 다운타임을 완벽하게 예방할 수는 없다. 데이터 다운타임은 데이터 자체와 무관한 다양한 이유로 파이프라인의 모든 단계에서, 심지어 외부에서도 발생할 수 있기 때문이다.

데이터 중단 시점을 파악하는 최선의 방법은 모니터링이다. 특히 볼륨, 신선도, 분포 및 기타 값에 대한 예상 임곗값이 기대에 미치지 못하는 경우를 식별하는 이상 탐지 기술을 사용하는 것이다.

이상 탐지[1]는 신용카드 사기 거래 또는 웹사이트 충돌 같은 표준에서 벗어나는 기술적 결함을 식별하는 것을 의미한다. 물론 웹사이트가 정상적으로 운영되고 있다고 가정했을 때다.

1 「이상 탐지 위키피디아 페이지」, *https://oreil.ly/m8q3B*

메타Meta, 구글, 우버와 같은 거대 IT 기업에서는 수많은 기술, 알고리즘, 프레임워크를 개발하여 사용한다. 기술적으로 더 깊이 알고 싶다면 프리탐 진카Preetam Jinka와 배런 슈워츠Baron Schwartz의『Anomaly Detection for Monitoring』(O'Reilly, 2016)을 일독하기를 권한다.

이상 탐지는 최근까지도 많은 데이터 조직에게 꼭 필요한 것이 아니라 있으면 좋은 것이었다. 하지만 데이터 시스템이 점점 더 복잡해지고 회사 내 여러 부서의 직원이 데이터 사용 권한을 갖게 되면서 데이터 품질 문제를 해결하기 위해 선제적 및 사후 대응적 접근 방식을 모두 취할 필요가 생겼다.

앞서 예로 든 자동차의 경우 데이터 파이프라인과는 전혀 다르지만 자체 모니터링 및 이상 탐지 기능이 있다는 점에서는 비슷하다. 최신 차량은 대부분 연료, 브레이크 오일, 가스, 타이어 압력 및 기타 주요 요소가 정상 범주를 벗어날 때 경고하여 조치를 취하도록 권장한다. 데이터 모니터링과 이상 탐지도 거의 동일한 방식으로 작동한다.

4장에서는 데이터 웨어하우스 환경에서 데이터 옵저버빌리티의 핵심인 신선도, 볼륨, 분포, 스키마를 모니터링하고 이상이 있을 때 경고할 수 있도록 자체 데이터 품질 모니터를 구축하는 방법에 대해 살펴본다. 이 과정에서 이상 탐지 기술에 대한 이해를 높이는 데 필요한 중요 개념과 용어를 소개한다.

4.1 알려진 미지와 알려지지 않은 미지

데이터 품질 문제는 크게 두 가지로 나눌 수 있다. 첫 번째는 예측할 수 있는 것(알려진 미지)이고, 두 번째는 예측할 수 없는 것(알려지지 않은 미지)이다. 알려진 미지는 NULL 값, 특정 신선도 문제 또는 시스템 정기 업데이트로 유발된 스키마 변경과 같은 쉽게 예측할 수 있는 문제다. 이러한 문제는 아예 발생하지 않을 수도 있고, 일반적인 테스트를 통해 다운스트림에서 문제가 발생하기 전에 알게 될 수도 있다. [그림 4-1]에서는 두 가지 유형 모두에 해당하는 예를 보여준다.

알려지지 않은 미지는 가장 포괄적인 테스트로도 설명할 수 없는 데이터 다운타임, 즉 특정 테스트에서 다루는 섹션뿐 아니라 전체 데이터 파이프라인에서 발생하는 문제를 의미한다. 알려지지 않은 미지로, 다음과 같은 예가 있다.

- 태블로 대시보드의 오작동을 유발하는 중요한 필드의 분포 이상 징후
- 6개의 열을 600개로 바꾸는 다른 팀의 JSON 스키마 변경
- ETL(또는 원하는 경우 리버스 ETL)에 생긴 의도하지 않은 변경으로 테스트가 실행 불가능한 상태가 되었거나 잘못된 데이터가 누락된 경우
- 몇 주가 지나도록 눈에 띄지 않은 불완전하거나 오래된 데이터가 주요 마케팅 지표에 미치는 악영향
- API가 중요한 새 프로덕트에 공급하는 데이터 수집을 중지하게 하는 코드 변경
- 시간 경과에 따른 데이터 드리프트, 특히 일반적으로 주어진 테이블에 이미 있는 데이터를 고려하지 않고 테스트에서 ETL 작업 시 기록되는 데이터만 보는 경우

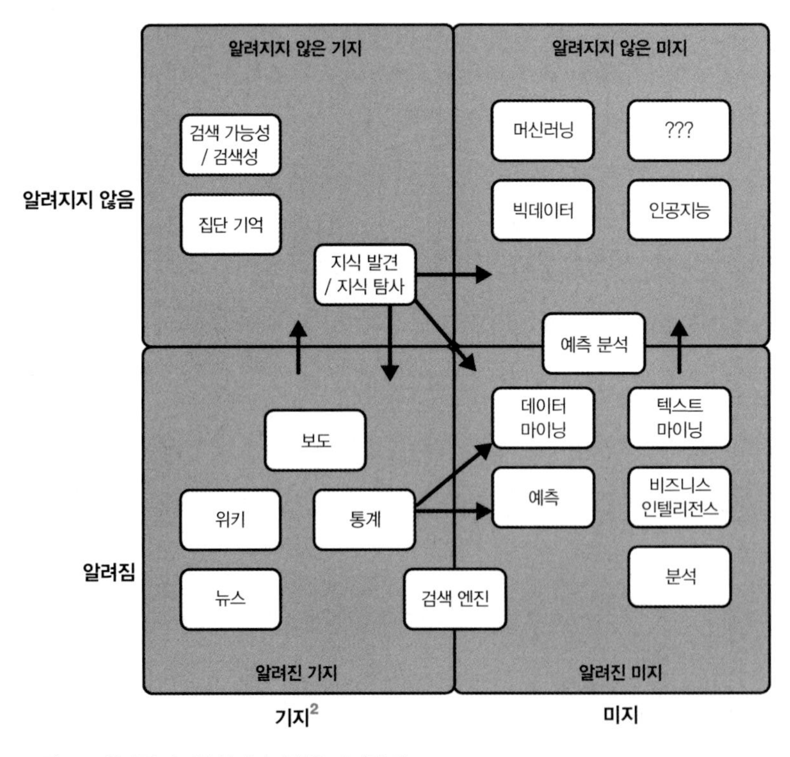

그림 4-1 알려진 미지와 알려지지 않은 미지의 예

테스트 및 서킷 브레이커가 알려진 미지의 많은 부분을 처리할 수 있는 반면, 모니터링 및 이상 탐지는 알려지지 않은 미지를 다룰 수 있다.

2 옮긴이_기지는 미지의 반의어로, '이미 알고 있는 것'이라는 의미다.

데이터 조직은 모니터링 및 이상 탐지를 활용하여, 데이터 파이프라인에서 기존의 예상 동작에서 벗어난 데이터 동작을 식별하고 경고한다. 이때 '좋은' 데이터가 무엇인지 이해하면 '나쁜' 데이터를 사전에 식별하기 더 쉽다.

지금까지 두 가지 유형의 데이터 문제의 차이점을 설명하였다. 이제 실습을 통해 알려지지 않은 미지에 대한 이상 탐지에 관해 살펴보자.

4.2 이상 탐지 알고리즘 구축

이상 탐지가 어떻게 작동하는지 알기 위해 매우 비정상적인 데이터셋에 이상 탐지기를 구축하고 적용하는 실제 튜토리얼을 살펴보자.

데이터 품질 모니터링을 구축하는 데 사용할 수 있는 기술과 접근 방식은 매우 다양하며, 선택 가능한 방법은 기술 스택에 따라 다르다. 이 장에서는 다음과 같은 언어와 툴을 활용한다.

- SQLite 및 SQL
- 주피터 노트북
- 파이썬

지금 사용할 샘플 데이터는 거주 가능한 외계 행성에 관한 모의 천문 데이터[3]다. 실습 목적을 달성하기 위해 파이썬을 활용하여 프로덕션 환경에서 발견한 실제 사고의 이상 징후를 모델링하는 데이터셋을 생성한다. 이 데이터셋은 무료로 사용할 수 있으며, 데이터가 어떻게 구성되었는지 자세히 알고 싶다면 저장소[4]의 utils 폴더에서 데이터를 생성한 코드를 확인하면 된다.

최소한의 설정으로 명령 프롬프트나 SQL 파일에서 데이터베이스[5]에 액세스하는 SQLite 3.32.3[6]을 사용할 것이다. 해당 개념은 모든 쿼리 언어로 확장될 수 있고, 일단 구현되면 이후 최소한의 변경으로 MySQL, 스노우플레이크 및 기타 데이터베이스 환경으로 확장될 수 있다.

---

3 「monte-carlo-data / data-observability-in-practice 깃허브 페이지」, *https://oreil.ly/gL05n*

4 「monte-carlo-data / data-downtime-challenge 깃허브 페이지」, *https://oreil.ly/VZEgg*

5 「monte-carlo-data / data-downtime-challenge 깃허브 페이지」, *https://oreil.ly/zNoc0*

6 「SQLite 3.32.3 업데이트 관련 내용(SQLite Release 3.32.3 On 2020-06-18)」, *https://oreil.ly/zz0wR*

다음은 6개의 특정 데이터베이스 항목을 포함하는 EXOPLANETS 데이터셋에 대한 정보다.

```
$ sqlite3 EXOPLANETS.db
sqlite> PRAGMA TABLE_INFO(EXOPLANETS);
_id            | TEXT | 0 | | 0  ❶
distance       | REAL | 0 | | 0  ❷
g              | REAL | 0 | | 0  ❸
orbital_period | REAL | 0 | | 0  ❹
avg_temp       | REAL | 0 | | 0  ❺
date_added     | TEXT | 0 | | 0  ❻
```

EXOPLANETS의 진입점에서는 다음과 같은 EXOPLANETS 데이터베이스 필드의 정보를 확인할 수 있다.

❶ `_id`: 행성에 해당하는 UUID

❷ `distance`: 지구로부터 떨어진 거리(광년)

❸ `g`: 중력 상수인 g의 배수로 표시되는 표면 중력

❹ `orbital_period`: 단일 공전주기의 길이(일)

❺ `avg_temp`: 평균 표면 온도(K)

❻ `date_added`: 시스템이 행성을 발견하고 데이터베이스에 자동으로 추가한 날짜

distance, g, orbital_period, avg_temp 중 하나 이상은 누락되거나 잘못된 데이터로 인해 해당 행성에서 NULL 값을 가질 수 있다.

sqlite> SELECT * FROM EXOPLANETS LIMIT 5; 쿼리를 실행하면 데이터베이스에서 5개의 행을 가져올 수 있다. 다음 [예제 4-1]에서는 데이터의 형식과 분포를 알아보기 위해 EXOPLANETS 데이터셋의 항목[7] 5개를 확인한다.

예제 4-1 EXOPLANETS 데이터셋의 5개 행

```
_id,distance,g,orbital_period,avg_temp,date_added
c168b188-ef0c-4d6a-8cb2-f473d4154bdb,34.6273036348341,,476.480044083599, ...
e7b56e84-41f4-4e62-b078-01b076cea369,110.196919810563,2.52507362359066, ...
a27030a0-e4b4-4bd7-8d24-5435ed86b395,26.6957950454452,10.2764970016067, ...
```

7 「RyanOthnielKearns / top-5-from-exoplanets.csv 깃허브 페이지」, *https://oreil.ly/ZTS1q*

```
54f9cf85-eae9-4f29-b665-855357a14375,54.8883521129783,,173.788967912197, ...
4d06ec88-f5c8-4d03-91ef-7493a12cd89e,153.264217159834,0.922874568459221, ...
```

해당 예시에서 과거 데이터를 사용하기 때문에 본 실습[8]은 소급 적용된다. 프로덕션 데이터 환경에서 이상 탐지는 실시간으로 진행되고, 데이터 라이프사이클의 각 단계에 적용되므로 본 실습과는 약간 다르게 구현해야 한다.

본 실습의 목적을 위해 신선도와 배포를 위한 데이터 옵저버빌리티 알고리즘을 구축할 예정이고, 향후 나머지 핵심 요소 다섯 가지에 대해 설명할 것이다.

4.2.1 신선도 모니터링

데이터 옵저버빌리티의 첫 번째 핵심은 신선도다. 신선도는 중요한 데이터가 언제 마지막으로 업데이트되었는지를 보여주는 강력한 지표다. 예를 들어, 정시에 정기적으로 업데이트되는 보고서가 갑자기 매우 오래된 것처럼 보이는 경우 무언가가 부정확하거나 다른 방식으로 잘못되었다는 것을 확실하게 표시해야 한다.

먼저 DATE_ADDED 열을 확인한다. SQL은 개별 레코드가 추가될 때 메타데이터를 저장하지 않는다. 따라서 소급적인 환경에서 신선도를 시각화하려면 우리가 직접 그 정보를 추적해야 한다. DATE_ADDED 열을 기준으로 그룹화하면 EXOPLANETS 데이터셋이 매일 업데이트되는 방식을 알 수 있다. 즉, [예제 4-2]처럼 매일 추가되는 새 ID의 개수를 조회할 수 있다.

예제 4-2 **매일 데이터셋에 추가되는 새로운 외계 행성 수에 대한 쿼리**

```
SELECT
 DATE_ADDED,
 COUNT(*) AS ROWS_ADDED
FROM
 EXOPLANETS
GROUP BY
 DATE_ADDED;
```

8 「monte-carlo-data / data-downtime-challenge 깃허브 페이지」, *https://oreil.ly/M7Y7a*

깃허브 저장소에서 $ sqlite3 EXOPLANETS.db < queries/freshness/rows- added.sql을 실행하면 다시 [예제 4-3]의 데이터를 얻을 수 있다.

예제 4-3 예제 4-2에서 가져온 데이터

```
date_added      ROWS_ADDED
2020-01-01      84
2020-01-02      92
2020-01-03      101
2020-01-04      102
2020-01-05      100
... ...
2020-07-14      104
2020-07-15      110
2020-07-16      103
2020-07-17      89
2020-07-18      104
```

데이터셋을 그래픽으로 표현한 결과, EXOPLANETS는 며칠 동안 데이터가 들어오지 않는 격차가 있지만 매일 약 100개의 새로운 항목이 지속적으로 업데이트되는 것으로 보인다.

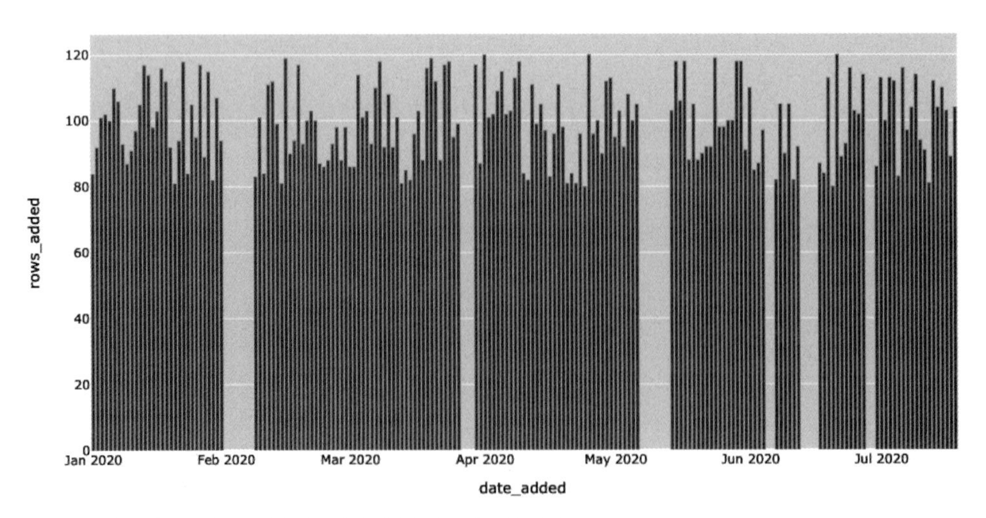

그림 4-2 주피터 노트북으로 데이터셋 내에서의 신선도 패턴 렌더링

신선도를 알아보기 위해서는 "데이터가 최신 상태인가?"라는 질문이 중요하다. 테이블 업데이트로 발생하는 결측을 아는 것은 데이터의 신뢰도를 이해하는 데 필수다. 다음 [예제 4-4]는 DAYS_SINCE_LAST_UPDATE에 대한 메트릭을 도입하여 신선도를 보여주는 쿼리다. 참고로 이 튜토리얼은 SQLite3을 사용하므로 MySQL, 스노우플레이크 및 기타 환경에서 시차를 계산할 때는 SQL 구문이 달라질 수 있다.

예제 4-4 데이터셋이 업데이트된 이후의 일수를 가져오는 쿼리

```
WITH UPDATES AS(
  SELECT
    DATE_ADDED,
    COUNT(*) AS ROWS_ADDED
  FROM
    EXOPLANETS
  GROUP BY
    DATE_ADDED
)

SELECT
  DATE_ADDED,
  JULIANDAY(DATE_ADDED) - JULIANDAY(LAG(DATE_ADDED) OVER(
    ORDER BY DATE_ADDED
  )) AS DAYS_SINCE_LAST_UPDATE
FROM
  UPDATES;
```

다음 [예제 4-5]는 결과 테이블로, 'XXXX-mm-dd일에 EXOPLANETS의 가장 최근 데이터는 Y일 전의 데이터였다.'라는 것을 보여준다. 이는 테이블의 DATE_ADDED 열에 명시적으로 사용할 수 없는 정보이지만 데이터 옵저버빌리티를 적용하면 데이터를 파악하는 도구가 될 수 있다. [그림 4-3]은 이를 시각화한 것으로, 신선도에 이상이 있는 경우 Y 값이 높게 표시된다. 이는 간단한 이상 탐지기로 쿼리할 수 있는 테이블 업데이트 지연을 나타낸다.

예제 4-5 예제 4-4 쿼리의 외계 행성 데이터 신선도 테이블

```
DATE_ADDED    DAYS_SINCE_LAST_UPDATE
2020-01-01
2020-01-02    1
2020-01-03    1
2020-01-04    1
2020-01-05    1
...           ...
2020-07-14    1
2020-07-15    1
2020-07-16    1
2020-07-17    1
2020-07-18    1
```

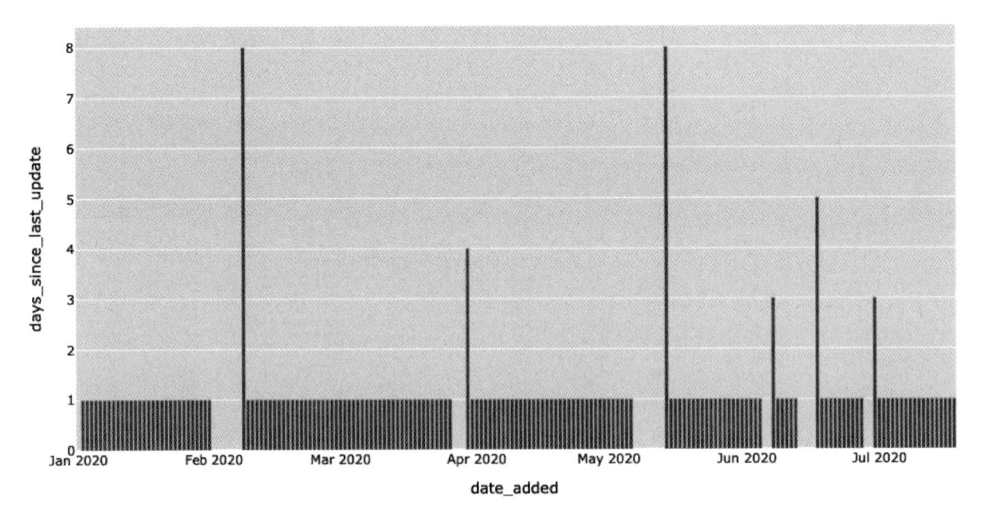

그림 4-3 높은 Y 값으로 표현된 신선도 이상 시각화

신선도 이상 탐지에 필요한 데이터 준비가 완료되었으니, 이제 Y에 대한 임곗값 파라미터를 설정해 보자. 오래된 날들의 일수가 얼마나 많아야 비정상이라고 볼 수 있는가? 파라미터는 어떤 것이 비정상으로 간주되고(경고할 가치가 있음) 어떤 것이 그렇지 않은지를 결정하기 때문에 [예제 4-6]과 같이 쿼리를 탐지기로 사용할 수 있다.

예제 4-6 **외계 행성 데이터의 예상 신선도를 초과하는 데이터에 대해 경고하도록 수정된 쿼리**

```
WITH UPDATES AS(
  SELECT
    DATE_ADDED,
    COUNT(*) AS ROWS_ADDED
  FROM
    EXOPLANETS
  GROUP BY
    DATE_ADDED
),

NUM_DAYS_UPDATES AS (
  SELECT
    DATE_ADDED,
    JULIANDAY(DATE_ADDED) - JULIANDAY(LAG(DATE_ADDED)
      OVER(
        ORDER BY DATE_ADDED
      )
    ) AS DAYS_SINCE_LAST_UPDATE
  FROM
    UPDATES
)

SELECT
  *
FROM
  NUM_DAYS_UPDATES
WHERE
  DAYS_SINCE_LAST_UPDATE > 1;
```

결과로 반환된 데이터인 [예제 4-7]은 신선도 문제가 발생한 날짜를 나타낸다.

예제 4-7 **예제 4-6 쿼리에서 반환된 데이터**

```
DATE_ADDED  DAYS_SINCE_LAST_UPDATE
2020-02-08     8
2020-03-30     4
2020-05-14     8
2020-06-07     3
```

```
2020-06-17     5
2020-06-30     3
```

2020년 5월 14일을 기준으로 테이블의 가장 최근 데이터는 8일 전이다. 이러한 중단 결과는 데이터 파이프라인의 손상을 나타낼 수 있으며, 현재 해당 데이터가 중요한 영향을 미치는지 알아두는 편이 좋다. 운영 환경에서 사용하는 경우에는 큰 영향을 미칠 가능성이 높다. [그림 4-4]처럼 마지막 업데이트 이후 허용 가능한 시간에 대해 임곗값을 설정하여 신선도에 이상이 있는지 렌더링할 수 있다.

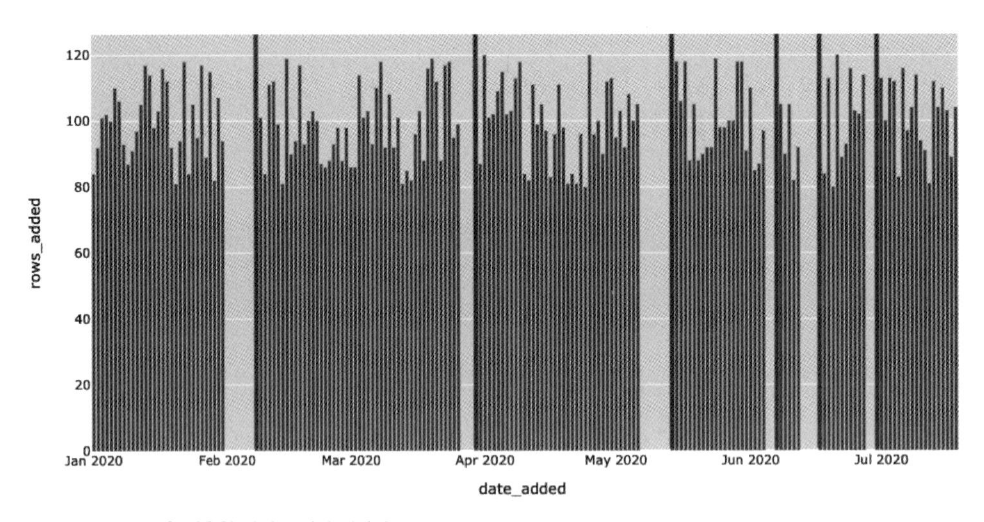

그림 4-4 임곗값을 사용한 신선도 이상 시각화

특히 쿼리의 마지막 줄인 `DAYS_SINCE_LAST_UPDATE > 1;`을 살펴보자.

여기서 1은 데이터 미적재일이다. 해당 숫자에 '맞고 틀림'은 없지만 이를 변경하면 사고로 간주되는 날짜(이상 기준)에 영향을 미친다. 숫자가 작을수록 재현율이 높아 실제 이상 징후를 더 많이 포착할 수 있지만, 이러한 '이상 징후' 중 일부는 실제 중단을 반영하지 못할 가능성이 있다. 숫자가 클수록 정밀도가 높아 포착한 모든 이상 징후가 실제 이상 징후를 반영할 가능성이 높아지는데, 일부를 놓칠 수도 있다.

본 실습의 목적을 위해 1을 7로 변경해서 최악의 중단 상황을 두 가지 경우로 확인했다(2020년 2월 8일과 2020년 5월 14일). 어떤 선택이든 특정한 사용 예시와 목표를 반영하며, 이는 운영 환경에서 규모에 따라 데이터 옵저버빌리티를 적용할 때 반복적으로 나타나는 중요한 부분이다.

다음 [그림 4-5]에서는 동일한 신선도 탐지기이지만 임곗값 역할을 하는 SQLite 쿼리 DAYS_SINCE_LAST_UPDATE > 3;을 사용했다. 그 결과 작은 규모의 중단 2건이 더 이상 감지되지 않았다.

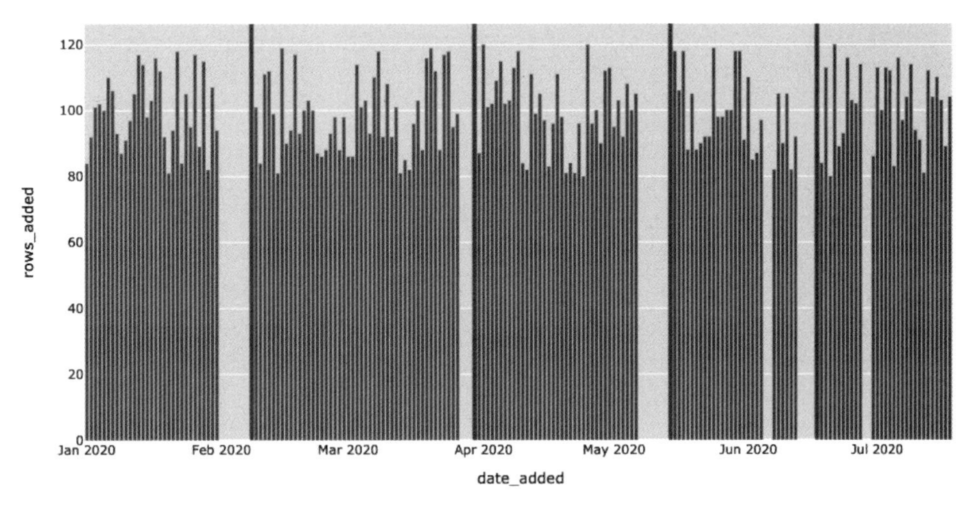

그림 4-5 이상 징후 검색 범위 좁히기(DAYS_SINCE_LAST_UPDATE > 3)

이제 동일한 신선도 탐지기를 시각화하지만 임곗값을 DAYS_SINCE_LAST_UPDATE > 7;로 변경한다. 그 결과 2건의 가장 큰 중단을 제외한 모든 중단이 감지되지 않았다(그림 4-6).

최적의 모델 파라미터는 천문학의 행성과 유사하게 아주 낮은 값과 아주 높은 값 사이의 '골디락스 존Goldilocks Zone'[9] 또는 '스위트 스팟sweet spot'[10]에 위치한다.

9 옮긴이_골디락스 존은 생명체들이 살아가기에 적합한 환경을 지닌 우주 공간의 범위를 뜻하는 천문학 용어다. 생명체 거주 가능 영역이라고도 한다.

10 옮긴이_스위트 스팟은 클럽, 라켓, 배트 등에 공이 맞았을 때 가장 잘 날아가는 최적 지점을 뜻하는 스포츠 용어다.

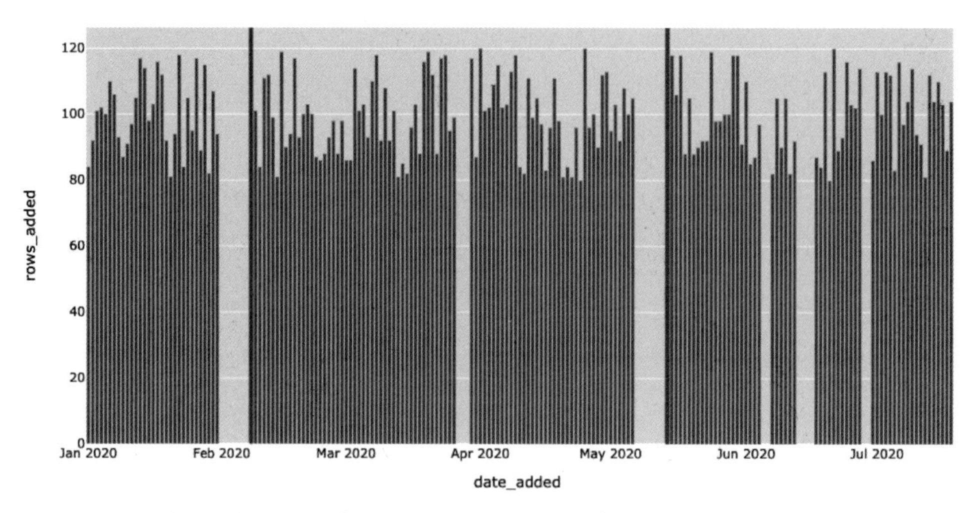

그림 4-6 이상 징후 검색 범위 더 좁히기(DAYS_SINCE_LAST_UPDATE > 7)

4.2.2 분포

다음으로 필드 레벨에서 데이터의 분포 형태를 평가하고자 한다. 분포는 데이터의 모든 예상 값과 각 값이 발생하는 빈도를 알려준다. 이를 알아보는 가장 간단한 질문 중 하나는 "데이터에 NULL 값이 얼마나 자주 나타나는가?"다. 대부분의 경우 약간의 NULL 값을 가지는 데이터는 허용된다. 하지만 NULL 값의 비율이 10%에서 90%로 바뀐다면 분포 형태가 달라진다.

통계학에서는 일련의 관측치들이 수학적 규칙을 따르는 기준값에서 추출된다고 가정한다. 전자를 '표본 분포sample distributions', 후자를 '참 분포true distributions'라고 부른다. 한편, 통계학에는 '중심극한정리CLT'[11]라는 현상이 있다. 중심극한정리는 표본의 수가 많을수록 독립적으로 생성된 랜덤 표본의 분포가 특정 분포에 가까워진다는 것이다.

> **중심극한정리**
>
> 중심극한정리에 의하면 평균 μ, 표준편차 σ를 갖는 데이터셋에서 충분히 랜덤화된 표본이 있으면 표본 평균의 분포가 근사적으로 정규 분포를 따른다.
>
> 정규 분포, 즉 가우시안 분포(통계 수업을 들은 사람이라면 누구나 알고 있는 종 모양 곡선, 그림 4-7 참조)는 주어진 데이터셋에 대한 정규 동작이 무엇인지 알려준다. 가우시안 분포는 통계 분석에서 강력하고, 어디에나 존재하는 두 가지 변수인 평균 μ와 분산 σ로 설명할 수 있다.

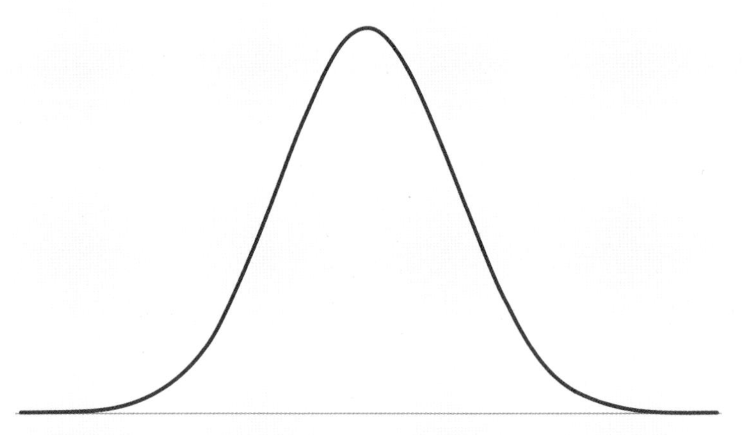

그림 4-7 정규(가우시안) 분포는 가장 기본적인 형태의 이상 탐지를 나타낸다.

정규 분포를 활용하면 매우 단순하지만 놀라울 정도로 효과적인 이상 탐지의 기초적인 접근 방식을 생각해 볼 수 있다. 각 관측치에 대한 표준점수[12]를 계산하는 것이다. 표준점수는 각 관측치에서 μ를 뺀 다음 σ로 나눈 값이다. 이 점수는 각 관측치가 종 모양 정규 분포 곡선으로부터 '얼마나 멀리' 떨어져 있는지 정량화할 수 있는 메트릭을 제공한다. 자, 이상 탐지를 성공적으로 마쳤다. 종 모양 곡선의 양쪽에 선을 긋고 그 선 밖의 모든 것을 '비정상'이라고 한다. 통계학적인 관점에서 보면 제대로 된 방법이다. 하지만 아쉽게도 통계 이론은 데이터 품질 분야에서 더 구체적으로 이상 탐지를 할 때 설득력 있는 접근법이 되지 못한다. 여기에는 두 가지 이유가 있다.

첫째, 중심극한정리는 많은 사람이 간과하는 데이터 생성 과정의 주요 특징을 설명한다. 즉, '독립적이고', '무작위적인' 관측은 극한에서 정규 분포를 생성한다. 이것은 잔디를 스치는 바람의 양이나 뉴요커의 평균 보폭을 측정할 때 좋은 가정이다. 하지만 관측치가 다른 변수와 높은 상관관계를 보이고 그 변수에 영향을 받는 비즈니스 인텔리전스 데이터의 이상치 탐지에는 적합하지 않다. 예를 들어, '일간 고객 수'를 측정할 때, 매주 일요일에 문을 닫는 미국의 치킨 패스트푸드 체인점 '칙필레Chick-Fil-A'의 경우 모든 관측치의 1/7이 0이 되기 때문에 정규 분포를 적용하지 못한다. 즉, 해당 관측치는 무작위로 생성되지 않고 요일에 영향을 받는다.

11 「중심극한정리: 정의 및 주요 특성」, *https://oreil.ly/ZwzeU*

12 「표준점수 심화 설명 페이지」, *https://oreil.ly/V618A*

둘째, 순수 통계적 사고만으로 포착할 수 없는 '비정상적인' 관찰과 '흥미로운' 관찰 사이에 차이가 있다. 앞서 설명한 바에 따르면, 표준점수로 이상 탐지를 간단히 해결할 수 있지만, 실제로는 그런 경우가 거의 없다.

분포의 평균에서 표준편차 범위 밖을 '이상값'이라고 정의한다면 모든 데이터에 대해 '정확한' 값을 얻을 수 있다. 그러나 단순히 비정상적인 지표를 식별하는 것이 끝은 아니다. 우선 시계열은 맥락에 대한 중요한 정보(그날은 무슨 요일인가? 반복되는 패턴이 있는가?)를 포함한다. 더 중요한 것은 모든 비정상적인 관측이 흥미롭지는 않다는 점이다. 이러한 관찰이 데이터 다운타임을 식별하고 해결하는 데 도움이 되지는 않기 때문이다. 다음 [예제 4-8]은 비정상 분포가 있는 데이터를 가져오는 쿼리다.

예제 4-8 **비정상 분포에 대한 데이터를 가져오는 쿼리**

```
SELECT
  DATE_ADDED,
  CAST(
    SUM(
      CASE
        WHEN DISTANCE IS NULL THEN 1
        ELSE 0
      END
    ) AS FLOAT) / COUNT(*) AS DISTANCE_NULL_RATE,
  CAST(
    SUM(
      CASE
        WHEN G IS NULL THEN 1
        ELSE 0
      END
    ) AS FLOAT) / COUNT(*) AS G_NULL_RATE,
  CAST(
    SUM(
      CASE
        WHEN ORBITAL_PERIOD IS NULL THEN 1
        ELSE 0
      END
    ) AS FLOAT) / COUNT(*) AS ORBITAL_PERIOD_NULL_RATE,
  CAST(
    SUM(
      CASE
```

```
        WHEN AVG_TEMP IS NULL THEN 1
        ELSE 0
      END
    ) AS FLOAT) / COUNT(*) AS AVG_TEMP_NULL_RATE
FROM
  EXOPLANETS
GROUP BY
  DATE_ADDED;
```

이 쿼리는 [예제 4-9]처럼 많은 데이터를 반환한다.

예제 4-9 **예제 4-8 쿼리의 데이터**

date_added	DISTANCE_NULL_RATE	G_NULL_RATE	ORBITAL_PERIOD_NULL_RATE
2020-01-01	0.0833333333333333	0.178571428571429	0.214285714285714
2020-01-02	0.0	0.152173913043478	0.326086956521739
2020-01-03	0.0594059405940594	0.188118811881188	0.237623762376238
2020-01-04	0.0490196078431373	0.117647058823529	0.264705882352941
...	...	...	...
2020-07-13	0.0892857142857143	0.160714285714286	0.285714285714286
2020-07-14	0.0673076923076923	0.125	0.269230769230769
2020-07-15	0.0636363636363636	0.118181818181818	0.245454545454545
2020-07-16	0.058252427184466	0.145631067961165	0.262135922330097
2020-07-17	0.101123595505618	0.0898876404494382	0.247191011235955
2020-07-18	0.0673076923076923	0.201923076923077	0.317307692307692

일반적인 수식 CAST(SUM(CASE WHEN SOME_METRIC IS NULL THEN 1 ELSE 0 END) AS FLOAT) / COUNT(*)는 DATE_ADDED 열로 그룹화될 때 EXOPLANETS의 새 데이터 일일 배치[batch]에서 SOME_METRIC에 대한 NULL 값의 비율을 알려준다. 원시 출력을 보고 의미를 파악하기는 어렵지만 시각화(그림 4-8 참조)를 하면 이러한 이상 현상을 밝히는 데 도움이 될 수 있다.

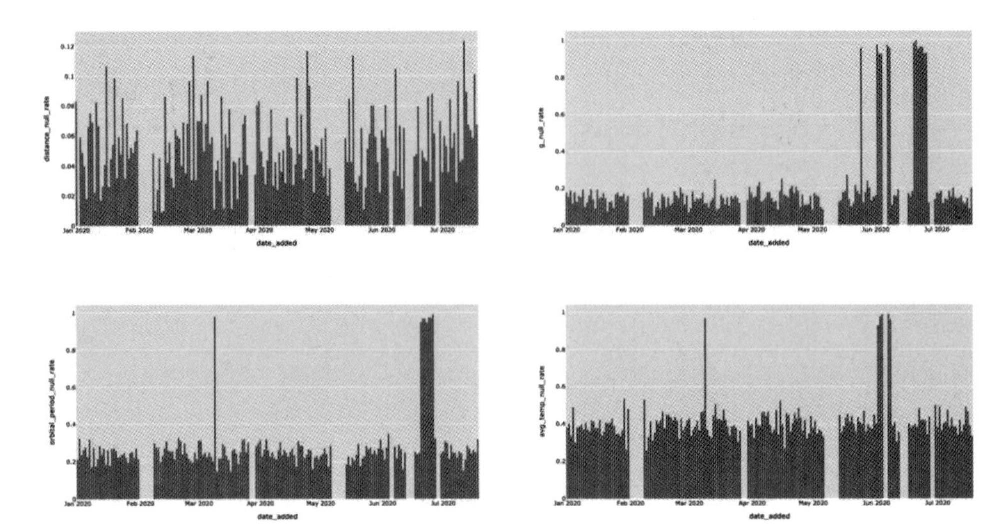

그림 4-8 결측값 비율에 의해 트리거된 다양한 이벤트를 렌더링하여 어떤 날짜가 비정상적이었는지 명확하게 확인할 수 있다.

시각화 결과는 탐지해야 하는 NULL 값 비율의 '스파이크'[13]가 있음을 분명히 보여준다. 이제 마지막 메트릭인 AVG_TEMP에 초점을 맞춘다. 다음 [예제 4-10]의 쿼리를 통해 간단한 임곗값으로 가장 기본적인 NULL 값 스파이크를 탐지할 수 있다.

예제 4-10 EXOPLANETS 데이터셋의 AVG_TEMP 열에서 NULL 값 탐지

```
WITH NULL_RATES AS(
  SELECT
    DATE_ADDED,
    CAST(
      SUM(
        CASE
          WHEN AVG_TEMP IS NULL THEN 1
          ELSE 0
        END
      ) AS FLOAT) / COUNT(*) AS AVG_TEMP_NULL_RATE
  FROM
```

13 옮긴이_시계열 데이터의 수치가 순간적으로 급증하는 현상을 의미한다.

```
    EXOPLANETS
  GROUP BY
    DATE_ADDED
)

SELECT
  *
FROM
  NULL_RATES
WHERE
  AVG_TEMP_NULL_RATE  > 0.9;
```

[예제 4-11]에서는 데이터셋의 AVG_TEMP 열에서 NULL 값이 있는 행을 보여주고, 원시 형식으로 추출된 해당 데이터를 공유한다.

예제 4-11 AVG_TEMP 열에 NULL 값을 갖는 행

```
DATE_ADDED      AVG_TEMP_NULL_RATE
2020-03-09      0.967391304347826
2020-06-02      0.929411764705882
2020-06-03      0.977011494252874
2020-06-04      0.989690721649485
2020-06-07      0.987804878048781
2020-06-08      0.961904761904762
```

[그림 4-9]에서는 EXOPLANETS 데이터셋의 AVG_TEMP 열에 있는 NULL 값의 비율과 관련된 비정상적인 스파이크의 위치를 강조한다.

이상 탐지 알고리즘이 진행됨에 따라 NULL 값을 식별하는 이 접근 방식은 그다지 정교하지 않다. 때로는 데이터 패턴은 임곗값이 효과를 발휘할 수 있을 만큼 단순하다. 그러나 단순하지 않은 경우에는 데이터에 잡음이나 계절성 같은 다른 복잡한 고려 사항들이 있어, 접근 방식을 변경해야 한다.

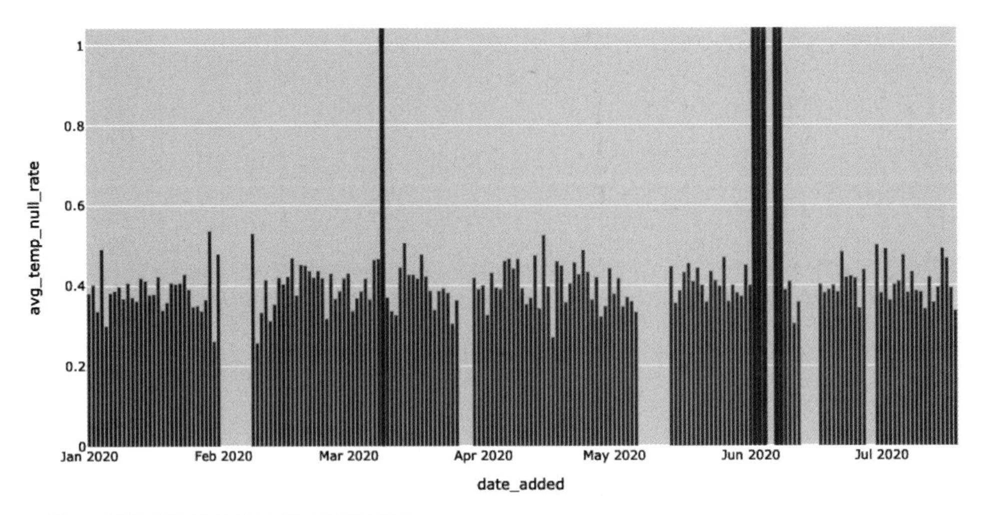

그림 4-9 평균 온도에서 NULL 값 스파이크 탐지

> **NOTE_** 계절성은 특정한 간격에 걸쳐서 예측 가능한 변동을 보이는 시계열의 경향이다. 예를 들어, '교회 출석자'에 대한 데이터는 일요일에 편향이 높은 주간 계절성을 보이고, '백화점의 코트 매출 데이터'는 가을에 높고 봄에 낮은 연간 계절성을 보인다.

예를 들어 2020년 6월 2일, 2020년 6월 3일, 2020년 6월 4일을 탐지하는 것은 중복되는 것처럼 보인다. [예제 4-12]의 쿼리를 통해 다른 경고 직후에 발생하는 날짜를 필터링하여 중복을 줄일 수 있다.

예제 4-12 **다른 경고 직후에 발생하는 날짜를 필터링하는 쿼리**

```
WITH NULL_RATES AS(
  SELECT
    DATE_ADDED,
    CAST(
      SUM(
        CASE
          WHEN AVG_TEMP IS NULL THEN 1
          ELSE 0
        END
      ) AS FLOAT
```

```
    ) / COUNT(*) AS AVG_TEMP_NULL_RATE
  FROM
    EXOPLANETS
  GROUP BY
    DATE_ADDED
),

ALL_DATES AS (
  SELECT
    *,
    JULIANDAY(DATE_ADDED) - JULIANDAY(LAG(DATE_ADDED)
      OVER(
        ORDER BY DATE_ADDED
      )
    ) AS DAYS_SINCE_LAST_ALERT
  FROM
    NULL_RATES
  WHERE
    AVG_TEMP_NULL_RATE > 0.9
)

SELECT
  DATE_ADDED,
  AVG_TEMP_NULL_RATE
FROM
  ALL_DATES
WHERE
  DAYS_SINCE_LAST_ALERT IS NULL OR DAYS_SINCE_LAST_ALERT > 1;
```

해당 데이터셋은 [예제 4-13]에 나열돼 있다. 이 결과는 [예제 4-12]의 쿼리에 따라 NULL 값 이상 탐지기에서 고려할 필요가 없는 날짜를 강조하여 보여준다.

예제 4-13 **예제 4-12 쿼리의 결과**

```
DATE_ADDED      AVG_TEMP_NULL_RATE
2020-03-09      0.967391304347826
2020-06-02      0.929411764705882
2020-06-07      0.987804878048781
```

앞선 두 쿼리 모두 핵심 파라미터는 0.9다. 이는 결국 "NULL 값 비율이 90% 초과이면 문제가 발생한 것이고, 우리는 이를 알고 있어야 한다."라고 말하는 것과 같다. [그림 4-10]에서 해당 결과를 시각화한다. 이를 통해 백색 잡음white noise[14]을 줄이고 보다 정확한 결과를 도출할 수 있다.

이 경우 정밀도를 더욱 향상시키기 위해 [예제 4-14]의 쿼리를 사용한다. 보다 정밀한 파라미터와 이동 평균rolling average의 개념을 적용함으로써 좀 더 정밀한 결과를 도출할 수 있다.

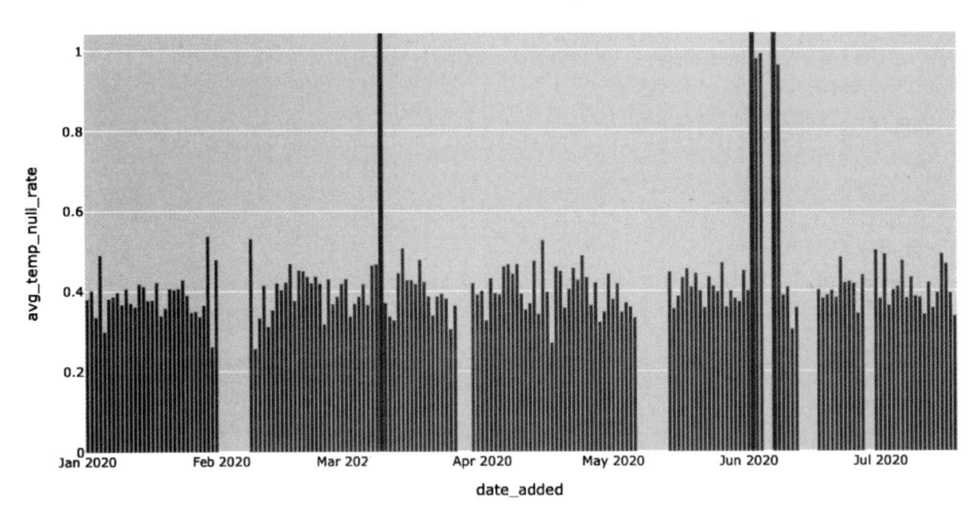

그림 4-10 90%보다 높은 NULL 값 비율 시각화

예제 4-14 **NULL 값 비율에 이동 평균을 적용하는 쿼리**

```
WITH NULL_RATES AS(
  SELECT
    DATE_ADDED,
    CAST(SUM(CASE WHEN AVG_TEMP IS NULL THEN 1 ELSE 0 END) AS FLOAT) /
      COUNT(*) AS AVG_TEMP_NULL_RATE
  FROM
    EXOPLANETS
  GROUP BY
    DATE_ADDED
),
```

14 옮긴이_고정된 평균과 분산을 가지며 추세나 계절성을 보이지 않는 시계열 데이터다.

```
NULL_WITH_AVG AS(
  SELECT
    *,
    AVG(AVG_TEMP_NULL_RATE) OVER (
      ORDER BY DATE_ADDED ASC
      ROWS BETWEEN 14 PRECEDING AND CURRENT ROW) AS TWO_WEEK_ROLLING_AVG
  FROM
    NULL_RATES
  GROUP BY
    DATE_ADDED
)

SELECT
  *
FROM
  NULL_WITH_AVG
WHERE
  AVG_TEMP_NULL_RATE - TWO_WEEK_ROLLING_AVG > 0.3;
```

[예제 4-15]와 [그림 4-11]은 쿼리의 결과다. 더 큰 경고를 발생시킬 수 있는 NULL 값을 보여준다(즉, NULL 값 비율이 90%보다 높음).

예제 4-15 **예제 4-14 쿼리의 결과**

```
DATE_ADDED      AVG_TEMP_NULL_RATE      TWO_WEEK_ROLLING_AVG
2020-03-09      0.967391304347826       0.436077995611105
2020-06-02      0.929411764705882       0.441299602441599
2020-06-03      0.977011494252874       0.47913211475687
2020-06-04      0.989690721649485       0.515566041654715
2020-06-07      0.987804878048781       0.554753033524633
2020-06-08      0.961904761904762       0.594966974173356
```

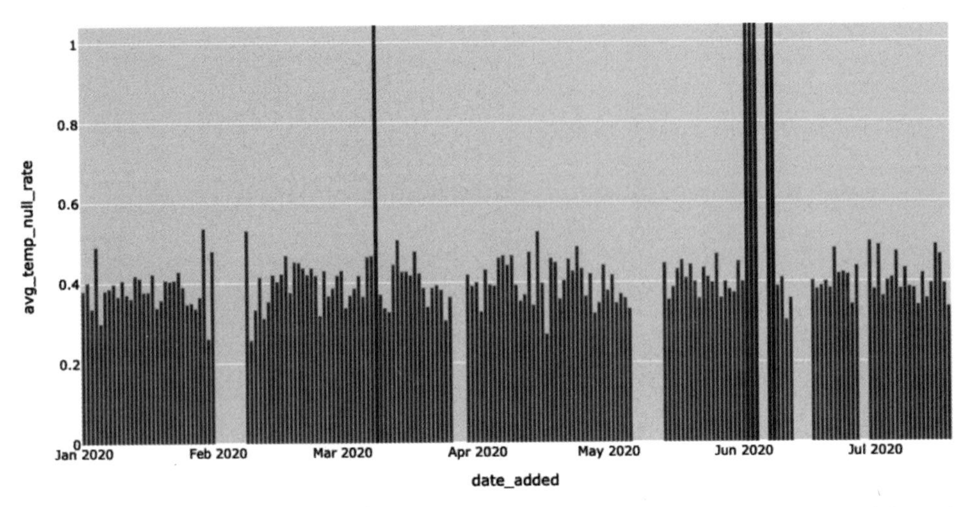

그림 4-11 AVG_TEMP_NULL_RATE - TWO_WEEK_ROLLING_AVG 쿼리를 사용하여 NULL 값 비율을 더욱 구체적으로 식별한다.

짚어둘 점은 AVG_TEMP_NULL_RATE – TWO_WEEK_ROLLING_AVG의 수량을 사용하여 필터링한다는 점이다. 다른 경우에는 보통 이 오류량의 ABS()를 사용할 수 있지만 여기서는 사용하지 않는다. 왜냐하면 NULL 값 비율의 스파이크가 이전 평균의 값보다 증가한 것으로 보이면 더 많은 경고가 발생하기 때문이다. 이렇게 NULL 값 비율의 증가를 탐지하는 명확한 값이 있기 때문에 결측값의 빈도가 갑자기 감소할 때마다 모니터링할 필요가 없을 수도 있다.

4.3 스키마 및 계보를 위한 모니터 구축

4.2절에서는 데이터 옵저버빌리티, 신선도, 배포의 처음 두 가지 핵심 요소를 알아봤고, SQL 코드를 통해 해당 개념을 구현하는 방법을 살펴봤다. 이를 '고전적인' 데이터 이상 탐지 문제라고 부른다. 그런데 지속적인 데이터 스트림을 고려했을 때 어딘가 이상해 보이는 부분이 있지 않은가?

데이터 옵저버빌리티는 양질의 이상 탐지로서 분명히 퍼즐의 빈 곳을 채워주는 한 조각이지만, 전부는 아니다. 중요한 것은 맥락[15]이다. 데이터 이상이 발생했다고 가정하자. 하지만 어디서

15 「메타데이터는 사용 사례가 없으면 무용지물이다」, *https://oreil.ly/bqpxe*

발생했는가? 어떤 업스트림 파이프라인이 원인이었을까? 데이터 이상으로 인해 영향을 받는 다운스트림 대시보드는 무엇인가? 그리고 데이터의 형식 구조는 바뀌었나? 데이터 옵저버빌리티가 우수한지 그렇지 않은지는 메타데이터를 적절히 활용하여 이러한 데이터 이상 질문에 답변할 수 있는 능력에 달려 있다.

4.3.1절에서는 이러한 질문에 답하기 위해 설계된 두 가지 데이터 옵저버빌리티 요소인 스키마와 계보에 대해 알아본다. 여기서도 주피터나 SQLite 같은 가벼운 툴을 사용하여 필요에 따라 쉽게 환경을 만들고 직접 데이터 이상 징후를 실습할 수 있다.

4.3.1 스키마 변경과 계보에서 이상 탐지

4.2절과 마찬가지로, 거주 가능한 외계 행성에 대한 모의 천문 데이터[16]를 사용해 실습을 해보자. 가장 오래된 데이터는 2020년 1월 1일로(참고로 대부분의 데이터베이스는 개별 레코드에 대한 타임스탬프를 저장하지 않으므로 DATE_ADDED 열을 추적함), 가장 최신 데이터는 2020년 7월 18일로 보인다.

```
sqlite> SELECT DATE_ADDED FROM EXOPLANETS ORDER BY DATE_ADDED DESC LIMIT 1;
   2020-07-18
```

4.2절에 나온 것과 동일한 테이블이다. 그런데 스키마와 계보의 맥락에 기반한 핵심 요소를 탐색하기 위해서는 환경을 확장해야 한다.

이제 EXOPLANETS 외에도 이전 테이블의 상위 집합인 EXOPLANETS_EXTENDED[17]라는 테이블이 있다. 이를 서로 다른 시간대를 가지는 동일한 테이블이라고 생각하면 좋다. 실제로 EXOPLANETS_EXTENDED에는 2020년 1월 1일로 거슬러 올라가는 데이터가 있다.

```
sqlite> SELECT DATE_ADDED FROM EXOPLANETS_EXTENDED ORDER BY DATE_ADDED ASC
   LIMIT 1; 2020-01-01
```

16 「RyanOthnielKearns / exoplanets-table.txt 깃허브 페이지」, *https://oreil.ly/qMpvj*

17 「data-downtime-challenge/data/dbs/Ex2.db 깃허브 페이지」, *https://oreil.ly/hYqxU*

그러나 이 데이터셋은 EXOPLANETS보다 더 많은 2020년 9월 6일의 데이터까지도 포함한다.

```
sqlite> SELECT DATE_ADDED FROM EXOPLANETS_EXTENDED ORDER BY DATE_ADDED DESC
   LIMIT 1; 2020-09-06
```

[예제 4-16]에서 설명하는 것처럼 이들 테이블 사이에는 다른 점이 있다. EXOPLANETS_EXTENDED에는 2개의 추가 필드가 있어 이상 징후가 발생할 가능성이 훨씬 더 높다.

예제 4-16 **EXOPLANETS_EXTENDED 데이터셋에 포함된 2개의 추가 필드**

```
sqlite> PRAGMA TABLE_INFO(EXOPLANETS_EXTENDED);
_ID              | VARCHAR(16777216)      | 1 | | 0
DISTANCE         | FLOAT                  | 0 | | 0
G                | FLOAT                  | 0 | | 0
ORBITAL_PERIOD   | FLOAT                  | 0 | | 0
AVG_TEMP         | FLOAT                  | 0 | | 0
DATE_ADDED       | TIMESTAMP_NTZ(6)       | 1 | | 0
ECCENTRICITY     | FLOAT                  | 0 | | 0    ❶
ATMOSPHERE       | VARCHAR(16777216)      | 0 | | 0    ❷
```

EXOPLANETS의 6개 필드 외에도 EXOPLANETS_EXTENDED 테이블에는 2개의 추가 필드가 있다.

❶ **ECCENTRICITY**: 주인 별 주변 행성의 궤도 이심률[18]

❷ **ATMOSPHERE**: 행성 대기의 지배적인 화학적 구성

DISTANCE, G, ORBITAL_PERIOD, AVG_TEMP와 마찬가지로 ECCENTRICITY와 ATMOSPHERE는 누락되거나 잘못된 데이터로 인해 특정 행성에서 NULL 값을 가질 수 있다. 예를 들어, 떠돌이 행성들[19] 중에는 궤도 이심률이 정의되지 않으며 대기를 전혀 가지고 있지 않은 행성들도 많다.

또한 지난 날짜의 데이터는 재처리되지 않는다. 즉, 테이블 시작 부분의 데이터 항목(EXOPLANETS 테이블에도 포함된 데이터)에는 이심률과 대기 정보가 없다. [예제 4-17]은 이전 데이터가 백

18 「궤도 이심률 위키피디아 페이지」, *https://oreil.ly/VhNmv*

19 「떠돌이 행성 위키피디아 페이지」, *https://oreil.ly/dxcL7*

필backfill[20]되지 않는다는 것을 강조하기 위한 쿼리다. 해당 쿼리는 이후 발생하는 스키마 변경을 보여준다.

예제 4-17 이전 데이터가 백필되지 않음을 강조하는 쿼리

```
SELECT
 DATE_ADDED,
 ECCENTRICITY,
 ATMOSPHERE
FROM
 EXOPLANETS_EXTENDED
ORDER BY
 DATE_ADDED ASC
LIMIT 10;
```

CSV 파일[21]의 0행에서 쉼표를 찾을 수 없는 오류를 해결하면 아름다우면서도 검색하기 쉬운[22] 파일을 만들 수 있다(예제 4-18 참조).

예제 4-18 EXOPLANETS 데이터셋의 스키마 변경을 알리는 새로운 열 2개 추가

```
2020-01-01 | |
2020-01-01 | |
2020-01-01 | |
2020-01-01 | |
2020-01-01 | |
2020-01-01 | |
2020-01-01 | |
2020-01-01 | |
2020-01-01 | |
2020-01-01 | |
```

20 옮긴이_'도로 메우다'라는 뜻으로, 과거의 데이터를 채우거나 NULL 값을 채우는 것을 의미한다.

21 「RyanOthnielKearns / first-ten-from-exoplanets-extended-results.csv 깃허브 페이지」, *https://oreil.ly/F8fhc*

22 「비 코드 파일 사용 깃허브 페이지」, *https://oreil.ly/W0k7V*

2개의 필드 추가는 스키마 변경의 예시 중 하나다. 즉, 데이터의 공식적인 구조가 수정되었다는 것이다. 스키마 변경[23]은 데이터 구조가 변경될 때 발생하며, 이는 수동으로 디버깅하기 어려운 데이터 이상이다. 스키마 변경은 다음을 포함하여 데이터에 대한 여러 가지 사항을 보여줄 수 있다.

- 새로운 API 엔드포인트 추가
- 아직 사용되지 않았으며 앞으로도 사용되지 않을 것으로 추정되는 필드
- 열, 행 또는 전체 테이블의 추가 또는 제거

이상적으로는 해당 변경 사항에 관한 기록이 필요하다. 왜냐하면 파이프라인에서 발생할 수 있는 문제의 원인을 나타내기 때문이다. 아쉽지만 기본적으로 데이터베이스는 이러한 변경 사항을 추적하도록 설계되어 있지 않다. [예제 4-19]에서 볼 수 있듯이 버전 기록이 없기 때문이다. 따라서 모르는 사이에 쉽게 스키마가 변경될 수 있다.

예제 4-19 **버전 기록이 없는 데이터셋**

```
sqlite> PRAGMA TABLE_INFO(EXOPLANETS_COLUMNS);

DATE    | TEXT | 0 | | 0

COLUMNS | TEXT | 0 | | 0
```

앞서 개별 기록이 남겨진 시간이 얼마나 되었는지 쿼리할 때 동일한 문제가 발생했고 DATE_ADDED 열을 추가하여 문제를 해결했다. 이 경우 전체 테이블을 추가하는 것을 제외하고는 비슷한 작업을 수행한다.

EXOPLANETS_COLUMNS 테이블은 주어진 날짜에 EXOPLANETS_EXTENDED의 열을 기록하여 스키마를 '버전화'한다. 맨 처음과 마지막 항목을 보면 [예제 4-20]에서 강조한 것처럼 특정 시점에서 열이 확실히 변경된 것을 알 수 있다. [예제 4-20]의 두 항목은 EXOPLANETS 데이터셋에 새로운 열 2개가 추가되었음을 강조한다. 바로 스키마 변경이다.

23 「데이터베이스 스키마란 무엇인가—예시를 포함한 짧은 설명」, *https://oreil.ly/JrcLM*

예제 4-20 스키마 변경을 강조하는 2개 항목

```
sqlite> SELECT * FROM EXOPLANETS_COLUMNS ORDER BY DATE ASC LIMIT 1;
2020-01-01 | [
   (0, '_id', 'TEXT', 0, None, 0),
   (1, 'distance', 'REAL', 0, None, 0),
   (2, 'g', 'REAL', 0, None, 0),
   (3, 'orbital_period', 'REAL', 0, None, 0),
   (4, 'avg_temp', 'REAL', 0, None, 0),
   (5, 'date_added', 'TEXT', 0, None, 0)
 ]

sqlite> SELECT * FROM EXOPLANETS_COLUMNS ORDER BY DATE DESC LIMIT 1;
2020-09-06 | [
   (0, '_id', 'TEXT', 0, None, 0),
   (1, 'distance', 'REAL', 0, None, 0),
   (2, 'g', 'REAL', 0, None, 0),
   (3, 'orbital_period', 'REAL', 0, None, 0),
   (4, 'avg_temp', 'REAL', 0, None, 0),
   (5, 'date_added', 'TEXT', 0, None, 0),
   (6, 'eccentricity', 'REAL', 0, None, 0),
   (7, 'atmosphere', 'TEXT', 0, None, 0)
 ]
```

다시 원래 질문으로 돌아가 보자. 정확히 언제 스키마가 변경되었는가? 열 목록은 날짜를 기준으로 인덱싱되므로 [예제 4-21]처럼 Quick SQL 스크립트를 사용하여 변경된 날짜와 이상 징후를 보이는 위치에 대해 좋은 단서를 찾을 수 있다.

예제 4-21 데이터셋의 스키마가 변경된 시점을 보여주는 확장된 EXOPLANETS 테이블의 쿼리

```
WITH CHANGES AS(
 SELECT
   DATE,
   COLUMNS AS NEW_COLUMNS,
   LAG(COLUMNS) OVER(ORDER BY DATE) AS PAST_COLUMNS
 FROM
   EXOPLANETS_COLUMNS
)
```

```
SELECT
   *
FROM
   CHANGES
WHERE
   NEW_COLUMNS != PAST_COLUMNS
ORDER BY
   DATE ASC;
```

[예제 4-22]는 가독성을 위해 형식을 다시 지정해서 반환한 데이터를 보여준다. 데이터를 보면 2020년 7월 19일에 스키마가 변경된 것을 알 수 있다.

예제 4-22 **예제 4-21의 쿼리에서 가져온 결과**

```
DATE:           2020-07-19
NEW_COLUMNS:  [
                (0, '_id', 'TEXT', 0, None, 0),
                (1, 'distance', 'REAL', 0, None, 0),
                (2, 'g', 'REAL', 0, None, 0),
                (3, 'orbital_period', 'REAL', 0, None, 0),
                (4, 'avg_temp', 'REAL', 0, None, 0),
                (5, 'date_added', 'TEXT', 0, None, 0),
                (6, 'eccentricity', 'REAL', 0, None, 0),
                (7, 'atmosphere', 'TEXT', 0, None, 0)
          ]
PAST_COLUMNS: [
                (0, '_id', 'TEXT', 0, None, 0),
                (1, 'distance', 'REAL', 0, None, 0),
                (2, 'g', 'REAL', 0, None, 0),
                (3, 'orbital_period', 'REAL', 0, None, 0),
                (4, 'avg_temp', 'REAL', 0, None, 0),
                (5, 'date_added', 'TEXT', 0, None, 0)
          ]
```

해당 쿼리를 통해 문제가 발생한 날짜인 2020년 7월 19일을 결과값으로 반환한다. 신선도나 분포 옵저버빌리티와 마찬가지로 스키마 옵저버빌리티의 적용은 패턴을 따른다. 파이프라인의 상태를 알리고 유용한 메타데이터[24]를 식별한 후 이를 추적하고, 잠재적인 문제를 경고하는 탐지기를 구축한다. EXOPLANETS_COLUMNS와 같은 추가 테이블을 제공하는 것도 스키마를 추적하는 한 가지 방법이며, 이외에도 많은 방법이 있다. 따라서 각 데이터 파이프라인에 잘 맞는 스키마 변경 탐지기를 구현할 방법을 생각해 보길 바란다.

4.3.2 계보의 시각화

계보를 데이터 옵저버빌리티의 다섯 가지 핵심 요소 중 가장 중요한 것[25]이라고 일컫는데, 그럴 만한 이유가 있다. 계보는 (1) 영향을 받을 수 있는 다운스트림 소스와 (2) 근본적인 원인이 될 수 있는 업스트림 소스를 알려줌으로써 문제를 맥락화한다. SQL 코드로 계보를 '시각화'하는 것은 직관적이지는 않지만 유용하다. 간단한 예를 통해 이것이 얼마나 유용한지 알아보자(6장에서 일반적인 오픈 소스 프레임워크를 사용하여 처음부터 필드 레벨에서 계보 시스템을 구축하는 방법에 대해 설명함).

우선 어떻게 작동하는지 알아보기 위해 데이터베이스에 다른 테이블을 추가한다. 지금까지 외계 행성에 대한 데이터를 기록해 왔다. 여기서 재미있는 질문을 해보자. 이들 중 얼마나 많은 행성에 생명체가 살 수 있는가?

[예제 4-23]을 보면 HABITABLES 테이블은 EXOPLANETS에서 데이터를 가져와 이 질문에 대해 답을 한다.

예제 4-23 HABITABLES는 EXOPLANETS에 있는 행성의 거주 가능성에 대한 정보를 제공

```
sqlite> PRAGMA TABLE_INFO(HABITABLES);
_id             | TEXT | 0 | | 0  ❶
perihelion      | REAL | 0 | | 0  ❷
aphelion        | REAL | 0 | | 0  ❸
atmosphere      | TEXT | 0 | | 0  ❹
```

24 「메타데이터는 사용 사례가 없으면 무용지물이다」, *https://oreil.ly/sIM86*

25 「데이터 옵저버빌리티를 이루는 5개의 기둥 소개」, *https://oreil.ly/Canj0*

```
habitability      | REAL | 0 | | 0   ❺
min_temp          | REAL | 0 | | 0   ❻
max_temp          | REAL | 0 | | 0   ❼
date_added        | TEXT | 0 | | 0   ❽
```

HABITABLES에는 다음 항목이 포함된다.

❶ **_id**: 행성에 해당하는 UUID

❷ **perihelion**: 공전주기 동안 천체에서 가장 가까운 거리[26]

❸ **aphelion**: 공전주기 동안 천체에서 가장 먼 거리[27]

❹ **atmosphere**: 행성의 대기를 구성하는 화학물질

❺ **habitability**: 행성에 생명체가 거주할 가능성을 나타내는 0과 1 사이의 실수

❻ **min_temp**: 행성 표면의 최저 온도

❼ **max_temp**: 행성 표면의 최고 온도

❽ **date_added**: 시스템이 행성을 발견하고 데이터베이스에 자동으로 추가한 날짜

EXOPLANETS의 열과 마찬가지로 perihelion, aphelion, atmosphere, min_temp, max_temp는 NULL 값을 가질 수 있다. 사실, 이심률에 NULL 값을 가지는 모든 _id에 대해 perihelion과 aphelion도 NULL 값을 가질 수 있다. 이러한 메트릭을 계산할 때 궤도 이심률을 사용하기 때문이다. 이는 이전 데이터 항목에서 이 두 필드가 항상 NULL 값을 가졌던 이유와 같다.

임의의 행성 중에서 어떤 외계 행성의 거주 가능성이 가장 높은지 확인하기 위해 다음 쿼리를 사용하여 [예제 4-24]의 출력을 렌더링할 수 있다.

```
sqlite> SELECT * FROM HABITABLES LIMIT 5;
```

26 「근일점 위키피디아 페이지」, *https://oreil.ly/y3twi*

27 「원일점 위키피디아 페이지」, *https://oreil.ly/2EdB8*

예제 4-24 거주 가능성이 가장 높은 외계 행성을 알아보기 위한 쿼리 출력

```
_id,perihelion,aphelion,atmosphere,habitability,min_temp,max_temp,date_added
c168b188-ef0c-4d6a-8cb2-f473d4154bdb,,,,0.291439672855434,,,2020-01-01
e7b56e84-41f4-4e62-b078-01b076cea369,,,,0.835647137991933,,,2020-01-01
a27030a0-e4b4-4bd7-8d24-5435ed86b395,,,,0.894000806332343,,,2020-01-01
54f9cf85-eae9-4f29-b665-855357a14375,,,,0.41590200852556,103.71374885412 ...
4d06ec88-f5c8-4d03-91ef-7493a12cd89e,,,,0.593524201489497,,,2020-01-01
```

따라서 HABITABLES가 EXOPLANETS(또는 동일하게 EXOPLANETS_EXTENDED)의 값에 의존하고 EXOPLANETS_COLUMNS도 마찬가지라는 것을 알 수 있다. [그림 4-12]는 데이터베이스의 의존성을 나타낸 그래프다.

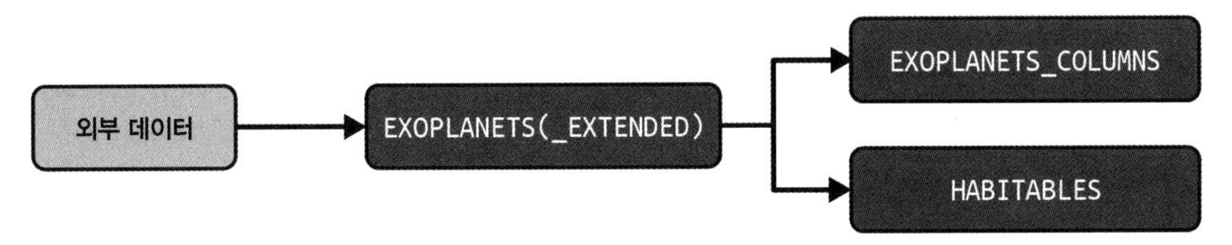

그림 4-12 소스 데이터와 다운스트림 '프로덕트' 간의 계보를 나타내는 의존성 그래프

[그림 4-12]는 계보에 대한 매우 간단한 정보를 나타내고 있지만 유용하다. 이 그림의 맥락에서 HABITABLES의 데이터 이상을 살펴보고 무엇을 알 수 있는지 확인해 보자.

4.3.3 데이터 이상 조사

HABITABLES의 거주 가능성과 같은 핵심 메트릭이 있을 때 여러 가지 방법으로 그 상태를 평가할 수 있다. 우선, 특정한 날짜의 새로운 데이터에 대한 거주 가능성의 평균값은 얼마인가? [예제 4-25]에서는 새로운 외계 행성 데이터에서 거주할 수 있는지, 쿼리를 통해 평균값을 알아본다.

예제 4-25 새로운 외계 행성 데이터의 거주 가능성 평균값을 가져오는 쿼리

```
SELECT
  DATE_ADDED,
  AVG(HABITABILITY) AS AVG_HABITABILITY
FROM
  HABITABLES
GROUP BY
  DATE_ADDED;
```

[예제 4-26]은 쿼리로 생성된 CSV[28] 파일이다.

예제 4-26 예제 4-25 쿼리의 결과

```
DATE_ADDED,AVG_HABITABILITY
2020-01-01,0.435641365919993
2020-01-02,0.501288741945045
2020-01-03,0.512285861062438
2020-01-04,0.525461586113648
2020-01-05,0.528935065722722
...,...
2020-09-02,0.234269938329633
2020-09-03,0.26522042788867
2020-09-04,0.267919611991401
2020-09-05,0.298614978406792
2020-09-06,0.276007150628875
```

해당 데이터를 보면 무언가 잘못되었다는 것을 알 수 있다. 아마 데이터 이상이 있는 것 같다. 초기 거주 가능성의 평균값은 일반적으로 0.5 정도이지만 나중에 기록된 데이터를 보면 0.25 정도로 절반이 된 것을 확인할 수 있다(그림 4-13 참조).

28 「RyanOthnielKearns / avg-habitability-results.csv 깃허브 페이지」, *https://oreil.ly/o4kZF*

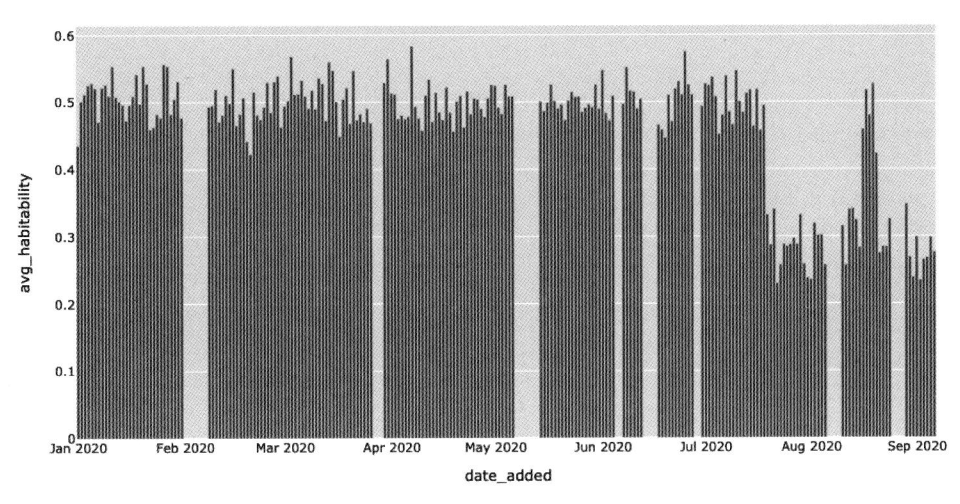

그림 4-13 데이터 이상이 발생한 위치와 그 이유를 더 잘 이해하기 위한 CSV 파일 시각화

[그림 4-13]에서 이 문제가 데이터 분포 이상이라는 것을 분명히 알 수 있다. 그렇다면 정확하게 어떤 것이 문제인가? 이러한 데이터 이상의 근본적인 원인은 무엇인가?

4.2.2절에서 분포 이상을 탐지했을 때처럼 거주 가능성에 대한 NULL 비율을 살펴보도록 하자. [예제 4-27]의 쿼리를 활용하여 새롭게 확장된 데이터셋에 대한 NULL 비율을 가져와 데이터 이상의 잠재적인 원인을 파악해 보자.

예제 4-27 **새로운 데이터셋에 대한 NULL 비율 쿼리**

```
SELECT
 DATE_ADDED,
 CAST(
     SUM(
       CASE
       WHEN HABITABILITY IS NULL THEN 1
       ELSE 0
       END
     ) AS FLOAT) / COUNT(*) AS HABITABILITY_NULL_RATE
FROM
 HABITABLES
GROUP BY
 DATE_ADDED;
```

다행히 [예제 4-28]의 결과에서 볼 수 있듯이 특별히 이상한 점은 없다.

예제 4-28 **예제 4-27 쿼리 결과**

```
DATE_ADDED,HABITABILITY_NULL_RATE
2020-01-01,0.0
2020-01-02,0.0
2020-01-03,0.0
2020-01-04,0.0
2020-01-05,0.0
...,...
2020-09-02,0.0
2020-09-03,0.0
2020-09-04,0.0
2020-09-05,0.0
2020-09-06,0.0
```

[예제 4-28]을 보면 NULL 값은 문제의 핵심 원인으로 보이지 않는다. 그렇다면 또 다른 분포 이상을 확인하는 메트릭인 0 값의 비율을 살펴보자. 이것은 분포 이상의 또 다른 잠재적인 근본 원인이 될 수 있다. [예제 4-29]처럼 다른 쿼리를 실행하여 정확한 원인을 알아보자.

예제 4-29 **0 값의 비율을 알아보기 위한 쿼리**

```
SELECT
 DATE_ADDED,
 CAST(
   SUM(
    CASE
    WHEN HABITABILITY IS 0 THEN 1
    ELSE 0
    END
   ) AS FLOAT) / COUNT(*) AS HABITABILITY_ZERO_RATE
FROM
 HABITABLES
GROUP BY
 DATE_ADDED;
```

[예제 4-30]의 CSV[29] 파일에서 확인할 수 있는 것처럼 이번에는 분명히 뭔가 더 잘못되었다. 몇몇 외계 행성의 거주 가능성은 0 값의 비율을 가지며, 이는 데이터 이상을 일으키는 근본적인 원인이 될 수 있다.

예제 4-30 **예제 4-29의 쿼리 결과**

```
DATE_ADDED,HABITABILITY_ZERO_RATE
2020-01-01,0.0
2020-01-02,0.0
2020-01-03,0.0
2020-01-04,0.0
2020-01-05,0.0
...,...
2020-09-02,0.442307692307692
2020-09-03,0.441666666666667
2020-09-04,0.466666666666667
2020-09-05,0.46218487394958
2020-09-06,0.391304347826087
```

[그림 4-14]에서는 AS FLOAT) / COUNT (*) AS HABITABILITY_ZERO_RATE;를 사용하여 0 값의 비율을 알아보는 쿼리 결과를 시각화하였다. 2020년 8월과 9월의 결과가 비정상적인 것으로 보인다.

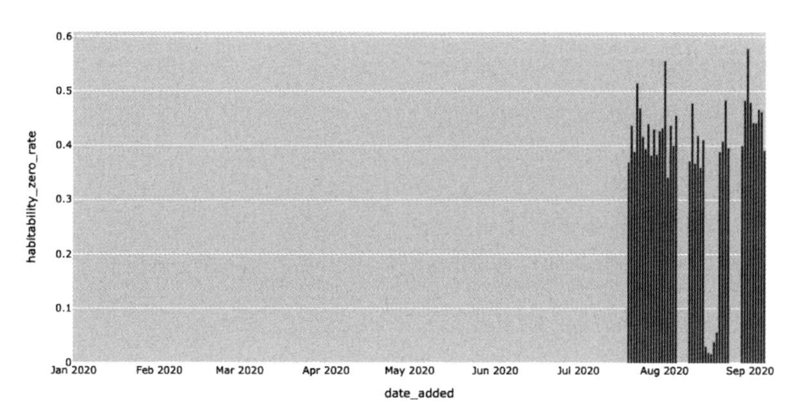

그림 4-14 0 값의 비율 및 데이터 이상의 잠재적인 근본 원인 시각화

29 「RyanOthnielKearns / habitability-zero-rate-results.csv 깃허브 페이지」, *https://oreil.ly/GSOoS*

다음의 [예제 4-31]처럼 4장 앞부분에서 구축한 분포 탐지기 중 하나를 조정하여 거주 가능성 필드에서 탐지할 수 있는, 처음으로 0 값의 비율을 보이는 날짜를 알 수 있다.

예제 4-31 거주 가능성 필드에서 처음으로 0 값의 비율을 보이는 날짜에 대한 쿼리

```
WITH HABITABILITY_ZERO_RATES AS(
  SELECT
    DATE_ADDED,
    CAST(
      SUM(
        CASE
          WHEN HABITABILITY IS 0 THEN 1
          ELSE 0
        END
      ) AS FLOAT) / COUNT(*) AS HABITABILITY_ZERO_RATE
  FROM
    HABITABLES
  GROUP BY
    DATE_ADDED
),

CONSECUTIVE_DAYS AS(
SELECT
  DATE_ADDED,
  HABITABILITY_ZERO_RATE,
  LAG(HABITABILITY_ZERO_RATE) OVER(ORDER BY DATE_ADDED)
    AS PREV_HABITABILITY_ZERO_RATE
FROM
  HABITABILITY_ZERO_RATES
)

SELECT
  *
FROM
  CONSECUTIVE_DAYS
WHERE
  PREV_HABITABILITY_ZERO_RATE = 0 AND
  HABITABILITY_ZERO_RATE != 0;
```

그 다음 [예제 4-32]의 커맨드라인으로 이 쿼리를 실행하여 거주 가능성 필드에서 처음으로 0 값의 비율을 보이는 날짜를 가져온다.

예제 4-32 **예제 4-31의 쿼리를 실행하는 커맨드라인 인터페이스**

```
$ sqlite3 EXOPLANETS.db < queries/lineage/habitability-zero-rate-detector.sql
DATE_ADDED | HABITABILITY_ZERO_RATE | PREV_HABITABILITY_ZERO_RATE
2020-07-19 | 0.369047619047619 | 0.0
```

2020년 7월 19일은 0 값의 비율이 비정상적인 결과를 보이기 시작한 첫 번째 날이다. 이는 EXOPLANETS_EXTENDED에서 스키마 변경을 탐지한 날과 같은 날이다. EXOPLANETS_EXTENDED는 HABITABLES의 업스트림이므로 두 문제가 연관됐을 가능성이 매우 높다.

해당 방식의 계보 정보는 문제의 근본 원인을 파악하고 빠르게 해결하는 데 도움이 될 수 있다. HABITABLES에서 이 문제에 관한 다음 두 가지 설명을 비교해 보자.

1. 2020년 7월 19일에 HABITABLES 테이블의 거주 가능성 열의 0 값 비율이 0%에서 37%로 증가했다.
2. 2020년 7월 19일에 EXOPLANETS 테이블에서 eccentricity와 atmosphere라는 2개의 추가 필드를 추적하기 시작했다. 이는 다운스트림 테이블 HABITABLES에 악영향을 미치는데, 이심률이 NULL 값을 갖지 않는 경우 min_temp와 max_temp 필드를 극단적인 값으로 설정하는 경우가 많았다. 그 결과 평균값의 비정상적인 감소로 탐지된 0 값 비율의 거주 가능성 필드 스파이크를 발생시켰다.

좀 더 자세히 살펴보면, 설명 1은 데이터 이상이 발생했다는 사실만 사용한다. 설명 2는 테이블과 필드 간의 종속성 측면에서 계보를 사용하여 사건을 맥락에 두고 근본적인 원인을 파악한다. 설명 2의 모든 내용은 실제로 정확하다. 여기서 정확히 무슨 일을 하고 있는지 더 잘 이해하려면 직접 환경을 구축해 보기를 권한다. 단순한 예시이지만 설명 2를 숙지한 엔지니어는 근본적인 문제를 더 빨리 이해하고 해결할 수 있다. 이는 모두 적절한 옵저버빌리티 덕분이다.

스키마 변경과 계보를 추적하면 데이터의 상태와 사용 패턴에 대해 훌륭한 가시성을 얻을 수 있다. 누가, 무엇을, 어디서, 왜, 어떻게 데이터를 사용했는지에 대한 맥락상 중요한 정보를 제공받기 때문이다. 사실 스키마와 계보는 데이터 다운타임의 다운스트림(그리고 종종 실제 세계)이 미치는 영향을 이해하는 데 가장 중요한 데이터 옵저버빌리티의 두 가지 핵심 요소다.

4.4 파이썬과 머신러닝으로 이상 탐지 확장

머신러닝은 높은 레벨에서 대규모 데이터 옵저버빌리티 및 데이터 모니터링을 하는 데 사용되는 도구다. 머신러닝이 적용된 탐지기는 더 많은 테이블에 보다 유연하게 적용할 수 있다. 따라서 데이터 웨어하우스나 데이터 레이크가 커질 때 수동으로 확인하고 규칙을 적용할 필요가 없다. 또한 머신러닝 탐지기는 실시간으로 데이터를 학습하고 적용할 수 있으며, 사람의 눈에는 보이지 않는 복잡한 계절성을 찾아낼 수 있다. 머신러닝을 사용해 본 적이 없어도 괜찮다. 함께 시작해 보자.

앞선 예시와 마찬가지로 이번에도 거주 가능한 외계 행성에 대한 모의 천문 데이터[30]를 사용할 것이다. [예제 4-33]을 보자. 머신러닝으로 이상 탐지를 확장하는 방법을 더 잘 이해하기 위해 앞 장처럼 다시 EXOPLANETS 테이블에 집중할 것이다.

예제 4-33 믿음직한 EXOPLANETS 데이터셋

```
$ sqlite3 EXOPLANETS.db
sqlite> PRAGMA TABLE_INFO(EXOPLANETS);
_id             | TEXT | 0 | | 0
distance        | REAL | 0 | | 0
g               | REAL | 0 | | 0
orbital_period  | REAL | 0 | | 0
avg_temp        | REAL | 0 | | 0
date_added      | TEXT | 0 | | 0
```

EXOPLANETS는 시스템이 행성을 발견하고 데이터베이스에 자동으로 추가한 날짜를 기록하는 중요한 메타데이터 date_added 열을 수동으로 추적한다. 신선도 및 분포 이상을 탐지하기 위해 간단한 SQL 쿼리를 사용하여 [예제 4-34]에서 설명한 대로 매일 추가되는 새로운 항목의 수를 시각화했다.

30 「data-observability-in-practice/EXOPLANETS.db 깃허브 페이지」, *https://oreil.ly/3FLuD*

예제 4-34 매일 추가되는 새로운 EXOPLANETS 항목의 수를 가져오는 쿼리

```
SELECT
 DATE_ADDED,
 COUNT(*) AS ROWS_ADDED
FROM
 EXOPLANETS
GROUP BY
 DATE_ADDED;
```

이 쿼리는 [예제 4-35]처럼 겉으로 보기에 문제 없는 데이터 집합을 생성한다. 그러나 여기서 끝이 아니다.

예제 4-35 (전혀 문제 없어 보이는) 예제 4-34의 결과

```
date_added,ROWS_ADDED
2020-01-01,84
2020-01-02,92
2020-01-03,101
2020-01-04,102
2020-01-05,100
...,...
2020-07-14,104
2020-07-15,110
2020-07-16,103
2020-07-17,89
2020-07-18,104
```

이 결과는 [그림 4-15]처럼 시각화할 수 있다.

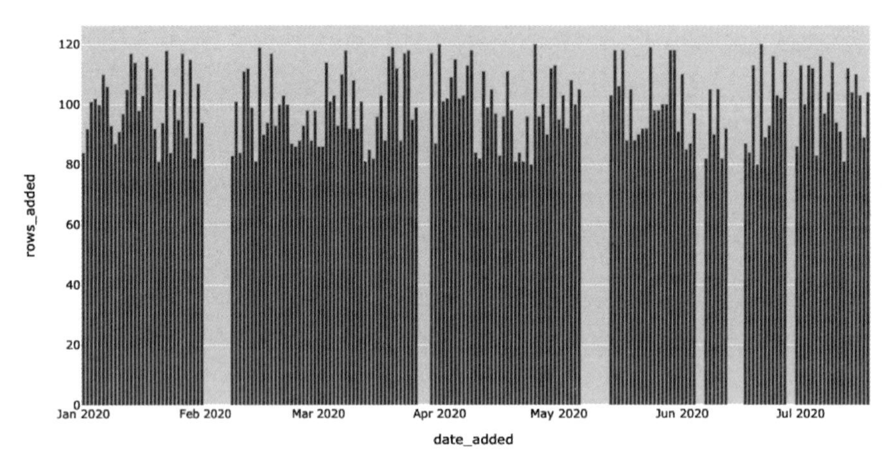

그림 4-15 주어진 달 동안 매일 추가되는 행의 수 시각화

즉, EXOPLANETS 테이블은 하루에 약 100개 항목을 업데이트하며 [그림 4-15]와 같이 데이터가 입력되지 않는 날에는 '오프라인'이 된다. [예제 4-36]처럼 이상 탐지 쿼리 템플릿으로 테이블의 업데이트 상태를 추적하기 위해 DAYS_SINCE_LAST_UPDATE라는 메트릭을 도입했다. 이것은 EXOPLANETS 데이터셋이 업데이트된 후 각 항목에 대해 며칠이 지났는지 알려줄 것이다.

예제 4-36 **EXOPLANETS 데이터셋 업데이트 후 며칠이 지났는지에 대한 쿼리**

```
WITH UPDATES AS(
  SELECT
     DATE_ADDED,
     COUNT(*) AS ROWS_ADDED
  FROM
     EXOPLANETS
  GROUP BY
     DATE_ADDED
)

SELECT
  DATE_ADDED,
  JULIANDAY(DATE_ADDED) - JULIANDAY(LAG(DATE_ADDED) OVER(
     ORDER BY DATE_ADDED
  )) AS DAYS_SINCE_LAST_UPDATE
FROM
  UPDATES;
```

결과는 CSV 파일[31]로 표시하며 [예제 4-37]에서 새로운 데이터 항목이 있는 날짜의 목록을 볼 수 있다. [그림 4-16]은 결과를 시각화한 것이다.

예제 4-37 예제 4-36의 결과

```
DATE_ADDED,DAYS_SINCE_LAST_UPDATE
2020-01-01,
2020-01-02,1
2020-01-03,1
2020-01-04,1
2020-01-05,1
...,...
2020-07-14,1
2020-07-15,1
2020-07-16,1
2020-07-17,1
2020-07-18,1
```

[그림 4-16]에서 2020년 2월, 4월, 5월, 6월, 7월 일부 날짜의 데이터가 EXOPLANETS 데이터셋에 추가되지 않은 것을 확인할 수 있다. 이는 분명한 이상 징후다.

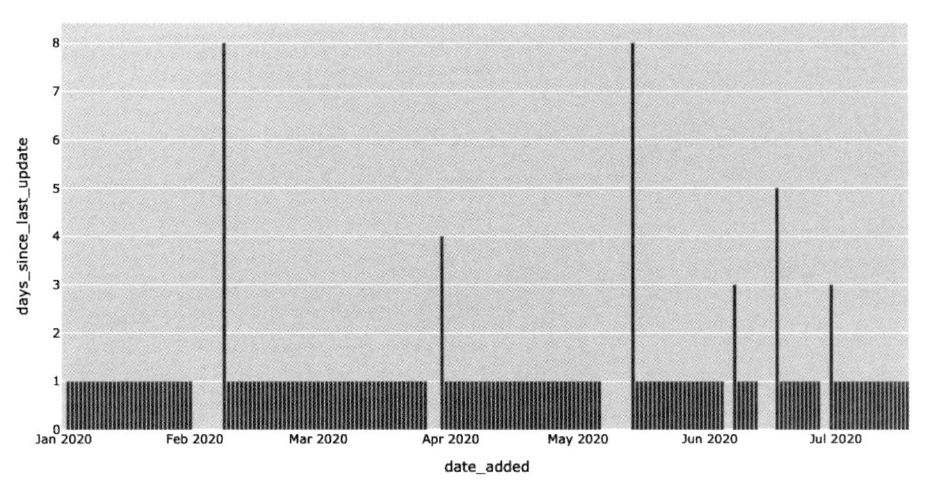

그림 4-16 신선도 이상 탐지 쿼리를 사용하여 데이터가 '오프라인'이 된 시점을 식별할 수 있다.

31 「RyanOthnielKearns/rows-added-query-results.csv 깃허브 페이지」, *https://oreil.ly/NI3fz*

신선도 탐지기를 생성하기 위해 쿼리를 약간 수정하여 임곗값 파라미터를 추가했다. 이를 통해 이상 탐지를 더욱 세분화할 수 있다. [예제 4-38]에서 볼 수 있는 것처럼 이 탐지기는 EXOPLANETS의 최신 데이터가 하루 이상인 모든 날짜를 반환한다.

예제 4-38 EXOPLANETS 데이터셋의 열이 하루 이상 업데이트되지 않은 시점을 식별하는 쿼리

```
WITH UPDATES AS(
  SELECT
    DATE_ADDED,
    COUNT(*) AS ROWS_ADDED
  FROM
    EXOPLANETS
  GROUP BY
    DATE_ADDED
),

NUM_DAYS_UPDATES AS (
  SELECT
    DATE_ADDED,
    JULIANDAY(DATE_ADDED) - JULIANDAY(LAG(DATE_ADDED)
      OVER(
        ORDER BY DATE_ADDED
      )
    ) AS DAYS_SINCE_LAST_UPDATE
  FROM
    UPDATES
)

SELECT
  *
FROM
  NUM_DAYS_UPDATES
WHERE
  DAYS_SINCE_LAST_UPDATE > 1;
```

이 쿼리로 [예제 4-39]의 CSV 파일[32]이 생성되었으며, 이는 신선도에 이상이 있음을 보여준다.

32 「RyanOthnielKearns/freshness-detections.csv 깃허브 페이지」, *https://oreil.ly/KDNiX*

예제 4-39 **예제 4-38의 쿼리 결과**

```
DATE_ADDED,DAYS_SINCE_LAST_UPDATE
2020-02-08,8
2020-03-30,4
2020-05-14,8
2020-06-07,3
2020-06-17,5
2020-06-30,3
```

[그림 4-17]에서 데이터셋이 외계 행성 궤도선이나 다른 우주 탐사선에서 오래된 데이터를 수집한 특정 날짜를 명확하게 시각화하였다.

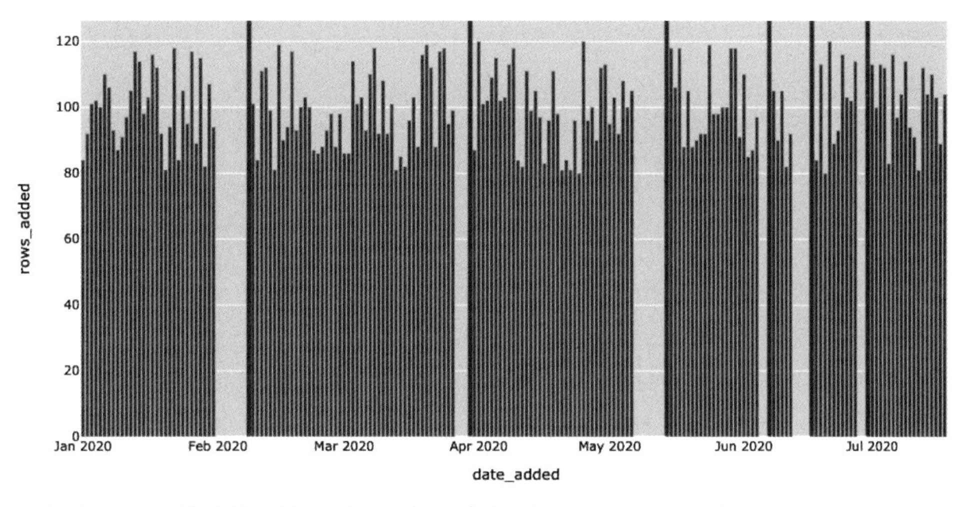

그림 4-17 데이터 다운타임을 포함하여 테이블이 '오래된' 데이터를 수집한 날짜의 시각화

[그림 4-17]의 스파이크는 `EXOPLANETS` 테이블이 이전 데이터 또는 '오래된' 데이터로 작업한 경우를 나타낸다. 경우에 따라 이러한 중단은 시스템 절차상 자연스럽게 발생하는 문제일 수 있다. 망원경을 유지 보수하느라 주말 동안 데이터가 기록되지 않았을 수도 있다. 하지만 운영 중단이 데이터 수집 또는 변환과 관련하여 심각한 문제를 야기할 수도 있다. 예를 들면, 데이터 수집 또는 변환을 통해 날짜를 ISO 형식으로 변경했을 수 있으며, 기존에 새로운 데이터를 사용하던 작업이 실패했을 수도 있다. 운영 중단 시간이 길어질수록 상황이 더 나빠진다는 경험을 할 수도 있지만, 이 수준을 넘어서 데이터의 진짜 문제만 감지하도록 어떻게 보장할 수 있는가?

솔직히 말하면 보장할 수 없다. (예측 문제에 관해서 확실히 흥미로운 주제일지라도) 완벽한 예측기를 만드는 것은 불가능하다. 그러나 머신러닝의 일부 개념을 사용하여 보다 구조화된 방식으로 문제를 바라보고 결과적으로 데이터의 규모에 따라 데이터 옵저버빌리티와 신뢰성을 제공할 수 있다.

4.4.1 머신러닝을 통한 데이터 모니터링 경고 개선

데이터 파이프라인의 손상에 대해 경고할 때마다 그 경고가 정확했는지 여부를 확인해야 한다. 정말 실제로 있는 문제를 경고하고 있는가? 다음 두 가지 시나리오를 고려해 보자.

- 데이터 모니터링 경고가 발생했지만 실제 문제는 없었다. 사용자가 경고를 확인하는 데 시간을 낭비했다.
- 진짜 문제가 있었지만 데이터 모니터링 경고가 발생하지 않았다. 실제 문제를 감지하지 못했다.

이 두 개의 시나리오는 false positive(비정상이라고 예측, 실제는 정상, 1종 오류라고도 함)와 false negative(정상이라고 예측, 실제는 비정상, 2종 오류라고도 함)로 설명할 수 있으며, 가능한 이를 피해야 한다. 1종 오류는 양치기 소년과 같다. 경보를 울렸지만 모든 것이 정상이기 때문이다. 2종 오류는 경비 근무 중 잠을 자는 것과 같다. 무언가 잘못됐지만 아무런 조치를 취하지 않기 때문이다.

궁극적인 목표는 이런 상황을 최대한 피하고 true positive(비정상이라고 예측, 실제로도 비정상)와 true negative(정상이라고 예측, 실제로도 정상)를 최대화하는 데 집중하는 것이다.

4.4.2 1종 오류와 2종 오류

이상 탐지는 '비지도 학습'이다. 비지도 학습은 어떤 방식으로 학습하는 것이 최적인지 사전에 알 수 없는 머신러닝 학습 방법 중 하나다. 즉, 훈련 중인 데이터는 라벨링되어 있지 않은 상태로 제공된다. 따라서 이상 징후에는 근거가 없으므로 이상 탐지를 비지도 학습이라고 할 수 있다. 실제 정보가 없다면 '오류 신호', 즉 예측한 것과 예측했어야 하는 것의 차이를 알 수 없기 때문이다.

일부 이상 탐지 과제들은 비지도 학습으로 어느 정도 설명할 수 있지만 지도 학습에서 오류를 측정하는 데 사용하는 평가 지표(1종 오류, 2종 오류, 정밀도 등)를 고려하는 것 역시 중요하다. 그렇게 하지 않으면 서로 다른 탐지 알고리즘을 벤치마킹하거나 개선 및 성공을 위한 참고 지표를 만들 수 없기 때문이다.

특정한 데이터 포인트에서 이상 탐지기는 '비정상' 또는 '정상'이라고 예측한다. 또 어떤 문제에 관해서 특정 '진실'이 있다고 했을 때 데이터 포인트는 실제로 비정상일 수도, 정상일 수도 있다. 지난 3일 동안 분석을 할 때 꼭 필요한 테이블이 한 번도 업데이트되지 않았다고 가정해 보자. 실제로 테이블이 매시간 업데이트되어야 한다면 이것은 비정상이다!

데이터 포인트에 문제가 있고 탐지기가 이를 '비정상'이라고 예측한 경우를 'true positive'라고 한다. 데이터 포인트에 문제가 없고 탐지기에 아무것도 검출되지 않는 경우(즉, '정상'이라고 예측하는 경우)를 'true negative'라고 한다. 다음 [표 4-1]에서는 이 개념을 설명한다.

표 4-1 이상 탐지 결과의 네 가지 경우

		예측	
		정상	비정상
실제	문제 없음	True Negative	False Positive(1종 오류)
	문제 있음	False Negative(2종 오류)	True Positive

2종 오류는 데이터 포인트에 실제로 문제가 있었지만 탐지기가 감지하지 못한 경우다. 이는 잠자는 경비견과 같다. 알고리즘이 문제를 감지하지 못하기 때문이다. 1종 오류는 이상을 탐지했지만 실제로는 문제가 없는 경우로, 양치기 소년과 같다. 알고리즘이 '비정상적인' 결과를 보이지만 실제 데이터 포인트에는 문제가 없기 때문이다. 1종 오류와 2종 오류는 매우 학습이 잘된 이상 탐지 알고리즘에서도 일어나는 현상이다.

1종 오류와 2종 오류는 둘 다 좋지 않아 보이므로, 최고의 이상 탐지 기술이라면 이 두 가지 경우가 모두 발생하지 않아야 할 것 같다. 그러나 아쉽게도 아주 간단한 통계적인 이유로 '둘 다 피할 수 없다.' 1종 오류가 적어지면 2종 오류가 많아지고, 그 반대의 경우도 마찬가지이기 때문이다.

그 이유를 이해하기 위해 이상 탐지기를 기반으로 한 관점에서 양치기 소년 이야기를 살펴보자. 양치기 소년은 모든 데이터 포인트를 이상 징후로 탐지한다. 소년의 탐지는 매우 민감하기 때문에 2종 오류가 일어날 가능성은 없다. 그러나 소년의 탐지는 정확하지 않기 때문에 1종 오류가 일어날 가능성은 높다. 따라서 데이터 전문가들은 탐지 결과를 믿을 수 없으므로 양치기 소년 탐지기를 싫어한다. 1종 오류의 비율이 높은 이상 탐지기의 경고는 진짜가 아닐 가능성이 높기 때문이다.

잠자는 경비견은 또 다른 종류의 이상 탐지기로, 앞의 경우와 반대다. 해당 탐지기는 데이터 포인트를 '절대' 비정상이라고 하지 않는다. 이때 이상 탐지 알고리즘은 매우 구체적이므로 1종 오류가 발생하지 않는다. 하지만 전혀 민감하지 않기 때문에 2종 오류가 많이 발생한다. 따라서 데이터 전문가들은 이 결과를 신뢰할 수 없게 되어 잠자는 경비견 탐지기도 싫어한다. 지나치게 보수적인 탐지기는 이상을 전혀 감지하지 않기 때문에 심각한 상황을 놓칠 수 있다는 것이다.

따라서 이 두 탐지기의 적절한 중간 지점을 찾는 것이 핵심이다.

4.4.3 정밀도와 재현율 개선

주어진 데이터에 대해 이상 탐지 알고리즘을 적용하면 true positives^TPs^, true negatives^TNs^, false positives^FPs^, false negatives^FNs^ 집합이 생성된다. 각각의 '점수'만 사용하는 것이 아니라 결합을 통해 의미 있는 지표로 만드는 일반적인 통계 방법을 적용한다. 이제 이상 탐지기의 성능을 정량화하는 정밀도^precision^와 재현율^recall^, 정확도 메트릭^accuracy metrics^을 중점적으로 살펴보자.

정밀도는 올바르게 예측한 비율로 정의된다.

$$\text{정밀도} = \frac{\text{TPs}}{\text{TPs} + \text{FPs}}$$

즉, '비정상'이라고 예측한 것 중에서 실제로 문제가 있는 것이 몇 개인지를 나타낸다.

재현율은 비정상으로 탐지된 비율로 정의된다.

$$\text{재현율} = \frac{\text{TPs}}{\text{TPs} + \text{FNs}}$$

즉, 실제로 문제가 있는 것 중에서 비정상으로 탐지된 것이 몇 개인지를 나타낸다.

정밀도와 재현율은 분류 시스템에서 주로 사용되는 정확도 메트릭으로, 그 이름에서 의미가 그대로 드러난다. 정밀도가 높은 탐지기는 이상 징후를 정확하게 예측하기 때문에 '정밀'하다. 재현율이 높은 탐지기는 '재현'을 잘 한다. 즉, 모든 이상 징후를 포착할 가능성이 높다.

문제는 이 둘의 장점을 모두 취할 수 없다는 것이다. 둘 사이에는 명확한 상충 관계가 있기 때문이다. 완벽한 정밀도를 얻으려면 어떻게 해야 하는가? 간단하다. 경비견이 근무 중에 항상 잠을 자느라 아무것도 경계하지 않으면 1종 오류의 비율이 0%가 된다. 그렇다면 무엇이 문제가 되는가? 2종 오류의 비율이 극단적으로 높아지기 때문에 재현율은 끔찍해질 것이다.

마찬가지로, 완벽한 재현율을 얻으려면 어떻게 해야 하는가? 이 또한 간단하다. 모든 것에 대해 경고하면 된다. 이상으로 보일 때마다 양치기 소년처럼 늑대가 나타났다고 외쳐 2종 오류의 비율을 0%로 만드는 것이다. 이로 인한 문제는 예상할 수 있듯이 1종 오류의 비율이 높아져 정밀도에 영향을 미치게 된다.

모든 데이터는 정량화할 수 있는 목표가 있어야 하며 대부분의 경우 최적화를 이루기 위해 둘이 아닌 하나의 목표를 갖는 것이 좋다. 이를 위해 정밀도와 재현율을 F점수[33]라는 하나의 메트릭으로 결합한다. 음이 아닌 실수 β에 대한 F점수의 일반적인 공식은 다음과 같다.

$$F_\beta = \frac{(1+\beta^2)\cdot(\text{정밀도}\cdot\text{재현율})}{(\beta^2\cdot\text{정밀도}+\text{재현율})}$$

F_β는 가중치를 갖는 F점수다. β 값이 달라짐에 따라 정밀도와 재현율이 다르게 평가되기 때문이다. 일반적으로 '재현율이 정밀도보다 β배 더 중요하다'는 것이 F_β점수다.

$\beta = 1$인 경우 정밀도와 재현율은 똑같이 중요하다. $\beta > 1$인 경우에는 점수가 높을수록 재현율이 더 중요하다. 즉, $\beta > 1$은 '가끔 잘못된 경고가 있더라도 모든 이상 징후를 포착하는 것이 더 중요하다'는 것이다. 반대로 $\beta < 1$인 경우에는 정밀도가 더 중요하다. $\beta < 1$은 '모든 실제 이상을 파악하는 것보다 경고가 진짜인지가 더 중요하다'는 것이다.

파이썬에는 알고리즘을 직접 코딩하지 않아도 이상 탐지에 사용할 수 있는 여러 가지 프레임워크가 있다. 자주 사용되는 프레임워크에 대해 알아보자.

---

33 옮긴이_F점수는 정밀도와 재현율의 조화평균이다.

페이스북 Prophet

시계열 데이터의 일별, 주별, 월별, 연도별 계절성을 고려하는 예측 모델이다. 사용자는 기본적인 Prophet 모델을 사용할 수 있으며, 사람이 해석할 수 있는 모델 파라미터를 조절하여 기능 확장을 통해 도메인 지식을 추가할 수 있다. 패키지는 파이썬과 R에 모두 제공된다.

텐서플로 TensorFlow

자연어 처리, 컴퓨터 비전, 시계열 이상 탐지를 비롯한 다양한 작업에 널리 사용되는 머신러닝 라이브러리를 제공한다. 또한 최신 이상 탐지 알고리즘에 대해 유용하고 문서화된 구현체를 제공한다. 예를 들어, 텐서플로의 케라스 Keras 패키지는 기본적인 자기회귀누적이동평균 ARIMA, autoregressive-integrated-moving-average[34] 모델보다 강력한, 신경망 형태의 자기 회귀에 사용할 수 있는 오토인코더 모델[35]을 구현한다.

파이토치 PyTorch

페이스북에서 개발했으며, 구글의 텐서플로와 유사하게 사용되는 또 다른 머신러닝 파이썬 라이브러리다. 일반적으로 파이토치는 학술적인 용도로 활용되고, 텐서플로는 현업에서 더 많이 사용된다.

사이킷런 Scikit-learn

모든 종류의 알고리즘을 구현할 수 있는 또 다른 머신러닝 소프트웨어 패키지다. 자기회귀누적이동평균과 같은 시계열 이상 탐지 방법 외에도 클러스터링에 널리 사용되는 k-최근접 이웃 KNN, k-nearest neighbor[36] 알고리즘과 아이솔레이션 포레스트 알고리즘이 있다. 텐서플로와 마찬가지로 파이썬으로 개발됐다.

ML플로우 MLflow

데이터브릭스 공동 설립자들이 오픈 소스로 개발한 실험 추적 도구다. 실험 추적은 개발 및 생산 과정에서 머신러닝 모델을 관리하는 프로세스다. ML플로우는 주로 실험 추적 및 복제를 위

34 옮긴이_자기회귀누적이동평균이란 자기회귀이동평균(ARMA)을 일반화한 것이다. 과거 데이터의 선형 관계뿐 아니라 추세까지 고려한다.

35 옮긴이_오토인코더 모델이란 출력값을 입력값의 근사로 하는 함수를 학습하는 인공 신경망이다.

36 옮긴이_k-최근접 이웃이란 입력값에 가장 근접한 k개의 요소를 찾고 그 k개에 대한 출력 변수를 도출하는 알고리즘이다.

한 소프트웨어다. ML플로우 인스턴스에는 실험을 백업하고 비교할 수 있는 공유 모델 저장소가 있다. 각 모델은 프로젝트에 속한다. 프로젝트는 [그림 4-18]과 같이 모델을 확실히 구현할 수 있도록 설계된 패키지 소프트웨어 환경이다. 이상 탐지 소프트웨어를 개발하는 데 중요한 것은 서로 다른 시스템이라도 코드는 동일하게 실행되어야 한다는 것이다. 예를 들어, 로컬에서 버그를 해결해 놓고 프로덕션 환경에는 수정 사항이 적용되지 않는 상황을 원치 않을 것이다. 마찬가지로, 동료가 업데이트된 모델에 대한 정확도 메트릭을 보고할 때 여러분은 해당 결과를 직접 복제할 수 있을지 궁금해할 것이다. 따라서 해당 프로젝트에서 ML플로우 저장소 는 모델을 애저 ML 및 아마존 세이지메이커Amazon SageMaker를 비롯한 프로덕션 환경이나 스파크 클러스터에 아파치 스파크 UDF로 배포하는 것을 지원한다.

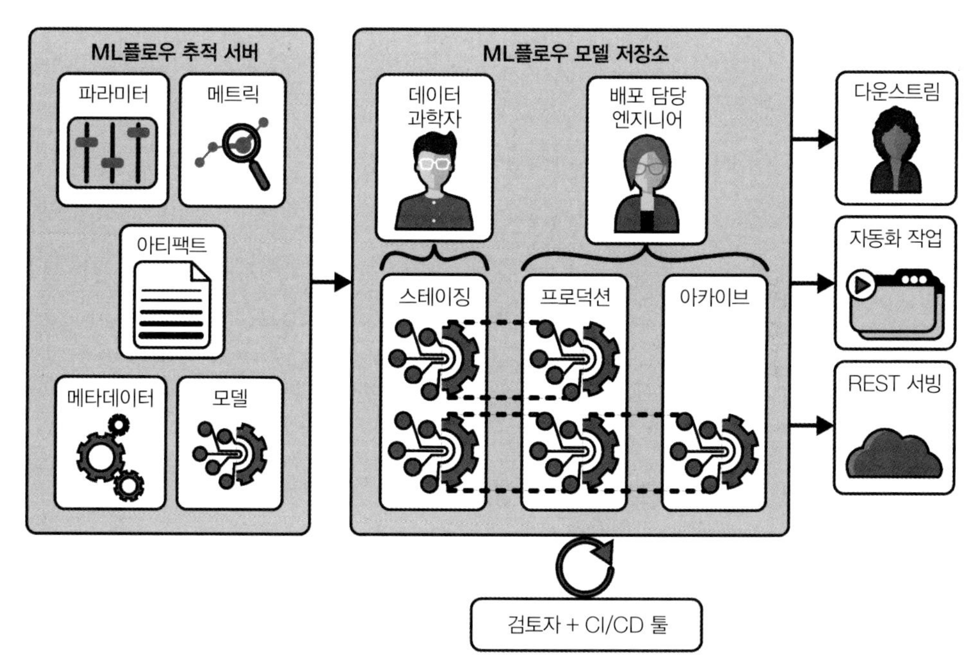

그림 4-18 데이터 과학 워크플로로 시각화된 ML플로우의 모델 저장소

NOTE_ 머신러닝 모델의 개발과 학습을 관리하는 프로세스인 실험 추적에는 하이퍼파라미터[37] 비교, 종속성 확인, 모델 학습 관리 및 조정, 모델 스냅샷 저장, 로그 수집 등이 포함된다. 원칙적으로는 매우 복잡한 스프레드시트를 사용하여 작업을 수행하지만 분명히 더 나은 도구들이 있다.

37 옮긴이_하이퍼파라미터는 최적의 훈련 모델을 구현하기 위해 모델링 시 직접 설정하는 값이다.

텐서보드 TensorBoard

텐서플로의 시각화 도구다. 하지만 소프트웨어를 활용하기 위해 텐서플로로 모델링할 필요는 없다. 텐서보드를 사용하면 [그림 4-19]와 같이 학습 에폭당 손실, 혼동 행렬, 개별 오류 분석과 같은 일반적인 머신러닝 메트릭을 시각화할 수 있다.

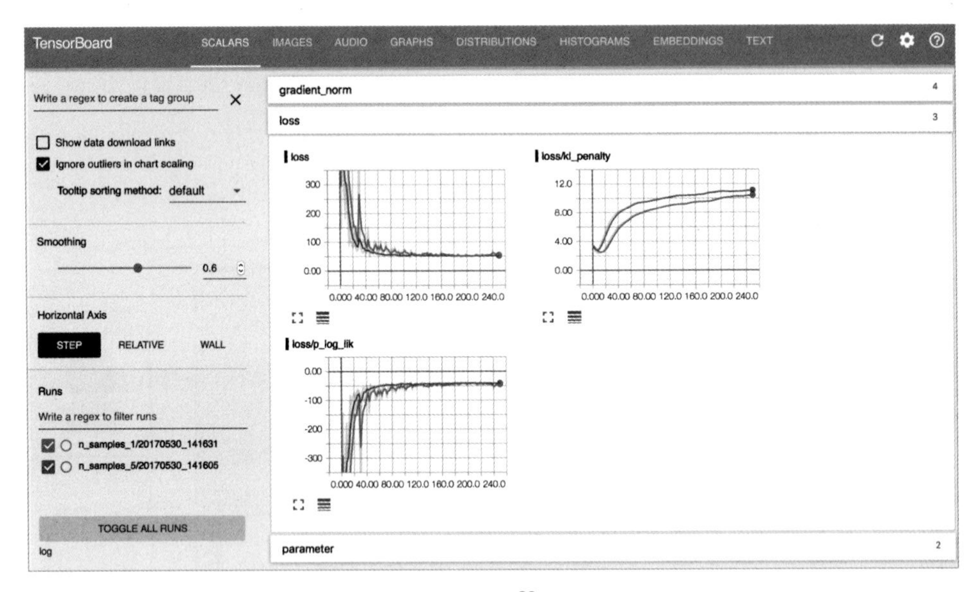

그림 4-19 모델 학습 중인 표준 텐서보드 예시(출처: 트라넷 외[38])

이러한 프레임워크들은 false negative와 false positive를 제거하고, 지속적으로 모델 튜닝의 필요성을 줄여서 이상 탐지기의 성능을 높인다.

4.4.4 데이터 모니터링을 통한 신선도 문제 탐지

이제 새로운 용어를 사용하여 EXOPLANETS 테이블에서 신선도 문제를 탐지해 보자. 하나의 모델 파라미터 X를 설정하여 쿼리를 탐지기로 전환했기 때문에 간단한 예측 알고리즘을 사용할 것

38 더스틴 트랜(Dustin Tran), 알프 쿠쿠켈비르(Alp Kucukelbir), 아드지 B. 디엥(Adji B. Dieng), 마야 루돌프(Maja Rudolph), 다웬 량(Dawen Liang), 데이비드 M. 블레이(David M. Blei), 「Edward: A Library for Probabilistic Modeling, Inference, and Criticism」, 코넬대학교, 2016, `https://oreil.ly/CvuKL`

이다. 해당 알고리즘은 'X보다 긴 중단은 이상으로 보며, 이에 대해 경고할 것'이다. 이처럼 간단한 경우에도 정밀도와 재현율, F점수[F-score]가 도움이 될 수 있다.

EXOPLANETS의 신선도 중단을 보여주기 위해 각 중단이 실제 사고인지 여부를 인코딩하는 실제 레이블을 지정한다. 어떤 종류든 실제 정보 없이 모델의 정확도를 계산하는 것은 불가능하기 때문에 사용 사례에 대해 해당 정보를 생성하는 방법을 생각하는 것은 항상 도움이 된다. [예제 4-40]의 데이터에서 볼 수 있듯이 EXOPLANETS 테이블에는 하루 이상 지속되는 중단 건이 6개 이상 존재한다.

예제 4-40 **하루 이상 지속되는 중단에 대한 예제 4-38 쿼리의 결과**

```
DATE_ADDED,DAYS_SINCE_LAST_UPDATE
2020-02-08,8
2020-03-30,4
2020-05-14,8
2020-06-07,3
2020-06-17,5
2020-06-30,3
```

임의로 2020년 2월 8일과 2020년 5월 14일의 사고가 진짜라고 가정해 보자. 각 중단 기간이 8일이므로 당연히 문제가 된다. 다시 2020년 3월 30일과 2020년 6월 7일의 중단이 실제 사고가 아니라고 가정해 보자. 각 중단은 4일과 3일이므로 문제가 있어 보이지 않는다. 마지막으로, 2020년 6월 17일에는 5일, 2020년 6월 30일에는 3일의 중단이 발생했는데, 이 또한 [예제 4-41]과 같이 실제 사고라고 가정해 보자.

예제 4-41 **'참' 이상 징후 분류**

```
INCIDENT,NOT INCIDENT
2020-02-08 (8 days),2020-03-30 (4 days)
2020-05-14 (8 days),2020-06-07 (3 days)
2020-06-17 (5 days),
2020-06-30 (3 days),
```

해당 방식으로 실제 사고를 선택한 결과, 중단 기간이 길수록 실제로 이상이 있을 가능성이 더 높지만, 모든 경우가 그렇지는 않다. 이렇게 약한 상관관계는 좋은 모델을 더 효과적으로 만들 것이다. 그러나 실제 사용 사례는 으레 그렇듯이 더 복잡하고 불완전하다. 모델의 정확도를 향상시키기 위해 데이터 또는 머신러닝 엔지니어의 툴킷에서 가장 일반적인 도구 중 하나인 F점수에 대해 자세히 살펴보자.

4.4.5 F점수

F점수F-score는 정밀도와 재현율 모두에 최적화되도록 설계된 분류 정확도 메트릭이다. F점수의 '기본값'은 (통계학자의 경우) 정밀도와 재현율의 조화평균으로 계산된 F_1점수다.

$$F_1 = \frac{2}{\frac{1}{\text{정밀도}} + \frac{1}{\text{재현율}}}$$

즉, F_1점수는 정밀도와 재현율의 균형이 동일하도록 설계됐다. 어느 한쪽이 다른 쪽보다 더 이득을 보지 않고 동일한 중요도를 가진다. 어떤 상황에서는 이렇게 점수로 평가하는 것이 적절할 수 있다. 그러나 어떤 경우에는 재현율이나 정밀도가 훨씬 더 중요하게 작용할 수 있다.

이를 잘 보여주는 실제 사례가 있다. 2018년 1월 13일 토요일 아침[39], 하와이주 주민들은 탄도 미사일이 날아오고 있어 즉시 지하 대피소로 대피해야 한다는 문자 메시지를 받았다. 해당 경고는 오전 8시 7분에 날아왔으며 메시지의 말미에는 "이것은 훈련이 아닙니다."라는 불길한 문장도 적혀 있었다.

38분 후 수많은 확인 전화 때문에 하와이 전역의 전화망과 119 긴급 전화가 불통이 되어서야 하와이주 정부는 경고가 실수였다고 발표했다. 한 남성은 경고 메시지를 듣고 심장마비가 왔지만, 이 사고로 인한 직접적인 사망자는 없었다.

이 사고는 하와이에 있는 경고 시스템을 테스트하다가 발생했다. 시스템이 오류를 일으켜 실제 경고를 보낸 것이 문제였다. 여기서 '실제 경고'는 잘못된 이상 탐지의 예로, 1종 오류다. 이

39 「하와이주, 탄도 미사일이 날아온다는 오보에 '패닉'」, *https://oreil.ly/aW05x*

에 상응하는 2종 오류와 그로 인한 잠재적인 영향을 생각해 보자. '미사일이 날아오지 않았지만 주민들이 실제 경고 문자를 받는' 1종 오류가 '주민들은 경고 문자를 못 받았지만 실제 미사일이 날아온' 2종 오류보다 낫다. 이러한 영향력을 고려하면 잘못된 경고가 얼마나 심각하고 무서운 결과를 초래할지 짐작할 수 있다.

그렇다면 프로덕트 설계에서 이러한 오류가 어떤 의미를 가지며, 오류로 인한 영향력을 완화하기 위해 무엇을 할 수 있을까? 지금까지의 내용에 따르면, 미사일 탐지 시스템의 경우 1종 오류가 2종 오류보다 낫다. 즉, 재현율이 정밀도보다 더 중요하다. 이와 유사한 시스템의 성능을 검사하는 경우에는 F_1점수가 아닌 다른 것을 사용해야 한다. 왜냐하면 F_β점수는 '탐지기의 정밀도보다 재현율이 β배 더 중요'하기 때문이다.

$$F_\beta = \frac{1+\beta^2}{\frac{\beta^2}{\text{정밀도}} + \frac{1}{\text{재현율}}}$$

$\beta = 1$일 때의 공식은 F_1점수의 공식과 동일하며 '재현율은 정밀도와 비슷한 정도로 중요'하다. 즉, 가중치가 동일하다. 그러나 재현율이 2배 또는 3배 더 중요한 미사일 경보 시스템을 테스트하는 경우에는 F_2점수나 F_3점수를 사용하여 평가해야 한다.

4.4.6 모델의 정확도가 중요한가?

앞에서 '정확도'라는 단어는 거의 사용하지 않았다. 물론 이상 탐지기를 포함하는 머신러닝 알고리즘은 '정확'해야 한다. 그렇다면 왜 이 단어를 사용하지 않았을까?

스탠퍼드 대학교 교수 메흐란 사하미Mehran Sahami가 제시한 예를 통해 이 질문에 대한 답을 찾을 수 있다. 에이즈AIDS, Acquired Immune Deficiency Syndrome를 테스트하기 위해 정교한 머신러닝 이상 탐지 시스템을 구축한다고 가정해 보자. 매우 정교한 시스템이 작동하는 방식은 다음과 같다. 미국 인구는 3억 3천만 명 정도이며 오늘날 미국에서 에이즈는 약 120만 명에게 영향을 미친다. 이때 누군가 에이즈에 걸렸는지 물을 때마다 "아니요."라고 답한다고 예측해 보자. '정확도' 측면에서 또는 평균적으로 얼마나 정확한지 계산해 보면 1-(에이즈에 걸린 미국인 / 미국인) = 1 - (120만 / 3억 3천만) = 99.6%다. 즉, 전혀 정확하지 않은 결과가 도출된다.

따라서 정확도는 '탐지기가 평균적으로 얼마나 정확한가'라는 물음에 한 번에 답할 수 있을 정도로 간단하지 않으며, 다른 것과 동일하게 정의되어서는 안 된다. 정확도 메트릭에만 의존하면 앞선 예시처럼 수만 명 이상의 사람들을 오진하는 결과가 생기기 때문이다. 그러므로 false positives와 false negatives를 모두 최소화할 수 있는 좋은 탐지 체계가 필요하다. 머신러닝 실습에서는 일반적으로 [그림 4-20]처럼 관련된 요소에 대한 더 통찰력 있는 용어인 정밀도와 재현율에 집중한다.

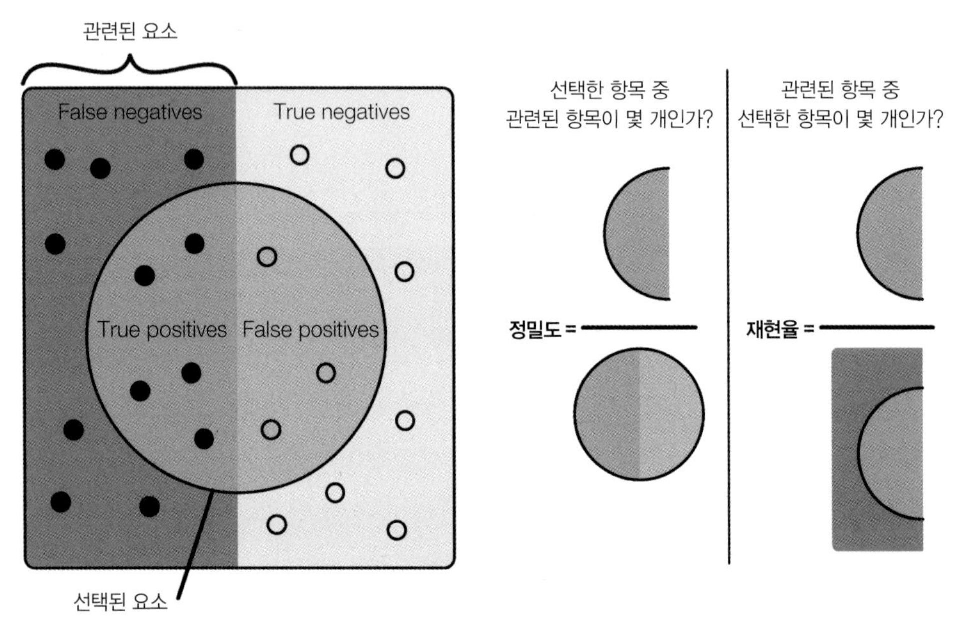

그림 4-20 정밀도(알고리즘이 이상을 정확하게 감지하는 빈도) 및 재현율(전체 이상 중 탐지된 횟수)

4.4절의 앞부분에서 설명한 바와 같이, 일반적으로 정밀도는 경고가 얼마나 자주 옳은지 알려주기 때문에 정밀도가 좋은 모델의 경고는 신뢰할 수 있다. 앞서 언급한 예시에 적용하면, 정밀도가 높을 경우 늑대가 매우 드물게 운다.

일반적으로 재현율은 실제로 얼마나 많은 문제에 대해 경고하는지 알려준다. 재현율이 좋은 모델은 신뢰할 수 있다. 좋은 재현율은 경비견이 경비 중에 잠을 거의 자지 않는다는 것을 의미하기 때문이다.

해당 비유들을 확장해 보자. 정밀도가 좋은 모델은 쉽게 경고하지 않는 양치기 소년이다. 그래서 경고가 울리면 그 경고를 믿는 것이 좋다. 마찬가지로 재현율이 좋은 모델은 훌륭한 경비견이다. 그래서 모든 실제 문제를 파악할 수 있다.

이제 임곗값을 3일로 설정하는 것부터 시작해 보자. '3일을 초과하는 모든 중단은 이상'이라고 한다. 즉, 2020년 2월 8일, 2020년 5월 14일, 2020년 6월 17일에서 이상을 올바르게 탐지하므로 3개의 true positive가 있다. 하지만 2020년 3월 30일에 감지된 이상은 실제가 아니기 때문에 하나의 false positive가 있다. 3개의 true positive / (3개의 true positive + 하나의 false positive)는 정밀도가 0.75임을 의미한다. 또한 2020년 6월 30일을 이상으로 탐지하지 못하였으므로 하나의 false negative가 있다. 3개의 true positive / (3개의 true positive + 하나의 false negative)는 재현율도 0.75임을 의미한다. 따라서 F_1점수 공식은 다음과 같다.

$$\frac{TP}{TP + \frac{1}{2}(FP + FN)}$$

적절한 값을 입력하면 F_1점수도 0.75가 된다.

이제 임곗값을 5일로 더 높게 설정해 보자. 이제 가장 긴 중단인 2020년 2월 8일과 2020년 5월 14일만 탐지한다. 둘 다 실제 사고이므로 false positive가 없고 정밀도가 1이다. 그러나 2020년 6월 17일이나 2020년 6월 30일 같은 진짜 이상을 감지하지 못하였으므로 2개의 false negative가 있다. 2개의 true positive / (2개의 true positive + 2개의 false negative)는 재현율이 0.5로 이전보다 더 나쁘다는 것을 의미한다. 더 높은 임곗값을 갖는 보수적인 분류기를 선택했기 때문에 재현율이 감소한 것은 일리가 있다. 앞의 공식으로 다시 계산한 F_1점수는 0.667이다.

임곗값 측면에서 정밀도와 재현율, F_1점수로 몇 가지 중요한 패턴을 볼 수 있다. 우선 임곗값이 낮은 공격적인 탐지기는 더 빨리 경고하고 실제 문제를 더 많이 포착하기 때문에 최상의 재현율을 보인다. 반면, 보수적인 탐지기는 진짜일 가능성이 더 높은 최악의 이상에 대해서만 경고하기 때문에 정밀도가 더 높다. 점수는 양 극단 사이 어딘가에서 가장 높은 점수를 가지는데, 이 경우는 임곗값이 4일일 때 그렇다. [그림 4-21]을 보면, 탐지기가 최적이 되도록 미세 조정하기 위해서는 적절한 지점을 찾는 것이 중요하다.

마지막으로 [그림 4-22]를 통해 점수들을 비교해 보자. 지금까지는 정밀도와 재현율의 가중치가 동일한 F_1 점수만 살펴봤다. β 값을 변경하면 어떻게 될까?

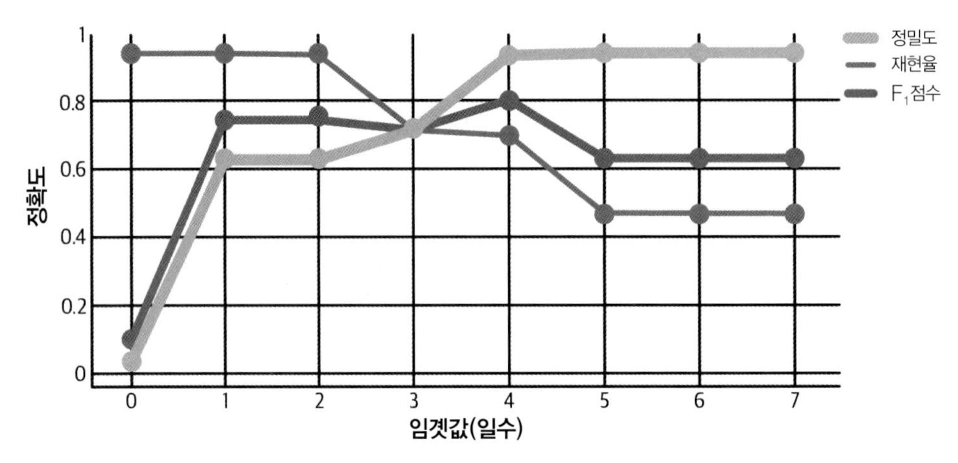

그림 4-21 정밀도와 재현율, F_1 점수를 계산한 결과를 비교하여 이상 탐지기 조정

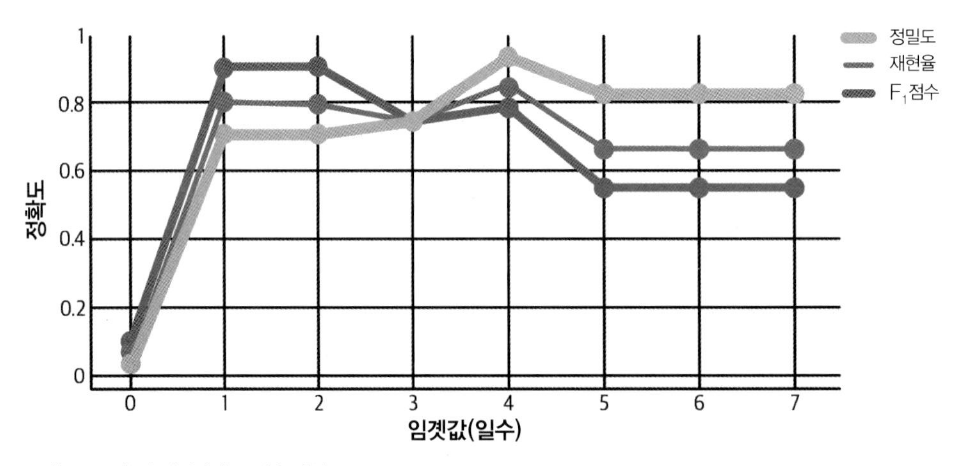

그림 4-22 β 값 변경하여 F_1 점수 계산

일반적인 F_β는 '재현율이 정밀도보다 β배 중요하다'는 것을 의미한다. 따라서 재현율이 우선순위일 때 F_2가 F_1보다 높은 점수를 갖는다. 이는 [그림 4-22]처럼 임겟값이 4일 미만일 때 정확하게 나타난다. 동일하게 $F_{0.5}$ 점수는 더 큰 임겟값에 대해 더 높은 값을 가지고, 더 높은 정밀도를 가진 보수적인 분류기를 더 잘 허용한다.

F점수와 더 잘 조정된 알고리즘을 사용하면 옵저버빌리티의 다섯 가지 핵심 요소인 신선도, 볼륨, 분포, 스키마, 계보에 대한 문제를 탐지할 수 있다.

4.5 이상 탐지의 심화 과정: 기타 유용한 접근법

최고의 이상 탐지 알고리즘은 세 가지 일을 한다. 거의 실시간으로 문제를 탐지하고, 그 문제를 알아야 할 사람들에게 경고하며, 향후 다운타임이 발생하지 않도록 정보를 제공한다. 4장에서는 기본 이상 탐지 알고리즘의 일반적인 접근 방식과 핵심 요소를 예와 함께 살펴보았다. 그러나 이는 표면적인 내용에 불과하다. 사용하는 도구에 따라 더 정확한 결과를 보장하는 모범 사례들과 알고리즘 구성 요소, 방법론이 있다.

규칙 정의 처리

규칙 정의는 특정 메트릭 값에 대해 명시적인 중단을 설정하고 임곗값을 기준으로 이상을 결정하는 것이다. 기술적으로 이 접근 방식은 대부분의 데이터 포인트가 임곗값 내에 있는 경우에만 이상을 탐지할 수 있다. 규칙 정의는 확장성이 뛰어나며 매우 잘 정의된 SLA, 데이터 가동 시간 보장 등에 사용할 수 있다.

자기회귀 모델

자기회귀는 타임스탬프로 데이터 포인트가 정렬되는 시계열 이상 탐지에서 작동한다. 자기회귀 모델은 이전 시간에서 데이터를 가져와 회귀(선형) 모델에 입력하고 다음 타임스탬프 데이터가 있을 위치에 대한 예측 결과를 출력한다. 자기회귀 예측에서 너무 멀리 떨어진 데이터 포인트는 이상으로 분류된다. 간단한 이동 평균 알고리즘과 결합된 자기회귀는 자기회귀이동평균ARMA, autoregressive moving average[40]이나 자기회귀누적이동평균 탐지 알고리즘을 제공한다. 앞선 외계 행성 예를 한 단계 더 발전시켜 계층형 자기회귀를 사용했다면 이 데이터셋은 꽤 잘 작동했을 것이다.

40 옮긴이_자기회귀이동평균이란 자기회귀(AR)와 이동평균(MA)을 모두 고려하는 모델이다.

지수평활 Exponential smoothing

지수평활법Exponential smoothing method은 시계열에서 추세와 계절성을 제거하여 보다 가벼운 접근 방식(예 ARIMA)이 대신할 수 있도록 하는 방법이다. 홀트-윈터스Holt-Winters는 시계열 예측을 하는 데 자주 사용되는 계절 모델이며, 다양한 분해법(가법, 승법, 감쇠, 비감쇠 등)이 있다.

클러스터링 Clustering

k-최근접 이웃 알고리즘[41] 또는 아이솔레이션 포레스트 알고리즘[42]과 같은 클러스터링 기술은 유사한 데이터 포인트를 한데 모아 경고함으로써 이상을 탐지한다. 예를 들어, 모인 데이터가 적거나 기존 데이터의 특성과 다른 일회성 데이터와 같이 '이상한 것'이 있을 때 경고한다.

하이퍼파라미터 튜닝

머신러닝 모델에는 많은 파라미터가 있다. 파라미터는 예측 알고리즘에서 사용하는 데이터를 수치로 표현한 것으로, 어떤 경우는 데이터와 학습 프로세스에 의해 설정된다. 예를 들어, 표준점수 모델에서 μ와 σ는 입력 데이터의 분포에 의해 자동으로 설정된 파라미터다. 하이퍼파라미터는 특정 방식의 학습 및 추론 프로세스에 의해 설정된다. 일부 하이퍼파라미터는 신경망의 크기, 임베딩, 숨겨진 상태 행렬의 크기 등 모델 아키텍처에 영향을 미친다. 이를 모델 하이퍼파라미터라고 한다. 또 다른 파라미터로는 알고리즘 하이퍼파라미터가 있다. 이는 학습 속도, 에폭 수, 학습 배치당 데이터 포인트 수와 같이 훈련이 수행되는 방식에 의해 설정된다.

앙상블 모델 프레임워크

앙상블 모델 프레임워크[43]는 순방향 신경망feedforward neural network[44]에 결합된 클러스터링, 지수평활, 자기회귀 노드와 같은 방법들의 장점을 모아 다수결 앙상블[45] 알고리즘을 결합해 예측하는 방법론이다.

---

41 「k-최근접 이웃 알고리즘 위키피디아 페이지」, https://oreil.ly/YRRor

42 「아이솔레이션 포레스트 위키피디아 페이지」, https://oreil.ly/lY85G

43 「앙상블 모델」, https://oreil.ly/Z8oZ8

44 「순방향 신경망 위키피디아 페이지」, https://oreil.ly/6CiLU

45 「파이썬으로 다수결 앙상블 개발하기」, https://oreil.ly/oJcR4

이러한 접근 방식들은 중요하지만 이 책에서 다룰 만한 범위를 넘어선다. 훌륭한 이상 탐지 알고리즘을 구축하는 방법에 대한 자세한 내용은『핸즈온 머신러닝(2판) : 사이킷런, 케라스, 텐서플로 2를 활용한 머신러닝, 딥러닝 완벽 실무』(한빛미디어, 2020)를 참고하길 권한다.

4.6 데이터 품질 모니터 설계: 데이터 웨어하우스 vs 데이터 레이크

데이터 시스템을 위한 데이터 품질 모니터를 구축할 때, 데이터 웨어하우스의 구조화된 모놀리식 데이터로 작업할지, 아니면 최신 데이터 레이크 생태계의 맨바닥부터 시작할지 구분하고 결정하는 일은 매우 중요하다.

데이터 웨어하우스와 데이터 레이크에 관한 이상 탐지 알고리즘 설계의 주요 차이점은 다음과 같다.

- 고려해야 하는 진입점의 수
- 메타데이터 수집 및 저장 방법
- 메타데이터에 접근하는 방법

첫째, 데이터 레이크 시스템에는 진입점이 많다. 즉, 서로 다른 소스로부터 수집되는 데이터의 '높은 이질성'을 고려해야 한다. 예를 들어 PostgreSQL, 애플리케이션 로그, 웹 API를 통해 입력되는 테이블 데이터의 NULL 비율을 모니터링할 때, 데이터 과학자는 서로 다른 엔드포인트에 해당하는 클러스터링 테이블의 동작을 발견할 수 있다. 이 경우 '획일적인' 모델링 접근법에 주의해야 한다. 서로 다른 모델 아키텍처(예 서로 다른 하이퍼파라미터)가 각각 다른 형식의 이상을 더 잘 예측할 수 있기 때문이다. 이를 수행하는 한 가지 방법은 데이터 자체의 엔드포인트를 조절하여 머신러닝 모델에 입력하기 위한 새로운 피처[feature]를 만드는 것이다. 또 다른 방법은 앙상블 모델 아키텍처를 사용하거나 단순히 각각의 경우에 대해 별도의 모델을 만드는 것이다.

둘째, 데이터 레이크로 직접 수집된 메타데이터는 이상 탐지 알고리즘을 실행하기 전에 다양한 수준의 전처리가 필요하다. 타입에는 강제성이, 스키마에는 정렬이 필요할 수 있다. 또한 탐지기의 학습을 실행하기 전에 데이터에서 완전히 새로 추가할 피처를 만들 수 있다.

이는 대용량 입력 데이터 배치에 '변환'이 적용되어 컴퓨팅 리소스에 병목현상을 일으키지 않는 한, 모델 학습 직전에 수행하는 것이 좋다. 경우에 따라서 레이크 속 데이터와 머신러닝 알고리즘 사이에 ELT 단계를 일부 고려하는 것도 좋다. 3.2절에서 데이터 전처리가 중요한 이유를 설명한 바 있다.

4.7 마치며

이 장에서는 기본적인 데이터 품질 모니터링과 이상 탐지를 살펴보았다. 더불어 해당 개념들이 데이터 웨어하우스와 데이터 레이크의 프로덕션 환경에서 탐지기를 적용할 때 어떻게 사용될지도 간단히 알아봤다.

우선 이상 탐지 문제를 완벽히 해결하는 시스템이 없다는 사실을 이해해야 한다. false positive와 false negative, 정밀도와 재현율은 항상 균형을 이룬다. 그래서 스스로에게 "이 둘 사이의 균형을 어떻게 잡아야 하는가? 모델 파라미터의 '스위트 스팟'을 결정하는 것은 무엇인가?"라는 질문을 끊임없이 던져야 한다. 이때 최적화할 F_β점수를 선택하면 가중치를 부여하는 방법과 분류 문제에서 가장 중요한 항목이 암묵적으로 결정된다.

또한 모델의 예측 결과와 비교할 수 있는 실제 정보가 없다면 모델의 정확도를 알아내기 힘들다는 것을 기억해야 한다. 즉, 잘 분류되었는지 알기 위해서는 적절한 분류가 무엇인지 알아야 한다. 5장에서는 2~4장에서 살펴본 기술을 사용하여 보다 안정적으로 데이터 시스템을 설계하는 방법과 SLA, SLI, SLO와 같은 새로운 프로세스를 통해 해당 시스템을 확장하는 방법을 설명한다.

CHAPTER 5

데이터 신뢰성을 위한 아키텍처

PREVIEW

5장에서는 지금까지 다룬 중요한 기술들을 잘 조합하려면 어떻게 해야 하는지, 어떤 사례에서도 데이터 품질을 잘 측정하고 보장할 수 있는 강력한 프로세스와 시스템을 설계하려면 어떻게 하면 좋을지 큰 그림으로 조망한다. 이어서 에어비앤비Airbnb, 우버Uber, 인튜이트Intuit 및 기타 기업의 데이터 팀이 SLA(서비스 레벨 계약), SLI(서비스 수준 지표), SLO(서비스 수준 목표) 설정을 비롯해 데이터 안정성을 일상적인 워크플로에 통합하는 방법을 살펴본다. 또한 이들 데이터 팀이 신선도, 볼륨, 배포, 스키마, 계보의 다섯 가지 핵심 요소를 기반으로 데이터 품질을 최적화하는 데이터 플랫폼 구축 방법을 공유한다.

전 세계 숙박 공유 서비스 기업인 에어비앤비는 엔지니어링 블로그에 올린 2020년 게시물[1]에서 "리더십은 데이터 적시성과 품질에 높은 기대치를 설정한다."라며 데이터 품질과 거버넌스 향상에 상당한 투자가 필요하다는 점을 언급했다. 한편, 우버의 엔지니어였던 크리슈나 푸타스와미Krishna Puttaswamy와 수레쉬 스리니바스Suresh Srinivas도 2021년 우버 엔지니어링 블로그[2]에서 고품질의 빅데이터가 "이 거대한 혁신 플랫폼의 중심"이라고 강조했다.

이처럼 최고의 데이터 조직들은 데이터 품질을 최우선으로 여긴다. 그렇다면 현업에서 어떻게 데이터 품질을 확보할 수 있을까?

데이터 신뢰성, 즉 '전체 데이터 라이프사이클에 걸쳐 높은 데이터 가용성과 상태를 제공하는 조직의 기능'은 높은 데이터 품질의 결과물이다. 기업들이 이전보다 더 많은 운영 데이터와 서드파티 데이터를 수집하고, 전 조직의 직원들이 데이터 라이프사이클의 모든 단계에서 데이터와 상호작용하고 있으므로 데이터의 신뢰성은 점점 더 중요해지고 있다.

데이터 스택을 구축하고 관리하기 위해 활용하는 프로세스 및 기술부터 데이터 문제를 다운스트림에 전달하고 문제를 분류하는 방법에 이르기까지, 모든 단계마다 데이터 신뢰성은 의식적

1 「에어비앤비가 다루는 데이터 품질」, *https://oreil.ly/cfrcJ*

2 「우버의 데이터 품질 관리 아키텍처」, *https://medium.com/dataseries/inside-the-architecture-powering-data-quality-management-at-uber-543d5e00ad19*

으로 구축되어야 한다. 5장에서는 파이프라인의 각 단계별로 데이터 신뢰성을 설계하는 방법과 데이터 엔지니어링 사례에 대해 알아보고자 한다.

5.1 수집 단계에서 높은 데이터 신뢰성 측정 및 유지

지금까지는 데이터 품질의 현주소를 살펴보았다. 이제 수집을 시작으로 이 모든 것이 현업에서 무엇을 의미하는지 살펴보도록 하자. 하지만 데이터 웨어하우스 또는 데이터 레이크로 수집되기 '전' 데이터의 품질을 보장하는 몇 가지 우수 사례들은 5.1절에서 다루지 않는다.

일반적으로 조직은 각각의 비즈니스 요구 사항에 따라 내부, 외부 및 서드파티 소스에서 데이터를 수집한다. 조직의 의사 결정 수준은 인사이트와 분석에 사용하는 데이터 품질에 달렸다. 이와 관련하여 "쓰레기를 넣으면 쓰레기가 나올 뿐garbage in is garbage out"이라는 유명한 문구가 있다. 따라서 데이터 품질을 보장하기 위해서는 조직이 올바른 관행을 수립하는 것이 중요하다.

이를 위해 조직들은 데이터 생태계에 유입되는 모든 데이터에 관해 엄격한 데이터 품질 관리 표준을 적용해 왔다. 데이터 품질 문제는 데이터 파이프라인의 어느 지점에서나 발생할 수 있다. 하지만 수집 시점에서 이를 파악하고 해결해야만 품질이 떨어지는 데이터가 다운스트림으로 이동할 가능성을 최소화할 수 있다. 대부분의 조직이 여기에 동의할 것이다.

데이터 정제, 데이터 랭글링(데이터를 원하는 형식으로 구조화하고 풍부하게 만드는 작업), 데이터 테스트는 데이터 품질이 조직의 요구에 부합하도록 보장하는 방법이다. 그리고 수년간 데이터 산업 분야에서 기술이 발전함에 따라 이런 작업을 자동화할 수 있는 다양한 툴이 등장했다.

조직은 이러한 툴들을 활용하여 데이터의 형식format, 일관성consistency, 완전성completeness, 신선도freshness, 고유성uniqueness과 같은 측면을 자동으로 검사할 수 있다. 작업을 자동화함으로써 조직은 데이터 정제에 들이는 시간과 자원을 절약할 수 있을 뿐만 아니라 데이터가 생태계로 유입될 때마다 수집되는 데이터의 품질을 지속적으로 제어하고 관리할 수 있다.

데이터 정제는 데이터셋에서 불완전하거나, 관련이 없거나, 부정확하거나, 형식이 잘못되었거나, 중복된 데이터를 제거하여 향후 분석을 위해 데이터를 준비하고 수정하는 작업을 포함한다. 이 작업은 주로 데이터 엔지니어링 팀이 담당하는데, 사실 좀 지루할 수 있다. 요즘은 셀프 서비스 관련 툴과 분산된 데이터 관리 접근법의 증가로, 데이터 생산자에게 해당 작업을 할당하는 경우도 늘고 있다. 하지만 데이터 정제를 '담당'하는 사람이 누구든, 회사의 모든 사람이 데이터 무결성을 보장하는 데 핵심적인 역할을 하기 때문에 나머지 조직 구성원에게도 데이터 정제의 중요성을 교육해야 한다.

기업에서는 누락되거나 부정확한 데이터를 처리할 때, 이미 작업 중인 데이터셋에 자사 또는 서드파티 데이터를 병합하거나 추가할 수 있는 작업인 데이터 보강data enrichment에 눈을 돌린다. 데이터 보강을 통해 조직은 데이터셋에 더 많은 가치를 더할 수 있으며, 이는 결국 데이터를 더욱 유용하고 안정되게 만든다.

데이터 정제 후에 진행하는 데이터 테스트는 수집 전 데이터 품질을 보장하는 최선의 방어선이다. 데이터 테스트는 운영 전 또는 운영 중에 데이터에 대한 조직의 가정을 검증하는 단계다. 고유성과 `not_null` 등을 확인하는 기본 테스트를 작성하는 것은 조직이 소스 데이터에 관한 기본 가정을 테스트할 수 있는 방법이다. 또한 데이터가 팀이 작업하기에 적합한 형식인지, 비즈니스 요구 사항을 충족하는지 확인하는 방법이기도 하다.

데이터 품질 테스트에는 몇 가지 기본적인 유형이 있으며, 앞서 3장에서 이들 테스트에 대해 언급했다.

단위 테스트

단위 테스트는 각 코드 라인별SQL로 수행해야 할 작업을 제대로 수행하는지 확인한다. 테스트는 전체 데이터셋에서 매우 적은 양의 데이터 일부만 사용해도 된다. 단위 테스트 데이터를 사용할 때는 비즈니스 로직을 '글루 코드glue code'[3]와 분리해야 한다.

기능 테스트

기능 테스트는 대규모 데이터셋을 사용하며 주로 데이터 검증, 무결성, 수집, 처리, 저장, ETL 단계로 구분된다. 기능 테스트는 보통 파이프라인(사전 분석 레이어)에서 진행된다.

통합 테스트

통합 테스트는 데이터 파이프라인이 유효성 기준(예 데이터 값이 예상 범위 내에 있는지)을 충

3 옮긴이_프로그램의 요구 사항 구현에는 기여하지 않지만 본래 호환성이 없는 부분끼리 결합하기 위해 작동하는 코드를 의미한다.

족하는지 확인하는 데 사용된다. 일반적으로 데이터 조직은 프로덕션 데이터를 적용하기 전에 가짜 데이터를 파이프라인에 집어넣어 통합 테스트를 진행한다.

3장에서 언급한 것처럼 일반적인 데이터 품질 테스트 내용은 다음과 같다.

NULL 값

알 수 없는 값이 있는가?

신선도

데이터가 얼마나 최신 상태인가? 데이터가 한 시간 전에 업데이트되었는가? 아니면 두 달 전에 업데이트되었는가?

볼륨

해당 데이터셋은 얼마나 많은 데이터를 나타내는가? 200행이었던 데이터셋이 2,000행으로 바뀌었는가?

분포

데이터가 허용 범위 내에 있는가? 같은 열에 있는 데이터의 경우 단위가 동일한가?

결측치

데이터셋에 결측값이 있는가?

위의 내용을 반영한 테스트를 어떻게 작성할 수 있을까? 6장에서 여러 오픈 소스 언어에 적용할 수 있는 SQL의 일반적인 데이터 테스트 목록을 다양한 문법 및 글루 코드와 함께 살펴볼 것이다. 설명을 위해 미리 예제 데이터셋을 함께 보도록 하자.

위치를 나타내는 `City`와 서비스 가입에 대한 `Price`를 포함한 글로벌 고객 트래킹 데이터셋을 사용하는 미디어 배급자media distributor가 있다고 가정해 보자. 해당 데이터셋에는 500개의 아이템과 `City`, `County`, `Price`, `Customers`, `Product`라는 5개의 열이 있다.

베를린에 거주하는 고객만을 대상으로 파이프라인을 실행하는 테스트를 진행하고 싶다면 다음과 같은 SQL 문을 실행하면 된다.

```
SELECT * FROM Customers WHERE City = "Berlin";
```
[4]

City 컬럼에 NULL 값이 있는지 확인하려면 다음과 같은 쿼리를 실행하면 된다.

```
SELECT * FROM Customers WHERE City IS NULL;
```

$4.50 초과 $8.50 미만의 프로덕트가 있는지 알고 싶다면 다음과 같이 쿼리하면 된다.

```
SELECT * FROM Products WHERE Price > 4.50 AND Price < 8.50;
```

해당 쿼리들은 데이터 상태를 더 잘 이해하기 위해 수박 겉핥기 식으로 테스트해 본 것이다.

이 예시를 보면 데이터 테스트가 다소 지루한 작업임을 알 수 있다. 하지만 테스트를 설정하기 전에 어떤 형태의 데이터가 들어올 것으로 기대하는지, '나쁜 데이터'는 어떻게 생겼는지 등 데이터에 관한 명확한 이해가 있어야 한다. 이러한 상태를 소프트웨어 공학의 테스트 중심 개발 test-driven development에서 파생된 용어인 '어써션assertions'이라고 한다.

결과적으로 데이터 조직 구성원은 파이프라인을 구축하고 매일 상호작용하는 데이터셋에 관한 테스트를 만들고 유지 관리하는 개별 분석가 및 엔지니어와 함께 데이터셋 테스트 책임을 분담한다. 일부 회사에서는 비즈니스 사용 사례에 대한 테스트 생성 및 기존 테스트 유지 관리를 포함한 책임을 맡기고, 데이터 테스트를 처리하기 위해 데이터 품질 보증Data Quality Assurance 팀을 고용하기도 한다.

지난 몇 년 동안 아파치 그리핀Apache Griffin 및 그레이트 익스펙테이션스와 같은 오픈 소스 솔루션을 비롯한 툴들이 등장했다. 덕분에 데이터 테스트 분야를 담당하던 데이터 엔지니어와 분석가가 파이프라인의 다양한 단계에서 데이터 테스트 작업을 자동화할 수 있게 되었다. dbt는 데이터 분야에서 한정된 테스트 기능을 제공하는 또 다른 솔루션이다. 이러한 도구들은 데이터의 내용, 보고에서 데이터를 사용하는 방법, 지정된 자산이 의존하고 공급하는 다른 데이터 등 중요한 정보(메타데이터)를 데이터 조직 구성원이 문서화하는 데 도움을 준다. 이에 대한 내용은 후에 더 자세히 살펴보도록 하겠다.

4 옮긴이_여기서 사용된 테이블 명(customers, products)은 위에서 언급한 열의 이름이 아닌 가상의 테이블 명이다.

운영 단계에 들어가기 전 데이터 테스트는 매우 중요하다. 소프트웨어 엔지니어가 테스트하지 않은 코드를 운영 코드에 (의도적으로) 푸시하지 않는 것처럼, 데이터 엔지니어는 테스트되지 않은 데이터로 파이프라인을 실행해서는 안 된다. 하지만 데이터를 제대로 테스트하려면 파이프라인을 실행하기 전에 데이터의 상태를 명확하게 이해해야 한다. 데이터 상태 및 옵저버빌리티 보장에 대해서는 추후 설명할 예정이다.

그리고 데이터 테스트에서는 예상되는 데이터 품질 문제만 찾아낸다는 점을 명심하자. 테스트는 '알려지지 않은' 데이터 품질 문제를 설명할 수 있는 확장성이나 정보를 포함하지 않는다. 운영 중에도 데이터가 많이 변경되기 때문에, 4장에서 설명한 것처럼 사후 모니터링 및 이상 탐지로 테스트를 보완하는 작업이 중요하다.

5.2 파이프라인에서 높은 데이터 품질 측정 및 유지

1990년대에는 여러분의 웹사이트가 다운되었더라도 사용자 수가 적었기 때문에 웹사이트가 다시 가동될 때까지 대부분 알아차리지 못했을 것이다(모두가 월드 와이드 웹World Wide Web을 사용하는 것도 아니었음). 그런데 2020년대에는 서비스나 애플리케이션이 다운되면 모두가 이를 알아차린다. 2021년 1월에 있었던 악명 높은 슬랙의 일시 중단 사태[5]처럼 말이다. 당시 일일 활성 사용자가 1,200만 명[6]이 넘었던 기업 커뮤니케이션 관리 플랫폼인 슬랙이, 새해 첫 근무일인 2021년 1월 4일 월요일에 다운되어, 많은 회사가 기본 사내 커뮤니케이션 툴이 없는 상태로 일을 해야 하는 상황이 발생했다. 코로나19COVID-19 감염병의 영향으로 많은 직장인이 재택근무를 하고 있었다는 사실을 고려하면 일시 중단 사태가 불러온 혼란은 충분히 짐작할 수 있을 것이다.

요즘 소프트웨어를 호스팅하는 거의 모든 비즈니스는 사이트 신뢰성 엔지니어링에 의존하여 운영 중인 애플리케이션을 항상 신뢰할 수 있도록 보장한다. 조직이 성장하고 이를 지원하는 기반 기술 스택이 복잡해짐에 따라(모놀리식에서 마이크로서비스 아키텍처로 전환된 것을 생각해 보자) 사이트 신뢰성 엔지니어링 팀은 시스템 상태를 지속적으로 인식해야 한다. 최근 엔

5 「2021년 1월 4일 슬랙 일시 중단 사태」, *https://oreil.ly/Yq1JJ*

6 「슬랙 매출 및 사용 통계」, *https://oreil.ly/xpBQd*

지니어링 주요 용어로 추가된 옵저버빌리티는 이러한 필요성에서 대두됐다. 옵저버빌리티는 다운타임을 방지하기 위해 사고를 모니터링, 추적 및 탐지하는 것을 의미하는 용어다.

전반적으로 분산 시스템으로 전환하는 움직임이 일반화되면서 사이트 신뢰성 엔지니어링은 빠르게 성장하는 분야로 급부상했다. 그 핵심으로서 애플리케이션 옵저버빌리티는 크게 세 가지 요소로 구분할 수 있다.

- '메트릭'은 시간에 따라 측정된 데이터의 숫자 표현이다.
- '로그'는 주어진 타임스탬프에 발생한 이벤트에 대해 설명하는 질적 텍스트 기록으로, 특정 이벤트가 발생했을 때 가치 있는 정보를 제공한다.
- '트레이스Traces'는 분산 환경에서 인과적으로 연관된 이벤트를 알려준다.

점점 더 많은 데이터 조직이 서비스 운영 파이프라인에서 데이터 품질을 추적하기 위해 비슷한 옵저버빌리티 및 모니터링 원칙에 의존하고 있으며(그림 5-1 참조), 기업들은 비즈니스 요구사항에 따라 데이터 품질을 측정하는 고유한 방법론을 개발하고 있다.

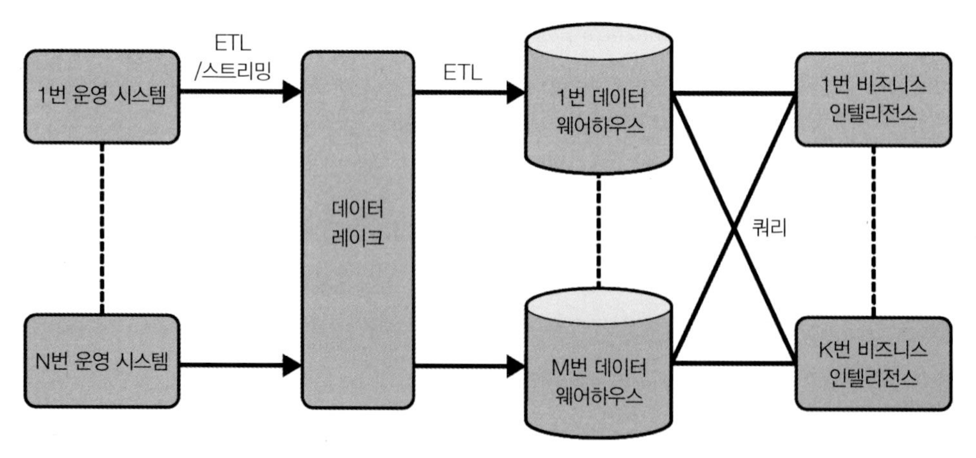

그림 5-1 데이터 파이프라인은 '운영 데이터'를 나타내며, 데이터 웨어하우스/데이터 레이크(또는 둘 다), ETL 및 분석 레이어로 구성된다.

마찬가지로, 데이터 옵저버빌리티(파이프라인의 데이터 품질을 보장하는 것)는 [그림 5-2]와 같이 다섯 가지 주요 요소로 나눌 수 있다.

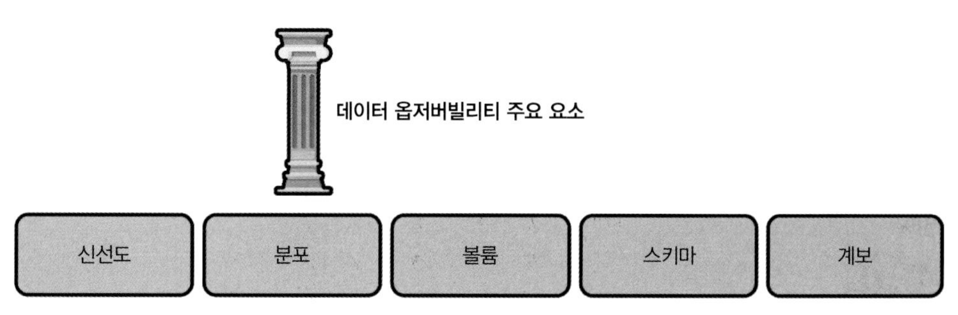

그림 5-2 데이터 옵저버빌리티의 다섯 가지 주요 요소

애플리케이션 옵저버빌리티의 세 가지 요소와 마찬가지로 데이터 옵저버빌리티의 다섯 가지 요소는 높은 데이터 품질의 지표로서 면밀하게 모니터링해야 하는 데이터의 상태를 강조한다.

신선도

최근 데이터인가? 마지막으로 생성된 것은 언제인가? 포함된(또는 제외된) 업스트림 데이터는 무엇인가?

분포

데이터가 허용 범위 내에 있는가? 포맷이 제대로 돼 있는가? 데이터가 완전하게 채워져 있는가?

볼륨

모든 데이터가 입력됐는가?

스키마

스키마는 무엇이며 어떻게 변해 왔는가? 누가 어떤 이유로 스키마를 변경해 왔는가?

계보

주어진 데이터 자산에 대해 영향을 받는 업스트림 소스와 다운스트림 자산은 무엇인가? 이 데이터를 생성하는 사람들은 누구이며 의사 결정을 내리기 위해 이 데이터에 의존하는 사람들은 누구인가?

데이터 옵저버빌리티의 다섯 가지 요소는 라이프사이클의 각 단계에서 데이터 상태를 이해하는 데 중요한 척도가 되며, 데이터 품질을 볼 수 있는 새로운 시각의 틀을 제공한다.

앞서 언급했듯이, 데이터 다운타임은 데이터가 누락됐거나 데이터에 오류가 발생했거나 부정확한 데이터가 있었던 경우를 의미한다. 또 데이터 파이프라인의 손상을 뜻하기도 한다. 데이터 다운타임을 측정함으로써 데이터의 신뢰성을 확인하고 보장할 수 있다. 사이트 신뢰성 엔지니어링에서 애플리케이션 다운타임을 시간 함수로 측정하는 것처럼, 데이터 다운타임도 비슷하게 측정할 수 있다.

데이터가 비즈니스 성과와 관계가 깊어질수록 메트릭은 덜 주관적이고, 정량화가 가능한 방향으로 변화하는 추세를 보인다. 그리고 많은 팀이 광범위하게 데이터 업타임과 다운타임을 측정하고 있으며, 이는 데이터 상태를 이해하기 위한 좋은 출발점이 된다.

5.3 데이터 품질 다운스트림

여러분은 데이터가 분석 레이어에 도달할 때까지, 더 나아가 데이터가 수집한 애플리케이션 및 서비스(예 이전에 공유한 약어 목록)에 다시 연결될 때까지 데이터가 '불량'이라는 사실을 깨닫지 못할 수도 있다. 그러나 앞서 언급한 것처럼 팀은 모니터링 및 옵저버빌리티 도구를 활용해 데이터 품질 문제를 파악할 수 있다. 또 수집하는 데이터에 관한 가정을 기반으로 일련의 테스트를 설정할 수도 있다.

데이터가 분석 레이어로 넘어오면 팀은 다음과 같은 몇 가지 방법으로 품질 및 안정성을 추적·평가하고 여기에 대응할 수 있다.

- 데이터 신뢰성 대시보드는 데이터가 대시보드에 저장된 후 탐지 시간TTD, Time To Detection, 해결 시간TTR, Time To Resolution 및 기타 데이터 품질 메트릭을 추적하는 역할을 한다. TTD와 TTR에 대해서는 5장 뒷부분에서 자세히 살펴본다.
- 서비스 수준 계약(이하 SLA, Service-level agreements)은 고객과 약속을 설정한 뒤 서비스 수준 목표를 달성하지 못한 경우에 대한 규율을 정하는 것이다(예 서비스 약속을 지키지 못할 경우 다음 달에 10% 할인해 드립니다).

- 서비스 수준 지표(이하 SLI, Service-level indicators)는 측정되는 특정 수치를 말한다(예 슬랙의 사이트 신뢰성 엔지니어링 팀은 자사 서버에서 보낸 200개 응답 수로 성공률을 측정한다).
- 서비스 수준 목표(이하 SLO, Service-level objectives)는 SLI에 대해 설정한 실제 목표 값이다(예 SLI는 프로덕트 기능에 대한 '측정 시간의 95% 동안 99%의 성공률'로 정할 수 있다).
- 순추천고객점수net promoter score는 이해관계자들이 데이터에 얼마나 만족하는지 측정한 것이다(예 데이터가 제시간에 제공되었는가? 데이터를 신뢰하는가?).

그러나 대시보드에서 데이터 품질을 이해할 때(그림 5-3 참조) 가장 중요한 단계는 데이터를 어떻게 사용할지, 고품질의 신뢰할 수 있는 데이터를 어떻게 정의할지에 관해 이해관계자들과 조정해보는 것이다. 여러 측면에서 SLI를 설정하고 준수하는 것은 데이터 조직의 성공에 매우 중요하며, 이때 고객에게 중요한 사항을 구체적으로 설명해야 한다. SLI는 성능을 평가할 때 사용하는 바로 그 점수이므로 값이 조금이라도 이상하면 '업타임'을 최적화하는 전략에 결함이 있을 수 있음을 의미한다. SLA, SLI, SLO에 대해서는 이 절 뒷부분에서 더 자세히 설명한다.

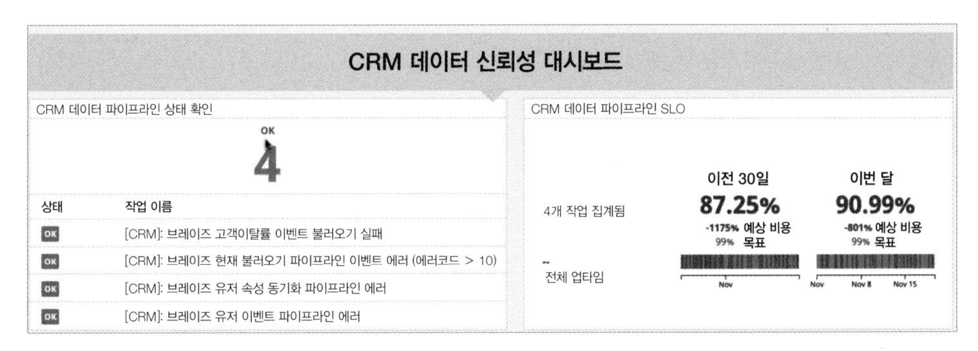

그림 5-3 데이터 신뢰성 대시보드(이 경우 데이터독Datadog 및 그라파나Grafana로 렌더링됐음)는 데이터의 품질 및 신뢰성을 추적하는 데 도움이 된다.

SLA 및 SLI를 설정하는 쉬운 방법은 이 데이터를 사용하는 목적이 무엇인지, 그리고 테스트, 옵저버빌리티 및 기타 툴들을 사용해 어떤 데이터를 우선시해야 하는지 파악하는 것이다. 모든 데이터 자산을 대상으로 테스트를 작성하거나 모니터링하는 것은 거의 불가능하다. 어떤 데이터가 중요한지, 누가 모니터링을 중점적으로 할 것인지에 따라 조정할 수 있어야 한다.

데이터 품질은 보통 데이터 스튜어드data stewards와 데이터 거버넌스 리더가 몇 가지 특성을 염두에 두고 측정한다. 영국 데이터 관리 협회[7]에 따르면 기업에서는 다음 여섯 가지 주요 영역을 기준으로 데이터 품질을 측정했다.

완전성

데이터가 완전한 형태를 띠고 있는가?

적시성

데이터가 제시간에 전달되었는가?

유효성

데이터가 문법 요구 사항(포맷, 타입, 범위 등)을 충족하는가?

정확성

데이터가 설명하고자 하는 실제 환경을 잘 나타내고 있는가?

일관성

데이터가 기존에 잘 정의된 내용과 일치하는가?

유일성

동일한 데이터가 두 번 이상 기록되지는 않았는가?

데이터 엔지니어링 및 데이터 분석 분야에서는 이러한 측정이 유용하지만 항상 직접 적용하기는 어렵다(예 정확성). 데이터 엔지니어는 일반적으로 비즈니스 측면의 최종 결과(깨끗하고 신뢰할 수 있는 데이터)를 처리하는 사람이 아니다. 데이터 엔지니어는 문제가 발생했을 때 알림을 받고, 프로세스의 각 단계에서 테스트 및 모니터링을 적용하는 역할을 맡는다.

7 「영국 데이터 관리 협회 홈페이지」, *https://oreil.ly/Mu4OF*

데이터 엔지니어가 대시보드에서 데이터 품질을 측정하는 것은 결국 다음 목록을 추적하는 작업이라고 볼 수 있다.

- 관련이 없거나 잘못된 데이터에 대한 비율(즉, 1TB의 데이터가 있을 때 해당 데이터 중 누락되거나 부정확하거나 오래된 데이터는 얼마나 되는가?)
- 주어진 데이터셋에서 NULL 또는 누락된 값의 수 또는 데이터의 완전성('부정확한 값'이 이 메트릭을 왜곡할 수 있으므로 '정확성'을 고려하지 않음)
- 데이터의 적시성(데이터가 늦게 전달되지는 않았는가?)
- 중복 값의 백분율(데이터의 유일성만 설명하고 데이터가 깨질 수 있는 다른 상황은 고려하지 않음)
- 데이터의 일관성(데이터 행, 열의 각 값이 동일한 형식과 크기를 가지는가?)
- 지속적으로 데이터에 접근하고 사용하는 팀의 수(데이터 메시와 같이 데이터 품질이 가장 중요한 분산 데이터 아키텍처를 사용할 때 적용 가능)

그리고 이 목록은 계속 이어진다.

5.4 데이터 플랫폼 구축

데이터 파이프라인의 모든 단계에서 데이터 문제를 모니터링하고 경고하는 일 외에도, 신뢰할 수 있는 데이터를 제공하기 위해서는 수집부터 분석까지 데이터를 전체적으로 관리할 수 있는 기술을 조합하여 잘 설계한 데이터 플랫폼이 필요하다.

데이터 플랫폼의 필수 조건은 비즈니스에 따라 달라진다. 2,000명 규모의 전자상거래 업체를 위한 '올바른' 데이터 플랫폼은 20명 규모의 핀테크 스타트업에서 사용하는 플랫폼과 사뭇 달라 보인다. 그렇지만 공통적으로 모든 데이터 플랫폼이 필요로 하는 몇 가지 핵심 레이어가 있다. 이를 [그림 5-4]와 같이 데이터 스택을 수집, 저장 및 처리, 변환 및 모델링, 비즈니스 인텔리전스 및 분석, 검색 및 거버넌스, 품질 및 옵저버빌리티의 여섯 가지 레이어로 나눌 수 있다.

여기서 '레이어'는 비유적인 의미로 사용된다는 점에 유의해야 한다. 각 레이어는 상호 연결되어 있지만(순서대로 쌓여 있는 것이 아님) 우선순위나 중요도 순서로 나열된 것은 아니다. 그러나 업계 최고 수준의 데이터 조직에서는 레이어별로 기술 투자를 하고 있으며, 때로는 동일한 툴이나 기술을 활용하여 한 번에 2~3개의 레이어 작업을 처리하고 있다.

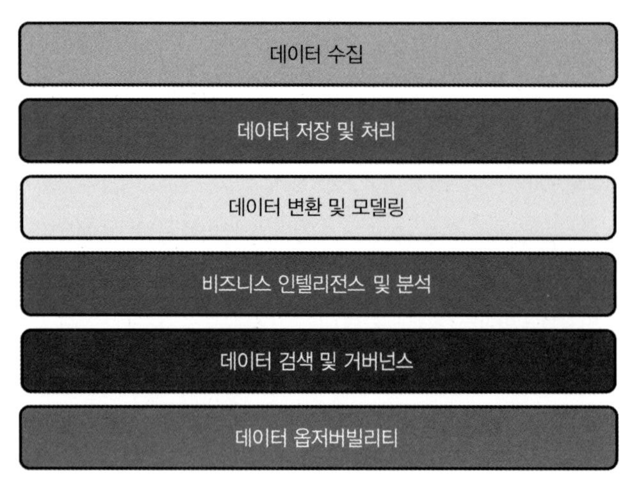

그림 5-4 데이터 플랫폼을 구축할 때 서로 연결된 6개의 기본 레이어

물론 점점 더 다양해지는 사용 사례들을 다루기 위해 아키텍처가 확장된다면 데이터 조직의 필요에 따라 레이어 개수가 증가할 것이다. 그래서 데이터 스택을 구축하는 방법을 알아보면서 각 레이어에 대해 자세히 살펴보고자 한다.

5.4.1 데이터 수집

요즘은 데이터 수집이 상당히 복잡하다. 아주 다양한 소스에서 정형 및 비정형 데이터를 수집해야 한다. 이는 ETL이나 ELT 같은 추출 및 저장 단계로도 알려져 있다.

대부분의 ETL 툴은 외부 소스 또는 내부 시스템에서 데이터를 추출하여 스테이징 영역 내에서 허용 가능한(일반적으로 관계형) 저장 형식으로 변환한 다음 데이터베이스에 적재한다. 그러나 최근 변환되지 않은 데이터를 저장할 수 있는 클라우드 기반 데이터 웨어하우스가 등장했다. 데이터 조직은 소스에서 원시 데이터를 추출하고 데이터 웨어하우스에 직접 저장한 후 프로세스가 끝날 때 변환하는 새로운 통합 아키텍처인 ELT를 채택할 수 있게 되었다.

오늘날 시장에서는 기성품이든 오픈 소스든 다양한 수집 도구를 사용할 수 있지만, 일부 데이터 조직은 그들만의 커스텀 코드를 사용하고 수집을 처리하기 위해 커스텀 프레임워크를 구축하기도 한다.

오케스트레이션 및 워크플로 자동화가 종종 수집 레이어에 포함되며, 데이터 조직이 그들만 사용할 수 있도록 구축한 사일로 내부의 데이터를 다른 소스와 결합하여 분석에 사용한다. 그러나 저장, 처리 및 비즈니스 인텔리전스 레이어를 처리한 후에는 오케스트레이션이 플랫폼에 다시 통합되어야 한다. 오케스트레이션은 관리 대상이 되는 데이터가 필요하기 때문이다.

참고로 데이터 파이프라인의 각 단계에서 데이터를 테스트하고, 데이터 품질을 보다 견고히 하기 위해 적절히 개입하는 것이 가장 좋다. 수집 시 테스트된 데이터가 파이프라인을 거치는 동안 반드시 신뢰성이 유지되리라고 보장할 수 없기 때문이다.

5.4.2 데이터 저장 및 처리

저장 레이어는 새로 수집된 데이터가 저장 및 처리되는 곳으로, 데이터 스택에서 가장 중요한 역할을 한다. 오늘날 데이터 저장소는 클라우드 네이티브 데이터 저장 솔루션이 등장한 덕분에 10년 전의 사내 컴퓨팅 클러스터와 비교하면 놀라울 정도로 달라졌다. 이러한 툴을 통해 기업은 대규모 데이터에 훨씬 더 쉽게 접근할 수 있고, 이를 경제적으로 저장하고 처리할 수 있다.

데이터 저장 솔루션에는 크게 세 가지 주요 유형이 있다. 데이터 웨어하우스, 데이터 레이크, 데이터 레이크하우스가 그것이다. 데이터 웨어하우스는 일반적으로 특정 스키마에 따라 데이터를 구조화해야 하는 완전 관리형 솔루션으로, 수집 순간부터 더 엄격한 데이터 위생 조건을 요구하기도 한다. 반면, 데이터 레이크는 데이터 조직이 오픈 소스와 기성 기술을 결합하여 맞춤형으로 구축되는 경우가 많으며, 원시적이고 구조화되지 않은 데이터 및 분리된 분산 컴퓨팅을 지원한다. 마지막으로 데이터 레이크하우스는 새롭게 부상하는 하이브리드 형태로, SQL 기능 및 스키마와 같은 웨어하우스 스타일의 기능이 데이터 레이크에 추가되므로 기존 웨어하우스에 비해 더 유연하다.

'적합한' 솔루션은 기업마다, 심지어는 같은 기업이라도 단계별로 다를 수 있으며, 활용하는 데이터 소스의 수나 주요 데이터 플랫폼 사용자의 기술 수준에 따라 달라진다.

5.4.3 데이터 변환 및 모델링

'데이터 변환'과 '데이터 모델링'은 비슷해 보이지만, 사실 매우 다른 작업이다. 데이터 변환에는 분석 및 보고를 위한 원시 데이터 준비가 포함된다. 데이터 모델링은 비즈니스 로직을 요약할 수 있는 데이터의 주요 개념과 관계를 정의한 후 이를 표 형식으로 만들고 해당 표들 사이의 관계를 유형화하는 작업이다.

데이터 변환에는 일반적으로 탐색적 데이터 분석(구조와 특성을 이해하기 위한 데이터 요약), 데이터 매핑(최종 출력을 생성하기 위해 개별 필드가 포맷되는 방법 정의), 코드 생성(정의된 규칙 또는 메타데이터 기반 실행 코드 생성), 코드 실행(생성된 코드를 적용해 원하는 출력 생성), 데이터 검토(변환된 데이터가 요구 사항을 충족하는지 확인)가 포함된다.

데이터 변환은 전문 엔지니어가 파이썬, R, SQL과 같은 스크립트 언어와 시간이 오래 걸리는 주기적인 작업을 기반으로 수행해 왔다. 하지만 요즘은 조금 다르다. 비즈니스 분석가와 같은 최종 사용자도 클라우드 기반 툴과 기술을 사용하여 일부 데이터 변환 작업을 수행할 수 있다. 이러한 현대 데이터 변환 방식은 SQL에 정통한 비즈니스 사용자(데이터와 가장 가까운 주요 사용자)들이 요구 사항을 설정하는 데 집중할 수 있도록 해준다. 또 그들이 실행 가능한 인사이트를 빠르게 얻는 데 도움을 준다. 더불어 코드를 짧게 작성하거나 아예 코드를 사용하지 않아도 데이터 변환을 가능하게 한다. 그렇지만 데이터 변환은 여전히 SQL 외 다른 언어와 파이썬을 통합하는 데이터 엔지니어의 업무에 속한다.

데이터 변환은 배치 또는 실시간 스트리밍에서 발생할 수 있으며, 후자는 실시간으로 변환 및 모델링을 처리하는 데 점점 더 자주 쓰이는 접근 방식이다(예 새로운 데이터에 액세스하는 것이 데이터의 정확성을 보장하는 것보다 더 중요한 경우). 두 방법의 장단점에 관한 자세한 설명은 3장에서 확인할 수 있다.

5.4.4 비즈니스 인텔리전스 및 분석

데이터를 수집·변환·저장한 후에는 비즈니스 사용자가 해당 데이터를 사용할 수 있어야 한다. 아무리 세계 최고의 데이터일지라도 구성원들이 사용할 수 없다면 아무런 도움이 되지 않기 때문이다.

이때 눈에 잘 띄는 데이터 스택 레이어가 비즈니스 인텔리전스 및 분석 레이어다. 데이터 플랫폼이 책이라면 비즈니스 인텔리전스 및 분석 레이어는 표지다. 여기에는 제목과 함께 매력적인 시각 자료 및 데이터가 제공하려는 내용에 대한 요약이 포함돼 있다. 비즈니스 인텔리전스 레이어는 데이터를 업무에 적용할 수 있게 만들고, 해당 레이어가 없다면 데이터의 가치가 떨어진다.

분석 툴은 대시보드 및 데이터 시각화를 통해 데이터를 검색·분석하고 표면화하여 사용자들이 데이터를 활용해 실행 가능한 인사이트를 얻을 수 있도록 한다. 차트, 그래프, 지도 및 기타 데이터 시각화 툴은 데이터에 활력을 불어넣어 구성원들이 패턴과 추세를 쉽게 탐색하고 이해할 수 있도록 도와준다.

시각화를 통해 데이터를 탐색하는 것은 데이터 스토리텔링, 즉 인간이 데이터를 이해하고 그에 따라 행동으로 옮길 수 있도록 이야기로 전달하는 능력을 강화한다. 데이터 스토리텔링은 단순히 시각화를 넘어 데이터의 변화에 대한 맥락을 전달하고 변화 추이의 이유를 설명한다. 모든 데이터 조직은 지속적으로 스토리텔링의 원칙을 학습하고 연마해야 하지만 비즈니스 인텔리전스 및 분석 툴을 이용하지 않고서는 불가능한 일이다.

5.4.5 데이터 검색 및 거버넌스

데이터 조직은 중요한 데이터 자산을 문서화하고 이해할 수 있는, 확장 가능한 방법이 필요하다. 이는 보통 메타데이터의 인벤토리 역할을 하고 데이터의 접근성, 상태 및 위치에 대한 이해를 제공하는 데이터 카탈로그를 통해 이루어졌다. 데이터 카탈로그를 사용하면 개인 식별 정보가 저장된 위치와 조직 내에서 파이프라인을 통해 액세스할 수 있는 권한을 가진 사용자를 쉽게 추적할 수 있다. 이는 데이터 거버넌스 및 컴플라이언스에 필수적인 요소가 된다.

그러나 현대의 데이터 조직은 전통적인 데이터 카탈로그의 한계에 직면하고 있다. 데이터 생태계가 점점 복잡해지고 비정형 데이터 및 비구조화 데이터를 활용하는 경우가 늘고 있기 때문이다. 이런 상황에서 기존 카탈로그는 자동화 기능이 떨어지고, 현대 데이터 스택의 수와 다양성 증가 추세에 비해 확장성도 부족하다. 또한 데이터 자산이 발전하면 카탈로그를 지속적으로 업데이트해야 하는 등 데이터 조직이 힘들게 수동 데이터 입력 작업을 수행해야 하며, 비정형 데이터의 동적 특성을 지원하지 않는 경우도 많다.

데이터 검색은 요즘 들어 데이터 카탈로그에 자주 적용하는 접근법이다. 특정 소비자 집단이 데이터를 수집·저장·집계·사용하는 방식에 기반하여 데이터의 도메인에 특화한 다양한 이해를 제공하는 방법이기도 하다. 거버넌스 표준은 도메인 전체에 연합된 상태로 유지되어야 하지만 기존 접근 방식과 달리 데이터 검색을 통해서 이상적인 상태, 즉 '카탈로그된' 상태가 아닌 데이터의 현황을 실시간으로 이해할 수 있다.

데이터 검색은 데이터의 이상적인 상태뿐 아니라 도메인별 현황에 관한 다음과 같은 질문에 답할 수 있다.

- 가장 최신의 데이터셋은 무엇인가? 현재 사용하지 않는 데이터셋은 무엇인가?
- 테이블이 마지막으로 업데이트된 것은 언제인가?
- 현재 도메인에서 특정 필드의 의미는 무엇인가?
- 이 데이터에 액세스할 수 있는 사람은 누구인가?
  언제 이 데이터를 마지막으로 사용했으며, 누가 사용했는가?
- 이 데이터에 대해 업스트림 및 다운스트림 종속성을 가지는 시스템은 무엇인가?
- 이 데이터는 운영 품질에 맞는 데이터인가?
- 현재 도메인의 비즈니스 요구 사항에서 중요한 데이터는 무엇인가?
- 이 데이터에 대한 가정은 무엇이며, 잘 충족되고 있는가?

데이터 검색을 통해 데이터에 대한 가정이 현실과 일치하는지 확인할 수 있으며, 이는 인프라 전반에 걸쳐 동적 검색과 높은 수준의 안정성을 제공한다.

5.5절에서는 데이터 플랫폼의 레이어인 데이터 옵저버빌리티에 대해 설명한다. 왜 5.4절에서 다루지 않았는지는 이어지는 내용을 읽다 보면 자연스럽게 이해될 것이다.

5.5 데이터 신뢰 구축

지금까지 사전 데이터, 운영 중 데이터, 사후 데이터의 품질을 보장하기 위해 어떤 단계를 수행해야 하는지, 강력한 데이터 플랫폼을 구축하는 데 필요한 기술은 무엇인지 알아보았다. 다음으로 살펴볼 내용은 올바른 프로세스와 문화를 통해 데이터에 대한 신뢰를 구축해야 한다는 것이다. 아무리 세계 최고의 데이터 스택이라 하더라도 사용 중인 데이터가 비즈니스에 믿을 만한 통찰력을 제공하지 못한다면 쓸모가 없다. 다시 말해 데이터를 위한 데이터는 물고기를 위해 만든 자전거처럼 말짱 헛것이다.

신뢰할 수 있는 데이터 시스템을 구축하는 첫 번째 단계는 현재의 데이터 상태를 이해하는 것이다. 소프트웨어 엔지니어링 팀이 옵저버빌리티와 데브옵스를 통해 소프트웨어 애플리케이션에 대한 신뢰를 구축할 때와 마찬가지로, 데이터 조직은 데이터에 대한 신뢰를 구축할 때 이와 유사한 우수 사례를 따르는 것이 필요하다. 이때 데이터 옵저버빌리티는 좋은 시작점이다.

5.5.1 데이터 옵저버빌리티

현대 데이터 스택의 6번째 레이어인 데이터 옵저버빌리티는 마지막 단계가 아니라 전체 데이터 라이프사이클에 밀접하게 짜여 있는 상호 연결된 접근 방식이다. 지난 20년 동안 데브옵스 엔지니어들은 애플리케이션의 가동, 실행 및 안정성을 보장하기 위한 옵저버빌리티를 보여주는 다양한 우수 사례를 개발해 왔다.

데이터 옵저버빌리티는 라이프사이클의 모든 단계에서 시스템 내 데이터의 상태를 완전히 이해할 수 있는 조직의 역량을 의미한다. 1장에서 언급한 것처럼 데이터 옵저버빌리티를 확인하기 위해 신선도, 분포, 볼륨, 스키마, 계보의 다섯 가지 주요 요소에 자동 모니터링, 경고, 분류와 같은 데브옵스 기법을 적용한다.

데이터 품질을 보장하려면 '엔드 투 엔드' 데이터 옵저버빌리티가 중요하다. 효과적인 툴을 사용하면 기존 데이터 스택에 연결하여 데이터 저장소에서 데이터를 추출하거나 보안 또는 컴플라이언스의 위험을 감수하지 않고도 다운스트림 종속성을 나타낼 수 있고 유휴 데이터를 자동으로 모니터링할 수 있는 엔드 투 엔드 계보도 제공할 수 있다. 나아가 옵저버빌리티를 잘 갖춰두면 감사, 위반 조사 및 기타 발생 가능한 데이터 재해를 훨씬 더 쉽게 파악하고 해결할 수 있다. 덕분에 이런 문제에 신경을 덜 써도 되므로 CTO의 건강도 챙길 수 있다.

5.5.2 데이터 품질 ROI 측정

신뢰할 수 없는 데이터는 시간 낭비, 수익 손실, 컴플라이언스 리스크 및 고객 신뢰도 저하로 이어질 수 있다. 몬테카를로에 거주하는 수백 명의 고객을 대상으로 설문 조사를 실시한 결과, 데이터 리더들은 데이터 과학자와 엔지니어들이 데이터 문제를 해결하는 데 업무 시간의 40% 이상을 할애한다고 응답했다. 가트너Gartner는 기업들이 데이터 다운타임 문제에 연간 1,500만 달러 이상을 사용하는 것으로 추정[8]하였다. 또한 미국 기업의 88% 이상이 데이터 품질 문제로

8 「데이터 품질로 인한 비즈니스 약화를 막는 방법」, *https://oreil.ly/rf54F*

인해 금전적 손실을 보고,[9] 20%의 기업이 데이터 품질 문제로 인해 고객을 잃는다.[10]

데이터 품질을 본격적으로 개선하기 전에, 신뢰할 수 없거나 수집 및 활용 단계에서 결함이 있는 데이터가 미치는 영향을 측정하고 조직에 가장 중요한 데이터셋이 무엇인지 파악하는 일은 중요하다. 모든 데이터가 동일하게 생성되지는 않지만, 비즈니스의 주요 자산에 대한 데이터 다운타임 비용을 파악하는 것은 데이터 품질이 미치는 영향을 이해관계자에게 전달할 때 필요한 기본 요소이기 때문이다.

데이터 다운타임 비용 계산하기

데이터 품질의 가치를 정량화해서 전달하는 것은 복잡한 작업이다. 이를 위한 첫 단추로 데브옵스 실무자들의 방식을 차용하여 TTD, TTR의 두 메트릭을 적용해 보길 권한다.

TTD는 데이터 조직이 신선도 이상에서부터 전체 파이프라인을 망가뜨리는 스키마 변경에 이르기까지 모든 종류의 데이터 품질 문제를 처리하는 데 걸리는 시간이다. 대부분의 팀에서 TTD를 일, 주 또는 월 단위로 측정하는데, 그 이유는 주로 대시보드나 보고서가 '잘못된 것처럼' 보이는 시점에 데이터 장애 현상이 다운스트림 소비자에 의해 처음 감지되기 때문이다.

TTD가 클수록 소스 데이터를 재처리하거나 다시 채워 복구하기가 어려워지기 때문에 엄청난 비용이 필요하다. 또한 부정확한 데이터에 의존한 모든 비즈니스 의사 결정, 마케팅 캠페인 또는 프로덕트 로드맵 업데이트를 다시 검증하거나 이해관계자에게 전달해야 한다.

TTR은 팀이 이상 경고를 받은 후 데이터 문제를 얼마나 빨리 해결할 수 있는지를 나타낸다. 이는 문제의 복잡성, 데이터 계보의 가용성, 데이터 검색 또는 카탈로그의 견고성 및 사용 가능한 자원 등에 따라 몇 분, 몇 시간 또는 며칠이 될 수 있다. TTR을 사용하면 데이터 문제의 심각성을 쉽게 파악할 수 있고, 문제를 해결하는 데 걸리는 시간을 추정할 수 있다. TTR의 결과로 지출되거나 절감되는 비용을 달러로 환산하면 손상된 데이터의 영향을 이해관계자에게 전달하기가 훨씬 쉬워진다.

(TTD 시간 + TTR 시간) × 다운타임 시간당 비용 = 데이터 다운타임 비용

9 「나쁜 데이터로 인해 발생하는 숨겨진 비용」, *https://oreil.ly/7w0Yb*
10 「나쁜 데이터 관행 때문에 매출과 고객을 잃는 기업들」, *https://oreil.ly/DbRut*

다운타임으로 인해 발생하는 시간당 비용은 해당 시간당 소요되는 엔지니어링 시간과 함께 데이터 다운타임이 데이터 사용자 및 비즈니스 의사 결정에 미치는 영향을 나타내는 일반적인 메트릭이다.

엔지니어링 시간 비용은 다운타임 시간의 요소로 계산할 수 있다. 예를 들어, 한 데이터 엔지니어가 문제를 모니터링하고 조사하는 데 매 다운타임 시간의 4분의 1을 할애한다고 가정하면, 엔지니어링 시간 비용은 다운타임 시간당 약 14.75달러에 달한다(집리쿠르터 ZipRecruiter 의 자료에 따르면 미국 데이터 엔지니어링 급여 데이터를 기반으로 계산했을 때, 복지 비용 등을 포함한 평균 시급은 59달러[11]다). 시간이 지나고 기술 부채가 증가함에 따라 다운타임 비용은 계속 늘어날 것이다.

해당 비용은 다운타임 시간이 비즈니스에 미치게 될 영향에 따라 크게 달라진다. 예를 들어, 월스트리트에 수익을 보고할 때 데이터에 의존하는 경우 다운타임 시간으로 인해 데이터를 잘못 보고한다면 이는 굉장히 치명적이며 시간당 1,000달러의 다운타임 비용이 발생할 수 있다. 또한 분석 팀을 다운타임 비용 요소에 추가할 수도 있다. 팀에 분석가가 10명인 경우 다운타임이 발생하여 분석가가 업무를 못 하고 있다면 손해를 보는 비용은 상당하다(평균 시급 75달러 × 10명 = 시간당 750달러). 분석가 중 4명만 다운타임의 영향을 받는다면 이때의 다운타임 비용은 300달러로, 앞의 예시보다 60%까지 비용을 줄일 수 있다.

4명의 분석가가 한 달에 최대 100시간의 다운타임을 겪는다고 가정하면, 비즈니스 비용은 연간 42만 달러(100시간/월 × 300달러/시간 × 12개월)를 훌쩍 넘는다. 이는 나쁜 데이터로 인한 기회 손실 비용은 포함하지도 않은 금액이다.

데이터 품질과 신뢰성이 미치는 영향은 간과되기 쉽고(실제로 이러한 문제의 대부분은 너무 늦게까지 방치되는 경우가 많음), 데이터 조직에 속하지 않는 임원 및 기타 이해관계자를 대상으로 다운타임 비용에 대한 예산과 자원을 사전에 정당화하는 것은 어려울 수 있다. 그러나 기준이 되는 TTD와 TTR을 계산해 두면 비즈니스에 어떤 영향을 미칠 것으로 예상하는지 정확하게 전달하기가 훨씬 쉬워진다. 이 기준이 있으면 팀을 확장하거나 기술 스택을 업그레이드하거나, 원하는 데이터 품질 프로그램을 확장하는 등의 과제도 승인받기가 훨씬 쉬워진다.

11 「집리크루터의 데이터 엔지니어 급여 자료」, *https://oreil.ly/gih0F*

외부 요인을 반영하여 데이터 다운타임 비용 업데이트하기

손상된 데이터로 소모되는 연간 비용은 문제를 해결하기 위해 사용해야 하는 엔지니어링과 자원을 보고 대략적으로 계산하게 된다. 해당 계산식에는 문제를 해결하기 위한 인건비, 컴플라이언스 리스크(이를 정량화하기 위해 GDPR General Data Protection Regulation의 벌금을 적용할 수도 있음), 이해관계자가 데이터에 대한 신뢰를 잃는 기회비용 등을 고려해야 한다.

업계 전반에 걸쳐 150개 이상의 다양한 데이터 조직을 대상으로 실시한 인터뷰 및 설문 조사와 그 외 이용 가능한 데이터를 바탕으로 조사한 결과, 데이터 조직이 수익 창출 활동 대신 데이터 품질 문제를 처리하는 데 30~40%의 시간을 할애하는 것으로 추정할 수 있었다.

이를 종합하면, 다음 식을 사용하여 손상된 데이터 비용을 계산할 수 있다.[12]

인건비 + 컴플라이언스 리스크 + 기회비용 = 손상된 데이터로 소모되는 연간 비용

해당 프레임워크는 시작점이지만, 비용 측정은 회사에서 손상된 데이터가 미치는 영향을 완전히 이해하고 궁극적으로 이를 예방하기 위한 첫 번째 단계에 해당한다.

5.5.3 데이터에 대한 SLA, SLO, SLI 설정 방법

데이터 시스템의 신뢰성 아키텍처에 대한 영감을 얻기 위해 또다시 데브옵스 팀의 작업을 참고할 수 있다. 사이트 신뢰성 엔지니어는 SLA, SLI, SLO와 같은 프레임워크를 사용하여 애플리케이션 다운타임을 줄이고 신뢰성을 보장한다. 이 책을 쓰면서 인터뷰를 진행했던 여러 데이터 조직들은 데이터 신뢰성의 우선순위를 정하고 이를 표준화하고 측정하기 위해 조직 전반에 걸쳐 프레임워크를 구현하기 시작했다.

기본적으로 기업은 SLO를 사용하여 특정 프로덕트, 내부 팀 또는 공급업체가 제공하는 SLA를 정의하고 측정하며, 이러한 SLA를 충족하지 못할 경우 해결책을 제시한다. 예를 들어 슬랙은 고객들에게 플러스 요금제와 매 분기 99.99% 이상의 가동 시간을 약속하며, 이를 지키지 못할 경우 고객들에게 향후 사용 가능한 서비스 크레딧을 제공한다.[13]

---

12 계산을 할 때, 인건비는 데이터 엔지니어의 수에 연봉을 30% 곱한 것으로 사용한다. 컴플라이언스 리스크는 연간 수익의 4%로 추정한다. 기회비용은 문제를 빠르게 해결하여 X개의 새로운 프로덕트를 출시하고 Y명의 신규 고객을 확보했다면 발생했을 수익으로 계산한다.

13 「슬랙의 SLA」, *https://oreil.ly/qU64t*

많은 소프트웨어 팀이 내부적인 SLO를 설정하여 엔지니어링 팀, 프로덕트 팀, 비즈니스 팀이 애플리케이션에서 가장 중요한 사항을 조정하고, 요청받은 작업의 우선순위를 정할 수 있도록 돕는다. 팀 내 모든 구성원이 최선을 다하여 100%에 가까운 업타임을 목표로 하기보다는 SLO를 코드화하는 방식 그 자체가 명확한 기대치를 설정하는 데 도움이 된다. 이러한 SLO를 사용하면 엔지니어링 팀과 이해관계자는 같은 메트릭에 주의를 기울이고 서로 동일한 이야기를 하고 있다고 확신한다.

만약 100%가 아닌 기대치를 설정하면 성장의 여지가 생긴다. 최소한의 다운타임에 대한 허용조차 없으면 혁신이 일어날 여지도 없다. 노련한 엔지니어는 모든 우수 사례를 적용하더라도 시스템이 때때로 중단된다는 것을 알고 있다. 그러나 견고한 SLA가 있으면 엔지니어는 문제가 발생했을 때 언제 어떻게 개입해야 하는지 정확히 알 수 있다.

마찬가지로 SLA는 데이터 조직과 소비자가 데이터 라이프사이클 전반에 걸쳐 데이터 신뢰성을 정의, 측정 및 추적하는 데 도움이 된다. 데이터 신뢰성 SLA를 설정하면 데이터, 데이터 조직 및 다운스트림 소비자 간의 신뢰가 구축된다. 합의된 SLI가 없으면 소비자는 데이터의 신뢰성에 대해 부정확한 가정을 하거나 입증되지 않은 이야기를 믿게 될 수도 있다. SLO를 잘 정의해 두면 조직을 더욱 '데이터 중심'으로 운영할 수 있다.

또한 데이터 신뢰성 SLA는 커뮤니케이션 및 우선순위 지정 작업을 공식화함으로써 데이터 조직이 비즈니스 우선순위를 보다 명확하게 파악하고 사고 발생 시 신속하게 대응할 수 있도록 지원한다. 그러나 SLA를 설정하는 것 자체만으로는 의미가 없다. SLA가 무엇인지, SLA 유지 관리에 얼마나 많은 주의와 리소스가 투입되어야 하는지에 대해 데이터 생산자, 엔지니어, 분석가, 사용자의 의견이 일치해야 한다.

데이터 SLA를 설정하려면 스펙과 협업이 필요하며, 이 SLA가 영향을 미치는 모든 주체(데이터 생산자, 데이터 엔지니어, 데이터 분석가, 비즈니스 개발자, 데이터 사용자 등)와의 명확한 사전 조정이 필요하다. 실제로 단순히 SLA만 설정하고 이를 충족하기 위한 투자나 책임이 없는 경우, 조직이 성과를 내지 못하는 예가 많다. 조직은 더 큰 전략적 프로젝트의 핵심 성과 지표를 설정하는 것과 동일한 방식으로 SLA를 생성하고 전파해야 한다.

1. 비즈니스 우선순위를 확인한다.
2. 비즈니스 우선순위에 따라 데이터 분석을 어떻게 지원하는지 평가한다.

3. 사용자의 데이터 품질 요구 사항이 얼마나 고도화됐는지, 신뢰할 수 없거나 수집 및 활용 단에서 결함이 있는 데이터를 향한 내성이 얼마나 높은지 확인한다.
4. 이에 따라 SLO를 설정하고 이해관계자의 피드백과 조정을 요청한다.
5. SLO를 측정한다.

그럼 이제 어떻게 시작하면 될까? 데이터 조직의 경우 신뢰성 목표 설정 시 일반적으로 정의, 측정, 추적의 3단계를 밟는다.

1단계: SLA를 통한 데이터 신뢰성 정의

SLA를 설정하려면 신뢰할 수 있는 데이터가 비즈니스에 큰 의미를 지닌다는 점에 동의하고 이를 명확하게 정의해야 한다. 데이터의 인벤토리, 사용 방법 및 사용자에 관한 정보를 수집하는 것으로 이 작업을 시작하는 것이 좋으며, 데이터의 과거 성능을 평가하여 신뢰성의 기준이 되는 메트릭을 설정하는 것이 좋다.

또한 데이터 조직은 신뢰성이 어떻게 보이는지에 대한 소비자의 피드백을 수집해야 한다. 데이터 엔지니어는 동료의 일상적인 워크플로에서 제외될 수 있지만, 소비자가 데이터와 어떻게 상호작용하는지, 가장 중요한 데이터는 무엇이며 어떤 잠재적인 문제에 즉각적인 주의가 필요한지 이해하는 것이 중요하다. 데이터 리더 또는 비즈니스 소비자를 포함하여, 관련된 이해관계자는 개발 중인 신뢰성의 정의를 고려하고 받아들여야 한다. 예를 들어, 99%의 사용자가 데이터셋에서 X 테이블을 신경 쓰지 않더라도 그 외 1%의 사용자에게는 해당 테이블이 비즈니스의 활력소가 될 수 있다. 따라서 고객 인터뷰는 기업의 데이터 요구 사항과 '신뢰할 수 있는' 데이터의 형태를 이해하는 데 매우 중요하다.

결국 강력한 기술과 워크플로는 사고에 적절히 대응하도록 촉진할 수 있지만 열악한 문화를 대체할 수는 없다. 데이터 조직, 파트너 및 소비자는 비즈니스에 활용하기 전에 SLA에 대한 합의를 이뤄야 한다.

2단계: SLI를 사용한 데이터 신뢰성 측정

기준을 마련하고 데이터 사용자의 요구 사항을 완벽하게 파악했다면 비로소 메트릭을 목표로 할 수 있게 된다. 이는 곧 신뢰성을 측정하는 서비스 수준 지표가 된다. 일반적으로 데이터 SLI는 첫 번째 단계에서 정의한 합의된 데이터 상태를 반영하고, 데이터의 사용 방식과 사용하지 않는 방식의 경계를 제공하며, 데이터 다운타임이 어떻게 보이는지 설명해야 한다.

SLI는 특정 사용 사례에 따라 다양하다. 다음은 데이터 상태를 정량화하는 데 자주 사용되는 메트릭의 몇 가지 예시다.

특정 데이터 자산에 대한 데이터 사고 수(N)

외부 데이터 소스는 여러분의 통제 범위를 벗어나지만 여전히 데이터 다운타임의 주요 요소이며 측정할 가치가 있다.

중요 테이블이 업데이트되는 빈도

예를 들어 중요한 테이블을 10시간 이내에 업데이트해야 한다면, 데이터 조직과 데이터 사용자는 이를 알아야 한다.

주어진 데이터셋에 대한 예상 분포

분포가 표준 범위를 벗어나는 경우 관리 범위를 이탈하는 문제가 발생할 수 있지만(물론 그날 장사가 정말 잘됐을 수 있지만) 한 번 들여다 보기를 권한다.

3단계: SLO를 통한 데이터 신뢰성 추적

SLI가 정해지면 데이터의 허용 가능한 다운타임 범위나 목표를 설정할 수 있다. 이러한 SLO는 실제 환경을 기반으로 정해야 한다. 예를 들어 TTD를 추적하기로 결정했지만 자동 모니터링 툴을 사용하지 않는 경우, SLO는 강력한 데이터 관찰 툴을 갖춘 성숙한 조직의 SLO보다 더 관대해야 할 것이다.

이렇게 범위[SLO]를 설정하면 심각성의 수준에 따라 사고를 평가하고 문제가 발생했을 때 신속하게 대응할 수 있는 일관된 프레임워크를 만들 수 있다. 또한 목표를 설정하고 SLA에 통합하며, 맞춤형 임시 솔루션 또는 전용 데이터 옵저버빌리티 툴을 사용하여 진행 상황을 추적하고 보고하는 대시보드도 구축할 수 있다.

다만 해당 측정 방법이 데이터 조직의 운영 수준에서 데이터 상태를 파악하는 데는 매우 유용할 수 있으나 데이터 품질이 비즈니스에 미치는 영향을 측정할 때는 데이터 다운타임을 재검토하는 것이 좋다.

데이터에 대한 SLA, SLO, SLI를 설정하는 것은 데이터 신뢰성을 달성하기 위한 첫 단추에 지나지 않는다. 데이터 사고가 발생할 경우 다운스트림 소비자에게 큰 골칫거리가 되기 전에 사고를 분류하고 관리하는 방법도 필요하다.

이를 위해 또다시 데브옵스에서 영감을 얻을 수 있다. 대부분의 엔지니어링 조직은 사이트 신뢰성 팀원 전체를 다운타임 식별, 해결 및 방지에 할당한다. 그런데 현대적인 데이터 조직에서 데이터 엔지니어는 파이프라인이 중단되고 대시보드가 불안정해질 때 어려움을 겪는다. 이때 데이터 사고 해결 작업을 보다 쉽고 원활하게 수행하기 위해, 사이트 신뢰성 엔지니어링 관련 문서를 참고하면 문제가 발생할 때 효과적으로 분류해서 전달할 수 있다.

예를 들어, 경영진의 중요 보고서 중 하나에 오랫동안 데이터가 업데이트되지 않는 문제가 올라왔다고 가정해 보자. 처음부터 이 파이프라인이 어떻게 고장 났는지 확신할 수 없지만, 고장 사실과 담당자가 있다는 것을 전달해야 한다. 또한 이런 문제를 해결할 때는 데이터 다운타임과 연관된 동료 담당자뿐만 아니라 문제 해결 프로세스의 주요 이해관계자도 지속적으로 업데이트해야 한다. 안정적인 데이터를 얻기 위해 필요한 것은 궁극적으로 비즈니스 요구 사항에 달려 있지만, 뛰어난 커뮤니케이션 전략을 수립하면 SLA를 훨씬 쉽게 실행할 수 있다.

원칙 이야기는 이쯤 해두고, 실제 사례를 살펴보자. 전자책 구독 서비스가 실시간 데이터 부족으로 어려움을 겪고 있을 때 이 모든 개념이 어떻게 적용되었는지 알아보자.

5.6 사례 연구 블링키스트

전 세계 1,600만 명 이상의 사용자를 보유하고 있는 블링키스트Blinkist는 시간에 쫓기는 독자들에게 전자책 구독 서비스를 제공해 지적으로 성장하는 데 도움을 주는 회사다. 회사의 엔지니어링 디렉터인 고피 크리쉬나머시Gopi Krishnamurthy는 데이터 엔지니어링, 인프라, 최고의 클라우드 센터, 성장 및 수익화를 담당하는 팀을 이끌었다. 블링키스트는 신뢰할 수 있는 데이터를 보유한 것이 비즈니스 성공의 기초였다고 할 수 있다.

이 회사는 사업 초반 실시간 데이터 추적이 미진하여 주요 유통 채널 전반에서 마케팅 비용 지출을 줄였다. 대신 고성장 기업이었던 블링키스트는 고객 확보를 위해 유료 마케팅 서비스를 활용했다. 전년 대비 40%의 성장 목표를 내세운 그들의 2020년 전략에는 페이스북이나 구글과 같은 채널을 향한 상당한 투자가 포함돼 있었다. 블링키스트 앱과 소셜 미디어 채널 사이에 연동된 사용자 행동 데이터를 기반으로 캠페인을 자동으로 최적화하고자 했다.

그러나 2020년, 팬데믹은 블링키스트를 포함한 모든 기업을 완전히 바꿔 놓았다. 과거 데이터는 독자들의 일상을 반영하지 못하게 됐다. 대신 실시간 데이터가 광고 지출을 결정하게 되었고, 게다가 이는 사용자가 웹을 통해 블링키스트 앱 및 콘텐츠와 어떻게 상호작용했는지도 보여주었다. 사용자의 현재 상태를 이해하는 데 꼭 필요한 데이터가 된 것이다.

데이터의 부정확성은 캠페인 지출에서 프로덕트 로드맵 업데이트에 이르기까지 의사 결정에 큰 영향을 미칠 수 있었다. '출퇴근 시간 효율적으로 사용하기'와 같은 캠페인은 더 이상 관련이 없기 때문에, 온보딩 간소화를 위한 신규 기능 추가부터 새로운 광고 테스트에 이르기까지 혁신의 기회를 놓치지 않는 것이 중요했다. 경영진과 캠페인 매니저들이 마케팅 전략, 예산 지출 및 ROI를 설정하기 위해 실시간 데이터가 제공하는 인사이트에 점점 더 의존하게 되었고, 고피와 그의 팀은 데이터 품질, 대시보드 업데이트 지연 및 파이프라인 중단과 같은 데이터 다운타임 이슈를 자주 다루게 되었다.

인터뷰에서 고피는 "매주 월요일에 임원 전화가 왔다. 거의 매주 월요일마다 왜 신뢰할 만한 데이터를 확보하는 프로세스를 당장 확장할 수 없는지, 무엇이 문제였는지, 데이터 추적과 관련하여 직면하는 문제가 얼마나 많은지에 대해 답해야 했다. 문제의 심각성을 설명하고 주요 이해관계자와의 신뢰를 높이기 위해 노력했다."라고 말했다. 또한 고피는 팀이 근무 시간의 50%를 데이터 사고에 대비한 훈련에 할애하여 데이터 다운타임 문제를 해결한 동시에, 다른 조직들과 신뢰를 쌓기 위해 노력했다고 말했다. 그들은 분명 열심히 일하고 있지만, 기존 방식은 지속 가능한 방법이 아니었기 때문에 변화가 필요했다.

데이터 신뢰성을 달성하기 위한 기초 작업은 데이터 거버넌스, 데이터 품질 및 리팩토링 시스템에 초점을 맞추는 것이었다. 그래서 고피와 팀원들은 주요 데이터 SLA 및 SLI를 추적하는 데이터 테스트와 옵저버빌리티에 관해 엄격한 접근법을 구현했다. 고피는 "이 프레임워크의 핵심은 데이터 신뢰성 엔지니어링이다. 우리는 데이터 신뢰성을 일급 객체First-class citizen[14]로 취급한다. 지난 10년간 엔지니어링 팀이 데브옵스 및 사이트 신뢰성 엔지니어링을 시작한 것과 같은 방식이다."라고 말했다.

14 옮긴이_일급 객체는 다른 객체들에 일반적으로 적용 가능한 연산을 모두 지원하는 객체를 말한다. 문자 그대로의 의미도 있겠지만, 그만큼 데이터 신뢰성이 기본적이고 중요한 것임을 강조하는 표현이라고 볼 수 있다.

블링키스트는 데이터 테스트 및 데이터 옵저버빌리티에 투자하고 데이터 신뢰성을 측정하기 위해 명확한 SLA를 설정함으로써 다운스트림 소비자에게 영향을 미치기 전에 데이터 다운타임을 해결할 수 있었다. 그리고 고피와 그의 팀은 망가진 파이프라인과 함께 부서진 신뢰를 재건하기 위해 노력하면서, 회사 리더들과 데이터 신뢰성 원칙에 관한 공유된 이해를 구축했고 구체적인 데이터 SLA를 설정하기 위해 협업했다.

그 결과 테스트, 옵저버빌리티 및 SLA 조정을 통해 6명의 데이터 엔지니어로 구성된 팀이 주당 총 120시간을 절약할 수 있었다.

고피는 "올해 우리 성장 규모는 압도적이다."라며 "데이터 조직이 전적으로 신뢰받을 수는 없지만, 데이터 옵저버빌리티와 데이터 운영에 투명성을 부여했다는 측면에서 타깃 고객과 채널을 설정하는 방법을 개선했다고 생각한다."라고 말했다.

그러나 SLO를 설정하고 SLI를 측정하는 것 자체만으로는 아무것도 개선할 수 없다는 점을 기억해야 한다. 고피의 성공 비결은 프로젝트 성공을 위해 우선순위를 적절히 지정했다는 점이다. 즉, 팀에 가장 중요한 것이 무엇인지 평가했고 SLI를 측정하도록 설정했으며 SLO를 설정하여 진행 상황을 판단한 뒤 메트릭을 개선했다. 반면, 대부분의 데이터 조직은 메트릭 설정에 몰두하여, 해당 지표를 달성하지 못했을 때 SLO 각각에 영향을 미치는 부정적인 요소들을 정의하지 않는다(하지만 메트릭 개선을 위해 이는 반드시 필요한 작업임).

5.7 마치며

데이터 신뢰성을 달성하기 위한 여정을 시작하는 사람들을 위해 이 장을 간단히 정리해 보자. 데이터 신뢰성을 위한 아키텍처를 설계할 때 다음 3단계를 거친다.

- 데브옵스에서 영감을 받은 프로세스(테스트 및 옵저버빌리티)에 미리 투자하자.
  이때 기능 영역 전반에 투자한다.
- 탄력적이고 성능이 뛰어난 데이터 플랫폼을 구축하자.
- 조직 간 데이터 SLA, SLI, SLO를 설정하고, 이에 관한 합의를 이루자.

해당 단계를 밟지 않으면 데이터 조직은 신뢰할 수 있는 고품질 데이터를 확보하는 데 어려움을 겪을 것이다. 기존 데이터 엔지니어 및 기타 업스트림 담당이 단독적, 폐쇄적으로 운영했던 데이터 품질 전략을 회사 차원에서 광범위하게 우선순위를 정해 가며 수립해 나가는 일은 시간이 오래 걸리기 마련이다.

6장에서는 데이터 신뢰성 워크플로의 중요한 구성 요소인 사고 관리 및 해결 방식, 즉 대규모 데이터 품질을 다루는 엔드 투 엔드 접근 방식을 자세히 설명한다.

CHAPTER 6

대규모 데이터 품질 문제 해결

PREVIEW

6장에서는 데이터 사고 관리, 근본 원인 분석, 포스트모템, 그리고 사고 커뮤니케이션의 모범 사례 구축 등 운영 환경에서 데이터 품질 문제에 실제로 대응하고 해결하는 데 필요한 단계를 자세히 들여다본다.

금요일 오후 5시, 퇴근을 앞두고 있다고 상상해 보자. 브라우저의 탭을 닫고, 가방을 싸고, 주말을 즐길 준비를 마쳤다. 그런데 노트북을 막 끄려고 할 때, CFO에게서 대시보드가 고장 났다는 긴급한 슬랙 메시지를 받았다.

"(대시보드에서) 분기 실적 보고서의 수치가 틀렸습니다. 저는 이를 승인하지 않았는데요."라는 당혹스러움이 섞인 내용이다.

문제가 회사의 부실한 재무 상태가 아닌, 데이터 자체 때문이라면 이는 심각한 데이터 다운타임 사례다. 바로 루커를 열어보니 CFO 말이 맞았다. 그의 말대로 보고서가 이상했는데, 그 이유를 짐작할 수 없었다. 바로 어제 CFO와 함께 그 숫자들을 확인했기 때문이다. 그땐 차트와 그래프가 정확했고 완벽했다.

소스 데이터(데스크톱에 있는 '파이낸셜_리포트_V.212_진짜진짜최종본.xlsx' 엑셀 파일)를 다시 가져왔지만 혼란스럽기만 하다. 수십 개의 이메일, 두 번의 전화, 몇 번의 줌 미팅을 거쳐 7시간 후에 소스 테이블이 있는 스키마 변경이 대시보드에 오류를 발생시킨 원인이었음을 알아냈다. 그래도 무슨 일이 있었는지 알게 됐으니 다행이다. 그럼 이제 무엇을 해야 할까?

대부분의 데이터 조직에게 파이프라인을 일시 중지하고 당면한 문제의 근본 원인을 파악하는 작업은 중요하다. 다만 데이터의 신뢰성을 보장하고, 다른 팀과의 신뢰 관계를 복원하는 데 있어 이런 작업은 빙산의 일각일 뿐이다.

6.1 소프트웨어 개발 시 품질 문제 조정

다행히도 분석가와 엔지니어가 개별 파이프라인 및 대규모 데이터 시스템에서 이러한 유형의 '데이터 다운타임' 사고를 관리하는 방법을 새로 만들 필요는 없다. 대신, 대규모 사고를 관리하고 해결하는 방법에 관한 아이디어를 얻기 위해 데브옵스와 사이트 신뢰성 엔지니어링을 다시 한번 참고할 수 있다. 보다 성능이 뛰어난 소프트웨어를 구축하고 출시하기 위해 데브옵스 라이프사이클(그림 6-1 참조)이라는 피드백 루프를 적용하여 비즈니스 목표에 부합하는 기능을 안정적으로 구현할 수 있다.

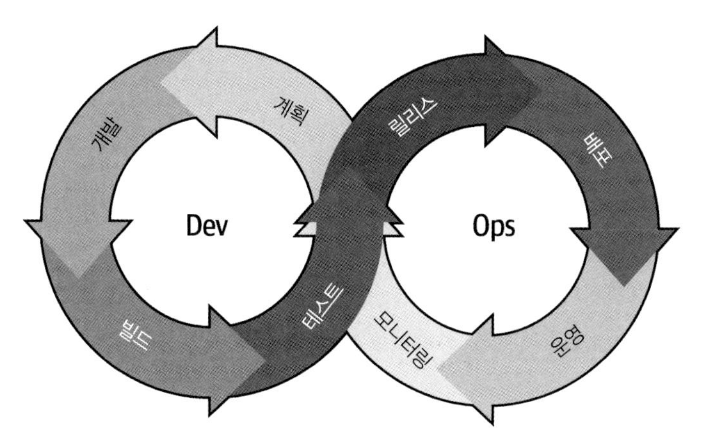

그림 6-1 데브옵스 라이프사이클은 엔지니어에게 소프트웨어 애플리케이션의 신뢰성과 성능을 관리하는 프레임워크를 제공한다.

데브옵스 라이프사이클은 순차적으로 다음 8단계를 거친다.

계획

개발 조직은 소프트웨어의 목표와 SLA를 이해하기 위해 프로덕트 및 비즈니스 조직과 협력한다.

개발

새로운 소프트웨어 코드를 작성한다.

빌드

소프트웨어를 테스트 환경에서 릴리스한다.

테스트

소프트웨어를 테스트한다.

릴리스

운영 환경에 소프트웨어를 릴리스한다.

배포

소프트웨어를 기존 애플리케이션과 통합하고 배포한다.

운영

소프트웨어를 실행하고 필요에 따라 조정한다.

모니터링

소프트웨어의 문제를 모니터링하고, 문제 발생 시 경고한다.

이 사이클은 자체 반복된다. 많은 데이터 기술 및 프레임워크(예 데이터 테스트, 데이터 SLA, 분산 아키텍처 등)가 소프트웨어 엔지니어링 부서에서 설정한 표준 및 우수 사례를 따르도록 조정 중이지만, 데이터 품질을 사후 대응적으로 처리하려는 경향 때문에 확장 가능한 방법으로 분석하지 못한다. 그러나 소프트웨어 엔지니어링에서 데이터 환경에 이르기까지 사고 관리의 우수 사례를 활용함으로써, 비즈니스의 분석 요구 사항을 충족할 수 있는 능동적이고 확장 가능한 접근 방식으로 데이터 품질 문제를 관리할 수 있다.

구글의 '표준 SRE 핸드북'[1]의 공동 저자 앤드류 스트리블힐Andrew Stribblehill과 캐바이트 길리아나Kavite Guiliana는 "효과적으로 사고 관리를 하려면 (소프트웨어) 사고로 인한 운영 중단이 지속되지 않도록 제한하고 가능한 빨리, 중단된 비즈니스를 복구하는 것이 중요하다. 잠재적인 사고에 대한 대응을 미리 준비해 두지 않았다면 실제 상황에서는 원칙에 따라 사고 관리를 하는 것이 소용없을 수도 있다."라고 말했다.

1 「구글의 표준 SRE 핸드북」, *https://oreil.ly/Jon0X*

요약하면 사고 관리는 일상적인 엔지니어링 워크플로에서 발생하는 문제를 식별하고, 근본 원인을 파악하며, 해결하고, 분석 및 방지하는 작업 전체를 일컫는다. 데브옵스 및 사이트 신뢰성 엔지니어링 조직은 사고 관리를 활용하여 프로그래밍 방식으로 버그가 있는 소프트웨어의 운영 중단 및 기타 성능 문제를 실시간으로 발견하고 해결한다.

이 장에서는 적절한 기술 및 툴에 대한 투자부터 데브옵스에서 영감을 받은 프로세스 및 조직 구조 구현에 이르기까지 데이터 시스템에 소프트웨어 사고 관리 원칙을 적용하여 데이터 조직이 대규모로 데이터 사고를 조정할 수 있는 방법이 무엇일지 논의한다.

6.2 데이터 사고 관리

업계 최고의 고객 데이터 플랫폼인 세그먼트Segment의 데이터 프로덕트 매니저였던 프란시스코 알베리니Francisco Alberini는 데이터 거버넌스 툴인 프로토콜스Protocols 개발을 담당했다. 한 인터뷰에서 그는 다음과 같이 말했다.

> 데이터 시스템은 수백만 개의 서로 다른 이유로 중단될 수 있으며, 그 이유와 방법을 완전히 이해할 수 있는 만능 접근 방식은 없다. 나는 고객이 받고 있는 데이터의 품질을 평가하기 위해 대시보드에 대해 생각하고 구축하는 데 많은 시간을 보냈다. 문제가 발생하면 두 가지 접근 방식을 취했다. (1) 4년 이상 우리 팀에 있었던 한 데이터 엔지니어(엔지니어링 분야에서 수십 년의 지식을 보유하고 있는 경력자)에게 도움을 요청하기 위해 미친 듯이 핑ping을 보낸다. (2) 그가 이를 확인해 줄 시간이 없으면, 수천 개의 테이블을 일일이 확인해서 파이프라인을 디버깅하는 데 몇 시간을 들였다. 두 가지 모두 확장성 있는 방식은 아니었다.

프란시스코만 이런 일을 겪은 것은 아니다.

데이터 시스템이 점점 더 분산되고, 기업들이 갈수록 더 많은 데이터를 수집하게 되니 오류(및 사고) 가능성은 증가할 수밖에 없다. 수십 년 동안 소프트웨어 엔지니어링 조직은 여러 단계의 프로세스에 의존하여 문제를 감지·해결하고 애플리케이션이 다운되는 것을 방지해 왔다. 이제 데이터 운영을 과거보다 잘할 수 있게 되었으니 데이터 시스템을 동일한 수준으로 잘 다룰 수 있어야 한다. 안정적인 데이터 파이프라인을 구축한다면 더더욱 그렇다.

데이터 조직이 데이터 사고를 어떻게 처리했는지 기록한 문서는 많지 않지만, 소프트웨어 개발 분야에서 참고할 수 있는 훌륭한 리소스와 우수 사례는 이미 많다. 데이터 조직은 사고 관리를 위해 이와 유사하면서도 수정된 접근 방식을 적용할 것을 권한다. 예를 들어 데이터 신뢰성 라이프사이클(그림 6-2 참조)은 데브옵스 라이프사이클에서 영감을 받은 것으로, 데이터 조직이 데이터 파이프라인의 성능과 신뢰성을 관리하는 데 도움이 된다.

그림 6-2 데이터 신뢰성 라이프사이클

데이터 신뢰성 라이프사이클을 데이터 파이프라인에 적용함으로써 데이터 엔지니어링 팀은 비즈니스에 영향을 미치기 전에 데이터 품질 문제를 보다 원활하게 탐지·해결하고 궁극적으로 예방할 수 있다. 또한 파이프라인을 위한 데이터 사고 관리 워크플로를 구축할 때 중요한 단계에는 사고 감지 및 대응, 근본 원인 분석RCA, root cause analysis, 사고 해결 및 흠 없는 포스트모템(사후 검토)이 포함된다.

6.2.1 사고 감지

적절한 툴과 프로세스를 사용하면 사고 감지(그림 6-3 참조)를 데이터 엔지니어링 및 분석 워크플로에 쉽게 통합할 수 있으며, 문제가 발생할 때 모든 데이터 이해관계자와 최종 사용자에게 적절한 통신 채널(예 슬랙, 마이크로소프트 팀즈, 이메일, SMS, 페이저듀티PagerDuty 등)을 통해 경고를 전달할 수 있다.

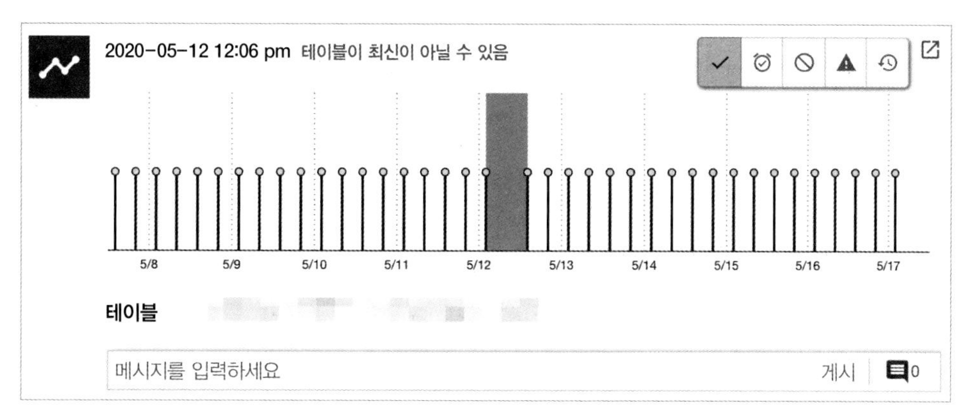

그림 6-3 사고 감지를 통해 데이터 파이프라인 전체의 신선도, 볼륨 및 분포 이슈 발생을 탐지할 수 있다.

무엇보다도 데이터를 운영 서비스에 입력하기 전에 반드시 테스트를 해야 한다. 그러나 세상에서 가장 강력한 테스트와 점검을 실시하더라도 '손상된 데이터 파이프라인'을 보기도 전에 나쁜 데이터가 틈새로 빠져나와 여러분을 괴롭힐 것이다. 데이터 파이프라인이 손상되거나 대시보드가 고장날 경우 취할 수 있는 첫 번째 단계는 사고 감지다. 데이터 모니터링 및 알림을 통해 사고를 감지할 수 있으며, 데이터 파이프라인에서 수동으로 로직을 구현하거나 특정 임곗값을 기준으로 트리거할 수 있다. 사고 감지는 이상 탐지 또는 데이터 관측 가능성 솔루션의 일부로 계층화할 수 있으며 과거 데이터 패턴 및 사용자 지정 규칙에 따라 자동으로 정기적으로 실행된다.

사고 감지의 주요 구성 요소 중 하나는 이상 탐지(그림 6-4 참조), 다시 말해 데이터 상태(저장 볼륨, 신선도, 스키마, 분포)의 주요 요소가 표준에서 벗어날 때 식별할 수 있는 능력이다. 이상 탐지는 데이터 생태계의 특정 사일로에서만 구현되는 것이 아니라 엔드 투 엔드(데이터 웨어하우스, 데이터 레이크, ETL 및 비즈니스 인텔리전스 툴)로 구현될 때 가장 가치 있다. 좋은 이상 탐지는 정밀도precision와 재현율recall을 활용하여 백색 잡음과 false positive를 줄이기 위해 알고리즘을 조정하는 것이다. 4장에서 자체 이상 탐지기 및 데이터 품질 모니터링 시스템을 구축하는 방법을 자세히 설명했으니, 간단히 복습한 후 심화 내용을 살펴보도록 하자.

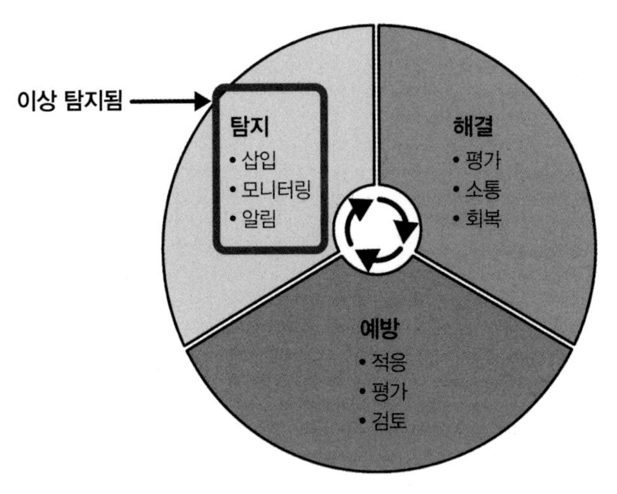

그림 6-4 데이터 신뢰성 라이프사이클 중 이상 탐지

수년 동안 조사를 통해 데이터 조직이 사고 관리 문제를 '완벽히 해결'하기 위해 이상 탐지에만 의존하는 경향이 있음을 발견했다. 여기에는 몇 가지 문제가 있다. 첫째, 사고 관리는 결코 '완벽히 해결'할 수 있는 대상이 아니다. 기업이 디지털 서비스를 강화하고 의사 결정 과정에 데이터를 활용하는 한 데이터 사고는 계속 발생한다. 때로 데이터 파이프라인이 중단되고 스키마가 변경되면 다운스트림 대시보드가 중단될 것이며 잊을 만하면 한 번씩 NULL 값이 등장할 것이다. 둘째, 이상 탐지에만 의존하는 것은 장애의 어떤 한 지점만 파악하는 것이다. 사고 감지는 사고를 탐지하는 능력인 동시에 계속 반복하여 실행 가능한 방식으로 사고에 대응, 해결, 방지하는 능력까지 포함하는 다층 프로세스다.

오해하지 말자. 이상 탐지는 데이터 신뢰성 라이프사이클에서 매우 중요한 부분이며 데이터 사고 관리 프로토콜의 '감지' 단계를 위한 핵심 툴이다. 그러나 테스트, 버전 관리, 옵저버빌리티, 계보, 자동화 친화적인 데이터 조직에서 사용할 수 있는 다른 기술과 프로세스의 추가 지원 없이 이상 탐지에 의존하는 것은 큰 문제다. 최악의 경우, 데이터 다운타임 복구 시간이 길어지고 좌절감을 초래할 수 있다. 즉, 이상 탐지는 도구일 뿐 만병통치약이 아니다.

요점을 분명히 하기 위해, 우리가 자동차 정비공이라고 상상해 보자. 세단 한 대가 차고로 들어와 엔진 소리를 낸다. 우리는 책상에 앉아서 "무슨 일이신가요?"라고 묻는다. 운전자가 창문을 내리며 "제 차에 문제가 있습니다."라고 말한다. '당연히 문제가 있으니까 왔겠지.'라고 생각하며 이마에 흐르는 땀을 닦고 입가에 조소를 띤다. 그러자 차 주인은 "제 차에 문제가 있습니다."라고 방금 전과 똑같이 말한다.

몇 시간 동안 차를 살펴보니 느슨한 스파크 플러그가 있다는 사실을 알게 된다. 물론 정보 부족이 세상이 무너질 것 같은 절망스러운 일은 아니지만, 만약 차 주인이 좀 더 적극적인 성격이어서 "시동이 잘 안 걸리고, 속도를 높일 수 없으며, 배터리가 계속 닳았다."라고 정보를 조금만 더 제공해 주었다면 훨씬 더 빠르게 문제를 감지할 수 있었을 것이다.

이 이야기가 데이터와 무슨 관련이 있을까? 표면적으로는 별로 관계가 없을 수도 있다. 그러나 데이터 품질 문제를 해결하기 위해 이상 탐지에만 의존하지 않는다는 측면에서 정비사에게 배울 점이 있다.

대부분의 데이터 조직은 데이터 품질 문제를 해결하기 위해 이상 탐지 기법들을 사용한다. 이상 탐지는 데이터 상태의 핵심 요소(볼륨, 신선도, 스키마, 분포)가 운영 환경에서 기대치를 충족하지 못할 때 이를 파악하고자 하는 조직에 유용하다. 또한 이상 탐지를 데이터 플랫폼의 한두 계층 내에서만 작동하는 것이 아니라 엔드 투 엔드로 구현하면 비즈니스 측면에서 매우 가치 있다.

그러나 대부분의 데이터 조직이 경험하듯이 인사이트를 도출해야 하는 조직이 요구하는 신뢰성, 책임성 및 투명성을 구축하는 데 있어서 이상 탐지만으로는 문제를 해결하기 어렵다. 최근에 이 책의 공동 저자인 바Barr는 포춘Fortune지 선정 500대 소프트웨어 회사 중 한 회사의 분석 담당 부사장과 커피를 마시며 해당 문제를 완벽하게 요약했다.

> 인과 관계가 명확해서 조치를 취할 수 있는 상태를 선호한다. 그런 측면에서 이상 탐지는 필수적인 출발점이지만 근본 원인을 파악하고 영향을 평가하기 위해서는 훨씬 더 많은 작업을 해야 한다. 문제가 있음을 아는 것은 대단하지만, 알게 된 것을 가지고 무엇을 해야 하는지 바로 결정하기는 정말 어렵다. 그래서 무엇이 고장 났는지, 누가 영향을 받았는지, 왜 어디서 고장이 났는지, 근본 원인이 무엇인지 정확하게 파악해야 한다.

이제 다른 단계의 데이터 사고 관리 라이프사이클에 관해 자세히 소개하겠다.

6.2.2 사고 대응

적절한 사고 대응은 효과적인 커뮤니케이션에서 시작하고 끝난다. 다행히 이는 대부분 사전에 준비할 수 있으며, 필요할 때 페이저듀티 및 슬랙을 활용한 워크플로를 통해 자동화할 수 있다. 한편, 데이터 조직은 표준 사고 대응 방법을 설명하는 런북runbook과 플레이북playbook을 작성하는 데 공을 들여야 한다. 런북은 다양한 서비스의 사용법과 일반적으로 직면하는 문제에 대한 지침을, 플레이북은 사고에 대응하기 위한 단계별 프로세스를 제공한다. 그리고 둘 다 중요한 파이프라인이 고장 났을 때 팀이 무엇을 해야 하는지 도움이 될 만한 코드, 문서, 링크 및 기타 자료를 담고 있어야 한다. 잘 작성된 런북은 운영 중단이 발생했을 때 역할을 위임할 수 있어서 유용하다(사고 관리 중 역할 위임과 관련된 우수 사례는 6.4절에서 확인할 수 있음).

기존 사이트 신뢰성 엔지니어링 프로그램에는 서비스에 따라 특정 역할을 위임하는 온콜on-call 프로세스[2]가 있으며, 주로 시간, 일 또는 주 단위로 세분화된다. '사고 대응자' 외에도 기타 이해관계자가 문제를 해결할 때 업무를 할당하고 정보를 통합하는 '사고 책임자'가 있는 경우도 많다. 사고 책임자는 또한 영향을 받을 수 있는 업스트림 및 다운스트림 사용자, 즉 중단된 파이프라인을 통해 작동하는 데이터 프로덕트를 쓰는 사용자와의 커뮤니케이션을 주도해야 한다.

비즈니스 관점에서 메타데이터는 데이터 다운타임 사고 발생 시 이에 영향을 받는 팀을 파악하는 데 유용한 툴이다. [그림 6-5]와 같이 엔드 투 엔드 계보와 결합하여 영향을 받는 자산 간의 업스트림 및 다운스트림 관계를 전달하는 것은 쉽고 빠른 프로세스가 될 수 있다. 또 조직이 수동으로 그래프를 작성하는 시간을 절약하고 나쁜 데이터가 비즈니스에 영향을 미치기 전 담당 조직 또는 담당자에게 알림을 줄 수 있다.

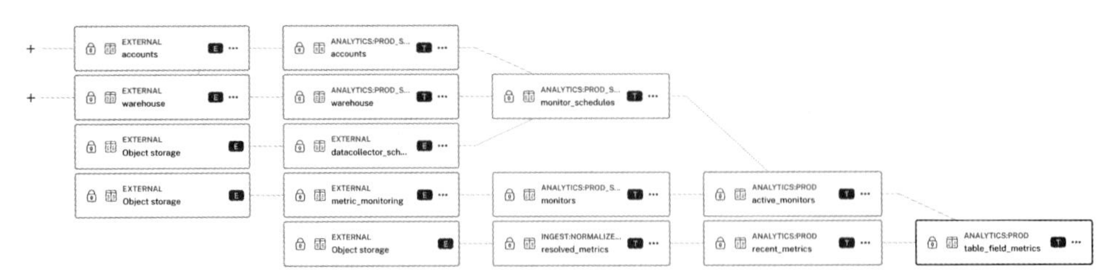

그림 6-5 엔드 투 엔드 계보는 데이터 파이프라인이 중단될 경우 업스트림 및 다운스트림 종속성을 이해하는 데 유용한 툴이다.

2 옮긴이_팀원 중 한 명씩 번갈아가며 업무 시간 외에 문제 발생 시 이를 해결하는 프로세스다.

일단 데이터 다운타임이 발생하면 데이터를 사용하는 업스트림 및 다운스트림 사용자 모두에게 데이터 다운타임의 영향을 알리는 것이 중요하다. 페이저듀티, 슬랙 및 기타 커뮤니케이션 툴을 사용하여 자동화된 워크플로를 구성하는 것이 올바른 접근 방식이라고 할 수 있다.

6.2.3 근본 원인 분석

이론적으로 근본 원인 분석은 데이터를 분할하기 위해 몇 개의 SQL 쿼리를 실행하는 것만큼 쉬워 보이지만, 현실적으로는 프로세스를 거치기가 상당히 어려울 수 있다. 데이터 사고는 전체 파이프라인에 걸쳐 눈에 잘 띄지 않을 수 있으며, 여러 테이블(경우에 따라 수백 개)에 영향을 미치기도 하기 때문이다.

예를 들어, 데이터 품질 저하를 들 수 있다. 데이터 품질 저하 현상의 일반적인 원인 중 하나는 낮은 신선도다. 즉 데이터가 비정상적으로 오래됐기 때문이다. 이러한 사고는 대기열에 갇힌 작업, 시간 초과, 데이터셋을 적시에 제공하지 않은 동료, 오류 또는 DAG에서 작업을 제거해서 발생한 우발적인 스케줄링 변경 등 다양한 원인의 결과일 가능성이 높다.

경험상 대다수 데이터 문제의 원인은 다음 중 하나 이상의 이벤트일 때가 많다.

- [그림 6-6]과 같이 작업, 파이프라인 또는 시스템에 공급되는 데이터의 예상치 못한 변화
- 데이터를 변환하는 로직(ETL, SQL, 스파크 작업 등)의 변경
- 런타임 오류, 사용 권한 문제, 인프라 장애, 예약 변경 등과 같은 운영 문제

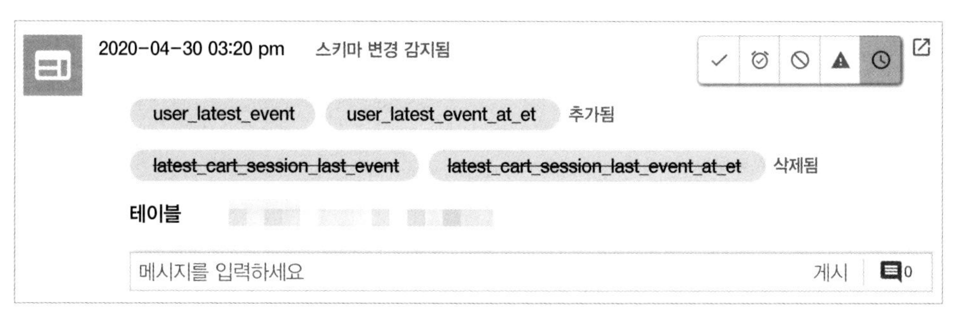

그림 6-6 데이터 관측 가능성 플랫폼을 통해 전달되는 스키마 변경 알림

당면한 문제를 신속하면서도 정확하게 파악하려면 적절한 툴을 사용해야 할 뿐만 아니라 앞선 세 가지 이벤트가 각각 어떻게, 왜 발생하게 되는지 고려하는 전체적인 접근 방식이 필요하다. 또한 데이터 사고가 단 하나의 근본 원인으로 일어나는 경우는 거의 없다는 점이 매우 중요하다. 데이터 사고에는 여러 가지 원인이 섞여 있으며, 이는 오히려 프로세스 최적화 및 기술 측면에서 세심한 조정을 하도록 만들기 때문에 조직에 가치 있는 학습이 될 수 있다.

소프트웨어(및 데이터) 시스템이 갈수록 복잡해져서 운영 중단 또는 사고의 정확한 원인(또는 근본 원인)을 파악하기가 점점 더 어려워지고 있다. 이때 아마존의 '5 Whys 접근법'[3]은 근본 원인 분석을 맥락화하는 데 도움이 되는 프레임워크를 제공한다.

- 문제를 식별한다.
- 문제가 발생한 이유why를 묻고 그 원인reason을 기록한다.
- 다음 기준에 따라 해당 원인이 근본 원인인지 여부를 결정한다.
  - 그 원인을 막을 수 있었는가?
  - 그 일이 일어나기 전에 원인을 알아낼 수 있었는가?
  - 그 원인이 사람의 실수(human error)라면, 왜 그런 일이 일어났을까?
- 해당 원인을 문제 삼아 과정을 반복한다. 근본 원인을 찾았다고 확신하면 이를 중단한다.

시스템이 한 가지 이유로 중단되는 경우는 거의 없다. 그래서 데이터 엔지니어들은 수작업을 줄이기 위해 노력하였고 그 결과 더 스마트한 프로세스, 테스트, 데이터 신선도 확인 및 기타 솔루션이 생겼다. 덕분에 다운스트림으로 문제가 표면화되기 전에 식별할 수 있게 되었다. [그림 6-6]에서 데이터 옵저버빌리티 시스템의 스키마 변경 알림이 그 예다. 사전에 문제를 식별할 수 없다면 이 안전 장치가 매우 부적절하다는 뜻이다.

데이터 파이프라인에서 근본 원인 분석을 수행할 때 데이터 조직이 취해야 할 5단계를 수립했다.

1. 계보를 확인하자.
   무엇이 고장 났는지 이해하려면 문제가 발생한 시스템의 최상단에 있는 업스트림 노드를 찾아야 한다. 해당 노드가 바로 문제의 시작점이며 그 안에 답이 있을 수 있다. 운이 좋으면 문제가 발생한 대시보드 안에 악의 근원이 있을 수 있고 그러면 문제를 파악하기는 쉬워진다.
2. 코드를 확인하자.
   테이블, 특정 필드 또는 사건에 영향을 미치는 필드를 살짝 들여다보면 무엇이 잘못됐는지 그럴듯한

3 「아마존의 5 whys 접근법」, *https://oreil.ly/IuBzc*

가설을 세우는 데 도움이 될 것이다.

3. 데이터를 확인하자.

   1단계와 2단계를 거쳤으면 이제 테이블의 데이터를 자세히 살펴봄으로써 문제가 될 수 있는 힌트가 있는지 확인해야 한다. 여기서 한 가지 시도해 볼 만한 접근법은 비정상적인 데이터 값을 가진 테이블의 다른 필드가 데이터 이상을 일으키는 원인에 관한 단서를 제공하는지 살펴보는 것이다(그림 6-6 참조).

4. 운영 환경을 살펴보자.

   대부분의 데이터 이슈는 ETL/ELT 작업을 실행하는 운영 환경의 직접적인 결과다. ETL 엔진의 로그 및 오류 트레이스를 확인하면 몇 가지 답을 얻을 수 있다.

5. 동료를 활용하자.

   대부분의 경우 동료들은 문제가 되는 데이터에 대한 지식이나 인사이트를 어느 정도 가지고 있다. 질문하는 것을 두려워하지 마라.

이를 실제 사례에 적용해 보자. 고객 대시보드가 고장 난 근본 원인을 분석하는 데 필요한 5단계를 살펴보자.

1단계: 계보를 확인하자

고객 대시보드가 고장 난 것을 확인했다. 이 대시보드는 여러 개(또는 수십 개)의 데이터 소스를 제공하는 긴 트랜스포메이션 체인 위에 구축돼 있다는 것도 알고 있다. 무엇이 고장 났는지 이해하려면 문제가 발생한 시스템의 가장 높은 업스트림 노드를 찾아야 한다. 해당 노드가 바로 문제의 시작점이며 그 안에 답이 있을 수 있다. 운이 좋으면 문제가 발생한 대시보드 안에 악의 근원이 있을 수 있고 그러면 문제를 파악하기는 쉬워진다. 운이 나쁘면 시스템의 최상단 업스트림 소스 중 하나에서 문제가 발생한 것이며 고장난 대시보드에서 하루 종일 DAG를 추적하여 이슈를 살펴보고, 손상된 모든 데이터를 다시 채워야 하는 등 여러 단계를 거쳐야 한다.

> **TIP** 데이터 문제 해결을 위해 힘쓰는 모든 사용자(데이터 엔지니어, 데이터 분석가, 분석 엔지니어 및 데이터 과학자)가 최신 계보에 접근할 수 있어야 한다. 이를 보다 유용하게 사용하려면 비즈니스 인텔리전스 보고서, 머신러닝 모델 또는 리버스 ETL 싱크와 같은 데이터 프로덕트를 계보에 포함해야 한다. 필드 레벨의 계보가 있으면 도움이 된다. 자동화된 필드 레벨 계보는 손상된 데이터 자산과 이러한 손상이 다운스트림 데이터 프로덕트 및 대시보드에 어떤 영향을 미쳤는지 쉽고 빠르게 파악하고자 하는 데이터 엔지니어 조직에 중요한 정보가 된다.

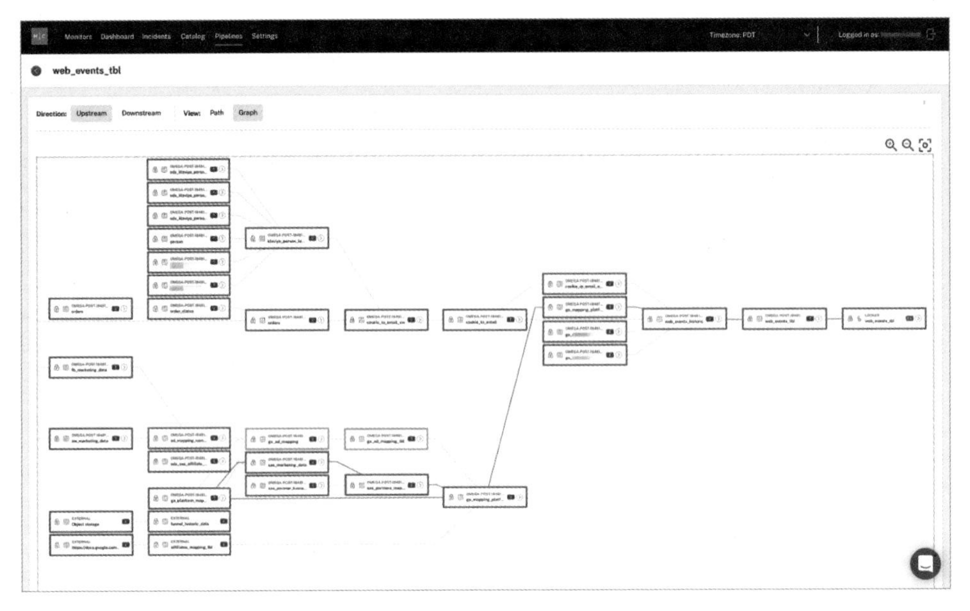

그림 6-7 근본 원인 분석을 위한 계보 시각화

2단계: 코드를 확인하자

마침내 문제가 발생한 최상위 업스트림 테이블을 찾아냈다. 근본 원인을 파악하는 데 한 걸음 더 가까워졌다. 이제 ETL 또는 ELT 프로세스에서 이 테이블이 어떻게 생성되었는지 이해해야 한다(그림 6-8 참조).

테이블을 생성한 로직에 영향을 미치는 특정 필드(또는 여러 필드)나 해당 테이블과 관련된 메타데이터를 들여다보면 무엇이 잘못되었는지 그럴듯한 가설을 세우는 데 도움이 된다. 스스로에게 다음 질문을 던져보자.

- 가장 최근에 어떤 코드로 테이블을 업데이트했는가? 언제 업데이트했는가?
- 연관 필드는 어떻게 계산되었는가? 현재 로직에서 어떤 것이 '잘못된' 데이터를 만들었을까?
- 최근에 로직이 변경되어 문제가 발생할 가능성이 있는가?
- 테이블에 임시로 작성한 내용이 있는가? 최근에 다시 채워졌는가?

그림 6-8 근본 원인 분석 중 코드와 쿼리가 생성된 과정

TIP 데이터 문제를 해결하는 모든 사용자가 테이블을 생성한 로직(SQL, 스파크 등)을 빠르게 추적할 수 있어야 한다(그림 6-9 참조). 문제의 핵심을 파악하려면 현재 코드가 어떻게 생겼는지 뿐만 아니라 테이블을 마지막으로 업데이트했을 때의 코드, 업데이트가 발생한 시점도 알아야 한다. 가능한 이런 일은 없어야겠지만 데이터 백필과 임시 데이터 활용도 고려해 봐야 한다.

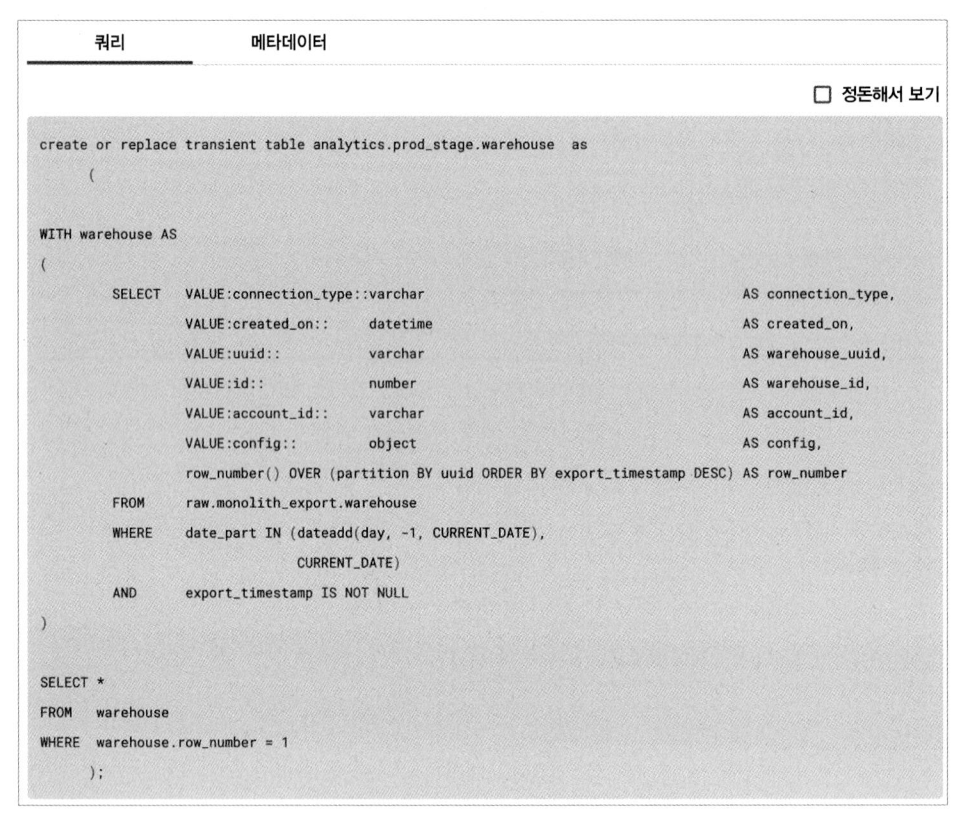


```sql
create or replace transient table analytics.prod_stage.warehouse  as
      (

WITH warehouse AS
(
        SELECT  VALUE:connection_type::varchar                                        AS connection_type,
                VALUE:created_on::     datetime                                       AS created_on,
                VALUE:uuid::           varchar                                        AS warehouse_uuid,
                VALUE:id::             number                                         AS warehouse_id,
                VALUE:account_id::     varchar                                        AS account_id,
                VALUE:config::         object                                         AS config,
                row_number() OVER (partition BY uuid ORDER BY export_timestamp DESC) AS row_number
        FROM    raw.monolith_export.warehouse
        WHERE   date_part IN (dateadd(day, -1, CURRENT_DATE),
                             CURRENT_DATE)
        AND     export_timestamp IS NOT NULL
)

SELECT *
FROM   warehouse
WHERE  warehouse.row_number = 1
      );
```

그림 6-9 해당 데이터 자산의 계보 및 메타데이터를 평가한 후의 쿼리

3단계: 데이터를 확인하자

이제 데이터가 계산된 방법과 이 데이터가 사고에 어떤 영향을 미쳤는지 알게 되었다. 여전히 근본 원인을 찾지 못했다면 테이블의 데이터를 자세히 살펴보고 문제가 될 수 있는 힌트를 찾아야 한다. 다시 스스로에게 다음 질문을 해보자.

- 모든 기록의 값이 잘못되었는가? 아니면 몇몇 기록만 잘못되었는가?
- 특정 기간만 데이터가 잘못되었는가?
- 데이터가 특정 집합에 관해서만 잘못되었는가?(예 안드로이드 사용자, 프랑스에서 진행된 주문 등)
- (코드가 아직 설명하지 못하는 영역에서) 데이터의 새로운 군집 또는 (코드가 이미 다룬 영역에서) 누락된 군집이 있는가?
- 최근 변경된 스키마로 인해 문제가 발생하지는 않았는가?

- 데이터의 숫자 단위가 변경되었는가?(예 달러 → 센트)
- 시간 단위가 변경되었는가?(예 태평양 표준시PST → 미국 동부 표준시EST)
- 기타

여기서 한 가지 시도해 볼 만한 접근법은 비정상적인 기록을 가진 테이블의 다른 필드가 데이터 이상이 발생하는 원인의 단서를 제공하는지 알아보는 것이다(그림 6-10 참조). 예를 들어, 이 책의 공동 저자인 라이어Lior의 조직은 최근에 고객 중 한 명의 중요한 Users 테이블에서 `user_interests` 필드의 NULL 값 비율이 급증한 것을 발견했다. 우리는 소스 필드(예 트위터, 페이스북, 구글)를 살펴보고 관계형 패턴이 올바른 방향을 가리키고 있는지 확인했다. 이러한 유형의 분석은 두 가지 중요한 인사이트를 제공한다. 둘 다 NULL 값을 가지는 기록의 증가를 설명하지만, 한편으로 각각은 궁극적으로 매우 다른 작업을 수행한다는 것이다.

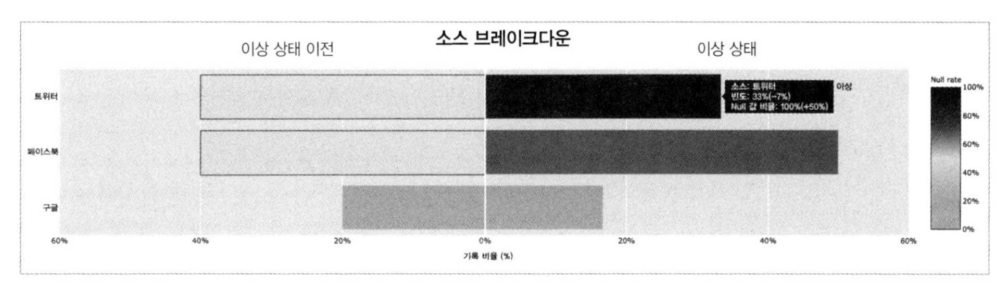

그림 6-10 다른 데이터 문제와 관련된 NULL 값과 같이, 이상치의 통계적 확산에 대한 시각화 작업은 데이터 문제의 근본 원인을 정확히 찾아내는 데 도움이 될 수 있다.

`user_interests="null"`인 기록 중에서 `source="Twitter"`인 기록의 비율이 다른 소스보다 매우 증가했다. 전체 데이터에서 `source="Twitter"`인 비율은 변하지 않았지만, `user_interests="null"`인 기록만 살펴보면 `source="Twitter"`인 기록의 비율이 증가한 것이다.

첫 번째 인사이트로, 이것이 계절적인 이슈의 결과일 뿐일지도 모르고 아니면 정말로 효과적인 마케팅 캠페인의 결과일지도 모른다. 또 다른 인사이트로, 트위터 소스에서 오는 사용자 데이터를 처리하는 데 문제가 있을 수 있으며 우리는 트위터에서 오는 데이터에 집중할 수 있다.

> **TIP** 데이터 문제를 해결하는 모든 사람은 데이터의 다양한 세그먼트, 기간 및 기타 데이터 조각들과 어떻게 관련되어 있는지 데이터를 손쉽게 쪼개어 분석할 수 있어야 한다. 데이터 또는 스키마의 최근 변경 사항을 시각화하는 것이 중요하다. 다만 이러한 통계적 접근 방식은 유용하더라도 근본 원인 분석 과정의 한 부분일 뿐이라는 점을 명심해야 한다.

4단계: 운영 환경을 살펴보자

자, 데이터를 확인했다. 그럼 이제 무엇을 해야 할까? 많은 데이터 문제는 ETL/ELT 작업을 실행하는 운영 환경의 직접적인 결과물이다(그림 6-11 참조). 이를 처리하기 위한 강력한 오픈소스 툴 중 하나가 dbt다.

그림 6-11 근본 원인 분석의 최종 단계 중 하나인 운영 환경 및 관련 ETL/ELT 작업 실행

ETL 엔진의 로그 및 오류 트레이스를 확인하면 다음 질문 중 일부에 답하는 데 도움이 될 것이다.

- 관련 작업에 오류가 있는가?
- 작업 시작에 비정상적인 지연이 있었는가?
- 오래 실행되는 쿼리나 성능이 낮은 작업으로 인해 지연이 발생했는가?
- 실행에 영향을 미치는 권한, 네트워킹 또는 인프라 문제가 있었는가? 최근에 변경된 사항이 있는가?
- 작업 일정 중에 실수로 작업을 중단했거나 종속성 트리에 잘못 배치한 적이 있는가?

TIP 데이터 문제를 해결하는 모든 사람이 ETL 작업이 수행되는 방법을 이해하고 관련 로그 및 스케줄링 설정 화면에 접근할 수 있어야 한다. 오픈 소스 데이터 오케스트레이션 툴인 에어플로를 사용하면 팀이 작업 로그를 통해 프로세스 중에 무엇이 잘못되었는지 더 잘 파악할 수 있다(그림 6-12 참조). 또한 인프라, 보안 및 네트워킹에 대한 이해 역시 문제 해결에 도움이 된다.

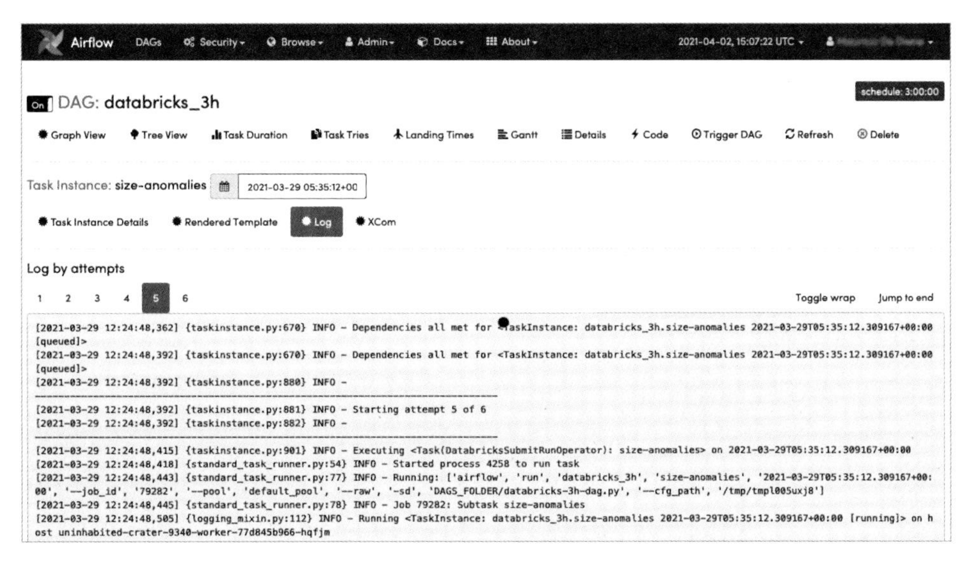

그림 6-12 에어플로를 사용하여 작업 로그를 분석하면 데이터 문제를 해결하는 데 도움이 된다.

5단계: 동료를 활용하자

이제 할 수 있는 모든 것을 했다(어쩌면 지름길을 찾고 있는지도 모르겠다). 다음은 무엇을 해야 할까? 바로 데이터 조직의 가이드를 받아야 한다. 슬랙으로 질문을 쏟아내기 전에 다음 내용을 자문해 보자.

- 과거에 이 데이터셋에서 비슷한 문제가 발생한 적이 있는가? 당시 조직은 이러한 문제를 조사하고 해결하기 위해 무엇을 했는가?
- 현재 문제가 있는 데이터셋의 소유자는 누구인가? 자세한 내용은 누구에게 문의해야 하는가?
- 현재 문제가 발생하고 있는 데이터셋을 누가 사용하는가? 자세한 내용은 누구에게 문의해야 하는가?

TIP 데이터 문제를 해결하는 모든 사람은 데이터셋의 소유권 및 사용에 대한 메타데이터에 액세스할 수 있어야 하며, 누구에게 문의해야 하는지 알아야 한다. 가이드 문서가 포함된 데이터 사고 기록도 유용할 수 있다.

근본 원인 분석은 데이터 품질 문제를 거의 실시간으로 해결하고 방지하는 데 강력한 도구가 될 수 있지만, 파이프라인이 망가졌을 때 특정 문제로 추적할 수 있는 경우는 거의 없다는 점을 명심해야 한다. 다른 분산 아키텍처와 마찬가지로 데이터 생태계는 일련의 복잡한 로직, 이벤트 및 과학 실험처럼 다양한 방식으로 작동하는 파이프라인으로 구성된다.

이 5단계 접근 방식이 스트레스를 유발하는 모닝콜과 같은 근본 원인 분석을 전체 데이터 조직의 확장 가능하고 지속 가능한 작업 방식으로 전환하는 데 도움을 준다는 것을 알게 됐다. 그리고 그 과정에서 한 명의 데이터 엔지니어(데이터 엔지니어링 조직의 인간 데이터 파이프라인 백과사전)에게 조금이나마 휴식을 선사할 수 있을 것이다.

6.2.4 사고 해결

문제가 발생한 것을 확인하고 초기에 미칠 영향을 파악했으면 그다음 단계(때로는 근본 원인 분석 전에)는 문제를 해결하고 적절한 이해관계자에게 다음 단계를 전달하는 것이다. 이는 데이터 파이프라인이나 모델을 일시 중지하고 다시 실행하는 것만큼 쉬울 수 있지만, 데이터는 수백만 가지 이유로 중단되기 때문에 제법 긴 문제 해결 과정을 거쳐야 할 수도 있다.

대부분 '초기 해결책(예 파이프라인 일시 중지 또는 서킷 브레이크)'이 있을 수 있다. '최종 해결책'은 데이터 다운타임 사고의 근본 원인을 해결하는 보다 영구적인 해결책을 구현하는 것이다. 이때 다양한 이해관계자가 상황을 쉽게 파악할 수 있도록 전용 슬랙 채널, 이메일 타래, 위키 사이트, 구글 문서, 지라JIRA 워크플로 또는 기타 협업 툴을 통해 사건의 상태를 전달하는 것이 중요하다.

코드, 데이터, 운영 환경의 변경을 통해 문제가 해결된 후에는 영향을 받는 당사자에게 다음 단계의 일이 무엇인지 전달하고 며칠 내에 포스트모템을 잡아야 한다.

6.2.5 흠 없는 포스트모템

박스Box, 슬랙 및 기타 실리콘 밸리 회사에서 10년 이상 소방수 역할을 한 사이트 안정성 엔지니어는 "문제는 시스템이지, 코드를 작성한 사람이 아니다. 좋은 시스템은 실수나 실패에 관대하며 인간의 오점을 수용하도록 구현된다. 다시 말해 실수를 허용하는 것이 시스템의 역할이다."라는 말을 했다. 그는 이러한 시스템의 역할을 이해하지 않고서는 사고 관리에 관한 글을 쓸 수 없다고 했다.

데이터 신뢰성과 데이터옵스에서도 동일한 정신이 적용된다. 데이터 파이프라인은 내결함성이 있어야 하며, 데이터 파이프라인에서 알려진 미지와 알려지지 않은 미지(4장 참조)를 모두 처리할 수 있는 프로세스와 프레임워크가 마련되어 있어야 한다.

데이터 엔지니어링 조직은 문제를 해결하고 근본 원인 분석을 수행한 후에 발생한 사고의 유형이나 원인에 관계없이 철저하게 교차 기능 포스트모템을 수행해야 한다. 포스트모템(죽음 이후라는 뜻이지만, 여기서는 사후 검토를 의미함)은 사고 해결 이후에 진행되는 회의와 그에 대한 문서로, 주요 정보, 사건의 순서, 관련 당사자, 관련 기술 및 기타 문제에 대한 사실을 강조한다. 포스트모템은 사고의 영향과 결과를 전달하는 방법일 뿐만 아니라, 발생한 일을 기록하여 다시 유사 문제가 발생하지 않도록 예방 조치를 하는 데에도 유용하다.

다음은 데이터 파이프라인에서 훌륭한 포스트모템을 수행하기 위한 몇 가지 가이드라인이다.

모든 것을 학습 경험으로 구성하자

건설적인 대화를 하려면 서로를 비난해서는 안 된다(그렇지 않은 경우, 비난하는 것을 비난해야 함). 사고에 대한 '책임'을 묻는 것은 당연하지만 이것이 동료에게 신뢰를 주거나 협력적인 문화를 육성하는 데는 거의 도움이 되지 않는다. 이러한 경험을 '학습 및 개선'이라는 목표를 중심으로 재구성함으로써, 데이터 다운타임을 제거하는 데 필요한 조직적이고(더 나은 워크플로 및 프로세스 생성), 기술적인(새로운 툴에 대한 투자 사례 생성) 과정을 보다 능동적으로 수행할 수 있다.

사고 대응 준비 상태를 평가할 수 있는 기회로 활용하자

런북을 업데이트하고 모니터링, 알림 및 워크플로 관리 툴을 조정하자. 런북은 공통 작업 또는 절차를 완료하기 위해 자세히 작성한 가이드 문서로, 데브옵스 및 IT 팀에서 널리 사용된다. 이를 데이터에 적용할 때는 회사에서 어떤 툴이나 데이터 자산을 누가 소유하고 있는지, 작업이 정기적으로 실행되거나 대시보드가 업데이트되는지에 관한 정보가 포함될 수 있다. 데이터 생태계가 발전(새로운 서드파티 데이터 소스, API, 심지어 사용자까지 추가될 수 있음)하면서, 이는 사고 방지에서 매우 중요한 단계가 됐다.

각각의 포스트모템 결과를 문서화하고 데이터 조직과 공유하자

소프트웨어 공학에서는 무엇이 잘못되었는지, 시스템이 어떻게 영향을 받았는지에 관한 근본 원인을 문서화하는 작업이 뒷전인 경우가 많다. 그러나 문서화하면 관련 지식이 있는 엔지니어가 팀을 떠나거나 그에게서 더이상 도움을 받을 수 없는 경우에 정보 격차가 발생하는 것을 방지한다. 따라서 사고 관리 작업의 다른 단계와 마찬가지로 중요하다.

SLA를 다시 확인하자

SLA에 대해서 논의하는 것은 이번이 처음(또는 마지막)은 아니다. 대체로 SLA는 많은 기업에서 특정 벤더, 프로덕트 또는 내부 조직이 제공할 서비스 수준과 서비스에 실패할 경우 잠재적인 해결책을 정의하고 측정하는 데 사용하는 방법이다. 데이터 시스템이 성숙해지거나 변화함에 따라 SLA, SLI, SLO를 지속적으로 재검토하는 것이 중요하다. 6개월 전에는 의미가 있었던 SLA가 이제는 더 이상 의미가 없을지도 모른다. 팀은 이러한 변경 사항을 가장 먼저 알고 다운스트림 데이터 사용자와 소통해야 한다.

결국 포스트모템은 소프트웨어 엔지니어만큼이나 데이터 조직에도 중요하다. 이 분야가 계속 발전함에 따라(데이터 시대가 도래한 지 벌써 10여 년이 지났음) 데이터 다운타임이 발생하는 방식과 이유를 이해하는 것이 시스템 및 프로세스의 회복 탄력성을 지속적으로 개선할 수 있는 유일한 방법이다.

6.3 사고 대응 및 완화

효과적인 사고 관리 워크플로를 이해하는 것은 데이터 이상 및 기타 데이터 다운타임 문제를 방지하기 위한 첫 번째 단계이지만 데이터 신뢰성을 제공하는 데는 필수적이지 않다. 결국 테스트는 알려진 미지에 관한 데이터 품질 문제만 다룬다. 그렇다면 알려지지 않은 미지로 발생하는 문제는 어떤가? 데이터 다운타임을 막는 데이터 엔지니어의 첫 번째 방어선인 테스트에서는 일반적으로 알려지지 않은 미지의 20% 정도만 다룬다. 예방 조치를 마련해 두지 않았다면, 나머지 80%는 불만을 품은 이해관계자가 다운스트림에서 '잘못된 보고서 및 대시보드'에 관한 메시지를 보내 식별되는 경우가 대부분이다(그림 6-13 참조).

그림 6-13 테스트는 알려지지 않은 미지의 약 20%만 다루며, 예방 조치를 하지 않은 나머지 문제에 대해서는 동료에게 듣게 될 것이다.

데이터 신뢰성 라이프사이클의 처음 두 부분(그림 6-2의 '탐지' 및 '해결')은 이 프로세스의 '반응적' 단계로, 나머지는 문제 해결에 소요되는 시간을 줄여 줄 '예방적' 단계로 생각할 수 있다. 이제 문제와 그 근본 원인을 파악하고 해결한 후 사고에 대한 포스트모템까지 수행했으므로 [그림 6-14]와 같이 문제 관리에 예방적인 접근 방식을 취할 수 있는 단계까지 왔다. 테스트, CI/CD, 검색, 옵저버빌리티를 계층화하는 데이터 신뢰성 스택을 구현하여 유사한 문제가 다시 발생하지 않도록 하는 것이다.

이 네 가지 요소는 거의 모든 데이터 아키텍처에 적용할 수 있다. 실제로 개별 프로세스를 계층화하면 중앙 집중형, 분산형 또는 이 둘을 결합한 하이브리드 데이터 스택 등 아키텍처 종류에 관계없이 보다 탄력적인 데이터 파이프라인을 구축할 수 있다.

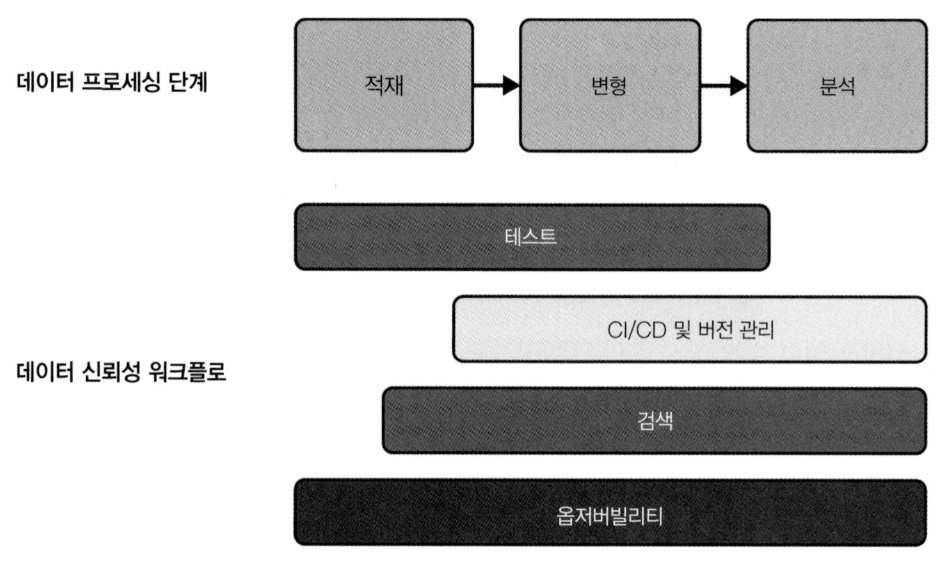

그림 6-14 데이터 사고 관리 및 예방에 필요한 구성 요소인 테스트, CI/CD, 검색, 옵저버빌리티를 통합하는 데이터 신뢰성에 대한 선제적 접근 방식

6.3.1 사고 관리 루틴 설정

데이터 엔지니어는 데이터 문제를 해결해야 할 뿐만 아니라 해결의 우선순위를 정하여 해결 방법을 고민하고, 사고가 발생함에 따라 상태를 전달해야 하는 부담을 안고 있는 경우가 많다. 대부분의 기업에서는 데이터 문제를 해결할 때 근본적인 책임 소재가 모호해지기 때문이다. 특히 "누가 이 사건을 관리하고 있는가?"라는 질문에 관한 답을 할 때 그렇다. 물론 데이터 신뢰성 SLA는 전체 팀에서 관리해야 하지만 문제가 발생하여 데이터가 손상되었을 경우 SLA를 충족할 수 있도록 지원하는 전담 인력이 필요하다. 소프트웨어 엔지니어링에서 해당 역할은 종종 사고 책임자로 정의되며 그들은 다음과 같은 책임을 진다.

- 광범위한 데이터 조직과 이해관계자에게 사고를 조기에 자주 알림
- 영향을 받는 데이터 자산 또는 데이터 이상에 관한 작업 기록 및 유지
- 발생한 사고 관련 작업 조정 및 책임 할당
- 필요에 따라 런북 및 플레이북 배포
- 사고의 심각성 및 영향력 평가

데이터 조직은 매주 또는 매일, 특정 기능 조직이 소유한 특정 데이터셋의 사고 책임자를 번갈아가면서 지정해야 한다. 사고 관리의 우수한 예시를 많이 만들고 이를 반복할 수 있게 만드는 관행(사고 책임자를 명확히 지정함)을 확립하는 일은 중요하다. 그러려면 조직 문화를 바꾸는 것이 최우선이지만 일단 자동화 기술에 투자하고 데이터 상태를 지속적으로 확인하기만 해도 꽤 도움이 된다. 나머지는 교육으로 만들어 간다.

다음은 모든 사고 관리자가 데이터 문제의 심각성을 분류하고 평가할 때 취해야 하는 네 가지 주요 단계다.

1단계: 적절한 팀원에게 알림 전달하기

데이터 사고에 대응할 때 데이터 조직의 구조화 방식은 사고 관리 워크플로에 영향을 미치고, 결과적으로 사고 책임 프로세스에 영향을 미친다. [그림 6-15]와 같이 데이터 조직 구성원들이 각각의 사업부에 파견되어 있는 경우 사고 대응을 위임하기가 훨씬 쉽다(예를 들어, 마케팅 데이터 및 분석 팀이 모든 마케팅 분석 파이프라인을 소유함). 조직 구성원은 서로 다른 사업부에 분산되어 있으며 각 도메인의 데이터 조직 구성원은 이해관계자를 위해 사고를 처리할 책임이 있다. 이런 구조에서 데이터 조직 구성원은 일반적으로 사업부의 책임자, 데이터 책임자, 또는 최고 데이터 책임자CDO, Chief Data Officer에게 보고한다.

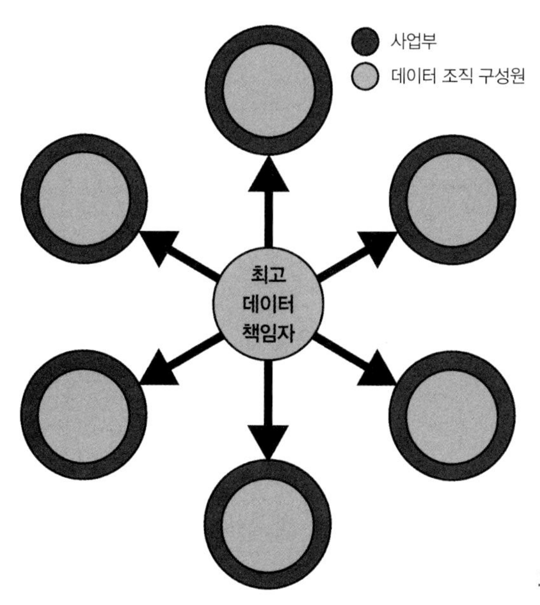

그림 6-15 분산형 데이터 조직 구조

중앙 집중형 데이터 조직(그림 6-16 참조)에 속한 경우 사고 알림을 처리하고 적절한 소유자에게 전달하려면 좀 더 많은 통찰력과 계획이 필요하다. 중앙 집중형 데이터 조직은 CDO 또는 데이터 책임자에게 직접 보고하고 서로 다른 사업부의 데이터 쿼리문과 사고 관리를 동시에 처리한다. 달리 명시되지 않는 한 여러 개의 사업부가 이해관계자에 해당한다. 데이터 신뢰성을 보장하는 데는 이 두 가지 구조 모두 장단점이 있는데, 이 부분은 8장에서 더 자세히 설명하겠다.

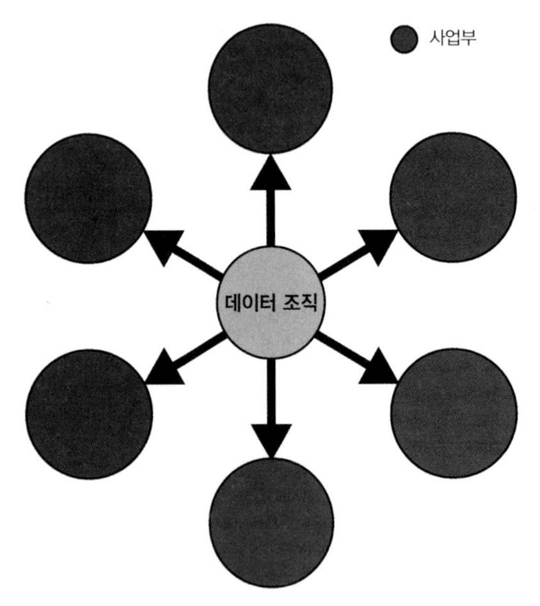

그림 6-16 중앙 집중형 데이터 조직 구조

어느 쪽이든 데이터 조직의 특정 구성원이 소유·유지·관리하는 데이터 파이프라인의 전용 슬랙 채널 열기를 권유한다. 그리고 관계자를 초대하여 그들이 중요한 데이터 상태를 공유 받을 수 있게 하면 좋다. 더불어 페이저듀티 또는 옵스지니 Opsgenie 워크플로를 설정해서 모든 파이프라인을 관리한다.

2단계: 사고의 심각도 평가하기

파이프라인 소유자에게 데이터에 문제가 있다는 알림이 뜨면 가장 먼저 문제의 심각성을 평가해야 한다. 데이터 생태계는 끊임없이 진화하기 때문에 언제든지 데이터 파이프라인에 변화를 줄 수 있다. 어떤 경우는 무해하지만(예 예상된 스키마 변경), 어떤 경우는 훨씬 더 치명적이어서 다운스트림 이해관계자에게 영향을 미친다(예 중요 테이블의 행이 10,000개에서 1,000개로 감소).

문제 해결을 시작한 후에는 문제의 상태(수정됨, 예상됨, 조사 중, 조치 필요 없음, false positive 등)를 기준으로 태그를 지정하는 것이 좋다. 그러면 사용자가 사건의 심각도를 평가하는 데 도움이 되며 이해관계자는 영향을 받은 데이터와 관련된 채널의 업데이트를 전달 받아 적절한 조치를 취할 수 있다.

그런데 회사에 중요하지 않은 데이터 자산이 손상되면 어떻게 될까? 또 해당 데이터가 더 이상 사용되지 않는 경우에는 어떨까?

팬텀 데이터Phantom data[4]는 최고의 데이터 조직도 쩔쩔매는 문제다. 사고를 모두 해결한 뒤 알고 보니 비즈니스에 큰 영향이 없었던 데이터 문제에 대한 경고였던 경우가 허다하기 때문이다. 게다가 몇 달 동안 이 데이터가 아예 사용되지 않은 경우도 있다. 즉, 우선순위가 높은 문제를 해결하지 못하고 이미 망가진 데이터를 조사하는 데 몇 시간 또는 며칠을 보냈지만 시간만 낭비하는 경우가 있다는 것이다.

그렇다면 조직에 가장 중요한 데이터가 무엇인지 어떻게 판단할까? 최근 가장 중요한 데이터셋을 알아내는 데 자주 쓰이는 방법은 계보를 시각화하고 데이터가 비즈니스에서 어떻게 사용되고 있는지 이해하는 데 도움이 되는 툴을 활용하는 것이다(그림 6-17 참조). 운영 분석은 데이터 조직이 회사 전체에서 데이터가 어떻게 사용되는지, 데이터 다운타임에 더 취약한 데이터 파이프라인이 어떤 것인지, 데이터 자산당 클라우드 스토리지 비용이 얼마나 드는지, 그 외 데이터 상태에 관한 귀중한 인사이트는 무엇인지 등을 이해하는 데 도움이 된다. 이를 통해 사고가 발생할 때 모든 데이터셋이 어떻게 관련돼 있는지 가시성을 확보하고 데이터 소유권을 추적하여 문제로 인해 영향을 받을 가능성이 있는 사람에게 경고할 수 있다. 다시 말해, 데이터 옵저버빌리티 솔루션은 풍부한 계보와 데이터 플랫폼의 운영 분석을 탐색하는 방법을 제공한다.

중요한 데이터에 사고가 영향을 미쳤는지 팀에서 파악할 수 있으면 다운타임의 심각도를 더 잘 이해할 수 있다. 금전적 인사이트를 직접적으로 제공하는 데이터에 사고가 영향을 미치는 경

4 옮긴이_동일한 트랜잭션에서 같은 쿼리에 대해 처음에 조회되지 않다가, 중간에 다른 트랜잭션에서 값을 추가함으로써 이후에 조회되는 데이터다.

우, 우선순위가 매우 높은 문제일 가능성이 높다. 우선 순위가 높지 않다면 다른 업무로 넘어가면 된다.

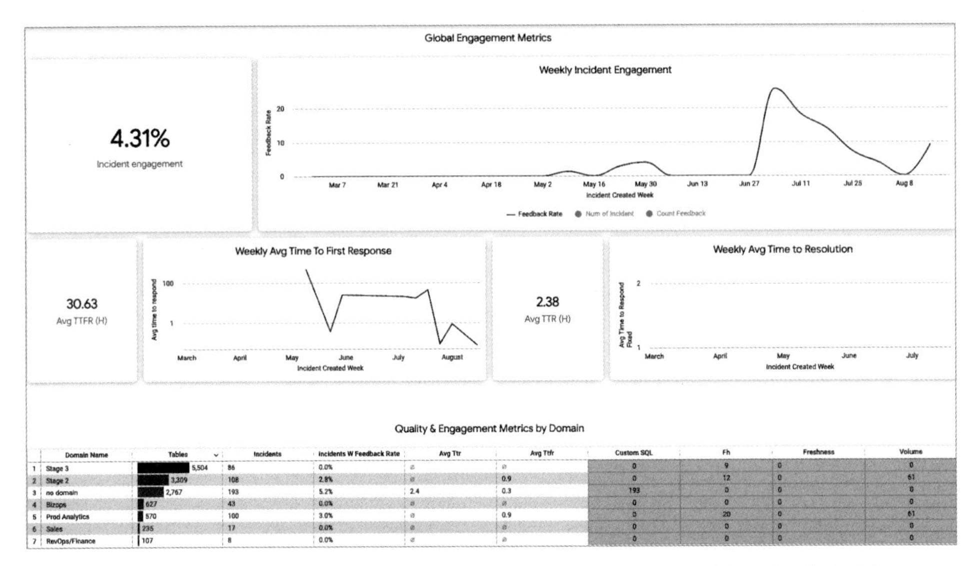

그림 6-17 시각화 도구는 데이터 조직이 비즈니스에서 데이터가 어떻게 사용되는지 이해하는 데 도움이 된다.

3단계: 상태 업데이트에 관해 자주 이야기하기

양질의 커뮤니케이션은 데이터 사고에 대응하는 데 큰 도움이 된다. 그렇기에 데이터 조직이 주어진 유형의 사고를 처리하는 방법을 단계별로 안내하는 런북을 잘 만들어야 한다. 작성 방법과 이유는 6장 앞부분에서 설명했다. 런북은 책임의 범위를 확정하고 중복 작업을 줄이기 위해 반드시 필요하다.

'누가 무엇을 하는지' 파악하고 나면 팀에서 이해관계자가 실시간으로 상태 페이지를 업데이트할 수 있다. 또한 중앙에서 관리하는 상태 페이지를 통해 다른 사람들이 작업 중인 내용과 해당 사고의 현재 상태를 확인할 수도 있다.

필자는 데이터 리더들과 대화를 나누면서 사건 대응 위임이 다음 둘 중 하나로 처리되는 것을 알 수 있었다.

주어진 시간 동안 모든 사고를 처리하기 위해 대기하는 구성원을 지정한다

사고가 발생하면, 담당자는 모든 유형의 데이터 사고를 처리할 책임이 있다. 어떤 조직은 그들이 관리하는 모든 사고를 처리하는 상근 직원이 있는 반면, 어떤 조직은 매주 구성원이 일정에 따라 번갈아가며 처리한다.

특정 테이블을 처리할 책임이 있는 구성원을 지정한다

흔히 볼 수 있는 구조다. 구성원은 일상적인 활동을 하면서 할당된 테이블이나 리포트에 관련된 모든 사고를 처리한다. 일반적으로 해당 구성원이 가장 밀접하게 작업하는 데이터 또는 파이프라인을 기반으로 테이블을 할당한다.

두 가지 방식 모두 효과가 있다. 조직 구조, 리소스 및 우선순위에 가장 적합한 것이 무엇인지에 따라 '최적의' 방식을 선택하면 된다.

4단계: 데이터 SLO 및 SLI를 정의하고 조정하여 향후 사고 및 다운타임 발생 방지하기

사고 책임자는 SLO를 설정할 책임은 없지만 SLO를 충족해야 할 책임이 있는 경우가 많다. 즉 SLO는 많은 회사에서 특정 벤더, 프로덕트 또는 내부 조직이 제공할 서비스 수준과 서비스를 제공하지 못할 경우 잠재적인 해결책을 정의하고 측정하는 데 사용하는 방법이다.

예를 들어, 슬랙의 고객 대응 SLA는 Plus 요금제 이상 고객에게 매 회계 분기마다 99.99%의 업타임과 10시간 이하의 다운타임 수준을 약속한다. 이를 충족하지 못하는 경우, 영향을 받은 고객은 나중에 사용할 수 있도록 서비스 크레딧을 받을 수 있다.

SLA를 정량적으로 측정하는 방법인 SLI는 특정 사용 사례에 따라 다르다. 5장에서 설명한 것처럼 사고 대응 및 데이터 품질을 정량화하는 데 다음과 같은 몇 가지 메트릭을 사용한다.

특정 데이터 자산의 데이터 사고 수(N)

외부 데이터 소스에 의존할 가능성이 높다는 점을 감안할 때 여러분의 통제 범위를 벗어날 수 있지만 여전히 데이터 다운타임의 중요한 원인이며, 일반적으로 측정할 가치가 있다.

탐지 시간(TTD)

문제가 발생하면 얼마나 빨리 경고를 받는지 TTD로 정량화한다. 적절한 탐지 및 경고 방법이 없다면 문제를 알아차리는 데 몇 주 또는 몇 달이 걸릴 수 있다. 나쁜 데이터로 인한 '조용한 오류'는 회사와 고객 모두에게 영향을 미치며 비용이 많이 드는 의사 결정으로 이어질 수 있다.

해결 시간(TTR)

문제에 대해 경고를 받고 문제를 얼마나 빨리 해결할 수 있었는지 측정한다.

해당 지표를 추적함으로써 데이터 조직은 TTD 및 TTR을 줄이고 결과적으로 보다 안정적인 데이터 시스템을 구축할 수 있다.

6.3.2 사고 책임자가 중요한 이유

데이터 사고에 대응할 때는 시간이 가장 중요하다. 사고 책임자에게 시간은 숙적이자 가장 친한 친구다. 이상적인 상황에서 기업은 데이터 문제가 가능한 한 빨리 해결되기를 원한다. 하지만 현실적으로는 그렇게 신속하게 해결하기 어렵다. 그리고 데이터 문제는 생각보다 흔해서, 어떤 조직들은 그 문제들을 자주 들여다보아야만 한다. 실제로 데이터 조직은 사용자 지정 데이터 테스트를 만들고 업데이트하는 데 많은 시간을 투자하지만, 여전히 데이터 파이프라인이 고장 나는 일을 경험한다. 적절한 프로세스, 약간의 자동화, 조직적 지원으로 무장한 사고 책임자만이 데이터 파이프라인의 안정성을 보장하는 놀라운 일을 해낼 수 있다.

6.4 사례 연구 페이저듀티의 데이터 사고 관리

페이저듀티는 90개국에서 16,800개 이상의 기업이 디지털 운영 관리 플랫폼을 통해 업타임 SLA를 달성하고 온콜 관리, 이벤트 인텔리전스, 분석 및 사고 대응을 강화하도록 지원한다. 그렇다면 페이저듀티는 조직 내에서 데이터 사고 관리에 어떻게 접근할까? 데이터 플랫폼 및 분석 팀(편의상 데이터듀티 DataDuty 로 부름)의 시니어 디렉터인 마누 라즈 Manu Raj 를 만나, '데이터 다운타임'을 방지하는 한편, 보다 안정적인 데이터 파이프라인을 만들기 위한 조직의 전략을 들어봤다.

6.4.1 페이저듀티의 데이터옵스 환경

페이저듀티의 비즈니스 데이터 플랫폼 팀은 고객이 언제 어디서나 이해하기 쉽고 효율적인 의사 결정을 내릴 수 있게 신뢰할 만한 데이터를 제공해야 한다는 미션이 있다. 마누는 "그중 가장 중요한 부분은 데이터 거버넌스, 데이터 품질, 보안, 인프라 운영"이라고 말했다. 그들에게 고객은 '재무, 경영진, 고객 성공, 엔지니어링, 영업 및 마케팅을 포함한 페이저듀티의 거의 모든 부서'다.

플랫폼 자체의 측면에서 데이터듀티 팀은 페이저듀티뿐 아니라 데이터 웨어하우스로 스노우플레이크, 파이브트랜, 세그먼트, 뮬소프트 Mulesoft, AWS, 몬테카를로, 데이터브릭스의 솔루션을 사용한다. 또한 이 팀은 최근 머신러닝 기반 데이터 옵저버빌리티 기능을 통합하여 데이터 파이프라인의 각 단계에서 사고를 모니터링하고 측정 및 해결함으로써 데이터 시스템의 상태를 완전히 파악하고 있다.

6.4.2 페이저듀티의 데이터 문제

대부분의 SaaS 회사와 마찬가지로 페이저듀티는 많은 클라우드 애플리케이션(세일즈포스 Salesforce, 마케토 Marketo, 넷스위트 Netsuite 등)을 사용하고 내부 및 서드파티 데이터를 수집한다. 정형 데이터, 비정형 데이터를 포함하여 다양한 주기로 들어오는 데이터 및 다양한 단위로 진행되는 실시간 배치는 모두 페이저듀티의 전체 데이터 생태계의 일부다.

데이터듀티의 주요 과제는 정확한 데이터를 기반으로 보다 신속하게 의사 결정을 내릴 수 있도록 지원함으로써 데이터 품질이 최종 사용자의 기대치를 충족하도록 관리하는 것이다. 마누는 "비즈니스의 역동성 때문에 데이터 문제가 일어날 수밖에 없다."라며, "비즈니스를 위한 데이터 요구 사항은 분기별로 지속적으로 변화하고 있으며 이에 따라 정확한 의사 결정이 신속하게 이루어져야 한다. 모든 것이 데이터 중심으로 민첩하게 움직여야 한다."라고 덧붙였다.

6.4.3 데브옵스 우수 사례를 통한 데이터 사고 관리 확장

데이터듀티는 야심찬 임무를 수행하기 위해 데이터 파이프라인과 관련하여 다양한 데브옵스 사고 관리 우수 사례를 구현했다.

우수 사례 #1: 사고 관리를 전체 데이터 라이프사이클에 적용한다

페이저듀티에서 데이터 엔지니어의 사고 관리는 데브옵스의 확장이라 할 수 있는 데이터 운영에 속한다. 여기에는 데이터 자체 및 데이터 파이프라인 문제 모두에 대한 추적, 응답 및 문제 분류가 포함된다. 일단 데이터가 고객 대상 보고서에 표시될 때까지 웨어하우스에 보관되면 누락된 데이터에서 모델 오류에 이르기까지 다양한 유형의 데이터 다운타임이 발생할 수 있다. 데이터듀티는 데이터 이상, 신선도, 스키마 변경, 메트릭 추세 등을 포함한 데이터 품질 문제를 모니터링한다.

데이터 웨어하우스에서 데이터 품질을 모니터링하고 보장하기 위해서는 데이터 옵저버빌리티가 특히 중요하다. ETL 툴을 활용한 맞춤형 데이터 품질 검사를 통해 데이터 파이프라인 수준에서 개입할 수 있지만, 갈수록 데이터 생태계의 로직, 스크립트 및 기타 요소를 관리하는 것이 번거로워지고 있다. 또한 마누가 지적한 바와 같이 데이터 추세와 관련된 문제는 파이프라인 품질 검사로 식별할 수 없다.

우수 사례 #2: 사고 관리에는 노이즈 억제가 포함된다

데이터 노이즈는 데이터 모니터링 및 이상 탐지 등을 구현할 때 주요 문제가 되며, 엔터프라이즈 규모에서는 매일 다양한 '경고'가 발생한다. 이러한 경고 중 많은 것이 데이터의 변화를 나타내지만 이러한 변화가 반드시 새로운 '문제'를 뜻하는 것은 아니다. 신호-노이즈 비율로 경보 시스템의 작동 가능성을 판단할 수 있으며, 가능한 이 비율을 0에 가깝도록 만들기 위해 노력한다.

데이터 조직은 고객과 비즈니스 오너를 구분하고 이러한 경고에 적시에 대응하는 동시에 데이터 프로덕트 자체의 소유권을 제대로 위임할 수 있어야 한다. 마누의 데이터듀티 팀은 페이저듀티를 사용하여 유사한 데이터 사고 알림을 식별하며, 여러 데이터 문제가 포함된 하나의 사고에 대해 여러 번 알림이 발생하지 않도록 통제한다. 이를 통해 구성원들은 알림에 압도되지 않고 당면한 데이터 문제의 근본 원인을 해결하는 데 집중할 수 있다.

우수 사례 #3: 데이터 자산 및 사고를 그룹화하여 경고를 지능적으로 발송한다

마누에 따르면 데이터 옵저버빌리티는 사고 대응 및 에스컬레이션을 포함한 데이터 사고 관리 단계가 발생하기 전의 첫 번째 관문이다. 결국 '데이터가 업데이트되지 않음' 문제는 비정상적인 추세나 메트릭과 비교할 때와는 완전히 다른 문제다. 팀은 이러한 데이터 문제가 발생할 경우에 언제든지 식별할 수 있어야 한다.

데이터듀티는 자체 데이터 플랫폼에서 데이터 옵저버빌리티 기능을 페이저듀티와 통합하기 시작했을 때, 데이터 문제를 그룹화하여 360도 뷰를 기반으로 발송 및 알림을 더 쉽게 수행하는 등 데이터옵스의 우수 사례를 따라서 작업했다. 데이터 옵저버빌리티를 활용하여 데이터 파이프라인 문제를 그룹화하고 이 워크플로를 기반으로 분류 및 경고 기능을 구현함으로써 해당 경고가 데이터듀티 팀에 올바르게 전달되도록 만들 수 있었다.

스케줄링에는 에어플로를 사용하기 때문에 팀은 페이저듀티를 통해 그 알림도 받는다. 더불어 데이터 옵저버빌리티의 일환으로 경영진 보고 및 재무 보고서를 위한 데이터를 포함하여, 회사의 가장 중요한 데이터 자산을 정의했다. 그리고 페이저듀티를 통해 해당 자산과 관련된 경고를 울릴 수 있게 만들었다. 이 경고는 비즈니스 인텔리전스 팀에도 전달된다. 그러면 팀은 상시 모니터링을 하고, 필요한 경우 조치를 취할 수 있다.

마누와 데이터듀티는 이를 통해 고객 수, 고객 이탈률, 계정 수, 데이터 사고 수와 같은 비즈니스 인텔리전스 메트릭의 상태를 모니터링하고 알림을 보내면서 데이터의 신뢰성을 높일 수 있었다. 해당 알림은 이후 비즈니스 인텔리전스 팀에 전달되므로 이 팀에서 필요에 따라 모니터링을 하고 적절한 조치를 취할 수도 있다.

이러한 우수 사례를 통해 페이저듀티의 플랫폼 팀은 데이터 옵저버빌리티 원칙을 기반으로 데브옵스 관점에서 데이터 사고 관리에 접근함으로써 책임을 다하고 있다.

6.5 마치며

대규모로 손상된 데이터 파이프라인을 고치는 작업을 할 경우, 데이터 조직은 사고 관리 작업을 반복할 수 있게 만들어야 한다. 그리고 근본 원인을 분석해야 한다. 즉, 데이터 신뢰성 워크플로에 투자해야 한다. 요약하면 다음 4단계를 따를 것을 권한다.

- 중요한 데이터 파이프라인을 관리하기 위해 사고 관리 프로그램을 도입한다.
- 대규모 사고 감지 전략의 일환으로 이상 탐지를 활용한다.
- 사고 발생 시 근본 원인 분석 및 영향 분석을 철저히 수행한다.
- 테스트, CI/CD, 데이터 옵저버빌리티, 데이터 관리를 통해 데이터 품질 문제가 발생하지 않도록 예방한다.

데이터 시스템은 갈수록 발전하고 기업들은 데이터를 점점 더 많이 수집한다. 그래서 앞서 언급한 4단계가 없으면 데이터 엔지니어와 데이터 분석가는 실시간으로 데이터 품질 문제를 처리하는 데 어려움을 겪게 된다. 7장에서는 데이터 다운타임 해결 및 방지를 위한 중요한 툴인 자체 계보 시스템을 구축하는 방법을 살펴보면서 사고 관리 및 해결 방법에 관한 심화 내용을 다룰 것이다.

CHAPTER 7

엔드 투 엔드 데이터 계보 구축

PREVIEW

7장에서는 모든 데이터 엔지니어가 갖추어야 할 무기이자 즐겨 사용하는 오픈 소스 도구를 사용해 현업에서 사용하는 수준의 계보 구축 방법을 설명한다. 이를 통해, 최신 데이터 시스템을 위한 엔드 투 엔드 필드 레벨 데이터 계보를 만들 때 고려해야 할 주요 내용, 계보에 포함되는 세 가지 요소 등을 배울 수 있다. 더불어, 거대 미디어 기업 폭스 네트워크에서 데이터 신뢰성을 보장하기 위해 데이터 아키텍처를 어떻게 설계했고, 이를 데이터 계보로 어떻게 구축했는지 실제 사례를 들어 알아본다.

2004년 7월 27일, 5년 차 스타트업 회사인 구글은 애플리케이션이 다운되는 심각한 문제에 맞닥뜨렸다.[1]

몇 시간 동안 미국, 영국, 프랑스 전역의 사용자들이 구글 검색 서비스를 사용할 수 없었던 것이다. 700여 기업의 고객 및 수백만 명에 이르는 일반 사용자들의 불편을 해결하기 위해 구글의 엔지니어들은 고군분투하였고, 문제의 근본 원인이 'MyDoom 바이러스'[2]에 있었음을 발견하였다.

2020년대에는 이 정도 규모의 서비스 중단이 일어나면 비상사태 수준이지만, 20여 년 전에는 이러한 유형의 서비스 중단 사태가 흔하게 발생했다. 수년간 다양한 경험을 하며 팀을 이끌었던 구글의 엔지니어링 매니저인 벤자민 트레이너 슬로스Benjamin Treynor Sloss는 소프트웨어 업계에서 이러한 사고가 발생했을 때를 대비하여 예방하고 관리할 수 있는 더 나은 방법이 필요하다고 생각했다.

그래서 슬로스는 데이터와 IT 인프라를 구축했던 초기 경험을 바탕으로 사이트 신뢰성 엔지니어링 개념을 체계화했다. 신뢰할 수 있는 소프트웨어 시스템의 유지와 관리, 운영 최적화를 최우선시하자는 움직임이었다.

1 「구글, MyDoom 바이러스 감염 '인터넷 웜 때문'」, *https://oreil.ly/R7fqg*

2 「구글 다운, MyDoom 바이러스가 문제의 원인」, *https://oreil.ly/N01Ks*

슬로스와 함께 이 개념을 발전시킨 사람들[3]에 따르면, 사이트 신뢰성 엔지니어링은 특수한 엣지 케이스[4]와 예상치 못한 상황(버그 발생, 서버 장애, 바이러스 등)에 대한 대응을 자동화하는 작업이다. 궁극적으로 슬로스와 그의 팀은 빠르게 성장하는 회사에서 수작업 매뉴얼 작업을 자동화하는 동시에 오류가 발생했을 때 코어 시스템을 보호할 수 있는 방법을 찾고자 했다.

슬로스는 "사이트 신뢰성 엔지니어링은 프로덕션을 대하는 사고방식과 접근방식이다. 시스템을 개발하는 대부분의 엔지니어는 자신이 시스템의 사이트 신뢰성 엔지니어링이기도 하다."라고 말했다.[5] 이어서 "핵심은 복잡하고 잘 정의되지 않은 문제를 기술적으로 합리적이고 확장 가능한 솔루션으로 제안할 수 있느냐 하는 것이다."라고 덧붙였다. 구글이 다운스트림 문제를 예측하고 예방할 수 있는 프로세스와 시스템을 갖췄다면 사용자에게 최소한의 영향을 미치며 (2004년 당시) 서비스 중단 문제를 해결할 수 있었을 것이라는 아쉬움에서 비롯된 이야기였다.

이로부터 20년 후, 데이터 조직들은 정말로 이와 비슷한 상황에 직면하였다. 소프트웨어와 마찬가지로 데이터 시스템은 여러 업스트림 및 다운스트림 종속성 때문에 점점 더 복잡해지고 있다. 5~10년 전에는 사일로 환경에서 데이터를 관리하는 것이 일반적이었지만, 이제는 조직 전체가 데이터로 작업하기 때문에 데이터 관리에 대해 보다 전사적이고 내결함성[6]을 갖춘 접근방식을 취하고 있다.

지난 몇 년간 데이터 엔지니어링 및 분석 조직이 이러한 이슈를 해결하기 위해 다양한 도구를 활용하기 시작했다. 데이터 핸들링 및 오케스트레이션을 수월하게 하는 dbt나 아파치 에어플로 같은 오픈 소스부터 스노우플레이크나 데이터브릭스와 같은 클라우드 기반 데이터 웨어하우스 혹은 데이터 레이크[7]까지 활발하게 사용하고 있다.

애자일agile 원칙을 바탕으로 한 이러한 근본적인 변화는 데이터 시스템을 개념화하고 설계, 구축 및 유지 관리하는 방법과 관련이 있다. 덕분에 일회성으로 생성하여 업데이트도 없이 방치되는 대시보드나 보고서는 사라졌다고 볼 수 있다. 이제 더 나아가 조직 전체의 최종 데이터 사용자가 데이터를 프로덕트처럼 다룰 수 있도록 관리해야 한다. 그리고 이를 안정적으로 수행하기 위해서는 서로 다른 시스템을 연결하는 일종의 지도와 같은 데이터 계보가 필요하다.

---

3 「SRE 전문서 모음」, *https://oreil.ly/bdoRU*

4 옮긴이_소수의 사용자 및 장치에만 영향을 미치거나 일반적이지 않은 상황에서 생기는 소프트웨어 버그 유형이다.

5 「SRE의 역사」, *https://oreil.ly/Uw8a8*

6 옮긴이_시스템의 일부 구성 요소가 작동하지 않더라도 서비스는 계속 작동할 수 있도록 하는 구조를 뜻한다.

7 「데이터 레이크와 데이터 웨어하우스: 주요 차이점 세 가지」, *https://oreil.ly/srqDm*

앞서 언급한 것처럼 데이터를 소프트웨어 프로덕트처럼 다루려면 그만큼 통합적으로 신뢰할 수 있어야 한다. 7장에서는 워크플로의 가장 중요한 기능 중 하나인 데이터 계보를 구축하는 방법을 살펴보고, 데이터 플랫폼 프로덕트 관리자의 실제 사례를 다룬다.

7.1 최신 데이터 시스템을 위한 엔드 투 엔드 필드 레벨 데이터 계보 구축

데이터 엔지니어는 정상적인 시스템을 괴롭히는 스키마 변경, NULL 값 오류 및 배포 오류에 익숙할 것이다. 실제로 데이터 파이프라인이 점점 더 복잡해지고, 더 많은 조직이 분산된 아키텍처를 채택함에 따라 데이터 품질 문제는 더욱 늘어날 수밖에 없다.

과거에는 이러한 문제를 방지하기 위해 데이터 테스트를 시행했지만 보다 근본적인 데이터 파이프라인 내의 원인 파악 및 워크플로 영향 분석을 진행하기 위해 데이터 계보의 중요성이 대두됐다. 사이트 신뢰성 엔지니어 또는 데브옵스 실무자들이 더 큰 시스템의 맥락에서 소프트웨어가 중단된 포인트를 이해하기 위해 `git blame`[8] 명령을 활용하는 것처럼, 데이터 엔지니어나 분석가는 데이터 계보를 통해 라이프사이클의 각 단계에서 데이터 상태를 확인할 수 있다. 즉, 신뢰성을 확보하기 위해 데이터 품질 이슈를 이해하는 데 계보가 중요한 역할을 한다.

데이터 계보는 데이터 웨어하우스나 레이크의 데이터 수집 단계부터 비즈니스 인텔리전스를 위한 분석 단계까지, 라이프사이클 전반에서 데이터의 여정을 지도로 나타낸다. 간단히 말해, 데이터 계보는 A지점에서 B지점까지 데이터가 이동한 방식에 관한 기록이다. 데이터 파이프라인의 맥락에서 계보는 업스트림 데이터 소스(데이터 웨어하우스나 데이터 레이크)와 다운스트림 종속성(분석 보고서 및 대시보드) 사이의 관계를 추적하여 데이터 흐름에 대한 가시성을 제공한다.

[그림 7-1]에서 볼 수 있듯이, 최신 데이터 계보 도구는 시스템 변경이 종속된 하위 레벨에 얼만큼 영향을 미치는지와 같은 특정 테이블 내의 세부적인 부분까지 다룬다.

8 옮긴이_특정 코드에 대한 변경 이력을 볼 수 있는 git 명령어다.

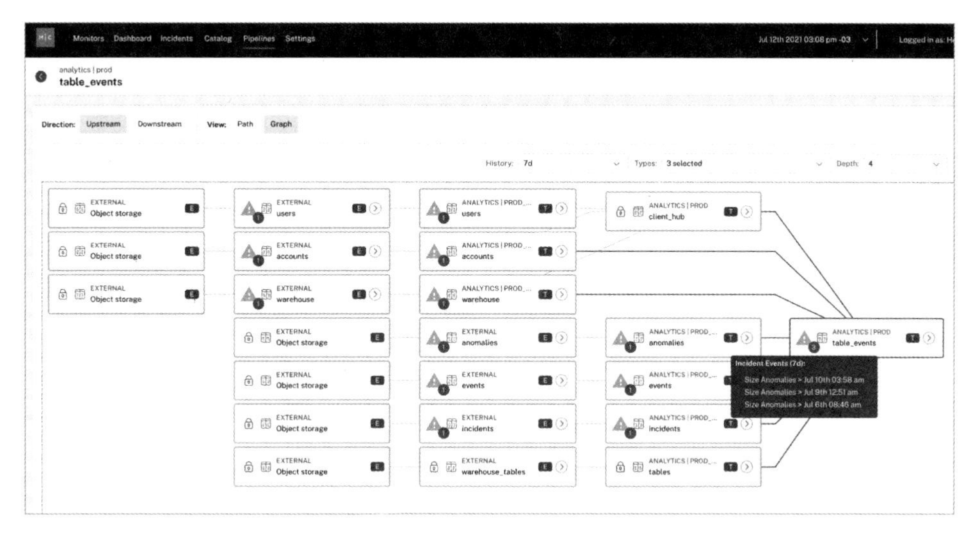

그림 7-1 데이터 웨어하우스의 개체와 테이블 간의 업스트림 및 다운스트림 연결을 나타내는 테이블 레벨의 데이터 계보

그러나 가장 기본적인 SQL을 활용하여 복잡한 데이터 구조를 풀어 계보를 구축하는 것은 쉬운 일이 아니다. 전에는 데이터 계보들을 직접 구문을 작성해야 했기 때문에 데이터 환경과 각 구성 요소 간의 상호작용에 관해 백과사전 수준의 어마어마한 지식이 필요했다.

하지만 오늘날 기업들은 더 많은 데이터를 수집하고 새로운 솔루션을 활용한다. 그리고 노코드 소프트웨어나 비즈니스 인텔리전스 도구를 통해 사용자가 데이터 분석에 더 쉽게 접근할 수 있는 환경을 조성하고 있다. 하지만 그만큼 데이터 구조가 복잡해짐에 따라 데이터 계보를 수동으로 갱신하기가 어려워졌다. 지금부터 자체 데이터 시스템에 필요한 필드 레벨 계보를 구축하려는 데이터 엔지니어링 조직을 위해, 백엔드 아키텍처와 주요 사용 사례 및 모범 사례를 다루고 계보를 구축하는 데 필요한 사항을 알아보고자 한다.

7.1.1 데이터 계보 요구 사항

지난 몇 년 동안 업계의 모든 데이터 조직은 테이블 레벨 데이터 계보[9]에 의존하여 업스트림 및 다운스트림 종속성의 지도를 생성했고 데이터 신뢰성 워크플로를 개선해 왔다. 이 작업은 거시

9 「빅쿼리용 데이터 계보 시스템 설계」, *https://oreil.ly/8zf8w*

적 수준에서는 유용하지만 이를 이용하여 테이블 레벨에서 데이터 파이프라인이 중단되는 이유와 방식을 정확히 이해하는 데 필요한 세부 사항은 확인하지 못했다.

계보 구축의 첫 번째 단계는 프로덕트에 새로운 기능을 추가할 때와 마찬가지로, 사용자 요구 사항을 이해하고 합리적인 시간 내에 제공할 수 있는 부분을 파악하는 것이다. 계보를 구축할 때 고려해야 할 주요 사항은 다음과 같다.

가치 실현 시간 단축

데이터 조직은 코드, 운영 및 데이터 변경이 다운스트림 필드와 보고서에 미치는 영향을 빠르게 파악하기를 원한다. 이를 위해서는 데이터 개체 간의 관계를 필드 수준까지 추상화해야 한다. 단, 테이블 레벨에서 방대한 필드 레벨로 빠르게 수정하는 것은 불가능할 수 있다.

보안 아키텍처

일반적으로 데이터 계보가 사용자 데이터 또는 개인 식별 정보PII, Personally Identifiable Information에 직접 접근하도록 허용하는 것은 문제가 될 수 있다. 메타데이터, 로그 및 쿼리에는 접근할 수 있도록 하되, 고객 정보는 별도 테이블에 두는 방식을 권장한다.

자동화

필드 수준의 데이터 계보는 수작업 방식인 경우[10]가 많으므로, 사용자에게 더 많은 책임이 부여된다. 데이터 라이프사이클 변동에 따라 데이터셋을 자동으로 업데이트하는 방식을 권장한다.

주요 데이터 도구와의 통합성

많은 조직에서 사용하는 스노우플레이크[11], 아마존 레드시프트[12], 데이터브릭스[13]와 같은 데이터 웨어하우스 및 레이크와 데이터 계보가 통합되어야 한다. 또한 아파치 스파크[14], 아파치 에

10 「EDC 사용자 지정 열 수준 계보 만들기」, *https://oreil.ly/iwjnF*

11 「스노우플레이크 홈페이지」, *https://oreil.ly/yQvJO*

12 「레드시프트 홈페이지」, *https://oreil.ly/mjqzV*

13 「데이터브릭스 홈페이지」, *https://oreil.ly/BGzjw*

14 「아파치 스파크 홈페이지」, *https://oreil.ly/S7C1M*

어플로[15], dbt[16], 프리펙트Prefect[17]와 같은 데이터 및 워크플로 관리 도구부터 비즈니스 인텔리전스 단계의 솔루션 연결까지 통합성을 고려해야 한다. 비즈니스 인텔리전스 도구에는 루커[18], 태블로[19], 모드Mode[20] 등이 있다.

컬럼 레벨의 정보 추출

많은 테이블 레벨 데이터 계보 솔루션은 사용자가 데이터 이슈를 이해하는 데 필요한 메타데이터를 추출할 수 없는 형태로 구성되어 있다. 필드 레벨 계보는 컬럼 레벨(7장의 뒷부분에서 다룸)까지 다루길 권장한다.

앞서 언급한 요소들을 고려하여 구축한 필드 레벨의 기본적인 계보를 바탕으로, 사용자는 다음 단계에서 운영에 필요한 다양한 분석을 위해 메타데이터 집계 등을 진행할 수 있다. 예를 들어, 특정 테이블의 각 필드에 종속된 다운스트림 규모를 파악할 수 있다. 이는 비즈니스 인텔리전스 단계에서 보고서 및 대시보드와 관련된 데이터 품질 이슈를 다룰 때 특히 유용하다. 대다수 사용자는 이슈가 발생하기 전에 근본 원인을 분석하려고 노력하기 때문에 계보를 적극 활용한다.

기본적인 필드 레벨 계보는 데이터 파이프라인에서 문제가 발생했을 때 데이터 조직이 근본 원인을 찾는 데 들이는 비용을 줄였고, 데이터 품질 문제의 탐색과 해결에 걸리는 시간도 크게 단축시켰다. 한편, 분석 기능에서 데이터 계보는 다음과 같이 다양한 애플리케이션에 사용할 수 있다.

보고서 내의 데이터 정합성 검토

직원이 400명인 한 핀테크 회사의 데이터 조직은 스노우플레이크에 데이터를 수집 및 적재하고, 루커로 월별 수익 예측 보고서를 시각화하여 의사 결정에 활용한다. 그리고 필드 레벨 계보를 사용해 해당 보고서에 있는 '의심스러운' 값의 소스 데이터가 존재하는 웨어하우스 내 테이

15 「아파치 에어플로 홈페이지」, *https://oreil.ly/Vmb80*
16 「dbt 홈페이지」, *https://oreil.ly/9nHct*
17 「프리펙트 홈페이지」, *https://oreil.ly/XOvSE*
18 「루커 홈페이지」, *https://oreil.ly/tbKN7*
19 「태블로 홈페이지」, *https://oreil.ly/Yi1iq*
20 「모드 홈페이지」, *https://oreil.ly/9RxbQ*

블을 추적할 수 있다. 이 프로세스를 통해 데이터 문제의 원인이 실행에 실패한 dbt 모델임을 파악할 수 있다.

데이터 부채 감축

데이터 조직은 대부분 자주 사용하는 데이터셋의 컬럼을 삭제하는 등 데이터 옵저버빌리티를 통해 오래된 개체가 보고서 생성에 반영되지 않도록 하고 있다. 이를 통해 어떤 컬럼이 다운스트림 보고서에 연결되어 있는지는 필드 레벨 계보를 통해 쉽게 파악할 수 있다.

개인 식별 정보 관리

고객의 민감한 개인 식별 정보가 포함된 컬럼이 다운스트림된 테이블에 연결되어 있는지 확인해야 한다. 한편, 개인 식별 정보와 사용자 대시보드가 연결된 지점을 확인하면 고객은 정보 제거를 요청하거나 대시보드상에 정보 노출을 차단하는 조치를 취할 수 있을 것이다.

이러한 사용 사례는 최신화된 데이터 조직이 필드 레벨 계보를 활용하는 방법의 일부에 불과하다. 계보를 기존의 문제 원인 분석 워크플로와 통합하여 근본적인 원인을 파악함으로써, 회사 전체의 분석가 및 엔지니어의 비용과 자원을 절약할 수 있을 것이다.

7.1.2 데이터 계보 설계

실제로 필드 레벨 데이터 계보를 구축할 때 가장 먼저 해야 할 일은 [그림 7-2]에 설명된 대로 어떤 컬럼이 어떤 소스 테이블에 속하는지 연결하는 방법을 설계하는 것이다. 대부분의 데이터 변환이 둘 이상의 데이터 소스를 활용하기에 이는 쉽지 않은 작업이다. 더 복잡한 문제는 소스 테이블 중 일부가 서브쿼리 구조로 맞물려 참조되고 알리아스aliases로 정의된 경우 하나의 테이블을 여러 번 참조해서 해결해야 한다는 것이다.

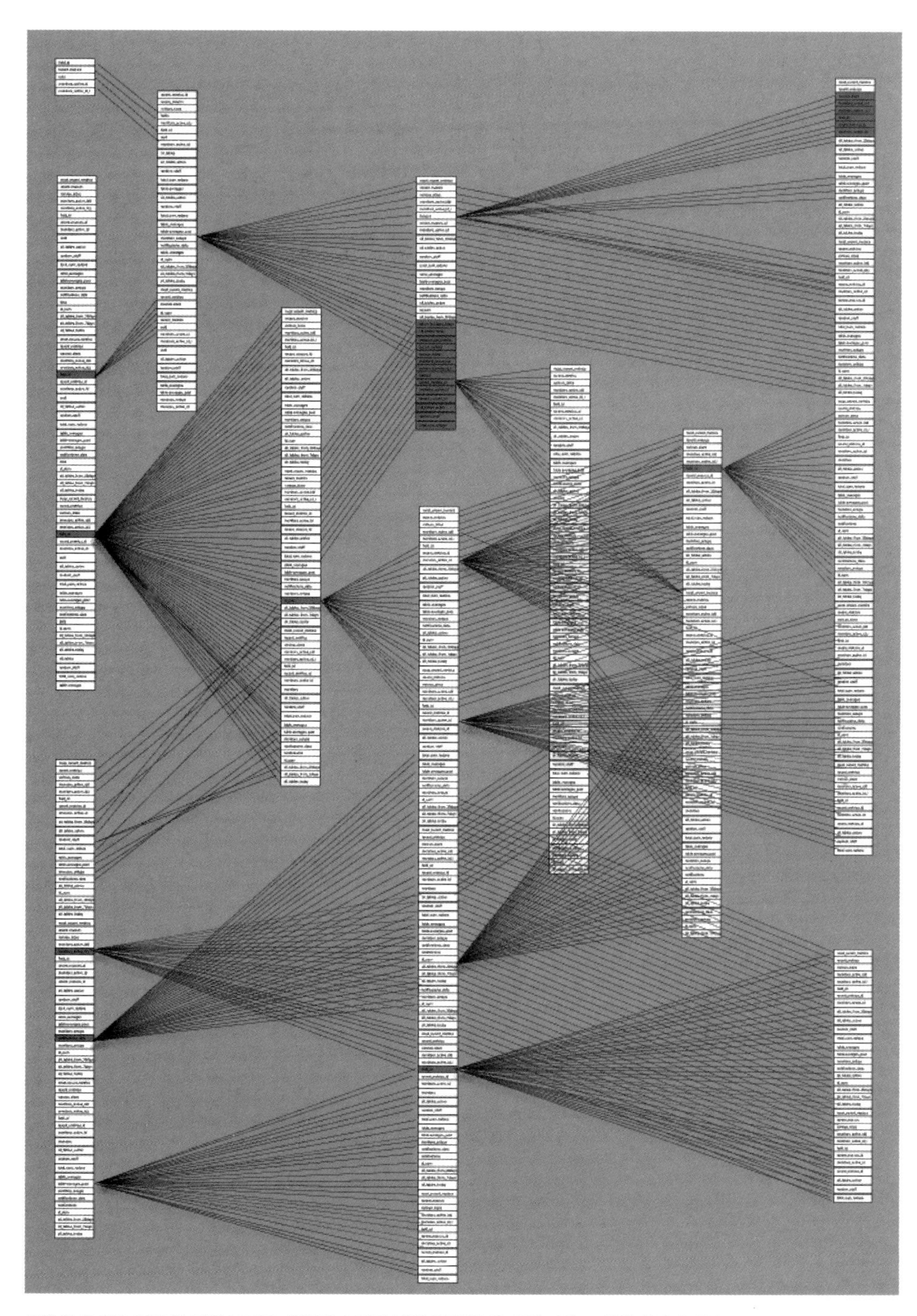

그림 7-2 업스트림 및 다운스트림 개체 간 수없이 많은 연결이 존재하는 필드 레벨 데이터 계보

[그림 7-2]를 보면 가능한 SQL 쿼리 조합이 너무 많아서 모든 경우의 수를 다루기는 거의 불가능하다. 실제로 필자가 속한 팀에서 데이터 품질 관련 서비스를 제공하는 몬테카를로의 고객들을 위한 필드 레벨 계보를 구축할 때, 프로토타입은 가능한 조합의 70% 수준만 포함했다. 가능한 모든 데이터 웨어하우스, 데이터 레이크, 파이프라인 및 스택(수십 가지의 도구가 있을 수 있음)에서 최대한 전체 조합을 다루려면, 단계를 끊어서 각 요소를 개별적으로 테스트하고 작업자가 의도한 대로 작동되는지 확인해야 한다.

기본 수준에서 대부분의 데이터 계보의 구조는 다음 세 가지 요소를 포함하며, [그림 7-3]과 같다.

- 다운스트림 보고서에 저장된 대상 테이블
- 대상 테이블에 저장된 대상 필드
- 데이터 웨어하우스에 저장된 소스 테이블

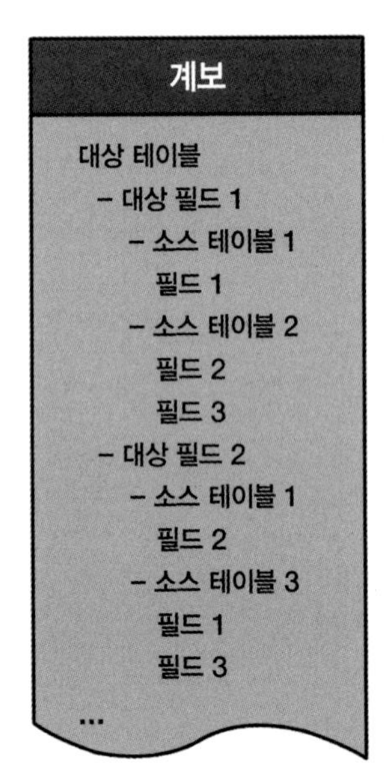

그림 7-3 필드 레벨 데이터 계보 구조에는 업스트림 데이터 테이블마다 여러 다운스트림 대상 필드가 포함된다.

앞서 언급한 바와 같이, 대상과 원본 개체 간 조합의 수는 무한하므로 많은 쿼리를 변환할 수 있을 만큼 유연한 데이터 모델을 활용해야 한다.

동일한 대상 테이블의 경우, 업데이트를 위한 여러 가지 다른 쿼리가 있을 수 있기 때문에 논리 데이터 모델인 `table_mcon` ID 및 해싱된 필드 레벨 데이터 계보의 개체를 함께 문서의 이름으로 사용하길 추천한다. 대상 테이블 mcon과 해싱된 필드 레벨 계보 개체를 사용하여 지정된 대상 테이블에 대한 다양한 계보 조합을 모두 변환할 수 있다. [예제 7-1]은 인덱스 스키마의 예를 보여준다.

예제 7-1 **대상(분석 보고서)과 웨어하우스에 있는 하나 이상의 소스 테이블 간 계보 쿼리**

```
{
  "edge_id": "37d65dc5c943cab124398b2c43f0d8f2c0ff5e76a2ba3052",
  "account_id": "ee7c21ae-9af9-4ce0-ac51-fa953065d6f7",
  "version": "normalized_v0.25",
  "job_ts": "2021-08-06 18:51:02.439000",
  "expire_at": "2021-08-13 18:51:02.439000",
  "destination_table_mcon": "", // destination table mcon
  "source_table_mcons": [
    "", // mcon 1
    "", // mcon 2
  ], // adding the destination table mcon, and source table ...
  "sources": [
    {
      "table_mcon": "", // mcon of the table
      "field_name": ""
    },
    ...
  ],
  "destination_field": "new field name",
  "created_time": "2021-08-06 06:29:44.341000",
  "last_update_time": "2021-08-06 18:51:02.439000",
  "last_update_user_id": null,
  "parsed_query": ""
}
```

이 계보 모델에는 하나의 대상 테이블이 있다. 대상 테이블의 각 필드에는 선택된 필드를 정의하는 소스 테이블 및 소스 컬럼 목록이 있다. 더불어 해당 모델에는 선택되지 않은 필드가 포함된 소스 테이블 및 컬럼의 다른 목록까지 포함되어 있다. 이러한 경우 모델(그림 7-4 참조)은 대상 테이블의 필드와 일부 소스 테이블의 소스 필드 사이에 엣지를 포함하는 하나의 비정규화된 데이터를 통합한다.

[예제 7-2]는 필드 레벨 계보가 어떻게 복잡한 쿼리를 '단순화'할 수 있는지 보여주는 예시다. 추가로 메인 쿼리에는 실제 테이블, WITH 절에서 선언된 9개 임시 테이블, 서브쿼리 간의 병합이 있을 수 있다.

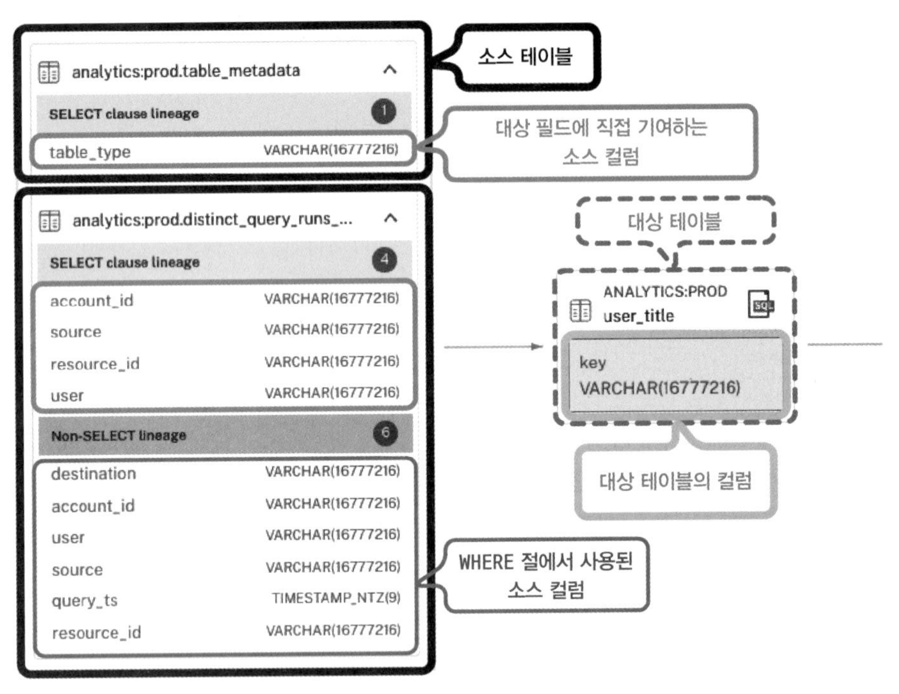

그림 7-4 데이터 계보 모델은 소스 테이블과 대상 테이블 간의 관계를 보여준다.

예제 7-2 **복잡한 WHERE 절을 단순화하여 데이터 품질 문제의 근본 원인을 필드 레벨로 식별하는 JSON 쿼리**

```
CREATE OR REPLACE TABLE decom.usage_timelines.pdt_usage_activities AS (
WITH usage_stuck_to_be_processed AS (
  SELECT s.usage_id,
    s.created_date
  FROM 'decom.processed.subscriptions' s
  JOIN 'decom.processed.usages' u
  ON s.usage_id = u.id
  WHERE (s.state = 'to_be_processed' AND u.activated_at IS NOT NULL)        ❶
),
usage_subscription_state_updated as (
  SELECT *,
    rank() OVER (PARTITION BY usage_id ORDER BY created_at desc
```

```
      AS sub_update_no_desc
  FROM 'decom.usage_timelines.usage_subscription_states' al_s
),
usages_batch_removeled as (
  select distinct u.id as usage_id
  from 'decom.processed.usages' u
  join 'decom.processed.subscriptions' s on u.id = s.usage_id
  left join usage_subscription_state_updated ussu on ussu.usage_id
    = u.id and ussu.sub_update_no_desc = 1                        ❶
  where s.state = 'in_question' and ussu.to_value = 'active'      ❶
  ),
usage_subscription_state_change_actions AS (
  SELECT ussu.usage_id AS usage_id,
    CASE
      WHEN (
        ussu.from_value = 'to_be_processed' AND
        ussu.to_value = 'active' AND
        sub_update_no = 1
      ) THEN 'activate subscription'
      WHEN (
        ussu.from_value = 'to_be_processed' AND
        ussu.to_value IN ('in_question', 'disabled') AND
        sub_update_no = 1
      ) THEN 'remove from to_be_processed'
      WHEN (
        ussu.to_value IN ('in_question', 'disabled')
      ) THEN 'remove'
      WHEN (
        ussu.to_value = 'active' AND (
          ussu.from_value IN ('in_question', 'disabled') OR
          (from_value = 'to_be_processed' AND sub_update_no >= 3))
      ) THEN 're-activate'
      WHEN (
        ussu.to_value = 'to_be_processed'
      ) THEN 'other - to to_be_processed'
      WHEN (
        ussu.to_value = 'active'
      ) THEN 'other - to active'
      ELSE 'other change'
    END AS action
    ussu.created_at AS action_at
  FROM decom.usage_timelines.usage_subscription_states ussu
),
lead_subscription_orders AS (
```

```
  SELECT usage_id AS usage_id,
    CASE
      WHEN order_type = 'lead'
        THEN CAST('lead_order' AS string)
      WHEN order_type = 'regular'
        THEN CAST('regular_order' AS string)
    END AS action,
    MIN(order_placed_at) AS action_at
  FROM 'decom.cart.usages_orders_process'
  WHERE usage_legit_order_no = 1 AND order_placed_at IS NOT NULL      ❶
  GROUP BY
    1, 2
),
lead_subscription_order_send_dates AS
(
  SELECT usage_id                                   AS usage_id,
    CASE
      WHEN order_type = 'lead'
        THEN CAST('send lead order' AS string)
      WHEN order_type = 'regular'
        THEN CAST('send regular order' AS string)
    END                                             AS action,
    MIN(timestamp_add(send_date, interval 10 hour)) AS action_at
  FROM 'decom.cart.usages_orders_process'
  WHERE usage_legit_order_no = 1 AND send_date IS NOT NULL            ❶
  GROUP BY
    1, 2
),
submit_email AS
(
  SELECT id                                         AS usage_id,
    CAST('submit email' AS string)                  AS action,
    created_at                                      AS action_at
  FROM 'decom.processed.usages'
  WHERE created_at IS NOT NULL                                        ❶
),
activations AS
(
  SELECT id                                         AS usage_id,
    CAST('activate' AS string)                      AS action,
    created_at                                      AS action_at
  FROM 'decom.processed.usages'
  WHERE activated_at IS NOT NULL                                      ❶
),
```

```
unioned AS
(
  SELECT * FROM activations
    UNION ALL
  SELECT * FROM usage_subscription_state_change_actions
    UNION ALL
  SELECT * FROM lead_subscription_orders
    UNION ALL
  SELECT * FROM lead_subscription_order_send_dates
    UNION ALL
  SELECT * FROM submit_email
)
SELECT
  u.*,                                                                      ❷
  COALESCE(usa.action_general_order, -1 AS action_general_order,            ❷
  usa.subscription_phase_change_to      AS subscription_phase_change_to     ❷
FROM unioned u
INNER JOIN (
  select usage_id,
    max(created_time) as max_created_date
  from usage_stuck_to_be_processed
  group by usage_id
) as usage_created_date
  on usage_created_date.usage_id = u.usage.id                               ❶
LEFT JOIN tfddatawarehouse.cart.usage_subscription_actions usa
  ON u.action = usa.action                                                  ❶
WHERE
  NOT (u.usage_id IN ((SELECT usage_id FROM usages_stuck_to_be_processed)) )❶
  and NOT (u.usage_id IN ((SELECT usage_id FROM usages_batch_removeled)) )  ❶
);
...
```

❶ 선택되지 않은 필드

❷ 선택된 필드

각 쿼리와 서브쿼리의 SELECT 절에는 추가 함수, 표현식, 서브쿼리를 적용하는 필드가 있다. 계보가 더 복잡해지면 서브쿼리의 중첩된 레이어가 훨씬 더 많은 쿼리와 복잡한 표현식을 반영하게 된다.

'❷ 선택된 필드'는 이 쿼리에서 파생된 계보에 선택된 필드를 나타낸다. 선택된 필드는 결과 테이블을 정의하는 필드다. '❶ 선택되지 않은 필드'는 소스 테이블에서 가져올 레코드에 영향을 주지만 결과 테이블의 필드 값에는 영향을 미치지 않는다. 이를 통해 영향을 받지 않는 계보가 가려지기 때문에, 보다 직관적이고 근본 원인을 빠르게 파악할 수 있는 프로세스를 구축할 수 있다.

7.1.3 데이터 파싱

데이터를 '해석하고' 계보를 구축하려면 ANTLR ANother Tool for Language Recognition[21]과 같은 도구를 사용하여 데이터를 파싱해야 한다. ANTLR은 구조화된 텍스트나 이진 파일을 읽은 후 검사하고 실행하고 변환해 주는 오픈 소스 형태의 쿼리 파서 생성기다. 쿼리 파서를 통해 요청된 내용에 대한 컬럼을 추출하면 기본 SELECT 절에 접근할 수 있다. 이를 통해, 비즈니스 목표에 필요한 기능을 완전히 갖춘 백엔드를 구축할 수 있다.

그런데 쿼리 파싱을 할 때는 일반적으로 성능 이슈와 관련된 문제가 발생한다. 복잡한 쿼리로 작업할 때는 더더욱 그렇다. 경우에 따라 쿼리가 너무 길어 파싱되지 못하거나 WITH 절을 사용한 서브쿼리의 참조 문제를 일으킬 수 있다. 예를 들어, 특정 단어에 따옴표가 없으면 컬럼 이름으로 인식되고, 따옴표로 감싸여 있으면 문자열로 인식된다. 이러한 세부 사항을 쿼리 로그 파서의 문법을 데이터 웨어하우스 또는 레이크의 고유한 요구 사항에 맞춰 보완하면 보다 잘 활용할 수 있다.

이러한 SQL 쿼리 복잡성은 사용자 인터페이스 설계와 같은 다른 디자인에서도 자주 발생한다. 유용한 데이터 계보를 구축하려면 사용자가 데이터를 이해하는 데 혼란을 줄 수 있는 불필요한 정보를 제어하면서 표시된 테이블과 필드에 대한 풍부한 컨텍스트와 메타데이터를 제공하는지 확인해야 한다. 다시 말해 계보가 활용될 때 좋은 사용자 경험을 전달하려면 거미줄처럼 얽힌 데이터 흐름과 상호작용을 가능한 추상화해야 한다. 즉, 사용자들에게 가장 관련성이 높고 정보 가치가 큰, 열매가 제일 잘 보이는 나무처럼 설계해야 한다.

21 「ANTLR 홈페이지」, *https://oreil.ly/Sbt05*

7.1.4 사용자 인터페이스 구축

사용자 인터페이스를 구축할 때도 적용할 기술과 필드 수준 계보를 어떻게 직관적이고 유용하게 나타낼지 결정해야 한다. 또한 빠른 사고 해결과 확장성을 갖춘 데이터 신뢰성 워크플로를 도입하기 위해서도 단순히 자동화를 추구하는 대신 더 적극적으로 계보를 활용해야 한다. 다시 말해 주어진 사용 사례 또는 문제와 관련이 있을 가능성이 높은 연결고리들을 잘 들여다볼 방법이 필요하다. 가장 효과적인 계보의 역할은 단순히 정보를 보여주는 것이 아니라 적시에 올바른 정보를 알려주는 것이다.

데이터 조직은 일반적으로 다운스트림(루커와 태블로 같은 비즈니스 인텔리전스 도구들)이나 업스트림(웨어하우스 또는 레이크에 저장된 소스 테이블이나 필드, 유사시 문제의 발생 지점 등)에 초점을 맞춘다. 그러나 [그림 7-5]에서 볼 수 있듯이, 이러한 레이어는 근본 원인 분석을 수행하거나 데이터 상태를 진단하는 데 그다지 중요하지 않은 경우가 많다.

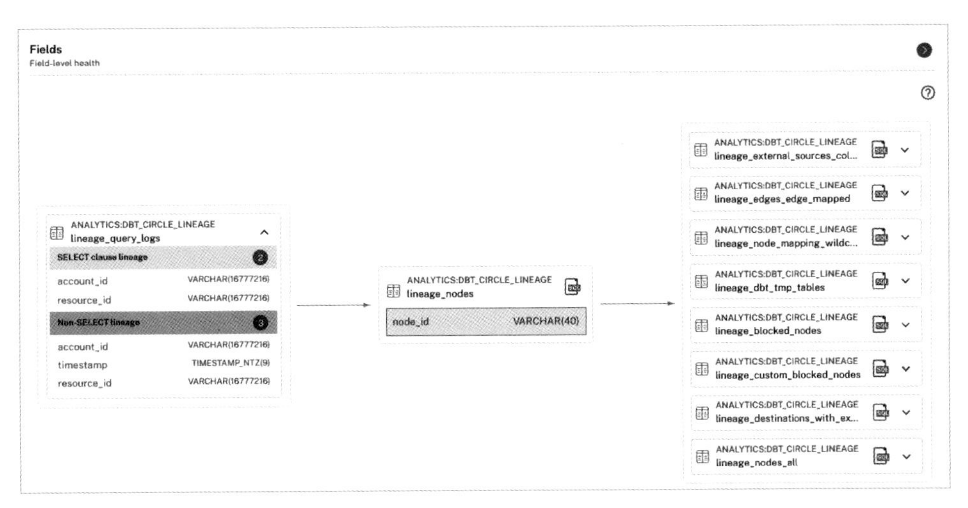

그림 7-5 다운스트림 대시보드 및 보고서에 영향을 미치는 소스 데이터를 개별 항목까지 나타낸 필드 레벨 데이터 계보 사용자 인터페이스

다운스트림의 끝에 있는 레이어인 비즈니스 인텔리전스 보고서나 대시보드는 사용자가 실제 업무에서 사용하는 최종 프로덕트다. 이는 사용자들이 데이터 조직 입장에서 데이터 프로덕트를 어떻게 활용하는지 알고 싶어 하기 때문에 매우 중요하다. 데이터 조직은 비즈니스 인텔리

전스 보고서나 대시보드를 보고 데이터 사용자인 구성원과 소통하며 때때로 보고서에 업데이트되지 않은 숫자를 먼저 알려주기도 한다.

업스트림 레이어에서 계보와 가장 관련성이 높은 데이터 웨어하우스나 데이터 레이크에 저장된 소스 테이블은 사용자가 레이어별로 계보를 추적하여 특정 위치에 데이터 품질 문제가 있음을 발견할 때 활용된다. 이렇게 원인을 찾으면 해당 테이블이나 필드에서 문제를 해결할 가능성이 높다.

필드 레벨 데이터 계보의 UI를 작성할 때는 자바스크립트JavaScript나 타입스크립트TypeScript와 같은 오픈 소스 프레임워크를 사용하여 재사용 가능한 구성 요소를 생성하고 데이터 계보 UI를 데이터 플랫폼의 다른 부분에 쉽게 적용할 수 있다. 필드에는 수십 개의 업스트림 또는 다운스트림 테이블이 있을 수 있으며, 이들 테이블에는 수백 또는 수천 개의 필드가 있을 수 있기 때문에 서비스 성능에 영향을 주지 않고 모든 구성 요소를 렌더링하는 것이 중요하다. 아파치 프리셋Apache Preset이나 버츄오소Virtuoso와 같이 라이트한 시각화 라이브러리를 사용하는 리액트React 라이브러리를 적용하면 대규모 데이터셋을 보다 쉽게 시각화할 수 있다.

계보는 적어도 다음 두 가지 유형의 필드 관계를 표시해야 한다.

SELECT 절 계보SELECT clause lineage

SQL SELECT 절에 의해 정의된 필드 관계를 말한다. 이는 업스트림 필드의 변경이 다운스트림 필드에 직접 영향을 주는 field-to-field의 관계다.

SELECT 절 외의 계보Non-SELECT lineage

SQL 절 이외의 모든 정의에 의해 정의된 필드 관계(예 WHERE)를 말한다. 이는 다운스트림 필드가 업스트림 필드에 의해 정의되어 정렬 및 필터링을 거쳐 형성된 field-to-table의 관계다.

선택한 필드의 업스트림 Non-SELECT 계보 필드(예제 7-3 쿼리 참조)는 선택한 필드를 생성하는 필터링/정렬 필드로 표시된다. 다운스트림 Non-SELECT 계보 필드는 선택한 필드에 의해 정의된 필터링/정렬 조건에 따른 결과 필드다.

예제 7-3 사용자가 테이블과 필드의 관계를 참고할 수 있는 계보 쿼리

```
create or replace transient table
  analytics.prod_lineage.looker_explore_to_dashboard_edges as
  (with tile_with_upstream_explores as (
select
  a.account_id,
  a.resource_id,
  b.value::varchar as upstream_explore,
  a.name,
  a.metadata:dashboard:dashboard_id as dashboard_id
from analytics.prod_lineage.looker_dashboard_tile_nodes a,
  lateral flatten(input => a.extra:upstream_explores) as b
```

애자일 개발 프로세스와 마찬가지로, 필드 레벨 계보 구축은 우선순위 지정, 커뮤니케이션 및 빠른 피드백 반영의 반복이다. 다음은 데이터 계보 혹은 데이터 플랫폼의 다른 부분을 구축할 때 중요한 사항들이다.

구성원의 의견을 경청하고 이해관계자들의 조언을 고려하자

우리 팀의 구성원 중 한 명이 파싱 경험이 있다며 이 작업의 난이도를 사전에 경고하고 다른 쿼리 파서를 구축할 수 있다고 주장했다. 그러나 그때 다른 구성원들은 파싱 작업의 난이도를 과소평가했다. 이 때문에 자체 구축한 기술로 쿼리를 파싱하기 시작하여 많은 시간을 소모하게 됐다. 애초에 그 구성원의 말을 들었더라면 비용을 상당히 절약했을 것이다.

프로토타입에 투자하자

스타트업 창업자에게 고객은 북극성과 같다. 따라서 프로덕트의 새로운 기능을 만들 때마다 고객의 의견과 선호를 고려해야 한다. 이를 효과적으로 수행하려면 프로덕트 프로토타입을 만들어 공유하는 것이 좋다. 필자도 피드백의 주기를 단축하고 효과를 높이기 위해 열성적인 지지자들champions에게 프로토타입을 배송했다. 물론 이것이 완벽하지는 않았지만 고객의 요구 사항을 충족하려는 우리의 노력은 전달한 것이며, 피드백을 통해 프로덕트를 개선할 수 있었다.

프로덕트를 일단 완성하고 개선하자

프로덕트를 먼저 완성한 후에 개선하는 것Ship and iterate은 소프트웨어 엔지니어링 영역에서 선호하는 작업 방식이며, 특히 요즘 업계에서 중요하게 여기는 접근 방법이다. 다시 말해, 프로젝트를 진행할 때 시간은 가장 중요한 요소이므로 프로젝트의 모든 관계자가 시간을 최적화하고 있는지 확인해야 한다. 프로덕트를 제작할 때 고객에게 프로토타입을 내놓기 전에는 프로덕트를 '완벽'하게 만들 시간이 늘 부족하다. 그래서 요즘은 많은 조직이 일단 완성하여 출시하고 피드백을 주고받으며 필요한 부분을 개선해 나가는 접근 방식을 취한다.

시장이 성숙해지고 데이터 엔지니어링 조직이 효율성을 높이고 다운타임을 줄이려고 할수록 점점 더 많은 데이터 조직이 데이터 품질 문제의 원인을 식별하기 위해 자동화된 계보나 기타 지식 그래프를 사용할 것으로 예상된다.

7.2절에서는 글로벌 미디어이자 엔터테인먼트 회사인 폭스Fox의 데이터 리더가 어떻게 데이터 계보를 활용하여 광범위한 옵저버빌리티를 확보했는지, 데이터 조직을 위한 데브옵스를 실현했는지 설명한다.

7.2 사례 연구 폭스의 데이터 신뢰성을 위한 아키텍처

많은 회사들이 엄청난 양의 데이터를 수집하여 저장하지만 모두가 데이터를 최대한 가치 있게 활용하는 방법을 아는 것은 아니다. 조직 내 데이터는 사일로에 막힐 때도 있고, 과중한 업무에 시달리는 데이터 엔지니어와 분석가들의 백로그에서 오래 머물 때도 있다.

거대 미디어 기업 폭스 네트워크Fox Networks의 데이터 서비스 부사장 알렉스 트베르돌렙Alex Tverdohleb[22]은 지난 몇 년간 이 문제에 집중했다. 그는 전사 공통 부서 소속의 데이터 엔지니어와 분석가가 참여하지 않더라도 디지털 부서의 내부 이해관계자들이 애드혹Ad hoc 분석[23]을 가능한 한 많이 수행할 수 있도록 의도적으로 조직과 기술, 신뢰를 구축하였다.

22 「알렉스 트베르돌렙의 링크드인 페이지」, *https://oreil.ly/tQxhn*

23 옮긴이_애드혹 분석은 비즈니스 난제 중 특정하고 독립된 문제나 최신 데이터를 활용해야 답변할 수 있는 물음들에 관한 답을 제공하는 비즈니스 인텔리전스다.

데이터 중심 조직에서 분산 아키텍처가 지속적으로 확산됨에 따라 이러한 종류의 셀프 서비스 분석은 현실로 다가오고 있다. [그림 7-6]은 알렉스와 그의 데이터 조직이 프로세스 전 단계에 걸쳐 안정성과 신뢰를 확보하면서도 민주적으로 참여할 수 있도록 만든 하이브리드 데이터 아키텍처다.

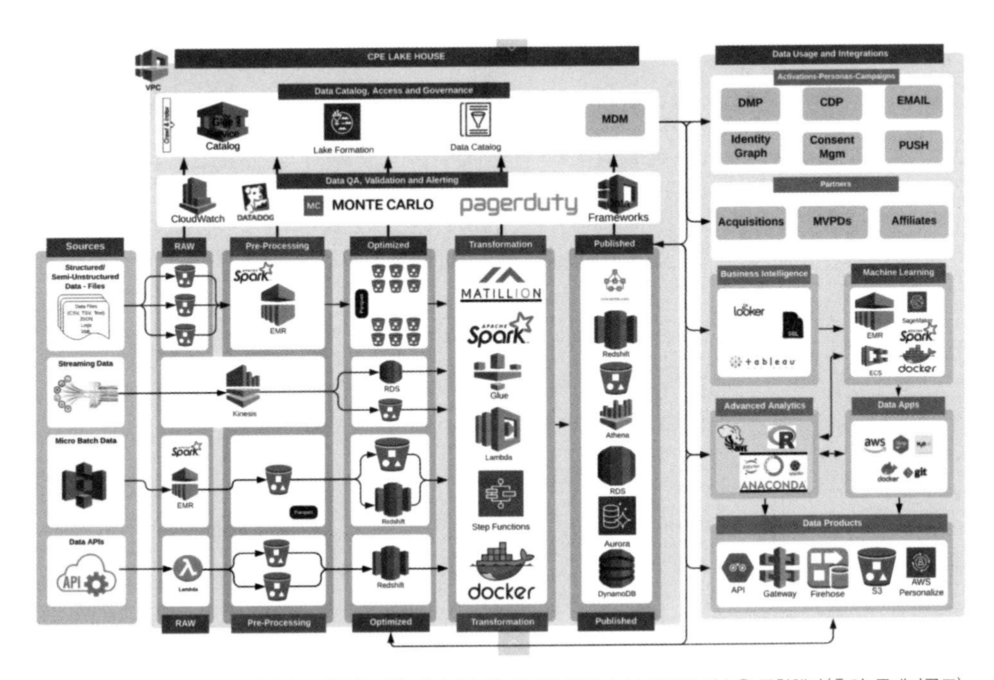

그림 7-6 폭스 네트워크의 데이터 플랫폼은 많은 데이터 사용 사례를 통해 수십 가지의 기술을 통합했다(출처: 몬테카를로).

7.2.1 이해관계자들에게 '관리된 자유' 제공

알렉스는 '관리된 자유Controlled Freedom'를 기반으로 폭스에서 데이터에 대해 분산된 접근 방식을 구축하였다. 그는 데이터 조직을 신뢰할 수 있는 유일한 데이터 소스로 여기는 것이 가장 큰 사일로를 만든다고 믿었다. 따라서 알렉스와 그의 데이터 조직은 감시자이자 병목현상의 원인인 중앙화된 데이터 조직을 꾸리는 대신, 데이터를 잘 수집하여 이해관계자들에게 제공하는 것을 목표로 한다. 폭스 내부의 데이터 사용자들은 프레임워크 내에서 비즈니스 목표를 달성하기 위해 목적에 맞게 데이터를 자유롭게 사용하고 프로덕트를 만들어 낼 수 있다.

알렉스는 "중앙화된 데이터 조직에 데이터를 요청하면 티켓을 열고 기다리다가 시간이 다 가버리는 경우가 많다. 회사 내부의 업무 절차를 모두 거쳐야 하기 때문에 너무 늦는 것이다."라고 말하며, "비즈니스가 전례 없는 속도로 빠르게 변화하고 성장하고 있으므로 의사 결정도 빠르게 내려야 한다. 따라서 데이터 기반 의사 결정은 필수다."라고 부연했다.

다만, 알렉스는 회사의 전체 목표를 달성하기 위해 주요 영역은 중앙화된 데이터 조직으로 남겨두었다. 해당 주요 영역에는 데이터를 수집하는 영역, 데이터 보안을 철저히 이행하는 영역, 경영진에게 보고하기 위해 데이터를 표준화된 형식으로 최적화하는 영역 등이 있다. 중앙 데이터 조직이 전사의 데이터 소스를 신뢰할 수 있고, 보안과 함께 회사가 일관된 메트릭과 정의를 사용하고 있음을 확인할 때, 데이터 사용자는 프레임워크 내에서 데이터에 자유롭게 접근하고 활용할 수 있다는 확신을 얻게 될 것이다. 알렉스는 다음과 같이 이를 강조했다.

> 특히 데이터 검색과 애드혹 분석을 할 때 다른 모든 것은 자유로워야 하며, 회사는 사용자에게 데이터 소스를 제공하고 신뢰성을 보장할 수 있어야 한다. 중앙화된 데이터 조직은 파이프라인을 매일 수시로 모니터링하고 사용자가 원하는 방식으로 데이터를 사용할 수 있도록 만들어야 한다. 이것이 앞으로 데이터 조직이 나아갈 길이라고 믿는다. 따라서 사용자들이 셀프 서비스 분석을 수행할 때 필요한 도구와 스킬을 제공하며 데이터 플랫폼에 대한 신뢰를 높이는 노력을 지속해야 한다.

7.2.2 분산된 데이터 조직 지향

알렉스의 관할에 있는 5개의 중앙 데이터 조직(데이터 태깅 및 수집data tagging and collections, 데이터 엔지니어링data engineering, 데이터 분석data analytics, 데이터 과학data science, 데이터 아키텍처data architecture)은 폭스 전체 디지털 조직의 데이터를 관리 감독한다. 각 조직에는 고유한 역할과 책임이 있지만 회사의 비즈니스 문제를 협력해 해결한다.

알렉스는 "의사 결정 과정에 팀을 참여시키고 협력적으로 접근해야 한다."라고 강조하며, "한 사람이 이끄는 것이 아닌 다 같이 만들어가는 아키텍처다. 기업의 본질적인 힘은 데이터에 있고 데이터에서 가치를 뽑아내는 것이 우리가 할 일이다."라고 덧붙였다.

서로 다른 데이터 조직의 구성원이 협력하여 비즈니스에 가치를 창출할 때, 폭스의 데이터 분석가와 엔지니어는 명확하게 역할이 구분된다. 먼저 분석가는 현업의 비즈니스 이슈를 이해하면서 새로운 데이터 인사이트를 찾고 검증하기 위해 노력한다. 알렉스는 STMSource to Target

Mapping 방식을 사용하여 엔지니어가 명료하게 정의된 플레이북[24]을 바탕으로 비즈니스 데이터 요구 사항을 지원하는 데 필요한 파이프라인과 아키텍처를 구축해야 한다고 설명한다. 알렉스는 이에 관해 다음과 같이 언급했다.

> '분석가와 엔지니어 간의 분업'을 통해 구성원들은 특정 영역에 각각 집중할 수 있게 된다. 물론 혹자는 동의하지 않을 수도 있겠지만 개발자가 비즈니스 회의 참석에 많은 시간을 쓰는 것은 낭비일 수 있다. 비즈니스 요구 사항을 수집하고 이해하는 것은 상당히 시간이 많이 들어가는 고난이도 업무이기 때문이다. 따라서 엔지니어링 지원을 받기 전에 데이터를 분석해서 비즈니스 목표를 보다 정확하고 명료하게 설정하는 편이 좋다. 그러면 엔지니어가 안정적·탄력적으로 최적화된 개발을 수행할 수 있다.

엔지니어에게 해결해야 할 문제를 제공함으로써 조직의 실무자는 비즈니스 목표를 지원하는 프로젝트에 집중하여 작업할 수 있게 된다. 이렇게 데이터 스택을 구축할 때는 목표와 업무가 일치하도록 조율하는 것이 핵심이다.

> **TIP** 다만 분산형 접근이 모든 조직에 적용되는 것은 아니며, 조직 구조의 필요 사항은 데이터에 대한 회사의 SLA에 따라 달라진다.

7.2.3 문제 해결에는 최신 기술 사용 금지

여기까지 봤을 때는 폭스가 강력하고 세련된 데이터 기술 스택을 보유하고 있다고 생각하기 쉽다. 그러나 알렉스는 데이터 조직의 리더가 신기술 자체를 목적으로 해서는 안 된다고 단호하게 말한다.

그는 "무엇보다도 아키텍처를 성공적으로 구축하려면, (기술보다는) 비즈니스를 이해해야 한다."라며, "최신, 최고의 기술을 쫓지 말아야 한다. 기술은 계속 발전하기 때문에 쫓아가려면 끝이 없으며, 때로는 지금 가지고 있는 기술 스택만으로 충분한 경우도 많다. 그래서 이를 최적화하는 것이 중요하다."라고 덧붙였다.

24 옮긴이_특정 활동, 산업, 업무에 적합하다고 여겨지는 규칙이나 제안으로, 비즈니스의 목표 및 업무 프로세스와 규칙 등을 기술한 문서다.

폭스의 데이터 조직은 셀프 서비스 분석 지원이라는 비즈니스 목적을 달성하기 위한 기술 스택을 구축하기로 했고, 이에 데이터 레이크의 관리 용이성과 데이터 웨어하우스의 정합성을 모두 제공할 수 있는 레이크하우스를 구축하기 시작했다.

폭스 디지털의 데이터 생태계에서는 배치 처리, 마이크로 배치[25], 스트리밍 등의 작업 방식을 사용하며, 정형 및 비정형 데이터를 다양하게 다룬다. 이렇게 수집된 데이터를 활용하는 과정을 알렉스는 'three-layer cake'라고 부른다. 그는 해당 개념을 다음과 같이 설명한다.

> (three-layer cake에는) 먼저, 원시 상태로 수집된 데이터가 담긴 레이어가 있다. 사용자가 검색 및 탐색을 할 때는 이러한 원시 데이터가 쓸모없을 때도 있다. 그렇기 때문에 데이터를 읽고 쓸 수 있도록 데이터를 정렬 및 분할하고 파일 형태로 최적화하는 레이어가 있다. 그다음으로는 조직 내의 광범위한 데이터 사용자가 모델링과 같이 다양한 작업을 할 수 있도록 구축하는 레이어가 있다. 이렇게 정리된 데이터는 조직 내에서 다양한 도구를 통해 활용될 수 있다.

알렉스와 그의 팀은 '관리된 자유'라는 목표에 따라 내부 이해관계자들에게 최적화된 레이어 구조로 데이터를 제공하고 있다. 덕분에 셀프 서비스 분석을 할 때, 사용자는 데이터를 신뢰할 수 있고 안전하다고 여기며 검색하고 사용할 수 있다.

알렉스는 "접근과 검색이 쉽고 분석하기 용이하지 않으면 데이터가 늪처럼 느껴질 것이다. 사용자가 데이터를 찾고 이해할 수 있도록 데이터가 적절히 인덱싱 및 저장되어야 한다. 그리고 약속된 규정과 포맷을 준수하여 준비되어야 한다."라고 설명했다.

7.2.4 셀프 서비스 분석을 위한 데이터 신뢰 투자

셀프 서비스 분석이 조직 내에서 활성화되려면 사용자가 데이터의 정확성과 신뢰성을 확신해야 한다. 이 목표를 달성하는 데 도움이 되도록 전체 데이터 스택에 QA Quality Assurance[26], 유효성 검사 도구와 같은 옵저버빌리티가 확보되어야 한다. 알렉스는 "데이터 옵저버빌리티는 조직에 사치가 아닌 필수 요소다. 데이터 기반 비즈니스가 일반화되면서 경영진이 신뢰할 수 없는 데이터를 기반으로 의사 결정을 내리는 것만큼 최악의 경우도 없을 것이다. 잘못된 데이터는 엄

25 옮긴이_스트리밍과 유사하게 배치 처리를 연속적으로 처리하는 방식이다.

26 옮긴이_QA는 개발 분야를 포함하는 다양한 영역에서 프로덕트나 서비스의 품질 확보를 위해 테스트하는 직무다.

청난 비용과 악영향을 초래하기 때문이다."라고 말했다. 그도 그럴 것이 폭스 디지털 조직은 어마어마한 데이터를 다루고 있다. 알렉스는 폭스 디지털 조직이 200개가 넘는 소스로부터 수시로 데이터를 받으며, 매주 약 1만 개의 스키마와 수백억 개의 레코드를 처리한다고 추정한다.

> 회사의 한정된 자원으로 방대한 양의 데이터를 지원하고 검증 및 관찰하기 위하여 조직의 규모를 키울 수는 없기 때문에 몬테카를로와 같이 데이터의 적시성 및 완전성 확보를 지원하는 도구를 활용해야 한다. 데이터 스택에서 발생되는 현상에 대해 AI 기반 관리 솔루션은 큰 도움이 될 것이다.

자동화된 데이터 계보와 함께 지속적인 모니터링 및 알람[27]은 알렉스의 조직이 데이터 사고를 예방할 수 있도록 돕고 있다.

> 이 시스템을 사용하여 실제 환경에 영향을 미치기 전에 이슈를 탐지할 수 있으며, 사전 탐지를 통해 리버스 엔지니어링으로 영향을 받는 규모와 수준을 파악하여 다운스트림에 막대한 영향을 미치기 전에 문제를 해결할 수 있게 됐다. 모든 과정은 신뢰를 기반으로 진행된다. 투명성이 낮거나 사실을 은폐하여 신뢰를 잃게 되면 회복하기가 정말 어렵다. 어떤 문제나 사고가 발생하더라도 상황을 인정하고 진실되게 양해를 구한다면 사용자들은 해당 상황을 이해하고 우리가 고칠 때까지 기다려 줄 수 있다는 것을 배우고 있다.

알렉스와 그의 데이터 조직은 항상 열린 자세로 소통하며 데이터 투명성을 유지한다. 덕분에 사용자들은 그들에게 깊은 신뢰를 보낸다. 이로 인해 폭스는 셀프 서비스 분석을 통해 의사 결정에 데이터가 적절히 활용되는 문화를 구축할 수 있었다.

27 「몬테카를로 솔루션을 활용한 데이터 사고 자동 탐지 및 경고」, *https://oreil.ly/Y4PUz*

7.3 마치며

이 장에서는 데이터 품질의 핵심 중 하나인 계보를 다루며 보다 안정적인 데이터 워크플로를 구축하는 데 필요한 내용을 정리했다. 더 신뢰할 수 있는 데이터를 얻기 위해 무엇부터 시작해야 할지 모른다면 그 이후는 더 어려울 것이다. 그럴 때 데이터 계보는 데이터 다운타임의 영향을 받는 데이터 파이프라인 단계를 모두 파악할 수 있게 해주는 '지도'가 된다. 쉬운 일은 아니지만 데이터 계보를 엔드 투 엔드 범위로 구축하고 자동화할 수 있다면 훨씬 더 강력해질 것이다.

특히 탐지 및 경고와 결합된 데이터 계보는 진정한 데이터 신뢰성 확보를 위해 오늘날 데이터 스택에서 점점 더 중요한 부분이 되고 있다. 그러나 조직의 데이터 과학자나 분석가, 여러 이해관계자가 쉽게 접근할 수도, 이해할 수도 없다면 계보의 의미는 퇴색될 것이다. 반면, 사용자 접근성을 높여 사일로처럼 느껴지는 개별 테이블 간의 연결성을 전달하고, 이를 통해 데이터 품질을 관리할 수 있도록 만든다면 사용자에게 '관리된 자유'를 제공할 수 있을 것이다.

8장에서는 선도적인 데이터 조직이 데이터 품질을 민주화하기 위해 적용하는 프로세스와 기술을 자세히 살펴보겠다.

CHAPTER 8

데이터 품질 민주화

PREVIEW

8장에서는 조직 전반에 데이터 품질 관리의 중요성을 알리고, 구성원 모두가 데이터 품질 관리에 쉽게 접근할 수 있도록 민주화하는 과정에서 넘어야 할 문화적·조직적 장벽에 대해 논의한다. 구체적으로는 데이터를 프로덕트처럼 취급하는 시각과 데이터 품질에 대한 회사의 RACI 매트릭스를 이해하는 원칙, 비즈니스에 미치는 영향을 극대화할 수 있는 데이터 조직 구성 방법을 다룬다.

"이 데이터의 상태가 괜찮은가?"

"대시보드를 믿어도 되는가?"

"이 데이터셋 담당자는 누구인가?"

회사의 비즈니스 분석가나 다른 데이터 사용자들에게 이런 유형의 질문을 받아본 적이 있다면 여러분은 데이터 신뢰성 책임자가 된 것이다.

기업에서 수집하는 데이터가 증가하고, 데이터 분석이 조직 전략의 일부로 자리 잡으면서 고품질 데이터의 수요는 점차 증가하고 있다. 이로 인해 데이터 엔지니어, 분석 엔지니어, 심지어 데이터 분석가마저도 고품질 데이터 확보라는 중요하면서도 어려운 과제를 책임져야 하는 상황에 놓였다.

데이터의 신뢰성을 확보하는 과정에서 데이터 품질 테스트의 수행 횟수 등은 사실 중요하지 않다. 하지만 회사 전체가 이를 중요하게 생각할 때 비로소 데이터 신뢰성을 확보할 수 있다. 사내 대다수 팀들이 데이터를 중심으로 일을 할지라도, 데이터 품질의 이니셔티브를 추적하고, 수행하고, 이를 측정하는 역할은 대개 데이터 조직이 앞장서기 마련이다.

다시 말해, 데이터 품질을 확보하는 일은 안정적인 데이터 파이프라인을 구축하거나 데이터 신선도를 위해 SLA를 마련하는 작업 그 이상이다. 이는 교육과 커뮤니케이션에 관한 일이기도 하다. 사실 데이터 품질이란 기술적인 프로세스뿐만 아니라 문화적인 측면도 포함한다. 그리고 이는 완벽하게 정확한 데이터를 갖추는 일이라기보다는 어느 정도로 신뢰할 수 있는지 제대로 이해하는 일에 가깝다.

써트스팟ThoughtSpot의 CDO이자 가트너의 부사장이었던 신디 호슨Cindi Howson은 이를 잘 설명해 주었다.

> 사람들은 고품질 데이터가 애초에 완벽하게 깨끗할 수 없다는 사실을 이해하면 오히려 데이터의 출처를 신뢰하게 된다. 가령, 우리 회사의 데이터 분석 리드 중 한 명이 "데이터가 방향성 차원에서 정확한가요? 우리가 이 데이터로 의사 결정을 내릴 수 있을 만큼 정확한가요?"라고 물었다. 나는 이런 식의 표현을 좋아한다. 물론 어떤 일들은, 예를 들면 혈액형 검사 결과 같은 것들은 정확해야 한다. 하지만 캠페인 분석이나 고객 경험 트렌드를 살펴보는 상황이라면 어느 정도 정확하기만 하면 의사 결정을 내릴 수 있다.

모두가 데이터 품질에 쉽게 접근하고 이를 가깝게 느끼도록 만들기 위해서는 소프트웨어 엔지니어가 코드 작업을 할 때와 마찬가지로 최대한 쉽고 반복적으로 데이터 품질을 개선하고 보완할 수 있도록 작업하면 좋다.

데브옵스와 소프트웨어 엔지니어 조직은 지난 수년간 애플리케이션 구축에 '애자일'한 방식을 채택했다. 데이터 품질에 충분한 노력을 기울이기 위해 해당 절차와 시스템에서 몇 가지를 참고해 볼 수 있다. 그중 첫 번째는 데이터를 프로덕트처럼 다루는 것이다.

8.1 데이터를 프로덕트로 다루는 시각

지난 수십 년 동안, 대부분의 기업에서는 데이터를 조직 사일로 내에 보관해 왔다. 분석 조직은 조직의 각 사업 부문에 서비스를 제공했으며, 의사 결정과 프로덕트 로드맵에서 데이터의 중요성이 더욱 증가하면서 데이터 파이프라인을 담당하는 조직은 동료라기보다는 일종의 데이터 배관공 같은 대우를 받기도 했다.

하지만 데이터는 이제 더 이상 이급 객체Second-class citizen[1]가 아니다. 관련된 기술이 발달하고 역할이 더욱 다양해지고 데이터의 잠재력에 대한 이해도가 높아지면서 많은 기업이 데이터 생태계를 보유한 기술 스택 중 하나의 온전한 부분으로 인식하게 됐다.

1 옮긴이_일급 객체(First-class citizen)에 해당하지 않는 객체로, 여기서는 일급 객체만큼의 중요도를 인정받지 못함을 표현하는 의미로 볼 수 있다.

한발 더 나아가 미래지향적인 조직들은 이제 데이터를 프로덕트처럼 취급하는 새로운 패러다임을 받아들이고 있다. 이는 데이터 관련 커뮤니티에서 현재 아주 활발히 논의하고 있는 주제다. 프로덕트형 데이터에 관심이 많은 업계 리더들은 데이터를 하나의 프로덕트로 취급하는 접근법이 실제 업무에 미치는 영향도 이미 경험했기 때문에 현업에서의 생생한 인사이트를 보유하고 있다.

그러나 데이터 프로덕트가 정확히 무엇인지 정의하는 일은 매우 어렵다. 루커 대시보드부터 태블로 리포트, 그리고 A/B 테스트 플랫폼에서 멀티레이어드 데이터 플랫폼에 이르기까지, 정말 다양한 것들[2]을 데이터 프로덕트로 간주할 수 있기 때문이다.

그러나 구체적으로 시각화하거나 처리한 데이터 또는 작업에 사용하는 데이터가 무엇인지와는 별개로, 데이터 프로덕트라면 공통으로 다음 결과물을 제공할 수 있어야 한다.

- 데이터 접근성의 향상(필요한 곳에, 필요한 때에 데이터 제공)
- 데이터 민주화의 발전(누구나 데이터를 쉽게 이용 가능)
- 더욱 빠른 이익 실현(신속하게 인사이트 도출)
- 데이터 조직과 사용자의 시간 절약
- 더욱 정확한 인사이트(예 실험 플랫폼)

이와 함께 데이터 프로덕트가 갖추어야 할 중요한 특징이나 품질 기준도 있다.

데이터 신뢰성과 옵저버빌리티

SaaS 프로덕트에서 허용 가능한 데이터 손실로 인한 가동 중지는 99.9% 또는 99.999%와 같이 '소수점 뒤 자릿수'를 셀 만큼 정교한 수준이다. 소프트웨어 엔지니어들이 데이터독Datadog 또는 뉴렐릭New Relic과 같은 프로덕트를 통해 SasS 프로덕트의 성능을 측정하듯이, 데이터 프로덕트의 매니저들에게는 거의 실시간 수준으로 데이터 프로덕트의 성능 이슈를 발견하고 해결할 수 있는 솔루션이 필요하다.

확장성Scalability

데이터 프로덕트는 조직이 성장하고 관련 수요가 증가하면서 유연하게 변할 수 있어야 한다.

2 「데이터 플랫폼이란 무엇이며 이는 어떻게 구축하는가?」, https://oreil.ly/h7vmF

범용성Extensibility

데이터 프로덕트는 주로 다양한 솔루션을 통합하여 구축했을 가능성이 높다. 그럼에도 API를 쉽게 통합할 수 있어야 하며, 최종 사용자가 원하는 각기 다른 수많은 방식으로 데이터를 사용할 수 있어야 한다.

사용성Usability

훌륭한 SaaS 프로덕트는 더 나은 고객 경험을 제공하는 데 집중한다. 좋은 프로덕트는 사용자가 배우기 쉽고, 사용하는 과정은 재밌으며, 빠르게 작업을 완수한다.

보안과 컴플라이언스

데이터 유출의 대가는 과태료만큼이나 값비싸고 고통스럽다.

프로덕트 출시 규율과 로드맵

SaaS 프로덕트는 지속적으로 성장하고 개선된다. 업데이트를 위한 강력한 품질 보증 절차와 함께 최소 1년에 한 번은 로드맵이 구축된다.

다음 절에서는 요즘 가장 혁신적인 데이터 분야의 리더들이 말하는 '데이터를 프로덕트처럼 취급'하는 것의 의미를 살펴본다.

8.2 데이터를 프로덕트로 다루는 사례

2000년대 초, 링크드인, 넷플릭스, 우버와 같은 회사들은 한 가지 문제에 봉착했다. 이들은 지금까지 쭉 업무에 데이터를 활용했고, 대규모 데이터도 자주 사용했다. 예를 들어 프로덕트 로드맵의 개선과 경영진의 의사 결정, 페이드paid 마케팅[3] 캠페인 등에 데이터를 활용했다.

그들은 이렇게 회사 안팎으로 데이터를 사용했으며, 데이터의 사용 방식과 주체에 대한 컴플라이언스와 지침, 제한 사항도 마련했다. 그러나 데이터 분석의 운영과 확장 가능성, 접근성을 위한 솔루션 개발을 담당하는 이는 아무도 없었다.

3 옮긴이_검색 엔진, SNS 등 외부 매체에 이용료를 지불하고 유료로 진행하는 마케팅을 뜻한다.

하지만 최근의 데이터 엔지니어, 기술 아키텍트, 관리자, 임원들은 소프트웨어 엔지니어링과 사이트 신뢰성의 모범적인 사례들을 데이터 시스템에 적용해 왔고, 그 과정에서 몇 가지 교훈을 얻었다. 지금부터 콘보이Convoy와 우버를 비롯해 다양한 산업과 규모의 기업에 재직 중인 데이터 리더들과 나눈 이야기를 공유한다. 업무에 사용하는 데이터의 양과 유형은 모두 다르지만 이 회사들에는 중요한 공통점이 한 가지 있다. 바로 데이터 품질을 최우선순위로 여긴다는 점이다. 이들은 데이터를 프로덕트처럼 취급하는 데에서 출발했다.

8.2.1 사례 연구 서비스 또는 산출물로서의 데이터

최근까지도 각 기능 조직과 관련 분석가들은 사일로 형태로 각기 다른 운영 및 분석 데이터의 품질과 가용성, 성능 관리를 담당했다. 그러나 데이터 패브릭 또는 데이터 메시와 같은 분산 아키텍처와 데이터 공유 등이 부각되기 시작하면서, 데이터를 다양한 분야를 넘나들며 진화하는 하나의 독립적인 객체로 취급하는 절차와 워크플로가 업계의 표준이 될 것으로 보인다.

미국 시애틀 기반의 화물 운송 마켓 플레이스인 콘보이는 서비스 또는 산출물이라는 두 가지 접근 방식을 통해 데이터를 일종의 프로덕트처럼 취급한다. 이에 대해 데이터 플랫폼의 프로덕트 책임자인 채드 샌더슨Chad Sanderson은 다음과 같이 이야기했다.

> 데이터를 일종의 프로덕트처럼 취급하는 것에는 크게 두 가지 접근법이 있다. 하나는 데이터를 생성하는 내외부 프로덕트나 서비스에서 데이터 파이프라인을 포함한 데이터 일체를 그 프로덕트의 일부로 보는 견해다. 다른 하나는 사용자에게 가치를 제공하는 코드베이스의 산출물 일체를 프로덕트로 보는 견해다.

전자는 데이터가 애플리케이션 코드와 동일하게 엄격한 수준을 따라야 한다는 것이다. 일반적으로 머신러닝 모델을 배포하든, 데이터 웨어하우스에 쿼리를 하든, 다른 무엇을 하든 결국 서비스이기 때문이다.

후자는 보고서나 대시보드, 플랫폼과 같이 데이터의 산출물을 프로덕트로 취급한다. 채드는 데이터 웨어하우스를 예로 든다. 그는 "데이터 웨어하우스는 SQL로 구성된 코드베이스로서 분석가나 데이터 과학자 또는 데이터를 이용해 비즈니스의 의사 결정을 내리는 프로덕트 매니저와 같이 내부 고객에게 서비스를 제공한다."라고 말했다.

다시 말해, 회사에서 접근할 수 있는 프로덕션 데이터 환경에 푸시되는 것들이라면 무엇이든 프로덕트가 될 수 있다. 나아가 모드나 메타베이스Metabase와 같은 대시보드 도구를 사용하고 있고, SQL을 작성하며, 해당 대시보드를 다른 사람이 접근할 수 있는 공용 환경으로 푸시하는 경우에도 프로덕트로 봐야 한다.

두 가지 접근법에서 모든 데이터는 사일로화한 단독 객체라기보다는 하나의 마이크로서비스에 가깝다. 각각의 비즈니스 부문에서 동일한 데이터를 다양한 사례에 이용하고, 데이터 조직 외에도 다양한 사용자가 데이터에 접근하기 때문이다. 더욱이 데이터는 금융 상품을 제공하거나 사용자에게 관련성 있는 광고를 표시하거나 온라인 영화 및 TV 프로그램 목록을 생성하는 것과 같이 기업의 의사 결정뿐 아니라 다양한 사례에 적용되곤 한다.

그리고 어떤 경우든 모두 우수한 데이터 테스트와 명확한 SLA·SLI·SLO, 다방면의 문서화와 모니터링이 필요하다. 다시 말해 데이터는 신뢰할 수 있어야 하며, 그렇지 못한 경우가 발생했을 때 데이터 조직과 이해관계자들은 이를 해결할 수 있는 방법을 갖추고 있어야 한다. 필자는 채드의 말에 전적으로 동의한다.

8.2.2 사례 연구 데이터 프로덕트 매니저의 등장

2009년 우버캡Ubercab으로 출범한 글로벌 차량 공유 기업 우버는 경쟁 우위의 수단인 동시에 사용자들에게 더욱 신뢰할 수 있는 맞춤형 경험을 제공하기 위한 수단으로서 데이터를 중요하게 다루어 왔다. 링크드인, 넷플릭스, 구글과 같은 실리콘 밸리의 거대 기업들처럼 우버에서도 실시간 가격 책정 모델을 구축하는 데이터 과학자부터 운전자 수요 예측을 위한 운영 분석가에 이르기까지 수천 명의 인원이 데이터를 분석하고 운영한다.

우버는 대규모 데이터를 제대로 운영하기 위해, 데이터를 개별 사용 사례에 맞춘 개별적인 서비스가 아니라 사내 여러 팀에서 활용할 수 있는 프로덕션 소프트웨어로 취급해야 했다. 그런데 소프트웨어 회사에서는 전통적으로 프로덕트 매니저가 소프트웨어 솔루션의 아이디어 구상부터 결실을 얻기까지 전 단계를 관리한다. 데이터 역시 그만한 신뢰성이나 접근성을 갖추면서 여러 사용 사례를 동시에 만족시켜야 한다면 결국 데이터에도 프로덕트 매니저가 필요하다고 할 수 있지 않을까?

이러한 고민을 바탕으로 우버는 데이터에도 프로덕트 매니저를 두기로 했다. 우버에서 데이터 프로덕트 매니저로 근무했던 아툴 굽트Atul Gupte에 따르면, 데이터 프로덕트 매니저는 데이터의 민주화와 데이터 가치 창출[4]을 책임지는 역할을 담당한다. 또한 이들은 데이터 플랫폼 또는 특정 데이터 도구의 개발 과정에서 설계부터 구축, 관리까지 담당함으로써 다양한 고객에게 서비스를 제공한다.

우버의 데이터 프로덕트 매니저들은 다음 질문에 답을 내놓는 데 전념했다.

- 어떤 데이터가 존재하는가?
- 이 데이터가 필요한 이는 누구인가?
- 이 데이터는 어디에서 어디로 유입되는가?
- 이 데이터의 목적은 무엇인가?
- 데이터의 접근 및 사용을 더욱 쉽게 만들 방법은 무엇인가?
- 데이터가 컴플라이언스를 준수하는가? 실행 가능한 데이터인가?
- 데이터가 많은 이들에게 빠르게 효용을 가져다 줄 방안은 무엇인가?

이와 같은 질문에 대한 답으로 데이터 프로덕트 매니저는 직원들을 위한 내부 도구 및 플랫폼을 구축했다.

일반적인 프로덕트 매니저와 마찬가지로, 데이터 프로덕트 매니저 역시 데이터 분석가와 데이터 과학자, 운영 조직 등 이해관계자들과 경영진의 요구 사항을 충족할 수 있어야 한다. 이들의 주요 목적은 앞선 질문에 대한 답을 얻음으로써, 데이터가 필요한 사용자들에게 신뢰할 수 있고 신선하며 사용 가능한 데이터를 전달하는 것이다.

데이터 프로덕트 매니저는 이제 막 생겨난 직무이므로, 아툴과 같은 데이터 프로덕트 매니저들은 일반적으로 전통적인 B2B 프로덕트 관리자, 내부 도구 관리자, 데이터 분석가 또는 백엔드 엔지니어 같은 경력을 가지고 있는 경우가 대부분이다.

4 「우버의 데이터 품질 관리 아키텍처」, *https://medium.com/dataseries/inside-the-architecture-powering-data-qualitymanagement-at-uber-543d5e00ad19*

8.2.3 데이터를 프로덕트로 보는 접근 방식

데이터를 프로덕트로 보는 접근법을 조직에 적용하는 방법을 다음 다섯 가지로 정리해 보았다.

이해관계자들과 초기부터 자주 이해도 조정하기

데이터가 프로덕트라면 내부 고객인 구성원도 이해관계자다. 따라서 데이터 프로덕트의 로드맵과 SLA를 구상할 때 주요 데이터 사용자들과 먼저 협력해야 한다.

이는 데이터 프로덕트 매니저도 일종의 프로덕트 매니저로서 내부 고객의 요구 사항과 걱정, 데이터를 사용하는 이유에 대해 완전히 이해하는 것을 뜻한다. 즉, 누가 어떤 목적으로 어떻게 데이터를 사용하는지 파악한다. 이러한 작업은 사용자들의 요구 사항을 충족하기 위해 어떤 데이터 프로덕트를 구축해야 하는지 파악하는 데 도움이 될 것이다.

이러한 내용들을 파악하면 데이터 스토리텔링을 적용하는 데 도움이 된다. 소프트웨어와 프로덕트, UX 조직들은 데이터 스토리텔링을 이용해 자신들의 업무 맥락을 다양한 관점으로 설명하는데, 이를 통해 이해관계자들은 이들의 가치를 더욱 잘 이해할 수 있게 된다. 따라서 이해관계자들에게 데이터의 중요성을 알리고, 데이터를 프로덕트처럼 취급하기 위한 투자의 필요성을 납득시키기 위한 노력을 기울여야 한다.

데이터 스토리텔링은 이해관계자들에게 멋진 머신러닝 모델이나 새로운 기능으로 수백만 달러를 벌어들이겠다고 호언장담하는 일이 아니다. 대신 데이터 인프라에 투자하도록 사람들을 설득하는 데 유용하게 사용된다. 데이터 이니셔티브가 비즈니스의 목표, 즉 회사의 수익을 높이는 데 도움이 된다는 사실을 분명하게 전달한다면 데이터 품질에 할당된 리소스를 포함한 각종 예산과 인력 등을 정당화하기 용이해질 것이다.

지난 수년간, 데이터 품질과 수익 간의 상관관계는 명확하지 않았다. 데이터는 각 사일로에서 관리되었고, 이해관계자들은 접근 가능한 데이터가 얼마 없어도 그러려니 했다. 일부 노련한 사람들은 데이터가 잘못됐거나 부정확하다는 걸 알아차리는 경우도 있었지만, 이 같은 데이터 문제는 대부분 모호하여 데이터 전반의 신뢰도를 낮췄다. 그러나 기술이 발전하고 전사적으로 더 많은 직원들이 데이터에 관한 이해도를 갖추면서 데이터 수요와 함께 데이터 품질에 대한 책임도 증가했다.

"필요는 발명의 어머니"라는 말처럼, 데이터 수요가 증가할수록 데이터 관련 지출을 정당화하는 방안 역시 발전한다. 예를 들어, 단순히 "데이터 품질은 비즈니스에 도움이 됩니다."라고 말하기보다 데이터 신뢰성이 어떻게 수익 예측 머신러닝 모델의 정확도를 높일 수 있는지에 관해 스토리텔링한다면 설득력을 더욱 높일 수 있다.

프로덕트 관리 마인드셋 적용하기

데이터를 프로덕트처럼 취급하기 위한 또 다른 방법은 바로 데이터를 구축·모니터링·측정할 때 프로덕트 관리 마인드셋을 적용하는 것이다. 이는 데이터 파이프라인과 시스템을 구축할 때도 일반적인 소프트웨어 구축 절차를 적용한다는 의미다. 여기에는 과업 범위 문서를 만들고 프로젝트를 스프린트 단위로 나누어 설계하는 절차를 포함한다.

아이언클래드Ironclad의 선임 데이터 분석가인 제시카 처니Jessica Cherny는 애자일 기반의 워크플로를 다음과 같이 설명했다.

> 우리는 데이터를 프로덕트처럼 취급한다. 즉, 데이터와 데이터 조직에도 프로덕트 관리 원칙을 동일하게 적용하고 있다. 그래서 데이터가 필요한 대규모 전략 프로젝트가 있을 때면 프로덕트 매니저가 이해관계자들과 함께 스펙 문서를 작성하는 것처럼 데이터의 과업 범위 문서를 작성한다. 그리고 다른 이들과의 교류 없이 사일로로 일하는 대신 엔지니어 및 프로덕트 매니저들과 함께 반복적으로 개선해 나가며 다양한 팀이 함께 참여하게끔 하고, 이해관계자들 간의 기대와 이해를 합일시켜 나간다.

또한 엔지니어링 절차와 마찬가지로, 데이터 조직은 파이프라인을 구축할 때 확장성과 향후 사용 사례를 고려해야 한다. 콘보이의 프로덕트 책임자 채드에 따르면, 이는 데이터 조직들의 과거 업무 방식과는 상당한 차이가 있다.

> 종종 프로덕트의 데이터베이스에 쌓이는 데이터들은 서비스에서 발생하는 사건들을 그대로 던져놓은 수준에 지나지 않는 경우가 있는데, 이는 엔지니어들이 충분히 고심하지 않았기 때문이다. 회사가 발전하면서 데이터 모델이 지저분해지는 가장 큰 이유 중 하나는 대개 서비스를 빠르게 구축하는 데에만 집중하고 데이터 자체는 뒷전으로 취급하기 때문이다. 데이터를 프로덕트로 다루자는 아이디어는 이러한 업무 방식을 바꿔 나가기 위한 일련의 변화라고 볼 수 있다.

시트긱SeatGeek의 수석 데이터 엔지니어 겸 분석 엔지니어인 카일 섀넌Kyle Shannon은 데이터 조직이 급격히 성장했기 때문에 확장성에 중점을 두고 있다며 그의 경험을 공유[5]했다.

> 우리는 데이터 조직에 새로 합류한 이들의 온보딩을 지원하는 한편, 데이터를 더 쉽게 찾고 접근할 수 있는 방법을 찾으려 노력하고 있다. 회사에 오랫동안 있었던 이들은 어디서 정보를 찾을 수 있는지 알고 있지만, 한 해에만 20~30명의 구성원을 채용하는 상황에서 "슬랙에 가서 물어보세요."라는 식으로는 확장성을 갖추지 못한다. 따라서 데이터 프로덕트를 구축할 때에는 무엇이든 문서화해 두고 그 과정에서 불필요한 중복이나 다른 문제들이 없는지 확인하여 문서를 매우 명확하게 관리해야 한다.

이외에도 새로운 데이터 프로덕트를 구축하기 전에는 반드시 비즈니스 목표에 부합하는 KPI를 설정해야 한다. 채드가 앞서 설명한 것처럼 스토리텔링은 데이터 품질에 대한 투자의 잠재적인 가치를 설명하는 데 도움이 될 수 있지만, 대부분의 조직은 이러한 데이터 이니셔티브를 통해 얻을 수 있는 재정적인 가치를 측정하길 기대하기 때문이다.

그래서 다수의 데이터 조직에서는 데이터 품질과 관련된 KPI를 채택한다. 즉, 혁신이나 새로운 데이터 프로덕트 구축보다는 데이터의 불완전함이나 오류, 누락 또는 기타 부정확한 일이 발생한 데이터 다운타임에 따른 비용을 계산하거나 데이터 조직의 구성원들이 문제 해결에 소요하는 시간 등을 측정한다.

물론 데이터 이니셔티브의 파급 효과를 정량화하여 측정하기 위한 방안으로 메트릭을 설정하는 것도 좋은 방법이다. 중앙 데이터 플랫폼이 있는 경우라면 이러한 메트릭을 사용 사례 전반에 일관되게 적용했는지도 확인하자.

셀프 서비스 도구에 투자하기

데이터를 사일로에서 꺼내 그 자체로 가치 있는 프로덕트로 취급하려면, 비즈니스 사용자들이 스스로 필요한 업무를 수행하고 데이터에 대한 요구 사항을 충족할 수 있어야 한다. 기술 팀이 아닌 이들도 데이터에 접근할 수 있도록 하는 셀프 서비스 도구[6]를 사용하면 데이터 조직은 애드혹 업무 대신 가치를 생산할 수 있는 혁신적인 프로젝트에 집중할 수 있게 된다.

---

5 「신뢰할 수 있는 데이터 프로덕트 구축하기」, *https://oreil.ly/YpV7U*

6 옮긴이_데이터에 쉽게 접근하고, 니즈에 맞게 데이터를 활용하는 데 사용되는 도구를 말한다.

셀프 서비스 도구는 분산 데이터 아키텍처에 대한 새로운 접근 방식인 데이터 메시 개념의 주요 원칙 중 하나이기도 하다. 인튜이트 데이터 플랫폼 조직에서 부사장을 지낸 맘마드 자데는 데이터 메시를 열렬히 지지하는 한편, 셀프 서비스 도구가 데이터 아키텍처와 데이터 프로덕트에 필수라고 생각한다. 그래서 그의 조직은 사용자들이 특정 셀프 서비스 도구를 사용하여 데이터 검색이나 접근 등 작업을 완료하는 데 걸리는 시간을 줄였는지 평가할 수 있는 메트릭을 적용하기도 했다.

이에 관해 자데는 "중앙 데이터 조직은 데이터 생산자와 사용자 모두 필요한 작업을 더욱 쉽게 수행할 수 있게끔 올바른 셀프 서비스 인프라와 도구를 사용할 수 있도록 해야 한다. 올바른 도구를 갖춰 주고 구성원들이 알아서 업무에 사용하게 만드는 것이다."라고 설명했다.

데이터 품질과 신뢰성 우선시하기

데이터를 프로덕트로 취급하기 위한 또 다른 방법은 바로 데이터 수집부터 사용자에게 전달되는 결과물에 이르기까지 데이터 환경 전반에 엄격한 기준을 적용하는 것이다. 앞서 스토리텔링 맥락에서 살펴본 것처럼, 데이터 라이프사이클 전체에서 데이터 품질과 신뢰성을 우선시한다는 뜻이다. 데이터 신뢰성의 성숙도 곡선[7]에 진척 상황을 표시하여 데이터 품질의 현황을 평가해볼 수 있다. 해당 모델에 따르면 데이터 신뢰성에는 [그림 8-1]과 같이 네 가지 단계가 있다.

사후 대응

조직은 비상 상황에 대응하는 훈련과 문제 파악에 대부분의 시간을 사용하기 때문에, 중요한 이니셔티브를 더디게 실행한다. 따라서 프로덕트, 머신러닝 알고리즘, 비즈니스 의사 결정에 데이터를 효과적으로 사용하기 위해 고군분투한다.

사전 준비

엔지니어링, 데이터 엔지니어링, 데이터 분석가, 데이터 과학자들의 적극적인 협업을 통해 수동 검사 및 커스텀 QA 쿼리를 개발하여 작업을 검증한다. 예를 들어, 데이터의 신선도를 보장하기 위해 파이프라인의 주요 단계에서 행의 수를 확인하거나 타임스탬프를 추적하는 것이다. 문제가 발생할 경우 슬랙 메시지나 이메일로 전달되지만 상당수의 문제는 이러한 사전 준비 과정에서 모두 포착된다.

7 「데이터 다운타임의 격차 줄이기」, *https://oreil.ly/CsX3x*

자동화

자동화 단계에 들어서면 조직은 파이프라인의 더 넓은 범위에 검증 쿼리를 예약해 두어서 데이터의 신뢰성과 정확성을 우선시한다. 즉, 데이터 상태 대시보드를 활용해 문제를 확인하고 해결한 후 구성원들에게 상황을 공유한다. 예를 들어, 추이와 변경 사항을 관찰하기 위해 차원과 측정값에 관련된 메트릭을 저장하여 추적한다거나 데이터 수집 단계에서부터 스키마를 모니터링하고 적용한다.

확장성

확장성을 갖춘 조직들은 데브옵스 개념을 기반으로 스테이징 환경, 유효성 검사를 위해 재사용할 구성 요소, 데이터 오류 경고 등을 적용한다. 이렇게 광범위하고 필수적인 데이터에 관해 적절히 조치함으로써 사용자들에게 영향을 미치기 전에 대부분의 문제를 해결한다. 예를 들어, 모든 주요 메트릭에 대한 이상 탐지를 수행하고 모든 테이블 및 작업을 모니터링하여 품질을 추적할 수 있는 도구들을 사용한다.

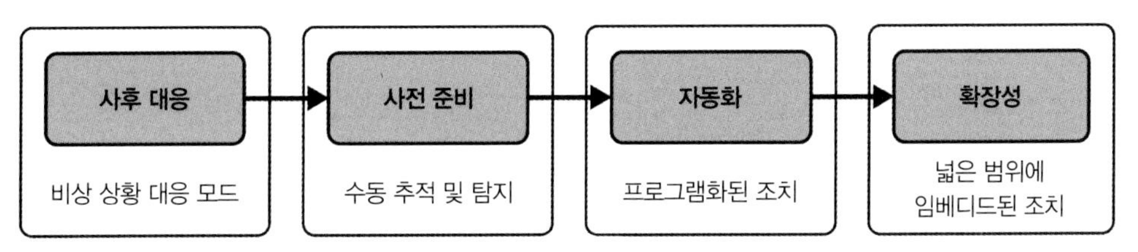

그림 8-1 데이터 신뢰성의 성숙도 곡선은 데이터 품질에 대한 일반적인 접근 방식을 사후 대응, 사전 준비, 자동화, 확장성의 4단계로 구분한다.

적절한 데이터 조직 구조 찾기

조직 구조는 데이터와 상호작용하는 방식에 큰 영향을 미친다. 예를 들어, 여러분 조직에서는 중앙 집중형 조직이 데이터 관리 및 애플리케이션의 전반을 담당하고 있는가? 분석가들이 여러 사업부에 속해 특정 요구 사항에 대응하고 도메인 전문 지식을 쌓는 한편, 거버넌스의 부족과 사일로로 인해 고통받고 있지는 않는가?

회사마다 규모와 비즈니스 요구 사항에 따라 고유한 접근 방식이 필요하지만, 여러 데이터 리더들은 허브 앤 스포크hub and spoke 구조[8]에서 가장 좋은 결과를 만들어 낼 수 있다고 주장한다.

8 옮긴이_바퀴와 바큇살의 구조와 같이 특정 지점을 중심에 두고 나머지 분산된 지점을 연결하는 구조를 뜻한다.

허브 앤 스포크 구조에서는 중앙 집중형 데이터 플랫폼 조직이 인프라 및 데이터 품질을 담당하는 한편, 각 사업부에 분산되어 속한 분석가들과 엔니지어들이 각 시맨틱 레이어[9]를 담당하며, 데이터를 비즈니스에 사용한다. 이러한 구조는 조직이 빠르게 성장하고 빠르게 움직여야 하는 경우에는 효과적이지만, 중앙 집중형 데이터 조직과 긴밀한 협업이 이루어지지 않을 경우 각 사업부에 속한 분석가들이 불필요한 중복 업무를 처리하는 상황이 발생할 수도 있다.

외식업용 POS 소프트웨어를 공급하는 업체인 토스트의 비즈니스 인텔리전스 수석 이사인 그레그 왈드만Greg Waldman은 중앙 집중형 구조에서 분산형 구조로, 다시 허브 앤 스포크 구조로 변경하며 5년간 조직을 이끌었다. 그는 성장하는 기업의 데이터 리더들을 위한 조언으로 프로덕트 관리 원칙인 애자일을 강조했다.

> 결국 데이터 조직의 핵심은 모든 사람이 비즈니스에 최대한의 가치를 더할 수 있게 만드는 일이다. 우리는 변화에 열려 있고, 다양한 시도를 했으며, 200명, 500명, 1,000명, 2,000명 규모의 조직에 알맞은 방식이 모두 다르다는 것을 알게 됐다. 변곡점에서 새로운 것을 시도할 때 비로소 깨닫게 된 사실이었다.

제시카 처니는 분산형 구조의 장점으로 분석가와 엔지니어들이 데이터 요청 너머에 숨은 진짜 비즈니스 수요를 이해할 수 있게 된다는 점을 꼽았다.

> 사용자의 진짜 요구 사항을 충족시킬 결과물을 설계하는 방법을 이해하고 싶다. 최근에 전략 이니셔티브의 담당자가 "꼭 이렇게 복잡한 클러스터링 기법을 사용해야만 원하는 답을 찾아낼 수 있을까요? 정말로 필요한 건 뭘까요? 그걸 알면 굳이 하던 업무를 멈출 필요 없이, 빠르게 필요한 데이터를 제공할 수 있을 것 같은데요."라며 특정 데이터를 바로 받아볼 수 있는지 물어봤다. 덕분에 질문 너머에 있는 진짜 수요를 파악하여 쉽고 간단한 방법으로 답을 구하고자 처음의 요청 사항에 담긴 질문 자체를 재구성할 수 있었다.

물론 모든 회사는 저마다의 문화적 환경과 해결해야 할 과제들이 있다. 그러나 허브 앤 스포크 구조를 통해 데이터 품질과 거버넌스의 책임을 포기하지 않고도 비즈니스의 요구 사항을 빠르게 충족할 수 있다.

---

9 옮긴이_시맨틱 레이어는 의미적으로 데이터를 상호 연계하는 개념이다. 이를 활용하면 다양한 서비스 시스템이 단일한 접근 경로로 이질적 데이터들에 통합 접근할 수 있다.

데이터를 프로덕트처럼 취급하는 관점은 한때 떠들썩한 유행 같은 것이 아니다. 이는 스스로 데이터를 활용할 수 있는 능력과 데이터 민주화를 증진하고, 더욱 정확하고 확신 있는 의사 결정을 위해 데이터 품질을 개선하며 조직 내 데이터의 영향력을 높이는 등 유의미한 결과물을 만들어 내기 위해 필요한 사고방식의 전환이다.

8.3 데이터 플랫폼을 향한 신뢰 축적

데이터를 프로덕트로 취급한다는 것이 어떤 의미인지 살펴봤다. 그렇다면 이런 접근 방식을 실제로 어떻게 구현할 수 있을까?

2장에서 데이터 플랫폼을 구축하는 데 필요한 사항을 살펴봤다. 그렇지만 조직에서 데이터 플랫폼을 실제로 사용하고, 이해관계자들이 그 결과를 신뢰할 수 있도록 토대를 마련하는 방안은 무엇일까? 다시 말해, 그들이 데이터 플랫폼을 프로덕트처럼 다루게 만드는 방안은 무엇일까? 이제 막 시작했든, 플랫폼을 확장해 나가는 중이든 8.3.1절에서 살펴볼 우수 사례들은 데이터 플랫폼에 대한 신뢰를 구축하는 과정에서 맞닥뜨릴 일반적인 문제들을 극복하는 데 도움이 될 것이다.

8.3.1 프로덕트 목표와 비즈니스 목표의 일치

지난 수십 년 동안, 데이터 플랫폼은 그 자체로 최종 목적이 되기보다는 수단으로 여겨졌다. 데이터 플랫폼은 많은 서비스를 지원하면서 우리의 삶을 돕는 애플리케이션에 대한 풍부한 인사이트를 제공했지만 데이터 플랫폼이 존중과 관심을 받게 된 것은 비교적 최근의 일이다.

데이터 플랫폼을 구축하거나 확장할 때 데이터가 회사의 목표에 어떻게 부합하는지 가장 먼저 확인해야 한다. 이를 위해선 데이터 플랫폼을 총괄하는 프로덕트 매니저의 관점으로 사고해야 한다. 다만, 다른 특정 프로덕트의 프로덕트 매니저와 달리 데이터 플랫폼의 프로덕트 매니저는 특정 영역별 목표 너머 비즈니스의 큰 그림을 이해해야 한다. 데이터가 마케팅과 채용에서부터 사업 개발 및 영업에 이르기까지, 다른 모든 기능 팀의 요구 사항에 반영되기 때문이다.

예를 들어, 비즈니스 목표가 수익 증대라면, 이 목표를 달성하는 데 데이터는 어떤 도움을 줄 수 있을까? 다음 질문들을 생각해 볼 수 있다.

- 수익 성장을 주도하는 서비스 또는 프로덕트는 무엇인가?
- 해당 서비스 또는 프로덕트는 어떤 데이터를 수집하는가?
- 데이터를 사용하기 전에 해야 할 일은 무엇인가?
- 이 데이터가 필요한 조직은 어디인가? 그들은 해당 데이터를 어디에 사용하는가?
- 이 데이터 또는 데이터의 분석 결과에 접근할 수 있는 사람은 누구인가?
- 사용자들은 데이터에 얼마나 빨리 접근할 수 있어야 하는가?
- 데이터 플랫폼에서 해결해야 할 컴플라이언스 준수 또는 거버넌스 확인이 있다면 무엇인가?

이러한 질문들에 하나씩 답을 하다보면 프로덕트 로드맵의 우선순위를 지정하는 방법뿐 아니라, 누굴 위해 데이터 플랫폼을 구축하고 디자인하는지 더 명확하게 이해할 수 있게 될 것이다. 게다가 전체적인 관점에서 KPI를 설정하고 실행 전략을 세움으로써, 조직 전체에 보다 더 큰 영향력을 발휘하는 플랫폼을 만들 수 있다.

8.3.2 올바른 이해관계자들에게서 피드백과 승인 획득

데이터 플랫폼을 구축하는 과정에서 항상 미리 승인을 받고, 중간 과정에서도 반복적으로 피드백을 받는 것이 중요하다는 건 너무나 당연한 이야기다. 그러나 구체적으로 누구의 승인과 피드백을 받아야 할 것인지 이해하는 이들은 드물다.

당연히 CTO와 데이터 부사장의 최종 승인이 필요하다. 그러나 이들의 의사 결정도 대개는 다른 엔지니어, 프로그램 매니저, 데이터 실무자와 같은 직원들의 조언을 참고하기 마련이다. 운송 업계 선도 기업의 프로덕트 매니저에 따르면, 회사의 새로운 데이터 카탈로그 시스템을 개발하는 과정에서 엔지니어링 부사장을 설득하기 위해 3개월이라는 시간을 쏟았지만 한 수석 보좌관의 이메일 한 통으로 결국 프로젝트가 중단되는 일을 겪었다고 한다.

따라서 회사의 DNA를 바탕으로 다양한 방법을 고려해야 하는데, 다음 세 가지 방식을 동시에 진행하기를 제안한다.

1. 데이터 플랫폼의 비전을 갖도록 리더들을 설득하자.
2. 데이터 플랫폼의 실제 사용자들에게 사례와 핵심 내용을 강조하자.
3. 누구와 대화하든 항상 고객 중심으로 접근하자. 데이터 조직과 데이터 사용자를 포함해 다양한 환경에 놓인 다양한 유형의 구성원들에게 도움이 될 수 있는 서비스로 포지셔닝하자.

뛰어난 데이터 플랫폼을 사용하면 기술을 사용하는 이들은 더욱 쉽고 효율적으로 업무를 수행할 수 있고, 기술과 다소 거리가 있는 사람들이더라도 풍부한 인사이트를 얻거나 엔지니어와 분석가의 도움 없이도 데이터를 기반으로 시각화할 수 있게 된다.

다만 [그림 8-2]에 묘사한 것처럼 회사의 데이터 플랫폼을 구축할 때에는 엔지니어부터 데이터 과학자, 프로덕트 매니저, 비즈니스 관련 사용자, 일반 관리자에 이르기까지 데이터와 관련된 다양한 사람들을 고려해야 한다.

결국에는 이러한 과정을 통해 함께 만들고, 나누고, 배울 수 있는 데이터 애호가들의 커뮤니티를 구축하는 것이 중요하다. 여러분 회사의 데이터 플랫폼에는 회사 전체에 양질의 서비스를 제공할 수 있는 잠재력이 있다. 따라서 중간 과정에서 약간의 타협이 있더라도 관련된 모든 이들이 데이터 플랫폼의 성공에 참여하고 기여했다는 느낌을 받을 수 있게끔 해야 한다.

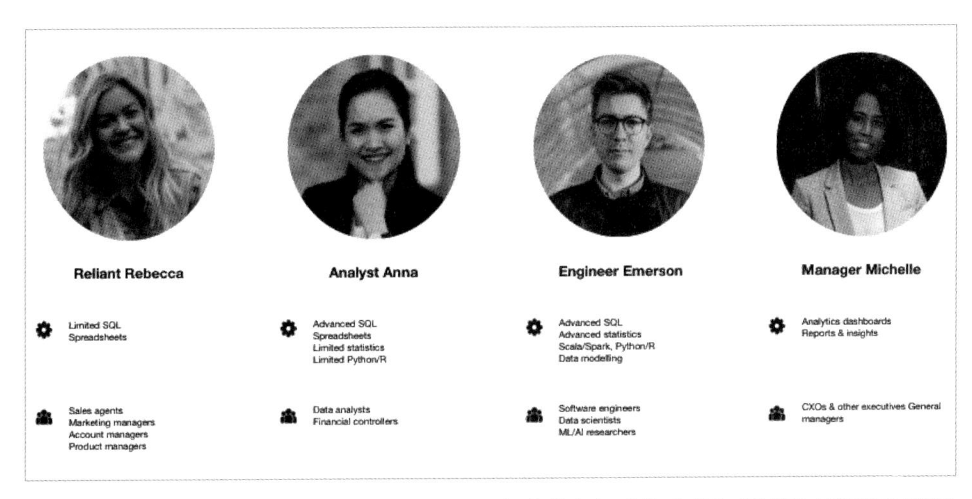

그림 8-2 데이터 플랫폼을 구축하기 위한 승인을 얻거나 플랫폼을 확장하고자 할 때, 회사 내의 핵심 사용자들과 이해관계자들에게서 정보를 얻는 것이 도움이 된다(출처: 아툴 굽트).

8.3.3 단기적인 이익보다 장기적인 성장과 지속 가능성 우선

다른 유형의 프로덕트들과 달리, 데이터 플랫폼은 단순히 남들보다 앞서 시장에 '최초로 출시'를 했다고 해서 성공할 수 있는 유형의 프로덕트가 아니다. 데이터 플랫폼은 내부에서 사용하는 도구이기 때문에 특정 기능 단위의 성공이 아니라 지속 가능성을 염두에 두어야만 한다.

데이터 조직의 고객은 회사이고, 회사의 성공이 바로 데이터 조직의 성공임을 기억하자. 프로덕트 로드맵은 수차례 변경되겠지만 이러한 변화가 있을 때마다 항상 프로덕트의 성장과 성숙을 고려해야만 한다.

예를 들어, 우버의 빅데이터 플랫폼[10]은 장장 5년이라는 기간에 걸쳐 구축되었고, 비즈니스의 요구 사항에 따라 지속적으로 진화했다. 핀터레스트Pinterest[11]는 핵심 데이터 분석 프로덕트에 대해 수차례 반복적으로 수정과 개선 작업을 진행했다. 링크드인은 2008년부터 이미 데이터 플랫폼[12]을 구축했고, 지속적으로 보완했다.

[그림 8-3]처럼 시간에 따라 변화하는 조직의 맥락에 맞게 의미 있는 솔루션을 선택하고, 조직의 기대치와 데드라인에 맞춰 계획을 세울 것을 권장한다. 단기적인 사용성을 고려한 솔루션은 시작하기는 쉽지만 시간이 갈수록 결국 지속 가능성을 고려해 만든 플랫폼보다 더 큰 비용이 들게 된다. 물론 때로는 장기적인 프로덕트 개발 전략의 일환으로, 일부 즉각적인 성과를 만들어 내는 것이 내부 구성원들의 승인을 얻는 데 더 유용할 수 있다. 하지만 로마가 하루아침에 세워지지 않았듯이 데이터 플랫폼도 한 번에 뚝딱 만들어지는 것이 아니라는 사실을 기억해야 한다.

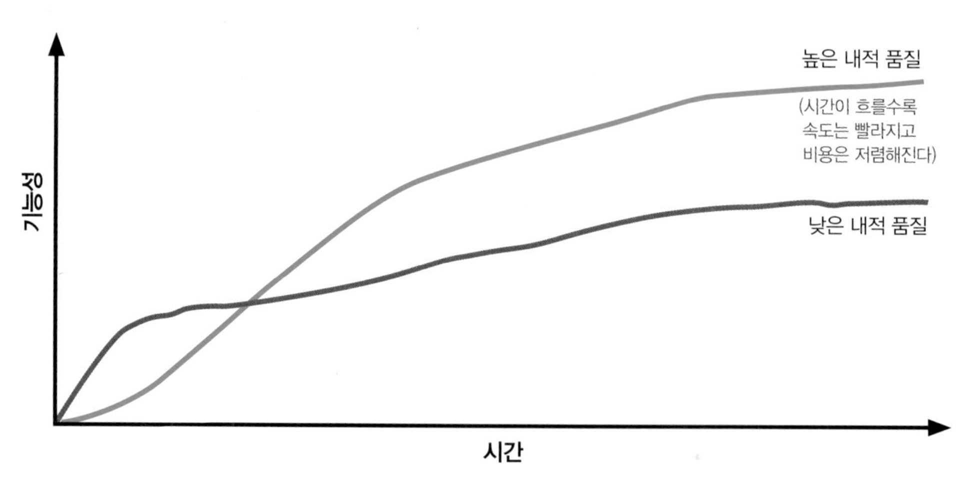

그림 8-3 단기적인 사용성으로 인해 시간이 지날수록 지속 가능성을 놓치게 된다.

10 「우버의 빅데이터 플랫폼: 100페타바이트 이상의 데이터를 지연 시간 1분 내에 처리하기」, *https://youtu.be/YxlmgwHJaqw*

11 「핀터레스트의 비하인드 스토리: 분석 프로덕트 구축기」, *https://oreil.ly/Rh9QV*

12 「링크드인의 데이터 플랫폼」, *https://oreil.ly/UFXhk*

8.3.4 데이터 측정 기준 메트릭 설정

만약 데이터를 신뢰할 수 없다면 데이터 플랫폼이 얼마나 훌륭한지는 아무런 의미가 없다. 그러나 각 이해관계자마다 데이터 품질이 의미하는 바는 다르다. 그래서 그 기준과 정의를 이해관계자들의 기대와 이해에 맞추지 못한다면, 데이터 플랫폼은 결코 성공할 수 없다.

이러한 문제를 해결하기 위해서는 데이터 신뢰성, 다시 말해 전체 데이터 라이프사이클에서 제공하는 데이터 가용성과 상태에 대해 기본적인 기대치를 설정하는 것이 중요하다. 물론 소프트웨어 애플리케이션의 신뢰성에 대해 명확한 SLO와 SLI를 설정하는 것은 결코 쉬운 일이 아니다. 또한 데이터 조직은 데이터 파이프라인에 대해서도 이러한 목표와 지표를 설정해야만 한다.

그러나 각기 다른 이해관계자들이 '좋은 데이터'에 관해 모두 동일한 비전을 가져야 한다는 뜻은 아니다. 오히려 그렇지 못할 가능성이 다분하지만 그럼에도 괜찮다. 서로 완전히 다른 것을 기대하기보다는 데이터 신뢰성 면에서 기본이 되는 메트릭을 설정하고, 최소한의 공통 분모를 찾아 합의하는 것이 중요하기 때문이다.

6장에서 살펴본 데이터 다운타임 시간 또는 주당 데이터 품질 이슈의 개수와 같은 SLA를 선택하여, 회사 내의 데이터 실무자들이 기본 품질 메트릭에 대해 동일한 기대와 이해를 갖도록 만들어보자.

8.3.5 직접 구축 또는 구매할 시기 파악

데이터 플랫폼에 관해 가장 먼저 내려야 할 의사 결정 중 하나는 바로 플랫폼을 처음부터 새로 구축할지, 외부 솔루션을 구매할지 여부다.

우버, 링크드인, 메타와 같은 회사는 오픈 소스 솔루션을 이용하여 자체 데이터 플랫폼을 구축하기도 했지만 이러한 방식이 항상 맞는 것은 아니다. 데이터 플랫폼을 직접 구축해야 할지 혹은 구매해야 할지를 판단해 주는 마법 같은 공식은 없지만 다음과 같은 경우가 되기 전까지는 외부 솔루션을 구매해 사용할 것을 권장한다.

- 개인의 재정 기록이나 건강 상태에 대한 정보처럼, 규제상 외부 업체와 공유할 수 없는 민감한 정보 또는 기밀 정보를 이용하여 운영되는 경우
- 내부의 다른 도구 및 시스템과 원활하게 작동하려면 커스텀이 필요하나, 공급 업체에서 이를 지원해 줄 만큼의 규모가 되지 않는 경우

- 비즈니스 차원의 경쟁 우위나 인재 채용 관점의 이점 등 구매보다는 직접 구축하는 방안이 전략적으로 유리한 경우

데이터 웨어하우스나 데이터 레이크, 또는 데이터 시각화 도구와 같이 기술적으로 더 크고 보편적인 경우라면 대개는 구매하는 편이 더 낫다. 그러나 고속도로의 GPS 데이터 집계와 같이 틈새시장이지만 비즈니스 차원에서는 매우 중요한 문제를 해결하기 위해서 직접 구축하는 것이 더 나을 수도 있다.

데이터 조직들을 위한 희소식도 있다. 2010년대 초 소프트웨어 엔지니어링이 급성장했던 것처럼, 데이터 엔지니어링 역시 르네상스 시기를 거치며 더 복잡하고 세분화된 수요를 해결할 수 있는 도구에 대한 개발과 투자가 대거 이루어지고 있다는 점이다. 예를 들어 7장에서 살펴본 리버스 ETL, 데이터 과학 워크북, 행동 분석, 머신러닝 피처 저장소와 같이 이전에는 틈새 기술로 여겨졌던 것들이 널리 채택되고 있다.

데이터 플랫폼을 프로덕트로 직접 구축한다면 데이터 우선순위에 대해 더 많은 합의를 이끌어 낼 수 있고, 데이터 품질과 다른 KPI를 표준화하고 협업을 강화할 수 있으며, 결과적으로 회사에 더 많은 가치를 제공할 수 있다.

데이터 관리와 데이터 신뢰성, 데이터 민주화를 위한 효율적인 수단이라는 점 외에도, 데이터 플랫폼을 프로덕트로 구축하는 데에는 다음과 같은 장점이 있다.

- 영업 활동에 가이드 제공(잠재 고객의 반응을 기반으로 역량을 집중시킬 곳에 대한 인사이트 제공)
- 프로덕트 로드맵을 주도적으로 작성
- 고객 경험의 개선(서비스의 문제점이 무엇인지, 제대로 작동하는 부분과 그렇지 못한 부분이 무엇인지 팀이 알 수 있도록 도와줌)
- 전사 차원의 데이터 거버넌스 및 컴플라이언스 조치 표준화(일반 데이터 보호 규정GDPR, 캘리포니아 소비자 개인 정보 보호법CCPA 등)

데이터 플랫폼을 직접 구축하는 것이 부담스러울 수도 있다. 하지만 데이터 품질을 보장하고 확장해 나갈 수 있도록 올바른 접근법을 취한다면, 이는 조직 전체의 역량을 배가할 수 있는 잠재력을 지니게 될 것이다.

지금까지 데이터 품질 우선 문화를 구축하기 위해 해야 할 일들을 중점으로 살펴봤으니, 이어

서 이를 담당할 주체를 살펴보고자 한다. 8.4절에서는 다양한 팀과 직무를 아울러 데이터 품질에 책임이 있는 직책들을 알아보고, 책임을 할당하는 모범 사례를 살펴보도록 한다.

8.4 데이터 품질 책임 할당

현대의 데이터 조직에는 데이터 품질의 책임에 대한 다양한 질문과 답변이 존재하며, 이는 또한 기업의 규모와 비즈니스의 요구 사항에 따라 천차만별이다. 대다수의 전문가가 데이터의 품질 문제나 데이터 다운타임이 발생하면 책임을 돌리기 바쁘다. 사실 문제를 성공적으로 해결하거나 파급 효과에 관해 커뮤니케이션할 수 있는 전문가는 드물다.

이처럼 문제 상황의 발생에 따른 영향의 범위를 '폭발 반경'(그림 8-4 참조)이라고도 부르는데, 이는 데이터가 중단될 시 이해관계자가 경험하는 다운타임의 정도를 나타낸다. 조직에는 CDO부터 데이터 엔지니어에 이르기까지, 데이터 중단 상황과 관련된 여러 이해관계자들이 있다. 데이터 다운타임은 회사의 데이터와 분석에 의존하는 모든 사람에게 영향을 미치며, 이는 데이터 파이프라인의 하단으로 내려갈수록 점점 더 커진다.

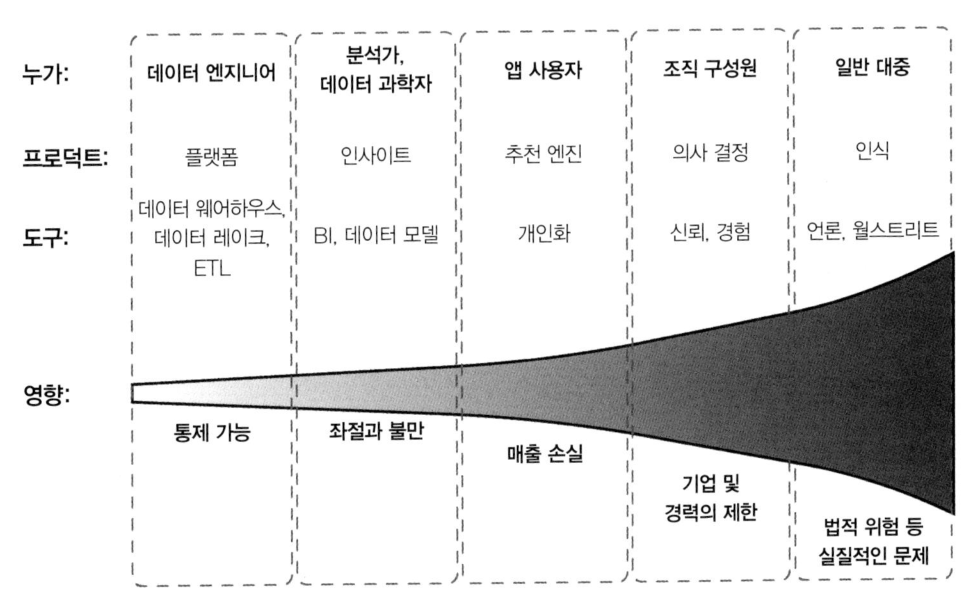

그림 8-4 데이터 다운타임에 따른 '폭발 반경'

이제부터 가상 데이터 조직의 사례를 통해 데이터의 신뢰성이 어떻게 구현되며, 데이터 품질을 책임지는 직책에는 무엇이 있는지 살펴보고자 한다. 각각의 직무와 직무별 희망 사항을 비롯하여 이들을 괴롭히는 것이 무엇인지 알아보고 회사의 데이터 신뢰성을 보장할 방안을 공유하고자 한다.

8.4.1 최고 데이터 책임자

우선 최고 데이터 책임자CDO인 오필리아Ophelia를 만나보자. 그녀는 데이터 파이프라인이나 루커 대시보드를 직접적으로 관리하는 사람은 아니지만, 조직이 제공하는 데이터의 안정성·정확성·연관성·해석 가능성·신뢰성 등을 책임진다.

오필리아는 매일 아침마다 다른 부서에서 그들이 필요한 데이터를 제대로 받고 있는지, 데이터 관련 리스크를 제대로 관리하고 있는지 확인한다.

그녀는 CDO로서 데이터 환경이 제대로 작동하고 있다는 것을 확인한 후에야 마음이 놓일 것이다. 만약 대표나 대중 또는 다른 데이터 사용자들에게 잘못된 데이터가 전달된다면 그의 자리는 위태로워질 수 있다.

8.4.2 비즈니스 인텔리전스 분석가

비즈니스 인텔리전스 책임자인 동시에 데이터 분석가인 베티Betty는 비즈니스 상황에 대한 다양한 질문에 답하기 위해 마케팅·영업·운영 부서의 이해관계자들과 공유할 수 있는 효과적이고 통찰력 있는 대시보드가 필요하다. 실무자 단에서 문제가 발생할 경우 베티가 가장 먼저 호출된다.

데이터의 신뢰성을 보장하기 위해 그녀는 다음과 같은 사항들을 확인한다.

- 데이터를 통해 비즈니스에 의미 있는 메트릭과 인사이트를 전달하고 있는가?
- 데이터의 신뢰도에 자신이 있는가?
- 다른 사람들도 해당 인사이트에 쉽게 접근하여 이해할 수 있는가?

베티에게 NULL 값과 중복 값은 천적이다. 그래서 데이터 다운타임으로 마음고생하는 일을 피할 수만 있다면 무엇이든 하고자 한다. 그녀는 보고서에 나타난 이상한 값들을 확인해 달라는 수많은 요청 때문에 이미 지칠 대로 지쳐 있다. 데이터의 출처를 따라 제대로 된 데이터가 맞는지 확인하려면 시간이 오래 걸리기 때문이다.

8.4.3 분석 엔지니어

이번엔 분석 엔지니어인 안나Anna를 만나보자. 그녀는 비즈니스 조직, 데이터 분석 조직, 데이터 엔지니어링 조직 사이에서 각 이해관계자들이 필요한 데이터에 접근해 사용할 수 있는지 확인하는 일을 맡고 있다. 안나는 데이터 빌드 도구인 dbt 활용에 능하며, 거의 모든 일은 모델링을 통해 해결할 수 있다고 자신한다.

다만, 이는 어디까지나 잘못된 스키마 변경 등이 없을 때의 이야기다. 데이터 다운타임이 발생하면 안나는 데이터가 손상된 이유와 과정을 설명해야 하며, 이를 위해 데이터 엔지니어링 및 데이터 플랫폼 조직과 협력하여 근본 원인을 파악한다. 따라서 그에게 데이터 옵저버빌리티는 소중한 친구다.

8.4.4 데이터 과학자

데이터 과학자인 샘Sam은 학부에서 산림학을 전공했지만, 학자금 대출을 갚기 위해 데이터 업계에 뛰어들기로 결정했다. 그는 파이썬의 코드와 데이터 시각화 사이 어딘가에서 데이터 과학과 사랑에 빠졌다.

샘은 데이터 출처와 신뢰도가 매우 중요하다고 생각한다. 만약 데이터를 신뢰할 수 없다면 팀의 A/B 테스트가 소용 없어지는 데다가 분석가, 매니저, 임원, 고객 등을 비롯한 모든 데이터 사용자들이 영향을 받기 때문이다. 샘의 조직은 업무 시간의 약 8할을 데이터 스크러빙과 정제, 데이터의 맥락을 이해하는 데 사용하기 때문에 이런 과정을 도와줄 도구와 솔루션을 원한다.

8.4.5 데이터 거버넌스 리드

7개월 된 강아지의 반려인인 제럴드Gerald는 그가 다니는 회사의 첫 번째 데이터 거버넌스 전문가다. 법률 팀에서 업무를 시작한 그는 GDPR과 CCPA가 등장할 당시 데이터 컴플라이언스 준수에 주력했다. 그의 이런 새로운 역할은 조직의 규모가 계속 성장함에 따라 더욱 중요해지고 있다.

데이터 신뢰성과 관련하여 제럴드는 전사적인 차원의 데이터 및 메트릭 정의의 통합과 데이터의 접근 및 조회 권한을 이해하는 데 주력한다. 그에게 잘못된 데이터란 값비싼 벌금이나 고객의 신뢰 약화, 소송을 의미한다. 중요한 역할임에도 불구하고 그는 "무슨 문제가 생기면 결국 나설 사람이 나뿐이니까요."라며 종종 자신의 일이 회계와 비슷하다는 농담을 한다.

8.4.6 데이터 엔지니어

데이터의 신뢰성을 이야기하면서 데이터 엔지니어인 에머슨Emerson을 빼놓을 수 없다. 에머슨은 작은 이커머스 스타트업에서 풀스택 개발자로 시작했는데, 회사가 성장하면서 데이터 수요도 함께 커져 갔고, 어느새 그녀는 데이터 프로덕트를 구축하는 것을 넘어 팀의 비즈니스 의사 결정에 필수적인 데이터 소스를 통합하는 역할도 하게 되었다. 덕분에 이제 스노우플레이크와 파워 BIPower BI를 비롯한 여러 데이터 도구의 전문가가 되었다.

에머슨과 그녀의 조직은 회사의 데이터 환경을 한데 묶는 접착제 같은 역할을 한다. 그들은 사내 데이터의 신뢰성을 모니터링하는 기술을 구현하고, 문제가 발생하면 새벽 중에라도 분석 조직에서 호출을 받기도 한다. 이러한 이유로 에머슨 역시 비즈니스 인텔리전스 분석가인 베티와 마찬가지로 밤을 새는 경우가 부지기수다.

에머슨은 성공적인 업무 수행을 위해 다음과 같은 일들을 처리한다.

- 확장 가능한 데이터 플랫폼 솔루션 설계하기
- 데이터 수집의 신뢰성 보장하기
- 다른 조직이 플랫폼에 액세스할 수 있도록 만들기
- 데이터 다운타임이 발생했을 때 신속하게 해결하기
- 무엇보다도 데이터 조직 전반의 분석을 지속 가능하게 만들기

8.4.7 데이터 프로덕트 매니저

데이터 프로덕트 매니저 피터Peter를 만나보자. 백엔드 개발로 커리어를 시작한 그는 몇 년 전

프로덕트 관리에 뛰어들었다. 데이터 거버넌스 리드인 제럴드처럼, 피터 역시 사내에서 처음으로 이러한 역할을 맡게 되었고, 그만큼 어려움과 재미를 동시에 느끼고 있다.

그는 새로 나온 데이터 엔지니어링 및 데이터 분석 솔루션에 대해서도 늘 최신 정보를 파악하며, 조직이 투자해야 할 프로덕트에 관한 의사 결정을 내리는 경우가 많다. 그는 접근성과 규모의 확장이 용이한 데이터 프로덕트를 제공하는 관점에서 실전 경험을 통해 자동화 도구와 셀프서비스 도구의 차이가 무엇인지 알고 있다.

무수히 많은 소스로부터 데이터를 수집하고, 통합하며, 접근할 수 있도록 만들어 비즈니스 전반의 사용자들에게 제공할 수 있는 데이터 플랫폼을 구축하는 일의 책임자로서, 분석가부터 소셜 미디어 관리자에 이르기까지 모든 데이터 이해관계자들이 그에게 의존한다. GDPR, CCPA의 컴플라이언스 준수도 빼놓을 수 없다. 피터의 역할은 매우 도전적이기 때문에 관련된 모든 이를 만족시키기 어렵다. 예를 들어, 그의 플랫폼은 비즈니스 인텔리전스 측면에서 '실제로' 바라는 바와 다른 경우가 많다.

8.4.8 데이터 신뢰성을 책임지는 사람은?

자, 그러면 이 중에서 데이터 환경의 신뢰성을 책임지는 사람은 누구일까?

이미 알고 있겠지만, 이 질문에 대한 답은 결코 간단하지 않다. CDO부터 데이터 엔지니어에 이르기까지, 데이터 신뢰성 보장의 책임은 궁극적으로 모두에게 있다. 그리고 대부분의 회사에서 거의 모든 부서가 데이터에 의존하지만, 그렇다고 해서 모든 데이터 조직이 동일한 구조를 갖는 것도 아니며, 산업마다 요구 사항도 각기 다르다. 예를 들어, 금융 산업에서는 데이터 거버넌스 전문가 팀을 꾸리는 것이 표준이지만 작은 스타트업에서는 보기 드문 일이다. 만약 거버넌스 전문가 팀을 꾸리는 스타트업이 있다면 찬사의 박수를 보낸다.

[표 8-1]에는 RACI 매트릭스 가이드라인을 이용하여 데이터 조직 전반에 걸쳐 접근성부터 신뢰성에 이르기까지 데이터의 책임을 표현하는 방법이 요약되어 있다. 데이터 관련 직무별 RACI 매트릭스[13]를 통해, 최신 데이터 조직의 책임과 주체에 대해 명확하게 이해할 수 있다.

13 「책임 할당 매트릭스 위키피디아 페이지」, *https://oreil.ly/waboH*

표 8-1 최신 데이터 조직의 책임 주체와 내용을 설명하는 RACI 매트릭스

	최고 데이터 책임자	비즈니스 인텔리전스 분석가	분석 엔지니어	데이터 과학자	데이터 엔지니어	데이터 거버넌스 리드	데이터 프로젝트 매니저
데이터의 접근성 높이기	A	R	A	C	R	C	R
데이터 해석을 용이하게 만들기	A	R	C	R	C	I	C
데이터를 바탕으로 인사이트와 제안을 제공하기	A	R	R	R	C	C	C
데이터 컴플라이언스 준수하기	A	I	I	I	I	R	C
높은 품질의 데이터 유지하기	A	C/I	A	R	R	C	R
데이터의 신뢰성 지키기	A	C/I	R	C	R	I	R

R = 실무 담당자, A = 의사 결정권자, C = 업무 수행 조언자, I = 결과 통보 대상자

넷플릭스[14] 또는 우버[15]와 같은 테라바이트 단위의 데이터를 수집하고 변환하는 회사에서는 데이터 엔지니어와 데이터 프로덕트 매니저가 데이터 신뢰성 문제를 모니터링하고 경고하는 책임을 지는 것이 일반적이다. 그러나 대기업을 제외하면 대부분 데이터 엔지니어와 일반 프로덕트 매니저에게 책임이 있다. 이들은 데이터에 대한 조직의 요구 사항과 신뢰할 수 있는 데이터 제공 사이에서 균형을 맞춰야 한다.

특히나 잘못된 선택의 대부분은 비즈니스 인텔리전스 분석가가 책임을 지게 되는데, 이들의 대시보드에 잘못된 정보가 포함되거나 전달되지 않은 변경 사항으로 인해 중단되는 경우가 발생하기 때문이다. 따라서 초기의 데이터 조직에서는 이러한 역할들을 만능 데이터 담당자 또는 프로덕트 매니저에게 함께 맡기기도 했다.

14 「넷플릭스 빅데이터 관련 기술 블로그」, *https://oreil.ly/7kuDl*

15 「우버의 빅데이터 플랫폼: 100페타바이트 이상의 데이터를 지연 시간 1분 내에 처리하기」, *https://youtu.be/YxlmgwHJaqw*

8.5 데이터 품질 보장을 위한 책임감 조성

데이터 엔지니어는 데이터 카탈로그가 아니다. 데이터 엔지니어 채용 공고에 '데이터 테이블에 대해 물어보는 수많은 업무 메시지에 응답하기'와 같은 설명은 없겠지만 실제 업무에서는 이런 일이 자주 발생한다. 물론 데이터 분석가에게 독심술은 없다. 그럼에도 불구하고 분석가들은 종종 파이프라인에 들어오는 데이터가 믿을 만한지 물어보는 질문에 답해야 하는 처지에 놓이기도 한다. 이러한 역할의 혼선은 데이터 조직이 더 빠르게 움직이고 데이터 메시를 가로질러 셀프 서비스 데이터 플랫폼을 갖춰야 하면서 생겨났다.

이는 지난 수십 년간 일반 사무직 근로자들을 괴롭혔던 문서 최신화 관리 이슈와 다를 바 없다. 예를 들어, 처음에는 요약 자료로 만든 문서가 나중에는 다음과 같이 바뀌는 걸 발견하는 것이다.

- 수많은 사람들이 어느새 임시 장표를 만들고 공유한다.
- 장표를 수정하다 보니 사실상 원래의 장표와 다를 바가 없다.
- 'V6_최종_진짜최종' 같은 이름의 사본을 만들고 있다.

이와 똑같은 일이 데이터 조직에도 일어난다. 이해관계자들을 돕거나 인사이트를 제공하거나 데이터를 추출하는 등 열심히 노력해 보지만, 다들 템포가 너무 빠르다. 어느 날 정신을 차리고 봤을 땐, 살짝만 바꾼 모델 몇 개가 사실상 똑같은 기능을 하고 있고, 그중에서 무엇이 가장 최신본인지 혹은 어떤 필드를 참조해야 하는지 아는 사람은 아무도 없게 된다.

이러한 상황은 다음과 같은 운영상의 문제를 일으킨다.

- 불필요한 트래픽 관리의 비효율적인 주기
- 저품질 데이터
- 부적절하거나 잘못된 데이터를 사용해 발생한 문제를 해결하는 데 드는 시간의 증가
- 데이터에 대한 조직 내 신뢰 저하
- 데이터 다운타임의 증가

데이터를 신뢰하지 않거나 데이터 신뢰성이 낮은 경우 조직의 예측은 종종 허용 오차의 한계치를 넘어버리기도 한다. 최근 펠로톤Peleton의 생산 중단 사례[16]에서 발견할 수 있듯이, 잘못된 예

16 「펠로톤의 치명적인 실수」, https://oreil.ly/0EnK1

측은 수요와 공급 사슬, 비즈니스 환경 전반의 불확실성이 높은 경우 특히 치명적인 결과를 초래할 수 있다.

8.6 데이터 접근성과 신뢰 간 균형

2장에서 살펴본 것처럼, 데이터 검색은 데이터 자산의 상태를 실시간으로 확인할 수 있는 새롭고 중요한 방식으로, 최근 데이터 스택의 주요 요소이기도 하다. [그림 8-5]를 보면 데이터 검색은 데이터의 수집 및 저장, 통합 방식과 특정 사용자의 사용 방식 등을 기반으로 데이터에 대해 도메인별로 다양하고 풍부한 이해를 제공한다. 데이터 검색은 각 도메인의 데이터에 대해 실시간으로 인사이트를 제공함으로써 데이터 카탈로그를 대체할 수 있으며, 동시에 거버넌스 기준을 준수한다.

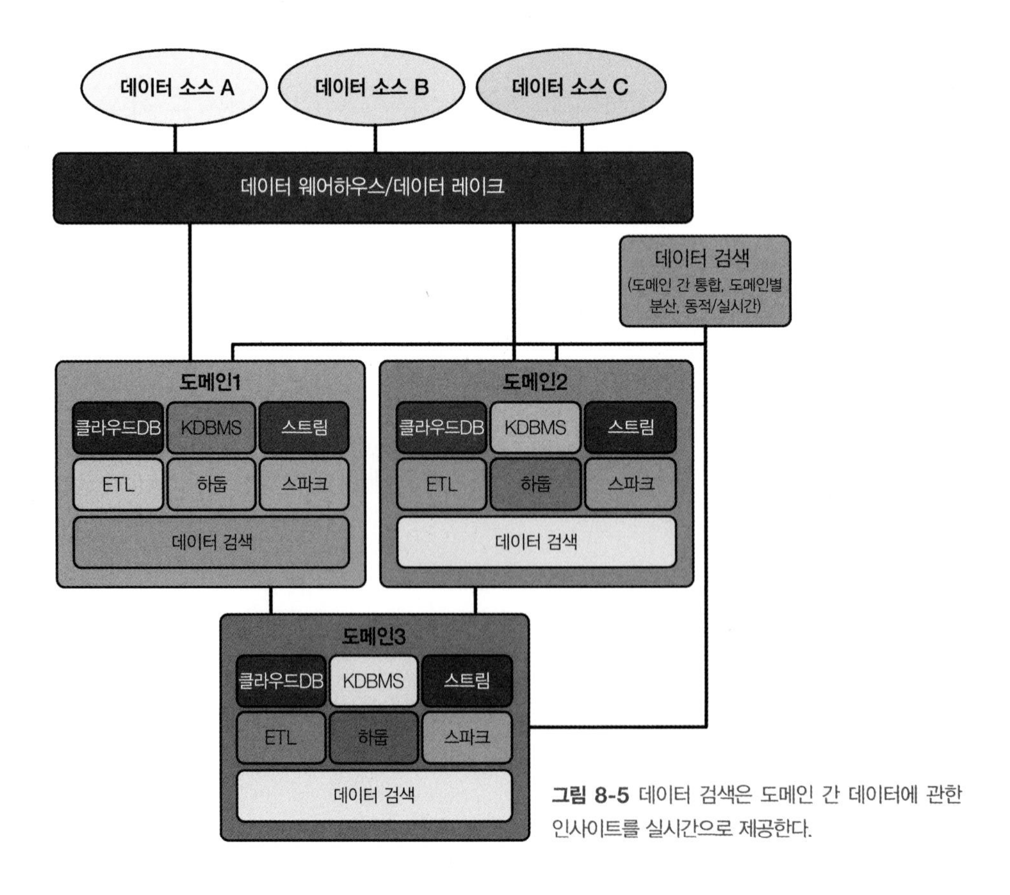

그림 8-5 데이터 검색은 도메인 간 데이터에 관한 인사이트를 실시간으로 제공한다.

데이터 카탈로그와 마찬가지로 거버넌스 기준과 도구들이 도메인 너머 통합되어 접근성과 상호운용성을 높일 수 있는 반면, 데이터 검색은 '카탈로그'에 기록된 상태 대신 데이터의 현재 상태를 실시간으로 드러낸다.

특히, 데이터 검색은 프로덕트처럼 각기 다른 데이터 오너들이 각자의 데이터를 책임지는 분산된 접근 방식을 취할 때 유용하다. 이를 통해 비즈니스 내 데이터에 능숙한 사용자들이 데이터를 직접 사용할 수 있기 때문이다.

이렇게 데이터 접근성이 좋아지는 가운데, 도메인별 데이터 조직에서 어떤 데이터가 사용 및 변환 또는 승인되었는지 일일이 파악할 수 있는 방안은 무엇일까? 조직 전반에서 공통된 데이터 품질 기준, 오너십, 커뮤니케이션 절차가 유지되고 있는지 개별 도메인에서 알 수 있는 방법은 무엇일까? 정답은 바로 데이터 인증에 있다.

8.7 데이터 인증

데이터 인증은 데이터 품질, 옵저버빌리티, 소유권 및 귀책 사항, 문제 해결 절차, 커뮤니케이션 등과 같이 상호 합의하에 맺은 SLA[17]를 충족한 데이터를 바탕으로, 조직 내 데이터 사용의 승인을 관리하는 절차다.

데이터 인증이란 데이터 품질, 데이터의 유효성 검사 및 데이터 검증과 유사한 개념으로 사람, 프레임워크, 기술을 비즈니스의 핵심 정책에 부합시키기 위한 중요한 절차다. 데이터 인증 절차의 요구 사항은 비즈니스 수요, 데이터 엔지니어링 팀의 역량, 데이터의 가용성 등에 따라 다르지만 일반적으로는 다음 사항을 포함한다.

- 데이터 신선도, 볼륨, 스키마, 분포 등의 품질 확인 절차의 자동화
- 정의된 업타임 내로 SLA 충족
- 경보 발생 시 대응을 책임지는 데이터 오너
- 슬랙 또는 이메일 등으로 경보 발송
- 서비스 중단 등의 비상 발생 시 대응 가능한 커뮤니케이션 절차 마련

17 「모범 사례로 살펴보는 SLA」, https://oreil.ly/lZtE5

8.8 데이터 인증 프로그램 실행 7단계

데이터 인증 프로그램은 여러 도메인에 걸쳐 적용된 일관적인 접근 방식을 통해 확장성을 높인다. 또한 커뮤니케이션 라인을 명확히 하여 도메인 간의 정보 교환을 더 신뢰할 수 있도록 만들어 효율성을 높인다.

이제 데이터 인증 프로그램의 적용 단계를 살펴보자.

1단계: 데이터 옵저버빌리티 능력 갖추기

데이터 옵저버빌리티 능력이란 조직의 시스템 내 데이터의 상태를 이해할 수 있는 능력으로, 이 능력을 갖추는 것이 인증 프로세스의 첫 번째 단계다. 기준선을 마련하려면 당연히 현재 성능에 관한 이해를 갖춰야 한다. 뿐만 아니라 [그림 8-6]에서 확인할 수 있는 것처럼 선제적으로 문제를 발견하고, 알리고, 분류하기 위해서는 시작부터 끝까지 체계적인 접근 방식이 필요하다. 이러한 옵저버빌리티 역량을 바탕으로, 데이터 사고 대시보드는 자동으로 이상 데이터, 스키마 변경, 테이블 삭제, 규칙 위반을 표기한다.

데이터 활용 체계에 대한 상세한 이해 외에도, 데이터 파이프라인 내에서 이슈가 발생하는 경우 이를 바로 인지할 수 있는 체계는 문제가 생긴 지점을 짚어내 이슈 탐색과 해결에 필요한 시간을 한층 단축시킬 것이다.

그림 8-6 데이터 사고 대시보드

이처럼 문제를 일으키는 시스템이나 데이터셋이 무엇인지를 파악하면 데이터 SLA 작성 절차(4단계)에 필요한 정보를 제공하는 데 도움이 된다. 또한 주요 테이블 또는 보고서의 종속성을 이해함으로써 가장 주의해야 하는 데이터가 무엇인지를 이해하는 데에도 도움이 된다. 요약하면 데이터 인증을 위해서는 테이블이나 데이터셋의 이상치를 면밀히 모니터링해야 한다(나아가 머신러닝을 통해 꾸준히 이 과정을 학습하고 개선할 수 있다면 가장 이상적임).

2단계: 데이터 오너 결정하기

인증된 각 데이터 자산에는 [그림 8-7]과 같이 데이터 수집부터 분석에 이르는 데이터 라이프사이클 전반을 책임질 당사자, 데이터 오너가 있어야 한다. 최신 메타데이터 관리 도구를 사용하면 데이터 오너를 각 테이블에 지정할 수 있고, 이를 통해 주요한 데이터셋의 신뢰성을 확인할 수 있다.

태그

오너십, 거버넌스, 문서화 및 기타 메타데이터

키	값
인증	골드
데이터 오너	조던 반 혼(Jordan Van Horn)

그림 8-7 각 레이어마다 책임자가 지정되어야 한다.

책임자를 지정할 때 RACI 모델을 이용할 수도 있고, 커뮤니케이션 절차나 문제 해결 시간과 같은 기준을 포함해 SLA에 직접 포함시키는 방안도 있다.

3단계: '좋은' 데이터의 기준 이해하기

비즈니스 이해관계자들에게 "누가, 무엇을, 언제, 어디에서, 왜"를 질문함으로써, 데이터 품질이 그들에게 어떤 의미인지, 어떤 데이터가 실제로 가장 중요한지 이해할 수 있다. 그러한 과정을 통해 다음과 같은 핵심 성과 지표를 개발할 수 있다.

- 데이터 신선도
  - 매일 오전 8시에 데이터를 업데이트한다(CEO를 비롯한 핵심 임원들이 오전 8시 30분에 대시보드를 확인하므로 유용함).
  - X시간이 지난 데이터는 사용하지 않는다.

- 데이터 분포
  - X 컬럼에는 NULL 값을 허용하지 않는다.
  - Y 컬럼의 값은 항상 모두 고유하다.
  - X 필드의 값은 항상 Y 필드의 값과 같거나 그보다 크다.
- 데이터 볼륨
  - 테이블 X의 크기는 감소하지 않는다.
- 데이터 스키마
  - 이 테이블의 필드는 삭제하지 않는다.
- 데이터 계보
  - 테이블 X 내의 모든 데이터는 출처와 사용자의 표기, 관련 메타데이터 정보를 포함한다.
- 데이터 다운타임(또는 데이터 가용성)
  - 발생한 사건의 수 X(사건 탐지에 소요된 시간 + 사건 해결에 소요된 시간). '테이블 X의 데이터 다운타임은 연중 Y시간 이하여야 한다.'와 같은 데이터 다운타임의 SLA를 예로 들 수 있다.
  - 데이터 다운타임의 각 요소에 대한 SLA는 실행 가능해야 한다. '데이터 사건을 X% 감소시킨다.', '탐지에 소요되는 시간을 X% 감소시킨다.', '해결에 소요되는 시간을 X% 감소시킨다.' 등을 예로 들 수 있다.
- 쿼리 속도
  - 데이터 조직에 대한 포스팅을 다루는 블로그 로컬리 옵티미스틱Locally Optimistic[18]에선 "평균 쿼리 속도를 기준으로 시작하는 것도 좋지만, 'X%의 쿼리를 Y초 내에 수행한다.'와 같이 자세한 기준을 세워야 한다."라고 설명한다.
- 데이터 수집(외부 파트너의 책임을 관리하는 데 효과적임)
  - 데이터는 파트너 Y에게서 매일 오전 5시에 수신한다.

이러한 절차를 통해 비즈니스의 중요도에 맞춰 세분화된 경고 규칙을 구성할 수도 있다.

4단계: 주요 데이터셋에 SLA, SLO, SLI 설정하기

6장에서 강조한 것처럼, 데이터 파이프라인 SLA의 설정은 데이터 신뢰성 향상을 위한 중요한 단계이자 데이터 인증 프로그램에도 핵심적인 요소다. SLA는 구체적이어야 하고 SLO와 SLI를 통해 측정 가능해야 할 뿐만 아니라 달성 가능해야 한다. SLA는 합의한 기준치뿐 아니라 합

18 「데이터에 웨어하우스에 SLA가 필요할까?(2편)」, *https://oreil.ly/tSNhm*

의 당사자 간의 관계에 대해서도 정의한다. 다시 말해, SLA에는 평소 상황과 이슈 발생 시에 누가 무엇에 책임을 지는지 설명되어 있다.

레드 벤처스Red Ventures의 선임 데이터 과학자인 브랜든 바이델Brandon Beidel은 효과적인 SLA는 현실적이어야 한다고 조언했다. '데이터는 항상 신뢰할 수 있어야 한다.'와 같은 말은 너무 모호하여 그다지 유용하지 않다. 그래서 브랜든은 "좋은 SLA는 구체적이고 자세하다. 예를 들어 해당 데이터셋이 비즈니스에 중요한 이유는 무엇이며, 이에 따라 기대하는 바는 무엇이며, 그런 기대는 언제 어떻게 충족되어야 하는지, 데이터 위치와 관련된 이들은 누구인지 등을 모두 묘사하는 것이다."라며 특정 목표에 집중한 SLA를 세울 것을 제안한다.

그는 더 나아가 SLA가 충족되지 않을 경우 어떻게 대응해야 하는지에 관한 내용도 서술했다. 예를 들어, '테이블 X의 데이터는 매일 오전 8시에 업데이트된다.'라는 식의 서술 대신, '팀 Z는 테이블 X의 데이터가 매일 오전 8시에 업데이트되는지 확인한다. 이상 경고 발생 두 시간 내로, 팀은 문제를 확인하고 관련된 당사자들에게 이를 알린 뒤, 이슈의 근본 원인 분석을 시작한다. 영업일 하루 이내로 업무를 생성하고 이슈 해결의 진행 상황에 대해 전사적으로 공유한다.'와 같이 서술하는 것이다.

이 정도 수준의 명료함과 조직 구성을 갖추려면 좋은 데이터의 기준이 무엇인지 이해하기 위해 팀이 초기부터 자주 이해관계자들과 이해를 합일시켜야 한다. 그리고 여기에는 데이터 팀만이 아니라 비즈니스를 담당하는 조직도 포함되어야 한다. 좋은 SLA에는 실제 서비스의 운영과 데이터 사용자들의 사용 방식에 대한 파악이 필수이기 때문이다.

다만 브랜든은 조금 다른 식으로 접근해 '테이블 X의 데이터는 매일 오전 8시에 업데이트된다.'라는 식의 SLA와 'SLA를 99% 수준으로 충족시킨다.'라는 식의 SLO를 구별하여 사용한다. 그러나 접근법이 무엇이든 그는 실현 가능성이 중요하다고 강조한다. 실제로 그의 고객 중 대부분은 데이터 인증 프로그램을 우선 실행하는 데 초점을 맞추고, 그 뒤에 오래된 것들을 정리해 나가는 식으로 보완한다.

실제로 대부분의 뛰어난 데이터 팀들은 가장 주요한 테이블과 데이터셋을 인증하는 데에서 출발한다. 비즈니스에 가장 많은 가치를 가져오고, 가장 많은 쿼리가 발생하고, 가장 사용자가 많거나 의존성이 높은 테이블이나 데이터셋을 예로 들 수 있다. 브론즈, 실버, 골드와 같은 등급을 구분해 서비스 및 지원 수준을 구별하는 등급 제도를 시행하는 조직도 있다.

5단계: 커뮤니케이션 및 사고 관리 절차 구축하기

만약 이슈가 발생할 경우, 이에 대한 경고는 어디에서 어떻게 전송되는가? 팀 내외부적으로 이슈에 대한 대응책과 진행 상황은 어떻게 전달되는가? 이와 같은 질문에 대한 대답들은 기본적이고 당연한 요소로 보일 수 있지만 분명하고 투명한 커뮤니케이션이야말로 책임감 있는 데이터 문화를 구축하는 데 필수적이다.

대부분의 조직이 슬랙, 페이저듀티 또는 마이크로소프트 팀즈Microsoft Teams 등의 서비스를 이용해 경고 안내를 전달받고 이에 대한 확인 및 대응에 관한 논의를 진행한다. 6장에서 살펴본 바와 같이, 이를 통해 빠른 대응을 하는 동시에 전사적으로 상황에 대해 투명하게 공유함으로써 건강한 사고 관리 업무 체계를 구성한다.

서비스 중단이 발생할 때 이를 전사적으로 공유하는 방안에 대해서도 고민해 봐야 한다. 예를 들어, 대규모 생산 중단 경고 발생 시, 온콜 엔지니어는 이 소식을 전사에 어떤 식으로 전달해야 하는가? 어디에 이 소식을 알리고, 이후 소식은 얼마나 자주 공유해야 하는가?

6단계: 데이터 인증 절차 설계하기

마침내 측정 가능한 목표, 투명한 책임 구조, 명확한 커뮤니케이션 절차, 문제 해결 및 대응에 관한 기준이 담긴 SLA를 갖추게 되었다. 팀의 성공을 위한 각종 도구와 사전 대책이 마련된 것이다. 마지막 남은 단계는 이해관계자를 위해 데이터 자산에 최종적으로 인증하고 이를 알리는 것이다.

이러한 데이터 인증 절차를 분산할 것을 추천한다. 결국 인증 절차란 팀들이 더 빠르고 유연하게 확장할 수 있도록 돕기 위해 설계된 것이기 때문이다. 각 도메인 수준에서 중심이 되는 규정을 만들어 둔다면, 관료주의와 같은 불필요한 요소들을 덜어낼 수 있을 것이다.

그리고 이러한 인증 절차 과정은 데이터 검색 솔루션, 자체 개발 솔루션 또는 다른 형태의 데이터 카탈로그 등을 이용해 데이터 조직이 테이블에 태그를 지정하고, 데이터를 검색하고, 사용하는 과정으로 이루어진다.

7단계: 데이터 조직과 데이터 사용자 교육하기

물론 테이블에 인증 태그를 붙인 것만으로 분석가들의 업무가 말끔히 정리되는 것은 아니다. 적절한 절차에 따른 교육도 필요하며, 이는 상황에 따라 의무 교육으로 지정될 필요도 있다. 이슈에 대한 경고 및 커뮤니케이션 수준을 세부적으로 조정하는 일도 필요하다.

때로는 별다른 조치가 필요하지 않은 경고를 받는 것도 바람직하다. 예를 들어, 팀에서 새 데이터 소스를 추가하면 갑자기 특정 테이블의 크기가 증가할 수 있다. 오류가 생기거나 조치가 필요한 사항은 아니지만 팀이 이 상황을 인지하고 있는 것이 좋다. 누군가에게는 이슈가 되지 않는 일이 팀의 다른 누군가 혹은 다른 도메인의 누군가에겐 새롭거나 매우 중요한 사항이 될 수도 있기 때문이다.

하지만 너무 많은 경고는 피로감을 불러일으키기도 한다. 만약 팀이 경고를 무시하기 시작하면 모니터링을 조정하거나 커뮤니케이션 채널을 분리하는 등의 방식을 통해 중요한 정보 위주로 잘 드러날 수 있도록 경고를 최적화해야 할 시점이라는 신호일 수 있다.

그럼에도 데이터 조직은 데이터 사용자들 앞에서 위축될 필요가 전혀 없다. 지금까지 데이터 사용자들의 요구에 맞춰 데이터 품질을 보장하기 위한 강력한 시스템을 도입했다. 이제 데이터 사용자들이 여러분의 업무를 더욱 객관적으로 이해할 수 있도록 돕고, 그들에게 솔루션 사용에 필요한 정보를 제공하면 된다.

데이터 인증 프로그램이 실제로 작동하는 모습은 정말 아름답다. 데이터 엔지니어가 데이터셋 책임자와 함께 인증 태그를 테이블에 지정하고, 분석가가 이를 대시보드로 가져와 사용할 수 있도록 데이터 웨어하우스에 반영한다. 이 과정을 통해 데이터 다운타임을 방지하며, 결과적으로는 최소한 빈도라도 대폭 줄어들 것이다.

그러나 적절한 절차와 문화가 갖춰지지 않는 이상 데이터의 신뢰성을 인증하고 조직의 신뢰를 구축하는 일이 사실상 매우 어렵다. 기술은 도움이 될 수 있지만, 기술만으로는 우수한 데이터 상태를 온전히 구현할 수 없기 때문이다.

따라서 명확한 SLA와 함께 데이터 인증 프로그램을 실행했다면, 데이터 품질의 문화 및 조직적 차원의 장애물을 헤쳐 나갈 수 있는 방안으로 비즈니스의 강점과 요구 사항을 충족하는 조직 구조를 만들어 나가야 한다.

8.9 사례 연구 적합한 데이터 조직을 찾는 토스트의 여정

셰익스피어의 작품 중 하나인 『햄릿』에서 주인공 햄릿은 "사느냐 죽느냐, 그것이 문제로다."라는 명대사를 남겼고, 어떤 스타트업의 데이터 책임자는 조직 문제를 두고 "중앙에 집중하느냐, 분산시키느냐, 그것이 문제로다."라는 말을 남겼다. 실제로 이는 매우 중요한 문제다. 다음은 뛰어난 데이터 리더들이 애자일 방법론을 통해 회사의 성장에 따라 확장되는 데이터 조직을 구축하는 방법에 대한 이야기다.

스타트업들이 의사 결정을 주도하고 디지털 프로덕트를 강화하기 위해 데이터에 대한 투자를 늘리면서, 데이터 리더들은 조직을 빠르게 확장해야 한다는 임무를 받는다. 채용 계획부터 데이터 SLA 세팅에 이르기까지 오늘날의 데이터 리더들은 여정의 각 단계마다 회사에 통찰력 있는 정보를 제공할 책임을 지게 된다.

마라톤과 같은 긴 여정에서 현재 어느 위치에 있든, 가장 큰 과제 중 하나는 데이터 조직의 적절한 보고 체계를 구축하는 것이다. 데이터에 대한 수요가 증가할수록 중앙 집중화된 데이터 팀으로 인한 병목현상이 증가하거나 분산된 팀으로 인한 업무 중복 및 복잡도가 증가하기 십상이기 때문이다.

만약 데이터 엔지니어링 조직을 중앙 집중화시키고, 데이터 분석가들을 분산 구조식으로 배치한 다음 일부 분석 엔지니어들이 간극을 메우거나 소수 데이터 분석가들이 CTO 아래에서 데이터 엔지니어와 함께 COO에게 직접 보고하는 식의 완벽한 방법을 찾아냈다고 생각해보자. 그러면 결국 회사의 우선순위도, 전략도 완전히 바뀌게 된다.

그럼 데이터 리더들은 어떻게 해야 할까?

최고의 조직들이 이러한 문제를 어떻게 해결하고 있는지 살펴보기 위해 외식업용 POS 소프트웨어를 공급하는 업체인 토스트의 비즈니스 인텔리전스 수석 이사인 그레그 왈드만을 만났다. 회사 데이터 팀의 진화 과정을 비롯하여 중앙 집중형 구조와 분산형 구조 사이에서 끝없는 줄다리기를 해온 경험에 대해 이야기를 나누었다.

지난 5년 동안 그레그는 토스트의 데이터 조직이 1인에서 출발하여 20명이 넘는 조직으로 성장하고, 중앙 집중형 구조에서 하이브리드 분산형 구조로 진화한 뒤, 다시 되돌아가는 과정을 겪으며 조직을 이끌었다. 8.9.1절에서는 그레그의 조직이 비즈니스의 요구 사항에 따라 어떻게 데이터 팀의 구조를 바꿔 왔는지, 변화가 필요한 시기를 어떻게 파악했는지, 그 과정에서 우선적으로 채용해야 하는 직책은 무엇인지 등을 살펴보기로 하자.

8.9.1 소규모 조직으로 데이터 수요를 충족하기 위한 고군분투

그레그가 2016년 토스트에 합류했을 당시, 회사에는 200명의 직원이 있었지만 분석을 전담하는 직원은 없었다. 전문 인력이 부족했음에도 불구하고, 회사는 항상 데이터를 통한 의사 결정을 우선시했다. 그는 당시를 다음과 같이 회상했다.

> 토스트의 창업 팀은 정말 명석했다. 초기에는 엑셀을 이용해 회사를 운영했지만 직원이 200명에 이르자 이러한 방식으로는 확장이 불가능하다는 것을 깨달았다. 합류 초기 '한 사람은 5라고 생각하고, 다른 한 사람은 4라고 생각하는 것처럼 서로 다른 숫자를 두고 이야기하는 회의가 너무 많다. 일단 이것부터 해결해야겠다.'라고 생각했다.

이후 그레그는 각종 도구, 절차, 기본적인 데이터 프로그램을 구축하기 시작했다. 이후 첫 1년 동안 토스트의 데이터 조직 구성원이 3명이 됐다. 회사는 여전히 데이터를 통한 의사 결정과 문화를 중요시했다. 그레그는 이에 관해 "모든 회사가 저마다 데이터 기반의 의사 결정 문화가 있다고 하지만, 여러 회사에서 쌓은 경험을 통해 나는 각각의 차이를 이해할 수 있었다. 그리고 토스트와 비교해 보니 이는 더 분명했다. 여기선 모든 이들이, 특히 리더들이 큰 의사 결정을 하기 전에 항상 데이터를 참고했다."라고 회상했다.

토스트의 소규모 데이터 팀이 성장하는 동안 전사 규모는 어느새 2배로 성장했다. 2018년 무렵 직원은 어느덧 400명에 달했고, 중앙 집중형 데이터 조직으로는 빠르게 성장하는 데이터 기반 조직의 넘치는 수요를 감당하기엔 역부족이었다. 그레그는 "문밖에 대기 줄이 빼곡한 상황이었다. 데이터에 대한 수요가 우리의 능력을 벗어났다. 그때가 우리의 변곡점이었다고 생각한다. 이런 수요에 부응할 방법을 찾지 못했다면, 결국 필요한 데이터를 제공할 수 없었을 테니 결국 비즈니스 운영 방식은 바뀌고 데이터 기반 의사 결정 문화는 사라질 수밖에 없었을 것"이라고 설명했다.

8.9.2 조직의 초고속 성장을 지원하기 위한 분산형 구조

각 부서가 자체적으로 데이터 수요를 충족할 방법을 찾기 시작하면서 분산 구조로 전환하는 작업이 구체화되기 시작했다. 그레그는 "결국 세일즈와 고객 성공 파트 등에서 자체적인 데이터 분석을 시작했다. 우리의 소규모 팀으로는 이들의 요구 사항을 충족시킬 수 없었기 때문이다. 그래서 그들은 각자 팀을 꾸려 자체적인 분석을 시작했다."라고 그때를 돌아봤다.

2018년, 10명의 데이터 전문가로 구성된 분산형 구조 팀은 각 사업부 내에서 일했다. 그들은 회사가 다시 2배로 성장하여 직원이 850명에 도달하기까지 엄청난 성장 과정에서 조직의 데이터 수요를 충족시켰다. 그레그와 그의 조직은 이 과정에서 엔드 투 엔드 데이터 플랫폼에서 S3, 에어플로, 스노우플레이크, 스티치Stitch 및 루커를 포함한 최신 분산형 스택으로 마이그레이션하며 데이터 기술 스택을 재구축했다.

각 사업부에서 근무하는 전담 분석가들은 그레그의 중앙 분석 조직과 긴밀한 관계를 유지했고, 이를 통해 토스트는 완전 중앙 집중형 데이터 조직 구조와 완전 분산형 데이터 조직 구조 사이의 하이브리드 구조를 유지했다. 하지만 조직이 계속 확장하면서 2019년에는 15명의 데이터 분석가, 데이터 과학자 및 데이터 엔지니어와 함께 전체 직원 수가 어느덧 1,250명에 달했다. 그래서 하이브리드 구조에도 문제가 생기기 시작했다.

이때 문제는 바로 데이터 일관성이었다. 그는 "좋은 데이터를 구성하기 위한 조직 내 데이터의 엄격함에도 다양한 수준이 존재하였다. 조직이 작을 땐 데이터가 허술해도 성장할 수 있었고, 그런 데이터라고 해도 없는 것보다는 나았지만 조직이 성장하면서 부정확한 데이터가 해로울 수도 있게 되었다."라고 말했다.

또한 그레그는 기술적으로 정확한 데이터가 있더라도 전사 차원의 데이터 옵저버빌리티와 신뢰를 구축하기 위해서는 분석가, 기술 리더, 이해관계자 간의 커뮤니케이션이 중요하다는 사실을 깨달았다. 이에 대해 그는 "비즈니스가 더욱 커지고 복잡해지면서 전체를 보려면 결국 분석가가 필요하다. 분산형 모델에서도 성능과 운용성에 대한 표준을 설정할 땐 분석가가 다른 분석가 및 기술 리더들과 긴밀히 협력해야만 한다."라고 강조했다.

8.9.3 데이터 신뢰를 위한 조직 재구성 및 중앙 집중화

토스트는 [그림 8-8]에 묘사된 것처럼, 고객 성공 팀과 사업 개발 팀에서 각각 일하던 분석가들을 다시 중앙 분석 팀으로 배치했다. 데이터 팀의 구성 방안을 고민하던 당시, 그레그에게는 중앙 집중형 구조, 분산형 구조, 하이브리드 구조라는 세 가지 옵션이 있었다. 이는 모두 회사의 성장 과정에서 한 번씩 시도해 본 방식이었다. 그래서 분석 중심의 팀 규모와 업무 범위에는 하이브리드 구조가 가장 효과적임을 알 수 있었다.

그레그는 "우리는 결국 다시 중앙 집중형 구조를 택했지만, 분산형 구조 당시 각 팀에서 서로에게 얼마나 많은 것을 배웠는지 과소평가했다."라고 회상했다. 현재 그의 팀은 재무 전략 부서에 속해 있다. 그러나 그는 중앙 집중형 구조가 토스트의 장기적인 해결책이 아닐 수도 있음을 알고 있다.

그레그는 "결국 데이터 조직의 핵심은 모든 사람이 비즈니스에 최대한의 가치를 더할 수 있도록 만드는 것이다. 우리는 변화에 열려 있었고, 다양한 시도를 했으며, 200명, 500명, 1,000명, 2,000명 규모의 조직에 알맞은 방식이 모두 다르다는 것을 알게 됐다. 변곡점에서 새로운 것을 시도할 때에야 비로소 깨달을 수 있는 내용이었다."라고 돌아봤다.

	중앙 집중형 구조	하이브리드 구조	분산형 구조
장점	• 분석에 대한 기준과 기대치가 일관됨 • 팀 내 협력을 통해 더 많은 조언과 빠른 성장이 가능함 • 필요시 상대적으로 자원 이동이 용이함 • 전체 비즈니스의 파악이 용이함 • 업무 중복이 감소함	• 각 구조의 장점만 취할 수 있음 • 부서별 팀이 기본 업무를 진행하는 동안 중앙 팀은 더 큰 과업을 진행할 수 있음	• 분석가들이 현업의 관점을 갖출 수 있음 • 분석 속도가 빠르고 비즈니스에 따라 맞춰갈 수 있음 • 각 팀이 분석 자원을 쉽게 조정할 수 있음 • OKR에 직접 일치함
단점	• 일반적으로 속도가 느림 • 현업의 관점 부재로 데이터의 해석이 무의미해지기 쉬움 • 인력 할당에 관한 다툼이 상당할 수 있음 • OKR의 일치가 복잡함	• 중앙 팀과 각 분산 팀 간의 책임 소재에 혼선이 발생할 수 있음 • 거버넌스 이슈: 각 부서마다 서로 답이 다를 수 있음	• 분석에 대한 기준과 기대치가 상이함 • 기술적 성장이 어려움 • 분석가들이 전체 비즈니스를 이해하기 어려움 • 불필요한 업무 발생 • 보고 구조에 따라, 선입견에 따라 분석이 진행될 수 있음

중앙 집중형 구조

분석 팀이 별도로 존재한다. 분석가나 분석 팀이 각기 다른 부서나 사업부의 업무에 할당되거나 간접적인 보고 체계를 가질 수 있지만 모든 보고는 중앙 허브로 이루어진다.

하이브리드 구조

분석 팀이 별도로 존재하지만 일부 부서나 사업부에 포함된 분석가 또는 분석 팀의 보조가 함께 분석 기능을 담당한다. 중앙의 분석 팀으로 간접 보고가 이루어지기도 한다. 대부분의 기업이 이러한 형태를 취하며, 형태는 매우 다양하다.

분산형 구조

부서 및 사업부에서 자체적으로 분석 기능을 담당한다. 분석가 또는 분석 팀은 각 부서 또는 사업부의 리더에게 보고한다.

그림 8-8 데이터 팀 구조의 세 가지 유형(출처: 그레그 왈드만과 토스트)

결국 팀의 구조가 어떻든 중요한 것은 비즈니스의 요구 사항을 충족하는 동시에 기술 리더들이 분석의 병목현상이 아닌 원동력이 되도록 하는 것이다.

8.9.4 데이터 팀을 확장할 때 고려할 사항들

최종적으로 그레그의 팀은 일부 분산형 구조의 요소를 포함한 중앙 집중형 조직 구조를 구축함으로써, 데이터 프로덕트에 대한 책임과 거버넌스를 증진시키고 확장성을 갖춘 모듈식 데이터 스택을 갖출 수 있게 됐다. 그레그는 초고속으로 성장하는 기업에서 비슷한 문제를 맞닥뜨린 데이터 리더들을 위해 그간의 시행착오를 통해 얻은 조언을 건넨다. 모든 방안은 회사의 비즈니스 요구를 가장 잘 충족하는 접근법이어야 하며, 이런 요구는 시간이 지남에 따라 변경될 수 있다는 점을 늘 생각해야 한다는 것이다.

그레그는 "리더는 늘 민첩해야 하며, 데이터 조직은 비즈니스 요구에 잘 적응해야 한다."라고 강조한다. 지금부터 그 방안을 살펴보자.

한 가지 상황만 제외하고 전문가 대신 제너럴리스트를 채용하자

그레그는 가장 우선적으로 채용해야 할 전문가는 바로 데이터 엔지니어라고 말했다.

> 초기에는 기본적으로 이것저것 조금씩 다 할 수 있는 사람을 고용했다. 이들이 분석가와 엔지니어 역할을 모두 하곤 했다. 이후에 시니어 포지션 채용을 진행했고, 데이터 엔지니어 한 분이 지원했지만 관리 역할에는 관심이 없는 분이었다. 그런데 그분과 이야기를 나누다 보니, 팀에 데이터 엔지니어링을 전담할 역할이 얼마나 절실하게 필요한지 깨달을 수 있었다. 당시 성장 속도를 감안하면, 그런 역할을 1년은 더 일찍 찾았어야 했다.

ETL 파이프라인을 구축 및 유지 관리하고, 회사의 분석 수요에 맞춰 데이터 인프라를 확장하는 데 필요한 기술 지원은 늘 부족하다. 그레그는 "이것저것 조금씩 다 할 수 있는 분들을 찾아야 한다고 생각한다. 다만 한 가지 예외가 있다면 바로 데이터 엔지니어다. 분석가를 몇 명 채용했다면, 그다음엔 바로 데이터 엔지니어를 알아봐야 한다."라고 말했다.

조직 구축 초기부터 다양성을 중시하자

장기적으로 성공하는 조직을 구축하기 위해서는 구축 초기부터 다양한 경험과 배경을 가진 사람들에게 투자해야 한다. 동질성은 혁신을 저해하며, 데이터 분석가들과 엔지니어들이 데이터 사용자의 다양한 요구 사항과 관점을 이해하는 데에도 장애물이 된다. 그러나 채용 및 성장의 KPI에 이를 반영하지 않는 이상, 조직이 빠르게 성장하는 시기에는 이를 놓치기 쉽다.

그레그도 "초기부터 다양성을 염두에 두어야 한다. 특히 이런 작은 규모의 데이터 팀에서는 신경 쓰지 않으면 어느새 비슷한 경험을 했고 비슷한 생각을 한 획일화된 사람들만 모이기 십상이다. 그러나 데이터 팀에 필요한 건 이런 비슷한 사람들이 아니라, 다양한 관점과 배경이다." 라고 말했다.

그러나 '다양성을 갖춘 팀을 구성해야 한다'는 말과 이를 실제로 수행하는 일은 전혀 다른 차원의 일이다. 데이터 리더들을 위해 다음 몇 가지 팁을 공유한다.

- 경영진 및 인사 팀과 협력하여 다양한 경험과 배경을 포함하는 직무 설명서를 작성하자(예 지나치게 남성 중심적인 언어 사용은 피하고 성 중립적인 언어를 사용하자).
- 데이터 조직 소속이 아니더라도 채용 과정에 다양한 이들을 포함시키자.
- 전통적인 직무나 역할에서 벗어난 후보자들을 모집할 수 있도록 그물을 넓게 펼치자. 직무나 역할 정의는 꾸준히 변하고 있다.
- 성별과 인종 등의 요소는 걷어내고, 자격 요건과 경험에만 집중하는 블라인드 채용을 하자.
- 다양한 배경을 가진 사람들은 다양한 배경을 가진 이들이 모인 조직에 합류하고 싶어 하기 때문에, 시간이 지날수록 그들을 채용하기는 더욱 어려워진다. 지금 바로 시작하지 않으면 갈수록 어려워진다.

조직을 바꿀 때는 오버커뮤니케이션을 하자

많은 조직이 재택으로 일하며 이메일과 슬랙 등으로 커뮤니케이션하는 원격 근무의 시대에 오버커뮤니케이션은 매우 중요하다. 레드포인트 벤처스Redpoint Ventures의 상무 이사인 토마스 통거즈Tomas Tonguz는 기업이 핵심 가치 제안과 같은 메시지를 고객에게 꾸준히 반복[19]하여 전달해야 하며, 이는 데이터 리더들이 이해관계자들과 업무나 조직 구조 변경에 대해 소통할 때도 마찬가지라고 말했다.

예를 들어, 분산형 구조 방식으로 3개월 정도 고객 성공 조직에서 일하며 그 리더에게 보고를 하던 분석가가 앞으로 중앙 분석 조직의 리더에게 보고를 하는 것으로 체계를 변경한다고 하자. 그러면 이를 알리는 것은 물론, 해당 변화로 조직의 목표가 달라지지 않는다는 사실도 상기

19 「반복된 커뮤니케이션이 중요한 이유」, *https://oreil.ly/dR7YP*

시켜야 한다. 그러면 데이터 조직이 더 이상 분산형 구조로 일하지 않게 되더라도, 이해관계자들은 핵심 비즈니스 목표를 달성하는 데 필요한 시의적절하면서도 정확한 데이터 분석을 문제없이 받아볼 수 있다는 사실을 이해할 것이다.

조직의 구조적 변화는 필연적으로 각 기능 조직을 비롯한 이해관계자와 서비스를 제공하는 데이터 조직 사이의 관계에 영향을 미치겠지만, 그렇더라도 KPI에는 변화가 없다는 사실을 명시해야 한다. 이렇게 반복하여 소통하면 조직 사이의 관계를 개선하고 변화를 극복하는 데 도움이 될 것이다.

그레그는 "분석가가 비즈니스 부문의 리더들에게 보고하는 경우에는 데이터를 근거로 충분히 다른 의견을 개진할 수 있도록 해야 한다. 그렇지 않으면 입증되지도 않은 가설을 뒷받침하도록 데이터를 가져다주는 식의 이상한 협업 구조가 될 수 있다. 분석가들이 하나의 팀에 모두 모이면 서로 배울 점은 많아지겠지만, 다른 부서에 영향을 주는 일은 어려워질 수 있다."라고 설명했다. 그가 이끄는 토스트의 데이터 조직은 1년 반 동안 중앙 집중형 구조로 비즈니스의 요구 사항을 충족해 왔다.

'단일 진실 공급원'[20]을 과대평가하지 말자

단일 진실 공급원single source of truth 혹은 황금 데이터라고 불리는 개념이 유명한 데에는 그만한 이유가 있다. 메트릭들을 일관되게 정리하고 깨끗한 데이터를 유지하려는 노력을 통해 회사는 데이터가 올바른 방향을 가리키고 있다고 믿게 된다. 그러나 초고속으로 성장하는 스타트업의 데이터 리더로서, 다양한 실험과 프로젝트에 참여하고, 테이블이 최신이 맞는지, 데이터셋의 담당자가 누구인지, 50행이 500행으로 갑자기 늘어난 이유가 무엇인지 등 데이터 신뢰성을 직접 챙기는 동안에는 단일 진실 공급원은 그렇게 시급한 사항은 아니다.

그레그는 "나는 항상 사람들에게 단일 진실 공급원을 과대평가하지 말길 권장한다. 완벽주의자인 탓에 나 역시 이를 깨닫기까지 오랜 시간이 걸렸다. 100% 정확성을 추구해야 할 때가 있는 반면, 굳이 그럴 필요가 없는 경우도 많다. 대개는 방향만 정확하면 괜찮다. 완벽함을 추구하다 보면 시간을 낭비하는 경우가 생긴다. 80대 20의 법칙[21]이 핵심이다."라고 강조했다.

---

20 옮긴이_정보 시스템 설계에서 모든 데이터 요소를 한 곳에서만 제어할 수 있도록 하고 나머지 요소들은 모두 이를 참조하는 형태로 설계하는 방법론을 의미한다. 이를 통해 데이터의 중복을 방지하고 정합성을 높일 수 있다.

21 옮긴이_파레토 법칙이라고도 한다. 결과물의 첫 80%는 20%만의 원인에서 나오는 현상을 설명한다. 반면, 나머지 20%의 완성도를 위해서는 80%의 추가적인 노력이 필요하여 완벽함을 추구하는 데 드는 비효율과 우선순위 설정의 중요성을 설명하기도 한다.

데이터는 늘 지저분하기 마련이고 완벽하기란 불가능하다. 그러므로 데이터의 상태와 정확성을 세분화해 관리하기보다는 전체적인 조망을 우선시함으로써 더 많은 일들을 처리할 수 있을 것이다.

그레그는 마지막으로 데이터 리더들에게 다음과 같은 조언을 남겼다. "커뮤니케이션 능력이 뛰어난 좋은 사람을 고용하면 나머지는 한결 쉬워진다. 좋은 사람은 다른 좋은 사람을 불러오기 때문에, 이렇게 하면 뛰어난 사람들을 고용할 수 있게 된다. 하지만 아무리 똑똑한 사람을 데려다 놔도 그들이 기술을 잘 알지 못하는 사람들과 분석 내용과 관련한 소통을 원활하게 하지 못한다면 조직이 성공하기 어려울 것이다."

8.10 데이터 리터러시 함양

지금까지 데이터 품질 민주화의 대상과 주체에 관해 논의했다. 그러면 데이터 품질 문화를 실제로 구축하는 방안은 무엇일까? 모든 것은 데이터 리터러시, 다시 말해 조직에 가치를 제공하고 영향력을 행사하는 방안으로 데이터를 읽고, 쓰고, 소통할 수 있는 능력에서 시작된다. 데이터의 가치를 이해하지 못하면서 과연 데이터 품질의 가치를 이해할 수 있을까? 혹은 데이터를 실제로 사용할 수 있을까?

우수한 데이터 리터러시 전략은 데이터에 더 쉽게 접근하고 사용할 수 있도록 만들고, 상대적으로 기술에 익숙지 않은, 기술을 잘 모르는 구성원들을 위해 셀프 서비스 방식의 도구와 교육을 제공함으로써 상부의 승인과 구성원들의 지지를 이끌어 낸다. 이렇게 데이터 이니셔티브가 데이터 기능의 경계를 넘어 조직 전반에 영향을 미치게 만드는 작업은 이해관계자들의 입장에서 이해했을 때에라야 가능하다.

몇 해 전 MIT CDO 심포지엄에서 만난 한 CDO는 당시 비즈니스 전체에 서비스를 제공하는 '데이터 리터러시 책임자'라는 새로운 직책을 만들었다는 소식을 공유했다. 이 직책은 직원이 거의 만 명에 육박하는 조직에서 각 사업부가 데이터에 능통하도록 만드는 일을 맡고 있었다.

예를 들어, 데이터 리터러시 책임자들은 엑셀, SQL, R, 파이썬 등과 같은 데이터 기술 차원에서 각 기능 단위 조직의 성과를 측정하기 위해 각 사업부의 성과 기록표를 만들고 있다. 그리고 이들은 기능 조직에 소속된 개인이 각자 습득해야 할 기술은 무엇이며, 그 수준과 범위는 어느 정도인지 등을 비롯해 데이터 리터러시 목표를 정의하도록 돕는다.

또한 이들은 각 팀이 구성원들의 기술 향상을 도울 수 있도록 훈련 및 교육을 제공하고, 조직 차원에서 데이터에 더욱 능통해질 수 있도록 지원한다. 이처럼 회사 전체가 매우 구체적이고 측정 가능한 방식으로 데이터 활용 능력을 갖출 수 있도록 조직 내 단일 책임자를 두는 방식은 매우 효과적이다.

그러나 데이터 활용에 능숙해지기 위해서는 데이터 관리자가 이해관계자들에게 데이터 품질의 중요성을 교육하는 것 역시 중요하다. 결국 데이터 자체가 정확한 인사이트를 제공하기에 신뢰성이 부족하다면, 데이터를 사용하고 해석하는 방법을 아는 것은 소용이 없기 때문이다.

태블로의 CDO 웬디 터너-윌리엄스Wendy Turner-Williams와 나눈 대화에서 그녀는 다음과 같은 이야기를 전했다.

> 적시에 필요한 데이터를 제공하고 해당 과정을 단순화하는 작업은 매우 중요하다. 그런데 그만큼 데이터 리터러시도 중요하다. 여기에는 기업 내부 구성원들이 데이터를 잘 사용하도록 교육하는 방법, 조직이 데이터를 사용하는 방식을 이해하여 이것으로 무엇을 하는지 통찰력을 얻는 일, 데이터에서 가치를 창출하는 방법 등이 포함된다. 물론 데이터를 믿을 수 있을 때의 이야기다.

데이터 리더들은 데이터 품질 이니셔티브와 데이터 조직의 지속적인 성공을 막는 가장 큰 장애물로 문서화 부족을 꼽았다. 조직들은 암묵적 지식이나 오래된 위키 페이지에 의존한 채 데이터를 확인하는 일이 비일비재하다. 하지만 이런 방식은 확장 가능하지도 않고, 지속 가능하지도 않다.

인튜이트의 직원 비즈니스 분석가staff business analyst인 에이미 스미스Amy Smith는 데이터 팀이 모두 동일한 이해도를 갖추고 있는지 확인하는 가장 좋은 방법은 초기부터 자주 지식을 공유하는 것이라고 말했다. 그녀는 "데이터 과학자들의 초반 성공 비결은 바로 자신의 지식을 기록하는 데 필요한 시간을 기꺼이 내는 팀에 합류하는 것이다. 새로운 사람이 와서 팀의 집단 지식을 읽고 빠르게 이해할 수 있는 형태로 만드는 일은 매우 중요하다."라고 강조했다.

조금 더 구체적으로 살펴보면, 여러 팀이 겪는 가장 주요한 고충은 바로 데이터 및 메타데이터에 대한 확실한 정보가 부족하다는 점인데, 이를 해결하기 위해 다음과 같은 솔루션을 제안했다.

데이터 카탈로그

2~5인 규모의 작은 팀이라면 엑셀 스프레드시트만으로 그럭저럭 충분하겠지만, 데이터 스택이 성숙해질수록 인하우스, 서드파티 또는 오픈 소스 솔루션의 사용을 고려해야 한다(더 자세한 논의는 8.11절에서 다룸).

데이터베이스 관리 시스템(이하 DBMS)

DBMS는 데이터 형식, 필드 이름, 레코드 구조 및 파일 구조를 비롯해 데이터를 데이터베이스에서 관리하도록 설계된 응용 소프트웨어 또는 패키지다. 맥락을 설명하고 제공하는 측면에서 데이터 카탈로그를 대체할 순 없겠지만, DBMS는 접근성을 높이는 방향으로 데이터를 정리하는 데 도움이 된다.

데이터 모델링 도구

데이터 모델링 도구는 팀에 데이터 자산을 검색하고 시각화하는 능력을 제공한다. 이러한 프로덕트는 조직이 데이터 스택 내 다양한 요소들 사이의 관계를 이해하는 데 도움이 된다.

운영 분석 대시보드

데이터에 관한 정보는 그 데이터를 신뢰할 수 있을 때 비로소 가치가 있다. 데이터 플랫폼에 관한 운영 분석 대시보드는 데이터 카탈로그, 데이터 분석 관리 시스템, 데이터 모델링 도구와 동일한 역할을 할 수 있다. 더 나아가 데이터의 소비, 데이터 품질 규칙의 수, 데이터셋의 중요도에 관한 다른 핵심 지표들을 기반으로 인사이트를 제공한다. 여기에는 데이터가 어떻게 사용되는지, 어떤 데이터가 비즈니스에 가장 중요한지에 관한 내용이 포함된다.

또한 지식의 전달과 접근성을 한 단계 더 발전시키고자 하는 팀들은 누락된 정보나 다른 문맥을 통해 그들만의 데이터옵스를 구축할 수 있다. 이를 위해, 필요할 때뿐만 아니라 평소에도 데이터의 누락된 차원을 추가하도록 권장해야 한다. 지금 당장 사용하지 않는다고 해서 나중에도 영영 쓰지 않는다고 보장할 수 없기 때문이다.

8.11 데이터 거버넌스와 컴플라이언스

데이터 품질과 관련된 여러 논의 중에서 데이터 거버넌스, 다시 말해 조직 전반과 조직 너머의 데이터 관리에 대한 논의만큼 많은 혼란과 분노를 일으키는 주제는 없을 것이다. 데이터 거버넌스는 회사의 데이터 리더들이 가장 먼저 떠올리는 주제다. 최근 데이터 관리 차원에서 GDPR, CCPA, IPOs, 코로나19와 같은 상황들로 인해 데이터 관리에 대한 관심이 특히 더 늘었다. 그리고 이 밖의 컴플라이언스와 개인 정보 보호의 중요성 증가와 관련된 다양한 논의로 데이터 거버넌스는 더욱 중요한 주제가 되고 있다.

데이터 거버넌스란 데이터의 가용성, 사용성, 출처, 보안을 유지하는 절차로, 어떤 데이터 리더의 표현을 빌리자면 "CFO를 감옥으로 보내지 않게끔"하는 일이었다. 그러나 가트너에 따르면 2022년에 나온 데이터 거버넌스와 관련된 이니셔티브 중 80% 이상이 결국 실패[22]할 것이라고 한다.

데이터 거버넌스에 관한 평판이 좋지 않은 주된 이유로는 클라우드 기반 데이터 스택의 요구사항에 맞춰 확장하지 못하였기 때문인 것으로 보인다. 지난 몇 년 동안 데이터 거버넌스를 위한 강력한 도구로 데이터 카탈로그가 급부상했다. 기업이 점차 디지털화되고 데이터 운영이 민주화됨에 따라, 데이터 웨어하우스에서 비즈니스 인텔리전스 플랫폼, 나아가 이제는 카탈로그까지 데이터 스택의 모든 요소가 컴플라이언스 모범 사례에 발맞추는 것이 중요해졌다.

8.11.1 데이터 카탈로그를 최우선순위로

'데이터 거버넌스'라고 하면 보통 데이터 카탈로그를 떠올린다. 2장에서 살펴본 것처럼 데이터 카탈로그는 데이터 조직이 데이터 사용 및 위치에 관한 메타데이터를 저장하고 선별할 때 그 기반이 된다. 일반적인 도서관의 카탈로그[23]와 마찬가지로 데이터 카탈로그는 메타데이터의 재고 목록과 같은 역할을 하며 데이터의 접근성·상태·위치를 평가하는 데 필요한 정보를 제공한다.

데이터 카탈로그는 기업의 데이터 소스에 관해 단일 진실 공급원을 제공하기 때문에 파이프라

22 「데이터 거버넌스의 일곱 가지 차원」, *https://oreil.ly/v5kJn*

23 「데이터 카탈로그란 무엇인가?」, *https://oreil.ly/QgJf3*

인의 데이터를 관리하기 용이하다. 데이터 카탈로그를 사용하면 메타데이터를 저장할 수 있고 이해관계자들이 특정 소스의 계보를 이해하는 데 도움을 주는데, 이를 통해 데이터의 신뢰도를 더 높일 수 있다. 또한 데이터 카탈로그를 사용하면 개인 식별 정보가 어디에 저장되어 어디로 흘러가는지, 이에 접근할 수 있는 권한이 있는 사람이 누구인지 쉽게 추적할 수 있다.

그동안 데이터 거버넌스를 관리하는 방식은 사실상 수동 데이터 카탈로그와 메타데이터 관리 플랫폼이었지만 시스템이 발전함에 따라 이러한 방식으로는 데이터의 증가 속도와 서로 다른 도메인에 걸친 데이터의 분포를 따라잡기에는 역부족이라는 것을 깨달았다. 다행히 많은 기업이 이러한 수요를 파악하고 머신러닝 및 지식 그래프 기반의 기술을 통해 거버넌스의 접근성과 확장성을 높이고 있다.

자동화된 데이터 카탈로그는 크게 세 가지로 인하우스, 서드파티, 오픈 소스 형태가 있다.

인하우스

에어비앤비[24], 넷플릭스[25], 우버[26]와 같은 B2C 기업들은 주, 국가 그리고 GDPR과 같은 경제 연합체의 데이터 컴플라이언스를 준수하기 위해 자체적으로 데이터 카탈로그를 구축했다. 인하우스 솔루션의 가장 큰 장점은 바로 커스텀이 가능한 대시보드를 빠르게 구축해 조직에 가장 필요한 필드를 추출할 수 있다는 점이다.

[그림 8-9]에 묘사된 우버의 데이터북Databook과 같은 인하우스 솔루션은 커스터마이징이 빠르지만 시간이 지날수록 가시성과 협업 저하로 이어질 수 있다. 이는 특히 데이터 계보를 이해할 때 도드라진다. 한 음식 배달 스타트업의 데이터 리더는 자신의 회사에서 운영하는 인하우스 데이터 카탈로그에서 부족한 점으로 바로 그 부분을 꼽았다. 만약 비즈니스의 다른 부문에서 조직의 데이터 테이블을 어떻게 활용하고 있는지 보여줄 수 있는 정확하고 단일화된 창구가 있었더라면 컴플라이언스 준수는 훨씬 용이했을 것이다.

이처럼 세부적으로 고려할 사항도 문제이지만 절대 다수의 기업에서 수백만 달러 규모의 데이터 카탈로그를 구축하기 위해 엔지니어링 리소스를 투입하는 일은 사실상 불가능하다.

---

24 「에어비앤비의 데이터 민주화」, *https://oreil.ly/emuHa*

25 「Metacat: 빅데이터를 쉽게 발견하고 의미 있게 만들기」, *https://oreil.ly/mFcaA*

26 「데이터북: 데이터 검색의 확장성을 높이는 우버의 인하우스 메타데이터 카탈로그」, *https://atlan.com/uber-databook-metadata-catalog/*

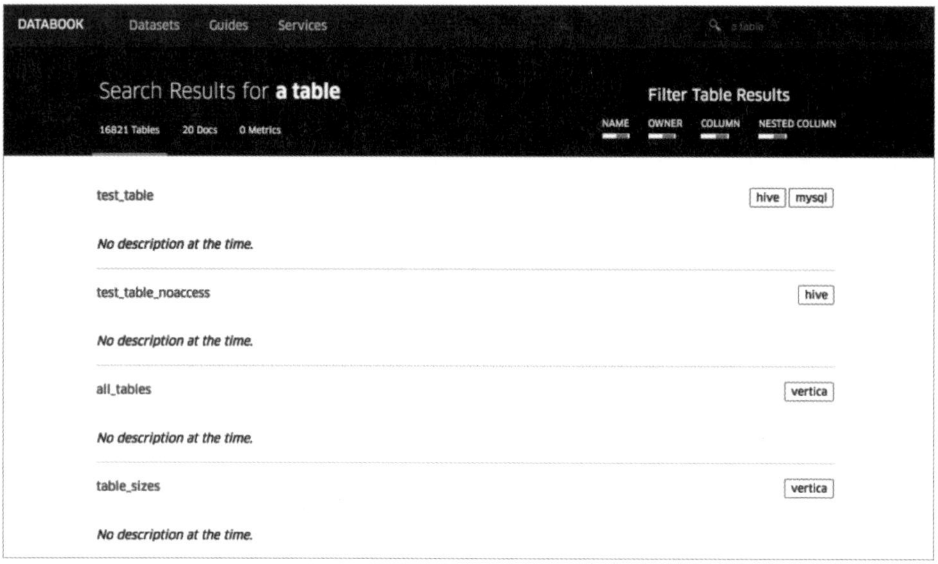

그림 8-9 우버의 데이터북을 통해 데이터 과학자들은 각 비즈니스 도메인의 테이블과 핵심 자산을 쉽게 찾아볼 수 있다.

서드파티

이전까지 데이터 카탈로그는 수동으로 각 사일로에서 관리하여 분석가와 데이터 과학 조직마다 중복 작업을 하는 경우가 많았다. 그러나 이제 분산 거버넌스에 적합한 머신러닝 기반의 데이터 카탈로그가 시장에 다수 등장했고, 그중 상당수는 유료 결제를 기반으로, 저장소 중심 컴플라이언스 관리 통합 기능을 갖추고 있다. 구글과 AWS, 애저와 같은 일부 클라우드 서비스 공급자는 추가 비용을 지불하면 데이터 거버넌스 도구도 통합 기능으로 제공한다.

다만 데이터 리더들은 레거시 솔루션의 단점 중 하나로 사용성을 지적했다. 대부분의 솔루션에는 강력한 협업 기능이 있지만, 필자와 이야기를 나눈 한 데이터 엔지니어링 부사장은 서드파티 카탈로그의 UI가 직관적이지 않다고 말했다. 이렇게 데이터 도구를 사용하기 쉽지 않다면, 과연 사용자들이 컴플라이언스 준수 여부를 제대로 파악하거나 관심을 가질 수 있을까?

오픈 소스

리프트는 2018년 유명한 남극 탐험가의 이름을 딴 아문센Amundsen[27]이라는 데이터 검색 및 메

27 「오픈 소스 아문센: 데이터 검색과 메타데이터 플랫폼」, `https://oreil.ly/1cB0l`

타데이터 엔진을 오픈 소스로 만들며 업계 리더로 자리 잡았다(그림 8-10 참고). 참고로 아파치 아틀라스[28], 마그다Magda[29], CKAN[30]과 같은 다른 오픈 소스 솔루션도 아문센과 유사한 기능을 제공하며, 세 가지 솔루션 모두 인스턴스를 포크하여 바로 사용할 수 있다.

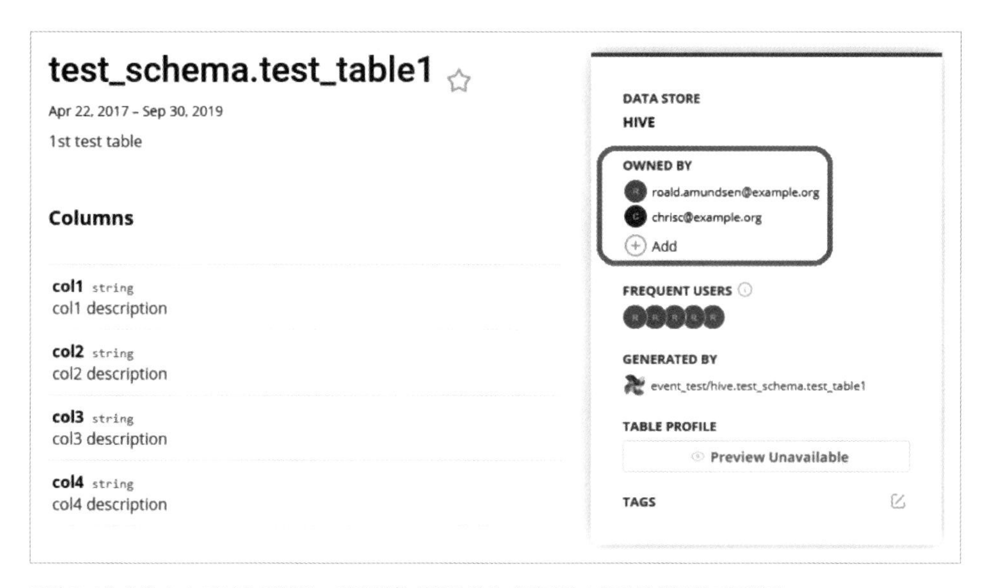

그림 8-10 오픈 소스 데이터 카탈로그 아문센은 사용자에게 데이터셋 소유자의 정보를 제공한다.

아문센과 같은 솔루션을 사용하면 메타데이터에 태그를 생성하고 사용자의 접근을 관리[31]할 수 있지만, 이는 집중을 요하는 데다 대개는 수동 절차여서 여전히 대부분의 팀들은 이를 처리할 시간이 부족하다. 운송 업계를 선도하는 기업의 한 프로덕트 매니저는 조직 내 기술 스택의 데이터 소스와 데이터 관리 도구를 다룰 때, 규격화된 표준이 없어 오픈 소스 형태의 데이터 카탈로그를 사용하지 않기로 결정했다고 말했다. 이러한 현실은 결국 데이터 거버넌스를 어렵게 만든다.

28 「아파치 아틀라스 웹페이지」, *https://oreil.ly/eWI1V*
29 「마그다 웹페이지」, *https://oreil.ly/iDseP*
30 「CKAN 웹페이지」, *https://oreil.ly/Bmow9*
31 「신뢰를 전제로 한 데이터 검색 솔루션 아문센」, *https://oreil.ly/jgbMo*

8.11.2 카탈로그 너머: 데이터 거버넌스 강화

데이터 조직이 성숙해질수록 데이터 카탈로그만으로는 최신 데이터 거버넌스 프로그램의 요구 사항을 따라가기란 불가능하다. 왜냐하면 거버넌스 격차를 줄이는 일은 막대한 작업으로, 회사에서 실제로 어떤 데이터 자산에 접근하고 있는지 완벽하게 이해하고 있지 않으면, 거버넌스 프로그램의 요구 사항을 준수하고 격차를 줄이는 데 필요한 작업을 우선시하기란 사실상 불가능하기 때문이다. 2장에서 살펴본 것처럼 데이터 계보와 데이터 옵저버빌리티는 이러한 격차를 줄이는 데 도움이 된다.

데이터 접근성과 보안 역시 데이터 거버넌스의 중요한 요소다. 특히, 분석 팀이 분산되어 있거나 민감한 제3자 정보를 이용하는 조직에서는 빼놓을 수 없다. 결국 개인 식별 정보 접근을 관리하기 위해 인하우스를 통해서든 서드파티 솔루션을 통해서든, 자동화되고 분산된 정책 시행이 반드시 포함되어야 한다.

그러나 데이터 카탈로그, 데이터 옵저버빌리티 플랫폼, 데이터 계보, 데이터 접근 관리 체계를 갖췄더라도, 올바른 절차와 워크플로를 통해 데이터를 신뢰할 수 있고 안전하게 관리하는 일을 우선시하는 문화 없이는 거버넌스(를 비롯한 데이터 품질 전반)에 대한 지지를 얻기란 불가능하다.

허브스팟HubSpot의 그룹 프로덕트 매니저이자 비즈니스 인텔리전스 담당자인 조시아 코소우스키Zosia Kossowski는 (특히 대규모로) 해당 문화를 제대로 구축하기란 쉽지 않다고 언급했다.

> 회사가 빠르게 성장할수록, 데이터뿐만 아니라 구성원들이 일정 수준의 자율성을 갖는 데 익숙해질수록 문화적인 차원의 데이터 거버넌스를 갖추기란 어렵다. 회사가 커질수록 더 많은 절차와 규정을 통해 모두를 참여시켜야 하고, 거버넌스의 부재와 참여 부진이 일으킬 수 있는 문제들을 경고해야 하기 때문이다.

그녀는 또한 대부분의 조직에서 데이터 거버넌스는 문화적인 변화를 뜻한다고도 언급했다.

> 데이터를 기반으로 의사 결정을 하는 기업이 있다고 하자. 이 기업은 프로덕트를 출시하기 전 데이터 위생과 가용성을 우선으로 삼고, 관련 기준을 충족하는 데 진심이다. 반면, 프로덕트를 내놓은 후에야 엔지니어들에게 데이터가 잘못됐다고 얘기할 만큼 데이터를 부산물로 취급하는 기업이 있다고 하자. 둘 중 첫 번째 기업이 거버넌스를 만들기 더 용이할 것이다. 엔지니어 리더와 데이터 생

산에 관련된 모든 이들이 초기부터 데이터 관련 논의에 참여해 이후 발생할 수 있는 문제들을 이해하도록 만드는 것이 바람직하다.

8.12 데이터 품질 전략 수립

8장 전반에서 데이터 품질 문화를 확장하는 데 필요한 기술 요구 사항과 절차 중심의 요구 사항, 조직 차원의 요구 사항을 다뤘다. 이제 모두 종합하여 데이터 품질 전략을 구축할 수 있는 토대를 마련해 보자. 이를 위해 8.12절에서는 데이터 엔지니어링 및 분석 리더들이 기업에서 데이터 품질 이니셔티브를 추진할 때 거쳐야 하는 중요한 단계를 다룬다.

8.12.1 리더가 책임져야 할 데이터 품질

조직 내 리더들과 이해관계자들의 동의를 얻으려고 노력하기 전에 데이터 품질 전략의 현주소를 투명하게 드러내는 것이 중요하다. 다음 질문에 어떻게 답할지 생각해 보자.

- 회사에서 수집 및 저장하고 있는 데이터 자산의 품질을 어떻게 측정하는가?
- 데이터 품질 전략과 관련하여 회의할 때 논의할 주요 KPI 또는 목표는 무엇인가?
- 회사 내 다른 파트의 책임자 또는 데이터 사용자의 교차 기능적인 참여를 유도할 수 있는가?
- 전략 KPI 및 목표 달성에 책임을 지는 사람은 누구인가?
- KPI를 올바르게 측정하고 목표를 달성하는 데 필요한 견제와 균형은 무엇인가?

데이터 파이프라인의 가시성을 확보함으로써 높은 수준의 데이터 품질을 더욱 쉽게 보장할 수 있는 것처럼, 데이터 품질의 전략과 점진적인 진행 상황의 투명성을 높이는 일은 모든 이들이 정보를 제공받고 책임을 질 수 있도록 하는 데 매우 중요한 작업이다.

8.12.2 데이터 품질의 KPI 설정

6장에서 살펴봤던 SLA를 구체적으로 다루기에 앞서, 데이터 라이프사이클의 각 부분과 데이터가 회사에 가치를 제공하는 방식을 이해하는 것이 중요하다. 해당 프로세스 각 단계의 결과물이 데이터 품질의 SLA와 측정을 결정할 것이다. 예를 들어, 데이터 레이크나 웨어하우스에서 수집한 원시 데이터는 데이터 웨어하우스에서 렌더링하여 변환한 데이터와는 충족해야 할 요구 사항이 다르다.

데이터 품질 측정에만 너무 집중하는 대신 최대한 간소화해 보자. '정확성' 점수와 같은 모호한 메트릭[32]이나 자체 개발한 메트릭 대신, 완전성·신선도·정확성·일관성·타당성[33]과 같은 분명한 지표를 측정해 보자. 복잡하고 모호한 유형의 프레임워크는 회사의 우선순위를 충족하기 위해 SLA가 변경되면 혼란만 초래할 것이다.

8.12.3 데이터 거버넌스 프로그램 진두지휘

데이터 품질 프로그램에 착수했지만 리더들을 포함해 누구도 이에 대해 들은 바가 없다면, 조직 전반에 영향을 미칠 수 없을 것이다. 주목할 만한 몇몇 기업들을 제외하면, 특히 데이터 엔지니어링 맥락에서 데이터 거버넌스와 관련하여 공식적인 직책이 없는 경우가 대다수다.

회사 내 모든 데이터 사용자들이 데이터 품질이 중요한 이유를 알 수 있도록, 데이터 품질을 책임지는 담당자가 데이터의 접근, 사용 및 저장의 모범 사례를 통해 다른 사람들을 인도하고 안내할 수 있는 프로그램을 개발하기를 권한다. 대신 누구나 쉽게 참여하고 다른 사람에게도 알릴 수 있도록 해야 한다. 데이터 품질이 마케팅부터 세일즈까지 각각의 직무에 어떻게 영향을 미치는지 설명하고 각자의 팀에 쉽게 공유하여 실행까지 할 수 있도록 만드는 것이 목표다. 장기적인 전략을 홍보하고 실행하는 동안에 관심을 얻기 위해 단기적이고 빠른 성과에도 초점을 맞춰야 한다.

8.12.4 데이터 계보 및 거버넌스 툴 자동화

데이터 접근 및 애플리케이션에 대한 컴플라이언스 준수 조치가 점점 더 엄격해지고 있다. 따라서 데이터 거버넌스의 수단으로 데이터 품질 모니터링을 수동으로 진행하는 방식은 더 이상 적합하지 않다. 수동으로 데이터 품질을 모니터링하는 방법은 지루하고 시간이 많이 소요될 뿐

32 「데이터 품질, 지금 잘못 측정하고 있다」, *https://oreil.ly/gSexv*
33 「데이터 옵저버빌리티란 무엇인가?」, *https://oreil.ly/Ov530*

만 아니라, 데이터 기술 스택의 혁신 속도를 따라가기에도 부족하다(예를 들어, 머신러닝 방식의 데이터 모델링, 빠른 속도의 분석 대시보드, 데이터 메시 등을 생각해 보자).

대신 빠른 속도로 데이터를 검증하고, 모니터링하고, 문제가 발생했을 때 빠르게 알릴 수 있는 자동화된 툴에 투자하기를 권한다. 특히 사용자가 규칙을 지정하는 기능을 추가하면 데이터가 가진 잠재력을 꽃피울 수 있을 것이다.

8.12.5 커뮤니케이션 계획 수립

모든 준비를 마쳤다. 이제 종합적이고 제대로 구성된 커뮤니케이션 프로그램을 계획하여 리더들을 핵심 구성원으로 포함시키고, 이해관계자들이 프로젝트 진행 상황에 대해 동일하게 이해하도록 하며, 데이터 스튜어드가 프로젝트를 잘 따라갈 수 있도록 만드는 단계가 남았다. 이때 커뮤니케이션 계획은 쌍방향이어야 하며 결과물과 관련된 모든 사람을 포함시켜야 한다. 또한 목표를 완수하기까지 작업을 진척시키는 것과 별개로 회의적인 이들에게 여러분의 조직이 상황을 잘 통제하고 있다는 확신을 심어줄 수 있어야 한다.

결국 데이터 품질 전략은 기업 내 모든 조직이 데이터를 사용할 권한이 있다고 느끼며, 그 데이터를 신뢰할 수 있음을 믿게 만드는 것이 목표다. 따라서 제대로 구성된 종합적인 데이터 품질 전략은 조직을 효과적으로 확장하는 일부터 우수한 데이터 플랫폼을 구축하는 일까지 대부분의 업무에서 큰 차이를 만든다.

8.13 마치며

데이터 민주화를 달성하는 과정은 문화적인 절차일 뿐만 아니라 기술적인 절차이기도 하다. 데이터 사용자의 RACI 매트릭스 중 어디에 속하는지와 관계 없이, 데이터 실무자로서 성공하기 위해서는 데이터 품질이 중요한 역할을 한다.

데이터 품질 민주화에 필요한 핵심 단계는 다음과 같다.

- 데이터를 소프트웨어 프로덕트처럼 취급하기
- 데이터의 원천부터 데이터 품질을 우선시할 수 있는 데이터 팀 꾸리기
- 데이터 리터러시를 일급 객체로 대우하기
- 데이터 거버넌스를 확장할 수 있는 절차와 기술 채택하기

8장에서 다룬 의미 있는 이야기들은 모두 고장 난 데이터 파이프라인, 의도치 않은 컴플라이언스 위반, 오래된 대시보드와 같은 구체적인 경험에서 우러나왔다. 결국 고통을 직접 겪어보아야만 데이터 품질에 엔지니어링 역량과 기술 리소스를 우선 투자할 수 있다는 말이다. 그전까지는 이를 최우선시할 자원과 에너지를 한데 모으기 어렵다.

그러나 다행스럽게도 흐름이 바뀌고 있다. 점점 더 많은 기업들이 데이터 민주화 이니셔티브를 주도하고 있다. 이에 따라 데이터 엔지니어와 분석가가 데이터 품질 관련 모범 사례를 일상 업무에 적용할 수 있도록 데이터 신뢰성 엔지니어, 데이터 옵저버빌리티 전문가, 데이터 리터러시 담당자를 고용하고 있다.

CHAPTER 9

현실에서의 데이터 품질: 전문가 대담과 사례 연구

PREVIEW

9장에서는 실제 사례 연구 및 대담 내용을 공유한다. 데이터 메시를 만든 자마크 데가니Zhamak Dehghani, (데이터 품질이 최우선인) 분산형 데이터 아키텍처로 마이그레이션하는 방법에 대해 자신 있게 이야기하는 안토니오 피타스António Fitas, 폭스Fox의 데이터 서비스 부사장이자 '관리된 자유controlled freedom' 데이터 관리 기술의 선구자인 알렉스 트베르돌렙Alex Tverdohleb이 자신의 경험을 공유해 주었다.

지금까지 데이터 품질에 관한 이론을 이야기했다. 그렇다면 현실에서 좋은 데이터 품질은 과연 이론만큼 이상적일까?

8개 장에 걸쳐 데이터옵스DataOps 작업 흐름을 설계하는 방법부터 데이터 자산의 규모와 최신성을 결정하는 일반적인 SQL 테스트에 이르기까지 대규모로 데이터 신뢰성을 확보하는 데 필요한 사항을 살펴보았다. 그 과정에서 실제 사례 연구들도 살펴보았지만, 모두 알다시피 교과서를 읽는 것만으로는 양질의 데이터 품질을 확보할 수 없으며, 데이터 분석 및 공학 기술의 관행적 요소가 뒷받침되어야 '신뢰할 수 있는 데이터'를 만들 수 있다. 데이터 품질 관련 기술이 발전하고 데이터에 의존하는 기업이 늘어날수록 다른 업계의 프로세스와 기술이 데이터 신뢰성 향상을 위한 역량에 어떤 영향을 미치는지 고려해야 한다.

이 장에서는 데이터 리더들이 가장 중요하게 생각하는 다섯 가지 주제에 대해 살펴보고 여기서 데이터 품질은 어떤 중요한 역할을 하는지 알아본다.

- 데이터 메시와 데이터 품질에 적합한 환경
- 클라우드 기반 데이터 스택 활용 과정에서 데이터 품질의 역할
- 접근성 높은 데이터의 핵심이 되는 지식 그래프
- 분산 데이터 아키텍처를 위한 데이터 검색
- 데이터 품질을 다뤄야 하는 시기

이 다섯 가지 주제, 기술, 트렌드는 점점 보편화되었으며, 조직이 확장 가능하고 반복 가능한 방식으로 데이터 신뢰성 문제를 해결하는 데 도움이 되어 왔다. 이제 9.1절에서 관련 내용을 더 자세히 살펴보자.

9.1 데이터 품질 향상을 위한 데이터 메시 구축

'셀프 서비스 비즈니스 인텔리전스'[1]의 시대에 모두가 데이터 최우선 기업이라고 말하지만, 사실 그 기업들이 모두 데이터 아키텍처를 민주적으로, 확장성 있게 취급하는 것은 아니다. 다만 다수의 회사가 그렇게 할 수 있기를 원한다.

이런 회사들은 데이터를 혁신의 원동력으로 본다. 예를 들어, 업계 최초로 스노우플레이크와 루커에서 잠재성을 발견한 사람을 리더로 고용했을 수 있다. 또는 CDO가 데이터 조직에 데이터 관리 모범 사례를 교육하거나 데이터 엔지니어링 그룹에 투자한 CTO를 교육하기 위해 여러 직종을 대상으로 이니셔티브를 주도했을 수 있다. 그러나 무엇보다도 전체 데이터 조직은 끊임없이 이어지는 임시 쿼리를 처리하고 중앙 ETL 파이프라인을 통해 이질적인 데이터 소스를 변환하는 등 조직의 증가하는 요구 사항을 보다 쉽게 관리할 수 있기를 바란다.

데이터 민주화와 확장성을 향한 열망은 현재의 데이터 아키텍처(대부분의 경우 격리된 데이터 웨어하우스 또는 일부 제한된 실시간 스트리밍 기능을 가진 데이터 레이크)가 회사의 요구를 충족하지 못할 수 있다는 인식에 근거한다. 이렇게 고립된 인프라의 한계를 해결하기 위해 많은 데이터 조직이 더 분산된 '연합 거버넌스' 모델로 전환하고 있다. 다시 말해, 데이터 메시를 시작하고 있다.

소프트웨어 엔지니어링 조직이 모놀리식 애플리케이션에서 마이크로서비스 아키텍처로 전환[2]한 것과 비슷한 시각에서 보면 데이터 메시는 여러 면에서 마이크로서비스의 데이터 플랫폼 버전이라고 볼 수 있다. 써트웍스 컨설턴트이자 데이터 메시라는 용어의 창시자인 자마크 데가니가 처음 정의한 것처럼, 데이터 메시는 도메인 지향의 셀프서브 설계를 활용하여 기업 내 데이터의 편재성을 수용하는 데이터 플랫폼 아키텍처의 한 유형이다.

데이터 메시 개념은 에릭 에반스Eric Evans의 도메인 기반 설계 이론을 활용하는데, 이는 코드의 구조와 언어를 해당 비즈니스 도메인과 일치시키는 유연하고 확장 가능한 소프트웨어 개발 패러다임이다. 하나의 중앙 데이터 레이크에서 데이터의 소비·저장·변환·출력을 처리하는 기존의 단일 데이터 인프라와 달리, 데이터 메시는 분산된 도메인별 데이터 소비자를 지원하고, 각 도메인이 자체 데이터 파이프라인을 처리하는 '프로덕트형 데이터'라는 관점을 기반으로 하는 플랫폼이다. 이러한 도메인과 관련 데이터 자산을 연결하는 조직은 동일한 문법 및 데이터 표

1 「셀프 서비스 비즈니스 인텔리전스」, *https://oreil.ly/QnfLP*

2 「마이크로 서비스 vs 모놀리식 아키텍처」, *https://oreil.ly/fue6i*

준을 적용하는 범용적 상호운용성 계층이다.

자마크가 심사숙고하여 만든 바퀴를 다시 개발할 필요 없이, 데이터 메시의 정의를 몇 가지 주요 개념으로 요약하고 기존 데이터 아키텍처와 어떻게 다른지 강조하고자 한다.

NOTE_ 아직 읽어보지 않았다면 자마크의 「모놀리식 데이터 레이크를 넘어 분산 데이터 메시를 구축하는 법」[3]을 읽어보길 권한다. 또는 이 주제에 대한 그녀의 최신 저서를 확인하거나 잘란도Zalando가 데이터 메시로 전환한 이유에 관한 막스 슐츠Max Schulte의 기술 강연[4]을 한 번쯤 꼭 들어보길 권한다.

데이터 메시는 데이터 소스, 인프라, 기능적 소유자가 관리하는 도메인 지향 데이터 파이프라인의 세 가지 개별 구성 요소로 구성된다. [그림 9-1]을 보면 데이터 메시 아키텍처의 기본은 옵저버빌리티와 거버넌스뿐만 아니라 도메인에 구애받지 않는 표준을 반영하는 범용적 상호운용성 레이어임을 알 수 있다.

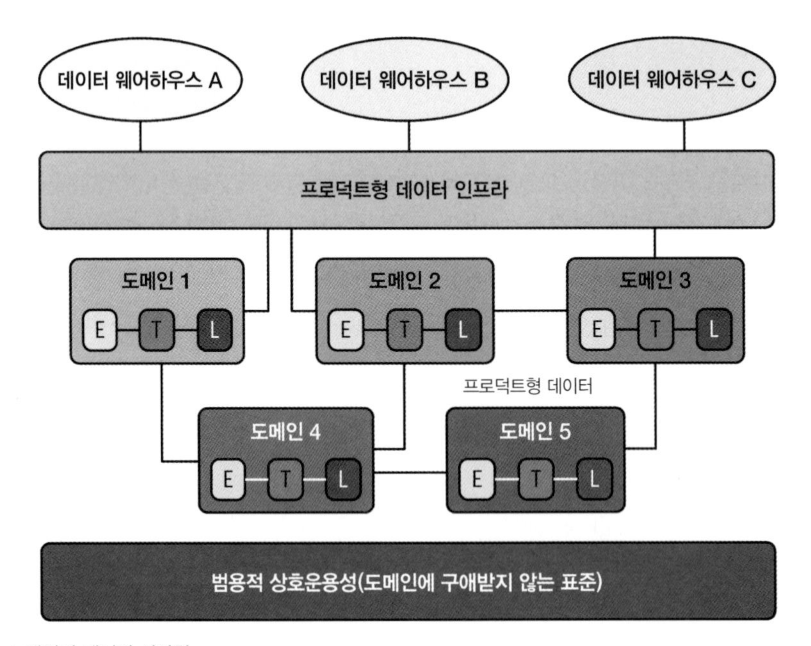

그림 9-1 데이터 메시의 시각화

3 「모놀리식 데이터 레이크를 넘어 분산 데이터 메시를 구축하는 법」, *https://oreil.ly/Y6zGO*

4 「데이터 메시 실전편: 유럽 최고 온라인 패션 플랫폼이 데이터 레이크를 벗어난 방법」, *https://oreil.ly/zvpjo*

데이터 조직은 여러 도메인 전체에 걸쳐 거버넌스(및 데이터 품질이 어떻게 보이는지)를 표준화하고자 할 때 데이터 메시를 통해 기능적 도메인 전체에서 데이터를 운영할 수 있다.

9.1.1 도메인 지향 데이터 소유자 및 파이프라인

데이터 메시는 데이터를 프로덕트로 제공할 책임이 있는 도메인 데이터 소유자 간의 데이터 소유권을 통합하는 동시에 서로 다른 위치에 분산된 데이터 간의 통신을 용이하게 한다.

데이터 인프라는 각 도메인에 이를 처리할 솔루션을 제공하는 역할을 담당하지만 도메인은 데이터의 수집·정제·집계를 관리하여 비즈니스 인텔리전스 애플리케이션에서 사용할 수 있는 자산을 생성한다. 각 도메인은 ETL 파이프라인을 소유해야 하지만 원시 데이터에 대한 접근성 제어를 저장, 카탈로그화, 유지 관리하는 모든 도메인에 기능 집합이 적용된다. 지정된 도메인에 데이터가 제공되고 변환되면, 도메인 소유자는 분석 또는 운용상의 필요 사항에 데이터를 활용할 수 있다.

9.1.2 셀프서브 기능성

데이터 메시는 도메인 지향 분산형 아키텍처의 원칙을 활용하여 사용자가 기술적 복잡성을 추상화하고 개별 데이터 사용 사례에 집중할 수 있는 셀프서브 데이터 플랫폼을 제공한다.

자마크가 설명했듯이, 도메인 지향 분산형 아키텍처에서 주의해야 할 부분이 있다. 각 도메인에서 데이터 파이프라인과 인프라를 유지하는 데 드는 노력과 기술이 중복된다는 것이다. 이를 해결하기 위해 데이터 메시는 도메인에 구애받지 않는 데이터 인프라 기능을 데이터 파이프라인 엔진, 스토리지, 스트리밍 인프라를 처리하는 중앙 플랫폼으로 통합하고 추출한다. 한편, 각 도메인은 이러한 구성 요소를 활용하여 사용자 지정 ETL 파이프라인을 실행하고, 프로세스를 진정으로 소유하는 데 필요한 자율성뿐 아니라 데이터를 쉽게 처리하는 데 필요한 자원을 제공할 책임이 있다.

9.1.3 통신의 상호운용성과 표준화

각 도메인의 기본에는 필요할 경우 도메인 간의 협업을 촉진하는 데 도움이 되는 데이터 표준의 보편적 집합이 전제되어 있다. 일부 데이터(원시 소스와 정제·변환·제공된 데이터셋)는 둘 이상의 도메인에 유용하다. 교차 도메인 협업이 가능하려면 데이터 메시가 다른 데이터의 특성들 중에서도 포맷팅, 거버넌스, 검색 가능성, 메타데이터 필드를 표준화해야 한다. 더불어 개별 마이크로서비스와 마찬가지로, 각 데이터 도메인은 소비자에게 '보증'할 SLA와 품질 지표를 정의하고 합의해야 한다.

9.2 왜 데이터 메시인가?

최근까지 다수 기업이 수많은 비즈니스 인텔리전스 플랫폼에 연결된 단일 데이터 웨어하우스를 활용했다. 이는 소수의 전문가 그룹이 수행한 해결책이었고 상당한 기술 부채로 남아 부담이 되곤 했다.

2020년의 아키텍처는 중앙 집중형 데이터 플랫폼에서 데이터를 수집·증대·변환·제공하는 것을 목표로 하는 실시간 데이터 가용성과 스트림 처리를 갖춘 데이터 레이크였다. 그러나 해당 유형의 아키텍처는 다수의 조직에서 사용하기에 다소 부족한 측면이 있었다. 그 이유는 다음과 같다.

- 중앙 ETL 파이프라인은 데이터 조직이 증가하는 데이터를 제대로 통제하지 못하게 한다.
- 모든 기업이 데이터 기업이 되면서 데이터 사용 사례에 따라 유형이 바뀌어야 하므로 중앙 플랫폼에 큰 부담이 된다.

이러한 약점을 지닌 데이터 레이크는 연결되지 않은 데이터 생산자, 인내심이 부족한 데이터 소비자, 산더미처럼 쌓여 있는 비즈니스 요구 사항을 충족하기 위해 고군분투하는 데이터 조직에 부담이 된다. 반면, 데이터 메시와 같은 도메인 지향 데이터 아키텍처는 자체 파이프라인을 처리하는 도메인(또는 비즈니스 영역)이 있는 중앙 집중형 데이터베이스(또는 분산형 데이터 레이크)라는 이점을 조직에 제공한다. 자마크의 주장[5]처럼 데이터 아키텍처는 더 작은 도메인 지향 구성 요소로 분해하여 가장 쉽게 확장할 수 있다.

데이터 메시는 데이터 소유자에게 더 큰 자율성과 유연성을 제공하여 데이터 실험과 혁신을 촉

5 「모놀리식 데이터 레이크를 넘어 분산 데이터 메시를 구축하는 법」, *https://oreil.ly/ZCWaS*

진한다. 동시에 단일 파이프라인을 통해 모든 데이터 소비자의 요구를 충족해야 하는 데이터 팀의 부담을 줄여 주어 데이터 레이크의 단점에 대한 해결책을 제공한다.

한편, 데이터 메시의 플랫폼으로서 셀프서브 인프라는 데이터 팀에 데이터 표준화를 위한 보편적이고 도메인에 구애받지 않으며 자동화된 접근 방식과 데이터 프로덕트 계보, 모니터링, 경고, 로깅, 품질 기준(즉, 데이터 수집 및 공유)을 제공한다. 종합하면 이러한 이점들은 수집가와 소비자 간의 데이터 표준화 부족으로 인해 종종 제약을 받는 기존 데이터 아키텍처와 비교하여 경쟁 우위를 제공한다.

9.2.1 데이터 메시냐 아니냐, 그것이 문제다

요즘 모든 데이터 이해관계자는 둘로 나뉜다. 데이터 메시를 이해하는 사람과 이해하지 못하는 사람이다. 어디에 속하든 혼자는 아니니 안심하자.

최근 데이터 메시만큼 데이터 세계를 휩쓸며 커뮤니티를 들썩이게 하고, 수백 개의 블로그 글을 쓰게 하는 주제가 있었나 싶다. 덕분에 데이터 민주화 및 확장성 문제로 고민이 많던 데이터 리더들이 안도의 한숨을 내쉬고 있다. 하지만 데이터 메시처럼 새로운 개념을 채택하여 사용할 때는 본질과 구축 방법에 관한 오해가 생기기 마련이다. 그렇다 해도 대량의 데이터 소스를 처리하고 실험해야(즉, 빠른 속도의 데이터 변환) 하는 조직은 데이터 메시를 활용하는 편이 현명할 것이다.

9.2.2 데이터 메시 점수 계산

다음은 데이터 메시에 투자하는 것이 합리적인지 확인하는 방법이다. 각 질문에 숫자로 답하고, 총 데이터 메시 점수를 합산해 보자.

- 데이터 소스의 양: 사내 데이터 소스가 몇 개인가?
- 데이터 팀의 규모: 데이터 조직에 데이터 분석가, 데이터 엔지니어, (있는 경우) 프로덕트 관리자가 몇 명인가?
- 데이터 도메인 수: 의사 결정을 주도하는 데 데이터 소스에 의존하는 기능 조직(마케팅, 영업, 운영 등)은 몇 개이며, 사내에는 몇 개의 프로덕트가 있는가? 구축 중인 데이터 기반 기능은 몇 개인가? 합계를 구해보자.

- 데이터 엔지니어링 병목현상: 데이터 엔지니어링 조직이 새로운 데이터 프로덕트를 구현하는 데 병목현상을 일으키는 빈도는 1~10단계 기준으로 얼마나 되는가? 1은 '전혀 없음', 10은 '항상'을 의미한다.
- 데이터 거버넌스: 여러분의 조직에서 데이터 거버넌스의 우선순위는 1~10단계 기준으로 어느 정도인가? 1은 '나는 상관없다', 10은 '밤샘 작업을 계속할 수 있다'를 의미한다.

일반적으로 점수가 높을수록 회사의 데이터 인프라 요구 사항이 복잡하고 까다로워지며, 결과적으로 데이터 메시의 이점을 누릴 가능성이 높아진다. 10점 이상인 경우, 몇 가지 데이터 메시 모범 사례를 시행하는 것이 회사에 적합할 수 있다. 30점 이상이라면 조직은 데이터 메시를 시행하는 데 최적의 상태이므로 데이터 혁명에 동참하면 좋을 것이다.

점수를 세분화해 분석하는 방법은 다음과 같다.

- 1~15점: 데이터 생태계의 크기와 차원이 높지 않은 상태임을 고려할 때 데이터 메시가 필요하지 않을 수 있다.
- 15~30점: 조직이 빠르게 성장하고 있으며 실제로 데이터에 의존할 수 있을지 여부를 가늠하는 상태일 수 있다. 이후 마이그레이션을 수월하게 하기 위해 몇 가지 데이터 메시 모범 사례와 개념을 통합해 실행할 것을 강력히 권장한다.
- 30점 이상: 데이터 조직은 회사의 혁신 동인이다. 데이터를 민주화하고 전사적으로 셀프서브 분석을 할 수 있도록 이미 데이터 메시를 진행하고 있거나, 향후 진행한다면 모든 이니셔티브를 지원할 준비가 되어 있다.

데이터가 유비쿼터스화되고 데이터 수요가 지속적으로 다각화됨에 따라 300인 이상의 클라우드 기반 기업에서 데이터 메시가 점차 보편화될 것으로 예상한다.

9.3 자마크 데가니와의 대화: 데이터 메시에서 데이터 품질의 역할

자마크 데가니와 데이터 메시에 관한 끝장토론을 했다. 자마크는 데이터 메시가 독립형 기술인지 아닌지, 누가 구축해야 하는지(또는 구축해서는 안 되는지), 데이터 메시가 단지 데이터 가상화를 가리키는 또 하나의 용어는 아닌지에 관한 주요 오해들을 대부분 풀어주었다.

9.3.1 단일 솔루션으로 데이터 메시를 구축할 수 있는가?

자마크는 데이터 메시를 '사회 기술적 전환, 즉 우리가 분석 데이터를 수집·관리·공유하는 방법에 대한 새로운 접근 방식'으로 정의한다. 다시 말해, 데이터 메시는 기술 솔루션의 일종이 아니며, 기술들의 하위 집합은 더욱 아니다. 오픈 소스 또는 SaaS와 같이 데이터를 관리하고 운영하는 방법에 대한 다양한 기술로 구성된 조직 패러다임이다.

데이터베이스만으로는 마이크로서비스 아키텍처를 구축할 수 없다. 또한 데이터 웨어하우스나 비즈니스 인텔리전스 툴만으로 데이터 메시를 구축할 수 없다. 대신 언급한 기술의 일부와 수많은 다른 기술을 활용해 데이터 메시를 구동할 수 있다.

데이터 아키텍처가 다음 네 가지 기본 요소를 포함할 때 데이터 메시라고 할 수 있다.

- 하나의 중앙 집중형 조직의 데이터 소유권을 해당 데이터를 제어하기에 가장 적절하고 적합한 사람들(보통은 데이터가 발생된 비즈니스 도메인에 있는 사람)에게 분배한다.
- 해당 조직에 장기적인 책임을 부여하고 데이터를 프로덕트로 여기게 한다.
- 셀프서브 데이터 인프라를 통해 조직 역량을 강화한다.
- 새로운 연합 데이터 거버넌스 모델에서 발생할 수 있는 새로운 문제들을 해결한다.

나무만 쳐다보느라 숲을 못 보는 경우가 많지만, 이 방법론을 적용하면 데이터 메시를 제대로 시작할 수 있다.

9.3.2 데이터 메시는 데이터 가상화를 가리키는 또 다른 용어일 뿐인가?

데이터 커뮤니티에서는 분산된 데이터 소유권이 실제로 어떻게 작동하는지와 관련해 혼란스러워한다. 레나Lena가 설명한 것처럼, 데이터 가상화는 애플리케이션이 여러 저장소에서 데이터를 검색하고 조작할 수 있도록 하는 데이터 관리 접근 방식을 의미하는데, 일부 기술자들은 분산된 데이터 소유권의 개념이 데이터 가상화[6]의 개념과 중복되는 것은 아닌지 의문을 제기한다.

자마크에 따르면 데이터 가상화는 온라인 트랜잭션 처리OLTP 시스템과 마이크로서비스 또는 운영 데이터베이스의 맨 위에 위치하고, 해당 데이터를 그대로 또는 약간 변환하여 노출하는

6 「데이터 시각화 위키피디아 페이지」, *https://oreil.ly/Yf9JR*

기술이다. 이는 데이터 메시에 적용하기 어려운 개념이다. 이와 관련해 자마크는 다음과 같이 설명했다.

> 데이터 메시 기반이든 API 기반이든, 여러분은 트랜잭션 목적에 최적화한 데이터베이스를 분석 목적으로 공개하려고 할 것이다. 그리고 예측 분석 또는 과거 추세 모델링의 경우 데이터를 다른 관점으로 봐야 한다. 따라서 마이크로서비스 데이터베이스 가상화를 데이터 메시라고 부르는 것은 틀린 말이다.

9.3.3 데이터 프로덕트 조직이 고유한 개별 데이터 저장소를 관리하는가?

자마크는 이 질문에 대해 "아니요."라고 딱 잘라 답했다. 왜냐하면 각 데이터 프로덕트 조직이 자체 저장소를 관리하면 중복 가능성과 데이터 품질 저하 가능성이 기하급수적으로 높아지기 때문이다. 즉, 비용을 발생시키는 일은 만들지 않는 편이 좋다는 것이다. 자마크는 이를 다음과 같이 풀어 설명했다.

> 데이터 프로덕트 개발자로서, 데이터 메시를 통해 데이터 과학자에게 데이터를 제공할 수 있는 모든 구조적 요소, 즉 저장소, 컴퓨팅, 쿼리 시스템 등을 갖춘 자율성을 얻기를 원한다. 그렇다고 해서 위치별로 저장소 계층을 직접 보유해야 하는 것은 아니다. 실제로 메시가 하나의 클라우드 제공자를 가진 조직 간 구조라면 그렇게 하지 않을 것이다. 또한 단일 저장소 계층이 있을 수 있다. 하지만 메시는 독립적인 스키마이자 액세스 권한 관리이고, 데이터 프로덕트를 자동화된 방식으로 효율적으로 사용할 수 있게 해주는 독립적인 테넌시 모델이다.

중앙 데이터 엔지니어링 팀 또는 인프라 팀에서는 데이터 메시가 각 도메인에서 작동하고 운용될 수 있도록 내실을 다지는 역할을 한다. 각 도메인의 분석가와 데이터 과학자는 데이터 메시 위에 프로덕트(대시보드, 모델, 보고서 등)를 구축하고 관리하지만 분석이나 데이터 과학, 머신러닝을 구동하는 인프라를 관리하는 주체는 아니다.

9.3.4 셀프서브 데이터 플랫폼은 분산형 데이터 메시와 동일한가?

대규모 조직은 이미 인프라 관리를 위한 셀프서브 플랫폼을 운영하고 있을 것이다. 그러나 자마크는 데이터 메시의 셀프서브가 몇 가지 주요 측면에서 다르다고 말한다.

> 요즘 만든 서비스 또는 데이터 플랫폼은 대부분 중앙 집중형 데이터 조직을 위해 구축하였으며, 데이터 전문가가 백로그들을 빠르게 처리할 수 있도록 지원한다. 특히 이들 플랫폼은 방대한 범위의 데이터 수집을 최적화하려는 중앙 집중형 팀을 위해 만들어졌다.

현재 상태의 데이터 플랫폼은 데이터 메시와는 다른 목적으로 최적화되는 경우가 많다. 데이터 메시를 지원하기 위해 구축한 데이터 플랫폼은 도메인 조직에 자율성을 부여하고 일반 기술자가 데이터 프로덕트를 만들 수 있도록 최적화해야 한다. 즉, 데이터 플랫폼은 조직이 데이터를 엔드 투 엔드로 관리하고 데이터 분석가, 데이터 과학자, 기타 최종 사용자와 같은 데이터 소비자에게 직접 서비스를 제공할 수 있도록 해야 한다.

9.3.5 데이터 메시는 모든 데이터 조직에 적합한가?

점점 더 많은 조직이 데이터 메시를 적용하거나 탐색 중인데, 자마크는 이 모델이 '진화의 초기 단계'라고 말한다. 데이터 신뢰성 확장 문제를 해결해야 하는 조직이 데이터 메시를 가장 합리적으로 채택하여 적용할 수 있다. 자마크는 초기 도입자들은 엔지니어링에 중점을 두고 '모든 요소를 구매할 수는 없기 때문에 기술 구축과 구매'에 집중 투자한다고 말했다.

만약 어떤 조직의 이해관계자들이 적절한 데이터를 찾고 사용하는 데 어려움을 겪고 있지만 혁신 주기는 느려지고 있다면, 해당 조직은 데이터 메시를 적용하기에 적합한 후보일 수 있다.

9.3.6 조직 내에서 한 사람이 데이터 메시를 '소유'하는가?

데이터 메시 모델을 도입하려면 기술 이상이 필요하다. 즉, 조직 전체 문화에서 참여를 유도해야 한다. 자마크는 "데이터를 비롯해, 모든 데이터 기반 이니셔티브 및 데이터 플랫폼 투자는 조직, 특히 대규모 조직에서 매우 가시적이고 정치적이므로 하향식 지원과 하향식 노하우 전수가 있어야 한다고 생각한다."라고 말했다.

그녀는 조직에서 CEO에게 직접 보고하는 CDO 또는 최고 데이터 분석 책임자Chief Data Analytics Officer가 있는 경우, 적합한 규모로 데이터 메시를 채택하는 것이 더 효과적이라고 말한다. 그럼에도 불구하고 도메인은 데이터의 소유권을 가질 것으로 예상되는데, 이 이니셔티브가 전용 리소스를 의미하든 조직 간 지지를 의미하든 조직은 해당 이니셔티브를 지원할 필요가 있다. 그녀는 "만약 도메인이 반영되지 않는다면 그저 중앙 집중화된 팀 간에 데이터를 배포하는 작업만 과도하게 수행하고 있는 것이다."라고 말했다.

조직에서 데이터 메시를 더 광범위하게 채택할 경우 조직은 설계 및 구현을 추진하는 지지자 역할을 하고 비전과 일치하는 1~3개의 도메인을 확보해야 한다. 일반적으로 인프라 조직, 즉 실무자와 엔지니어는 이미 많은 어려움을 느끼고 있기 때문에 그들을 설득하기는 어렵지 않다.

9.3.7 데이터 메시가 데이터 엔지니어와 데이터 분석가 사이에 마찰을 일으키는가?

다시, 이 질문에 대한 대답은 "아니요"다. 사실 대부분 그 반대다.

데이터 메시는 데이터 소유권을 분산하기 때문에 분산형 도메인 지향 모델을 채택하면 과거에 마찰이 있었던 영역에서 건전한 조정이 이루어지는 경우가 많다.

예를 들어, 파이프라인을 담당하는 엔지니어링 조직과 다운스트림에서 데이터를 모델링하는 데이터 엔지니어링 조직, 다운스트림에 데이터를 사용하는 분석가가 있는 조직은 책임져야 할 당사자로 지목받기 쉽다. 반면, 데이터 메시의 보편적인 데이터 거버넌스 표준은 데이터 품질, 데이터 검색, 데이터 프로덕트 스키마, 기타 데이터 품질과 이해에 관한 중요 요소를 서로 합의할 수 있게 한다.

자마크에 따르면 우수한 데이터 메시에 내재된 셀프서브 기능은 다음과 같다.

- 유휴 데이터와 작동 중인 데이터에 대한 암호화
- 데이터 프로덕트 버전 관리
- 데이터 프로덕트 스키마
- 데이터 프로덕트 검색, 카탈로그 등록, 배포
- 데이터 거버넌스와 표준화
- 데이터 생산 계보
- 데이터 프로덕트 모니터링, 알림, 로깅
- 데이터 프로덕트 품질 기준

이러한 기능성과 표준화를 종합하면 강력한 데이터 옵저버빌리티와 신뢰성을 제공할 수 있다. 자마크는 이렇게 설명한다.

운영 환경에서 볼 수 있었던 진화는 자체적인 임시 구조화 로깅에서 시작됐고, 이는 우리가 이미 우수한 소프트웨어 엔지니어링 관행으로 수행한 것이다. 그래서 계보, 매트릭스, SLO를 통해 이러한 종류의 품질 매트릭스를 전달하는 데 사용할 수 있는 몇 가지 개방형 표준을 개발하기를 바란다. 여기서 품질 기준의 예로 신뢰 매트릭스, 표준화된 방식의 계보 추적, 건강한 툴링 생태계 구축 등이 있다.

데이터 메시와 같은 조직 구조에서는 실제로 거버넌스와 관련하여 올바른 방식의 자율성과 논의가 가능해야 하고, 조직이 다음과 같은 질문에 답할 수 있어야 한다. 데이터는 언제 어떻게 사용되어야 하는가? 다른 이들이 원하는 기준을 만들 수 있는가? 각 도메인에 부여된 책임은 무엇인가?

데이터 메시가 어느 단계에 있든, 데이터 전문가가 되는 것이 무엇을 의미하는지, 조직에 맞게 데이터를 전파하고 운영하는 데 필요한 것이 무엇인지에 대한 논의를 촉발시켰다는 것에는 의심의 여지가 없다. 사실 많은 기업에서 데이터 메시 개념을 부지불식간에 오랫동안 적용해 왔다. 단지 그것을 설명할 용어가 없었을 뿐이다.

9.4 사례 연구 콜리브리 게임즈의 데이터 스택 여정

데이터 리더와 마주 앉아 회사 데이터 전략의 전체적인 발전 과정에 대해 들을 기회를 얻는 것은 드문 일이다. 그리고 데이터 리더가 회사 데이터 스택의 초기 단계부터 통합하는 책임을 진 경우는 더욱 드물다. 베를린에 본부를 둔 콜리브리 게임즈Kolibri Games[7]의 전 수석 데이터 엔지니어였던 안토니오 피타스Antonio Fitas는 그러한 데이터 리더 중 한 명이다. 콜리브리 게임즈는 2016년 한 학생의 집에서 창업한 스타트업이었다. 그런데 2020년 유비소프트Ubisoft가 이 회사를 인수하면서 스포트라이트를 받았다.

5년 동안 많은 것이 변했지만 한 가지는 그대로였다. 바로 인사이트 중심의 문화를 구축하기 위한 회사의 노력이다. 그들은 거의 매주 새로운 모바일 게임을 출시하였으며, 해당 게임들은 지속적으로 변화하고 엄청난 양의 데이터를 생성하였다. 40개의 서로 다른 이벤트 유형에서

7 「콜리브리 게임즈 웹페이지」, *https://oreil.ly/vK30I*

하루에 1억 개의 이벤트를 처리하고 일부는 수백 개의 트리거를 가지고 있다.

덕분에 콜리브리 게임즈의 데이터 조직은 1명의 마케팅 분석가에서 10명 이상의 엔지니어, 분석가, 과학자로 구성된 조직으로 성장했고, 데이터 운영의 신뢰성·확장성·셀프서브를 책임지고 있다. 폭발적 성장을 더욱 가속화하기 위해 데이터 중심의 문화가 뒷받침되는 데이터 메시 아키텍처를 구축하고 있으며, 수많은 성숙한 회사들의 부러움을 사고 있다.

그들의 이야기는 흥미로울 뿐만 아니라, 데이터 메시 도입 여정을 시작하는 사람들을 위한 훌륭한 지침이 되고 있다. 9.4절에서는 안토니오의 데이터 조직이 무슨 기술을 사용했는지, 어떤 구성원을 고용했는지, 어떤 데이터 문제에 직면했는지 등 모든 진화 단계를 설명한다.

9.4.1 첫 번째 데이터 요구 사항

2016년, 콜리브리 게임즈의 설립자들은 독일의 칼스루에Karlsruhe 공과대학교의 학생 아파트에서 게임을 만들기 시작했다. 그들은 첫 모바일 게임인 '아이들 마이너 타이쿤Idle Miner Tycoon'[8]으로 초기 성공을 거두었고, 설립자들은 데이터와 관련된 몇 가지 기본적인 목표와 목적을 설정했다.

주요 목표는 게임이 제대로 작동하고 있는지, 회사가 수익을 올리고 있는지를 확인하는 기본 비즈니스 보고서를 작성하는 것이었다. 해당 보고서에는 다음 내용이 포함됐다.

- 인앱in-app 결제 수입 리포팅
- 광고 수입 리포팅
- 게임별 KPI 리포팅
- 충돌 및 버그 리포팅

린 스타트업lean start-up으로서, 창업자들은 다음과 같은 서드파티의 툴에 전적으로 의존했다(그림 9-2 참조).

- 페이스북 애널리틱스
- 광고 파트너

8 「아이들 마이너 타이쿤 다운로드 페이지」, https://oreil.ly/R3W2W

- 파이어베이스(Firebase, 앱 충돌 및 버그 수정 지원)
- 게임애널리틱스(GameAnalytics, 재방문율 등 게임 내 KPI)

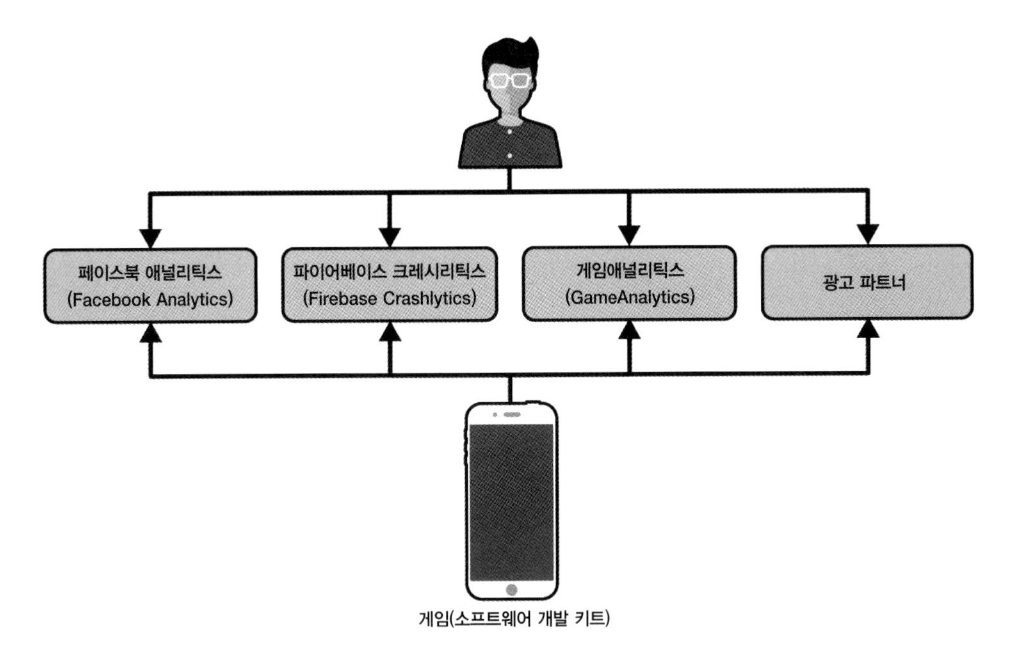

그림 9-2 콜리브리의 첫 데이터 스택

그러나 데이터 품질은 콜리브리 팀의 최우선 과제가 아니었으므로 몇 가지 난관이 등장했다.

- 서로 다른 여러 툴에 분산된 분석
- KPI 산출 방식에 대한 불투명성
- 서로 다른 툴들의 일관되지 않은 리포팅
- 소프트웨어 개발 키트SDK 통합으로 인한 기술 문제들
- 매트릭스를 향한 깊이 있는 탐색, 유연성 부족 등의 기술적 한계

안토니오는 "완벽한 접근법은 아니었지만 첫 번째로 해결하고자 했던 문제는 있었다."라고 말했다. 그리고 "많은 플레이어들이 지속적으로 게임에 들어왔기 때문에 운이 좋았지만, 플레이어 수를 더 늘리고 싶었다. 이를 위해 데이터를 활용해 마케팅을 잘해서 사용자를 더 많이 확보하고 싶었다."라고 덧붙였다.

9.4.2 퍼포먼스 마케팅 추구

아이들 마이너 타이쿤의 인기가 높아짐에 따라, 콜리브리 팀은 학생용 아파트에서 사무실로 이전하여 회사를 운영해야 했다(그림 9-3 참조). 또한 새로운 고객 확보에 집중하여, 퍼포먼스 마케팅을 측정하고 개선하기 위한 데이터 역량을 갖추었다.

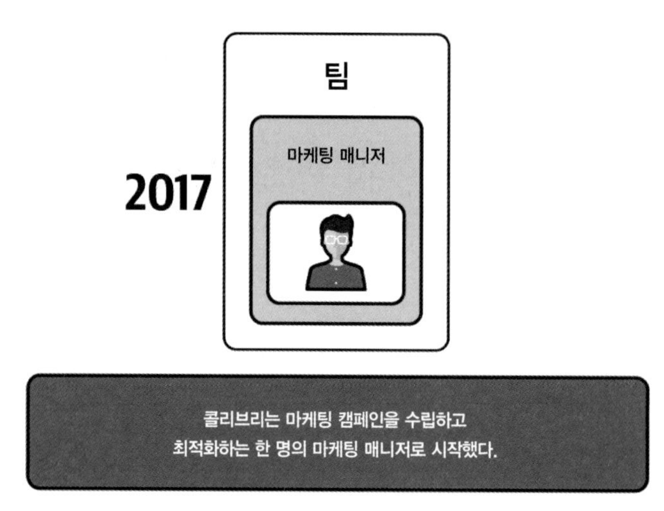

그림 9-3 한 명의 마케팅 매니저로 구성된 콜리브리의 첫 번째 데이터 조직

이 단계에서 조직의 주요 목표는 더 많은 사용자가 게임에 참여할 수 있도록 퍼포먼스 마케팅을 강화하는 동시에 다음과 같은 방법으로 수익성이 높은 캠페인을 파악하는 것이었다.

- 캠페인에 대한 광고 지출 수익률 산출
- 간단한 사용자 생애 가치 예측
- 캠페인 성과 최적화를 위한 유료 광고 입찰 스크립트 구축

회사는 그 일환으로 광고 지출 수익률과 사용자 생애 가치에 대한 인사이트를 얻기 위해 [그림 9-4]와 같이 타사 모바일 측정 툴인 앱스플라이어AppsFlyer를 활용했다. 이 툴은 SaaS 모바일 마케팅 분석 및 성과 측정 플랫폼으로, 마케팅 매니저가 어떤 사용자 획득 캠페인이 잘 수행되고 있는지, 비용은 얼마인지, 새로 획득한 플레이어가 얼마나 많은 수익을 창출하고 있는지를 알 수 있도록 도와준다. 앱스플라이어는 입찰 관리 작업을 최적화하기 위해 로컬에서 실행 중인 스크립트도 알려준다.

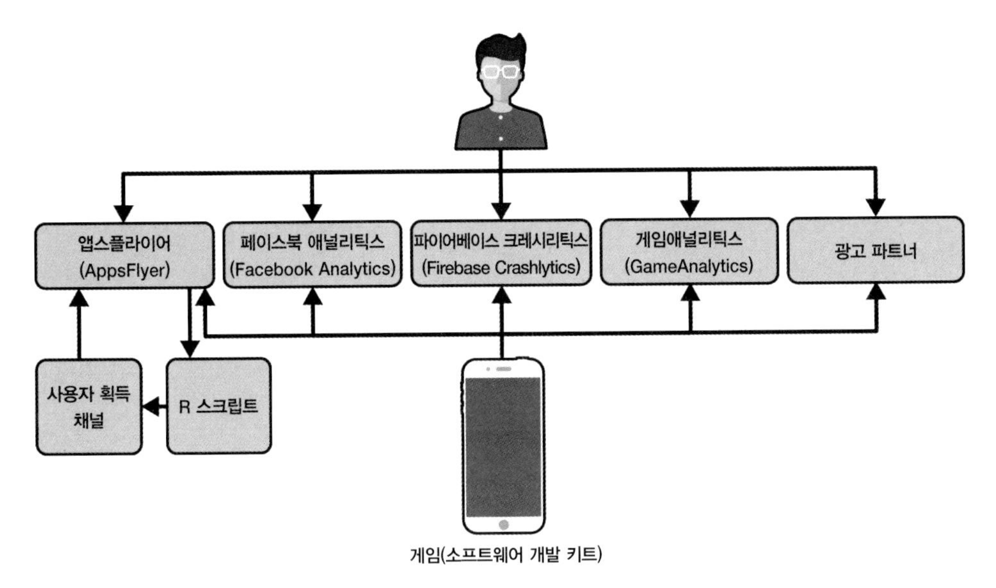

그림 9-4 2017년의 콜리브리 데이터 스택

전환 과정 중 데이터 관련 주요 당면 과제는 다음과 같았다.

- 투명성 결여
- 오류에 취약한 경향
- 버전 제어 부재
- 훨씬 분산된 데이터

안토니오는 "기본적으로 전환 과정에서 어떤 작업을 해야 할지에 대해 아무것도 몰랐다. 또 우리의 제안을 설정하기 위해 실행하는 코드의 버전 관리나 엔지니어링 모범 사례도 없었다."라고 말했다.

그러나 콜리브리 게임즈는 2년 차에 천만 유로 이상의 연간 매출액을 달성했다. 다음 단계로 나아가기 위해서는 몇 가지 개선 사항에 투자해야 할 때였다.

9.4.3 2018년은 전문화와 중앙 집중화의 해

3년 차 스타트업이 된 콜리브리는 사무실을 베를린으로 옮겨서 더 많은 개발자와 디자이너를 채용했다. 그리고 5천만 다운로드라는 화려한 성과를 달성한 기념으로 안토니오를 고용했다.

다른 데이터 엔지니어링 조직과 마케팅 조직을 합쳐 전문 데이터 조직이 구체화되기 시작했다.

주요 목표는 다음과 같이 모든 정보를 수집하고 투명성을 제공하며 데이터를 심층적으로 분석할 수 있는 단일 툴을 만들어 데이터를 중앙 집중화하고 퍼포먼스 마케팅을 전문화하는 것이었다.

- 데이터 중앙 집중화를 위한 독점 솔루션에 투자
- 원시 데이터 수집
- 중앙 데이터 웨어하우스 구축
- 대시보드 구축

콜리브리는 2018년 데이터 아키텍처의 확장성과 유연성을 향상시키는 데 중요한 역할을 하는 데이터 엔지니어를 채용해 조직을 성장시켰다. 안토니오와 새로 입사한 데이터 엔지니어는 초기 기술 스택을 구축하는 작업을 수행했으며, 마케팅 분석가는 퍼포먼스 마케팅을 지원하기 위해 대시보드를 구축하는 작업에 집중했다(그림 9-5 참조).

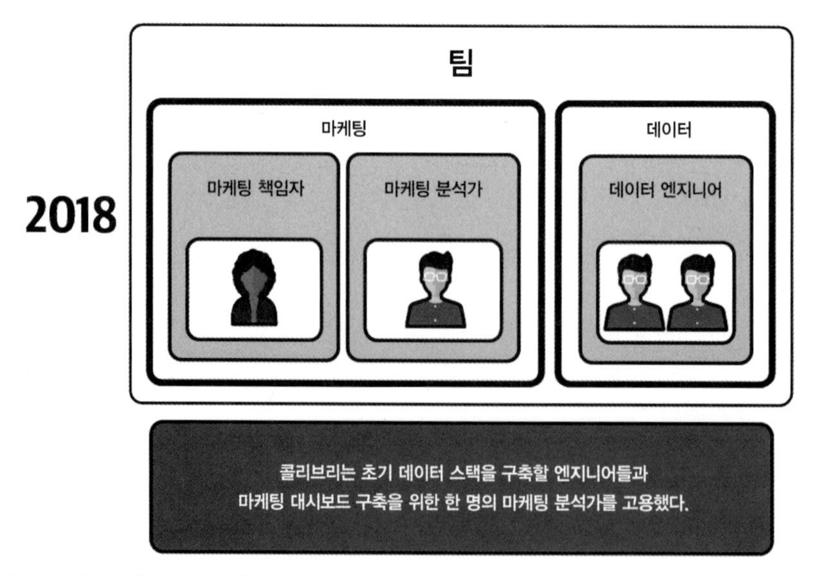

그림 9-5 2018년, 성장한 콜리브리 데이터 조직

안토니오와 그의 팀은 데이터 플랫폼의 첫 번째 단계를 구축하면서(그림 9-6 참조) 거의 모든 서비스에 애저를 사용했다. 그들은 게임에서 특정 이벤트나 동작에 대한 데이터 포인트를 생성하는 이벤트 원격 측정법을 구축하고, API의 데이터를 데이터 레이크에 통합하기 위한 배

치 작업을 설정했으며, 첫 번째 기술 전환을 수행했다. 즉, 파워 BI에서 루커로 이전하여 다른 레이어의 데이터 조작과 버전 제어와 같이 즉시 사용할 수 있도록 만들었다. 이 시점에서 데이터 플랫폼에는 다음과 같은 구성 요소가 포함됐다.

- 데이터 팩토리(애저)
- 이벤트 허브(애저)
- 스트림 분석(애저)
- 데이터 레이크 분석(애저)
- 파워 BI, 이후 루커
- SQL 데이터베이스

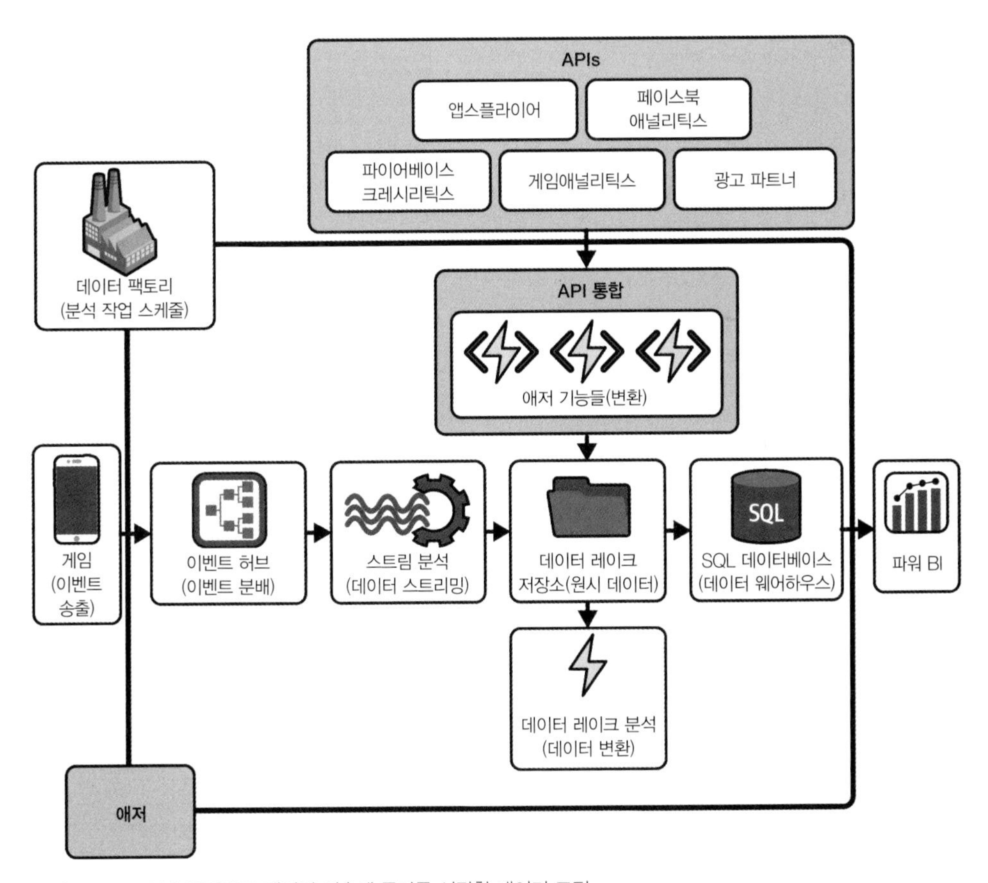

그림 9-6 2018년, 클라우드 데이터 기술에 투자를 시작한 데이터 조직

하지만 안토니오와 그의 조직은 여전히 스택의 전반적인 신뢰성을 포함하여 진정한 데이터 중심이 되기 위한 몇 가지 주요 장애물을 해결해야 했다.

> SQL 데이터베이스가 한계에 봉착했다. 데이터를 통합하는 작업은 대시보드가 실행 중이거나 분석가가 임시 쿼리를 수행하는 동시에 데이터를 작성하는 작업이었다. 그리고 기본적으로 전체 서비스가 매우 예측 불가능하고 느려지기 시작했다. 또한 우리가 하던 일 중 일부가 실패했으나 이에 대한 탐지나 모니터링이 부족하다는 사실을 깨달았다. 우리는 데이터 지향적인 조직이 되기를 원했기 때문에 마주한 문제들을 해결하기 시작했다.

9.4.4 데이터 지향성 도입

2019년에 들어서면서 콜리브리 게임즈는 성공적인 게임 출시, 브랜드 쇄신, 세계적인 인지도를 바탕으로 훨씬 더 큰 성장을 준비했다. 7월에는 다운로드 1억 건과 직원 100명이라는 두 가지 목표를 달성했다. 더 많은 사용자와 프로덕트에서 더 많은 원시 데이터가 발생했고, 안토니오와 데이터 조직은 데이터를 활용해 회사를 발전시킬 더 많은 방법이 있다는 사실을 깨달았다.

이 시점에서 회사의 목표는 플레이어들의 행동을 이해하여 게임 인사이트를 도출하고, 데이터 기반의 실험을 수행하며, 다음 방식을 통해 데이터 기술 스택을 성숙시키는 것이었다.

- 제안, 상점, 광고를 통해 회사가 얼마나 많은 수익을 올리고 있는지 보여주는 수익화 대시보드 구축
- 게임 플레이어가 게임과 상호작용하는 방식(예 플레이어의 게임 이탈 시점, 특정 기능과의 상호작용)을 이해하기 위한 진행 및 참여 대시보드 구축
- A/B 테스트 실행
- 웨어하우스의 성능과 데이터 파이프라인의 유지 보수 향상

안토니오는 방대한 양의 데이터를 유용하게 활용하기 위해 더 많은 인력이 필요했다(그림 9-7 참조). 그래서 게임 데이터 최고 책임자 1명과 비즈니스 인텔리전스 개발자 2명을 데이터 플랫폼 조직 구성원으로 채용했다. 데이터 엔지니어들은 비즈니스 인텔리전스 개발자들이 데이터 통합, 데이터 모델링, 데이터베이스 시각화 작업을 함께 할 수 있는 프레임워크를 구축하였다. 그와 함께 시스템 유지 보수, 새로운 툴 통합, 스트리밍 사용 사례 유지와 같은 인프라 관련 업무를 수행했다.

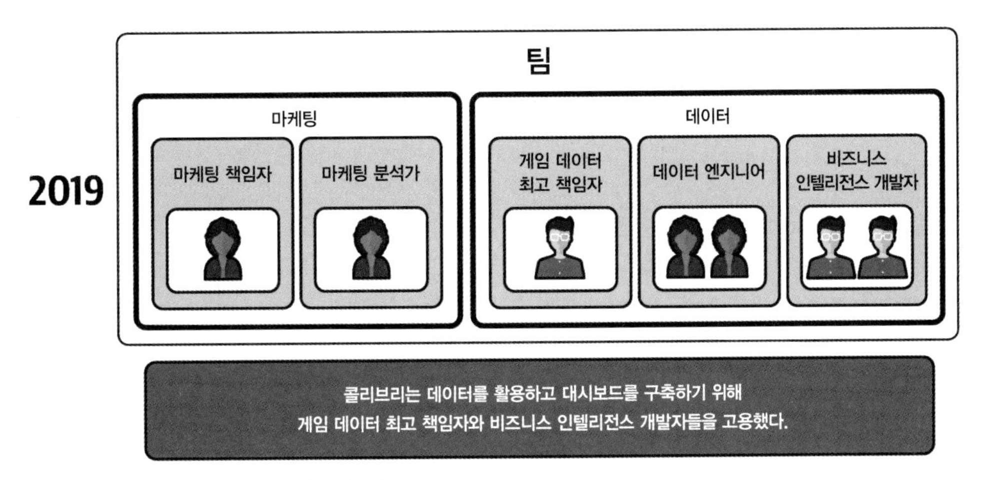

그림 9-7 2019년, 콜리브리 데이터 조직 구성

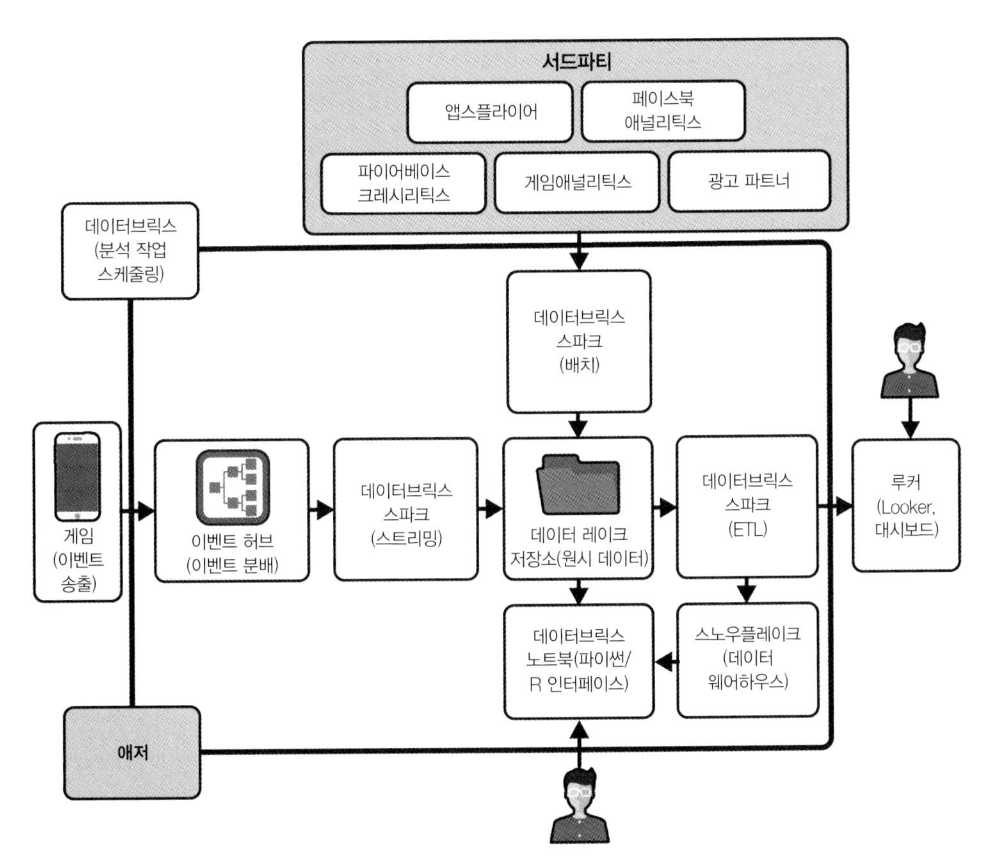

그림 9-8 2019년, 콜리브리 데이터 조직 아키텍처

데이터 팀이 성장할수록 더 많은 유연성과 더 쉬운 협업 방식이 필요했기 때문에, 안토니오는 일부 애저 서비스를 데이터브릭스로 대체했다(그림 9-8 참조). 이들은 스파크를 사용하여 데이터 레이크를 데이터 웨어하우스로 활용하려고 했지만, 플랫폼에서 일하는 사람들은 파이썬과 SQL을 선호했고, 스파크를 사용하는 동안 루커에서 기대했던 성과를 내지 못했다. 그래서 안토니오의 조직은 결국 SQL 데이터베이스를 스노우플레이크로 대체했고, 이는 모든 분석의 주요 연산 엔진이 되었다.

그러나 데이터 과학자 팀과 비즈니스 인텔리전스 팀의 요구 사항을 충족할 만큼 스택을 확장할 수 없었다. 여기에는 다음과 같은 주요 과제가 있었다.

- A/B 테스트는 구성하기 어려웠고 투명성이 부족했으며, 대시보드로 만들거나 달리 표현할 방법이 없었다.
- 데이터 기반 의사 결정이 게임에서는 나타나지 않았다.

안토니오는 "대부분의 결정은 여전히 직관과 커뮤니티의 피드백을 바탕으로 이루어졌다."라며 "우리는 더 많은 데이터를 지속적으로 생성했지만 데이터를 훨씬 더 잘 활용할 방법이 있다는 사실을 깨달았다. 그리고 이를 중심으로 더 많은 활용 사례를 구축할 수 있다는 사실도 인지하고 있었다."라고 덧붙였다.

9.4.5 데이터 중심성 도입

2020년 초, 프랑스의 게임 대기업 유비소프트[9]가 콜리브리를 인수했다. 안토니오 팀은 더 많은 리소스를 활용해 성장을 이어 갔고, 머신러닝 기능을 플랫폼에 접목했으며, 데이터 메시 아키텍처와 도메인별 데이터 소유권에 관해 영감을 얻었다. 더불어 데이터 중심의 문화를 구축하기 위해 데이터별 SLA[10]를 도입하고 데이터 셀프서브 접근성을 늘리는 데 초점을 맞췄다.

그해의 주요 이니셔티브는 데이터 조직 이외의 조직이 데이터 기반 의사 결정을 더 쉽게 내릴 수 있도록 만들어, 게임의 잠재력을 극대화하는 것이었다. 구체적으로는 다음 사항을 추적하는 데 도움을 주는 프로덕트 매니저를 채용하는 것이었다.

9 「유비소프트 웹페이지」, *https://oreil.ly/KPH3s*

10 「데이터 파이프라인에 SLA를 설정해야 하는 이유」, *https://oreil.ly/m43vX*

- 아이들 마이너 타이쿤 관련 의사 결정의 90%는 데이터로 뒷받침되어야 한다.
- 질문의 90%는 1시간 내에 인사이트를 도출해야 한다.
- 모든 변경 사항의 90%는 분석을 통해 검증해야 한다.

이를 위해 데이터 플랫폼 조직이 할 일은 다음과 같았다.

- 구현할 기능과 변경 사항에 관해 데이터 기반 의사 결정을 할 수 있도록 A/B 테스트 프로세스 개선
- 플레이어 세그먼트별 게임 환경 구축을 통한 개인화 개선
- 플레이어의 생애 가치에 대한 예측 분석과 그에 따른 게임 조정
- 데이터 분석가와 상의하지 않아도 데이터 관련 질문들에 답할 수 있도록 지원

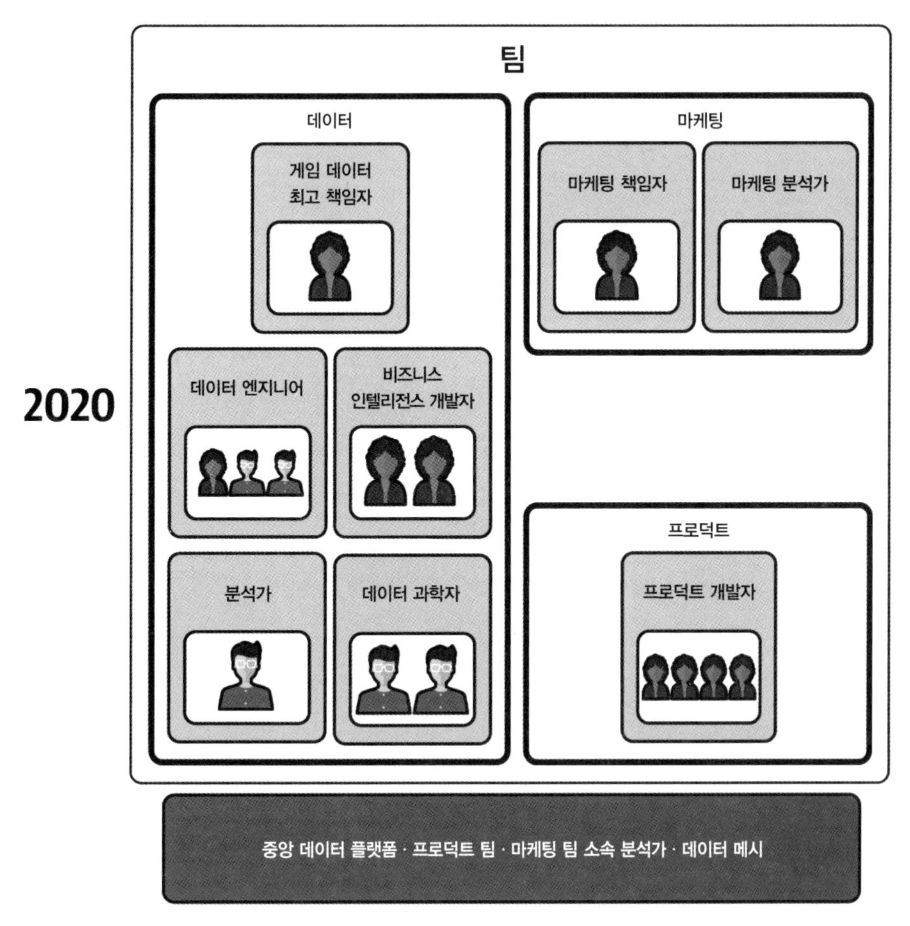

그림 9-9 2020년, 9명의 구성원으로 강화된 데이터 팀(2명의 데이터 과학자와 1명의 분석가 포함)

데이터 조직(그림 9-9 참조)이 도메인별 데이터 소유권에 초점을 맞추면서 프로덕트 팀은 직접 새로운 분석가를 채용했고, 프로덕트 매니저와 긴밀하게 협력하여 니즈를 파악했으며, 프로덕트에 실제로 필요한 사항을 반영하도록 우선순위를 조정해야 했다. 그래서 3번째 데이터 엔지니어와 2명의 데이터 과학자도 데이터 플랫폼 조직에 추가 채용했고, 그들은 머신러닝 알고리즘과 데이터 파이프라인 A/B 테스트 관련 업무에 집중했다.

회사가 더 이상 초기 단계가 아니었기 때문에 안토니오의 조직은 데이터를 더 빠르게 정제하고, 더 쉽게 변환할 필요가 있었다. 그래서 비즈니스 로직을 어디에 적용할지 잘 정의할 수 있는 스노우플레이크에 데이터 웨어하우스 아키텍처를 추가했다(그림 9-10 참조). 그들은 또한 ETL에서 ELT로 전환하여 스노우플레이크에서 직접 데이터를 정제·변환을 했다. 그리고 이를 데이터 변환 툴인 dbt와 결합해, 플랫폼에서 일하는 모든 사람에게 투명성과 가시성을 높이는 방향으로 협업했다.

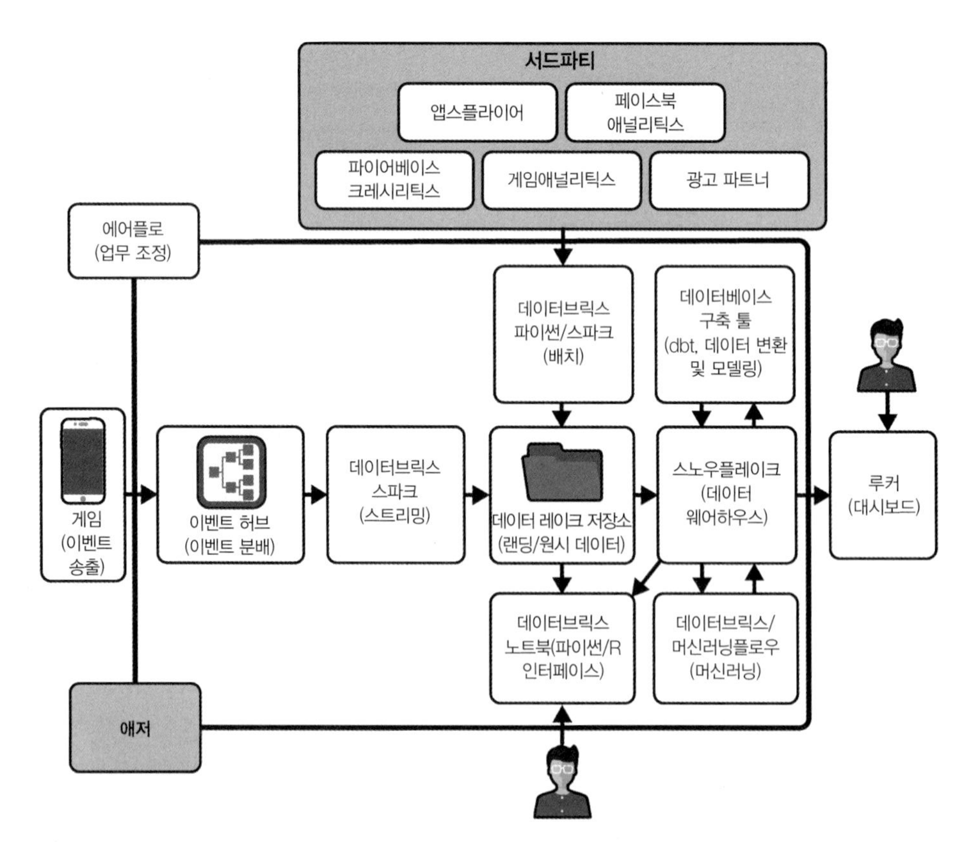

그림 9-10 2020년, 지속적으로 확장한 데이터 팀 아키텍처

데이터 엔지니어링 조직은 프로덕트 분석가들이 게임 개발 조직과 함께 새로운 데이터 이벤트의 설계 및 정의를 기본적으로 소유할 수 있도록 데이터 파이프라인을 추상화하는 데도 집중했다. 데이터 엔지니어가 수립한 가이드라인에 따르면, 데이터 엔지니어에게 요청하지 않고도 해당 데이터를 웨어하우스로 가져와 데이터를 모델링할 수 있게 됐다. 또한 안토니오의 조직은 데이터 통합, 모든 dbt(데이터 구축 툴) 모델, 데이터 검증을 위한 주요 조직화 방식으로 에어플로를 도입했다.

이러한 데이터 플랫폼 전환 단계에서 우선시할 몇 가지 주요 과제가 도출됐다.

- 데이터 신뢰성
- 소프트웨어 안정성
- 개인화 확장

안토니오는 다음과 같이 설명했다.

> 우리가 한 질문에 구성원들이 KPI를 파악하고 측정해야 했으므로, 그들이 더 많은 고민과 노력을 하도록 만드는 데 도움이 됐다. 이 훈련 자체가 더 많은 구성원이 데이터에 대해 생각하도록 만든다는 점에서 유익했다고 생각한다. 이제 훨씬 더 많은 데이터, 데이터와 관련된 더 많은 새로운 활용 사례, 그리고 많은 새로운 모델을 확보하게 됐다. 그러나 모든 것을 모니터링하고 올바른지 확인하는 일은 점점 더 어려워졌다.

9.4.6 데이터 메시 구축

2021년에 접어들면서 안토니오의 조직은 도메인별 데이터 소유권을 가진 데이터 메시 아키텍처를 달성하는 데 중요한 데이터 신뢰성 구축에 주력했다.

2021년 팀 목표는 데이터 메시 아키텍처의 구축, 개발 속도와 사건 완화 속도를 높이는 것뿐만 아니라 사건 수를 줄이고, 보다 발전된 분석을 통해 게임 플레이어를 위한 개인화 수준을 높이면서, 신뢰할 수 있는 데이터를 활용해 회사 확장을 돕는 것이었다. 안토니오의 조직은 다음과 같이 목표 달성 계획을 세웠다.

- 테스트 역량 증대
- 공통 배포 및 개발 프로세스 구축

- 더 많은 모니터링 및 경고 시행
- 고급 분석에 집중
- 데이터 모니터링 및 엔지니어링 모범 사례를 중심으로 데이터 플랫폼 기능 확장을 위한 협업
- 도메인 교차 기능 팀 구축

이후 안토니오의 데이터 조직은 데이터 메시 개념에 영감을 받았다. 그래서 비즈니스 인텔리전스 개발자가 새로운 데이터 소스를 통합하고 기존 데이터 소스를 유지할 때 도움이 되는 작업을 정의할 프로젝트 매니저를 채용했다. 이를 통해 프로덕트와 마케팅이 포함된 도메인 조직(그림 9-11 참조)을 확장할 계획이었다. 그의 중앙 데이터 플랫폼 조직은 솔루션 및 프레임워크 구축, 인프라 유지 보수, 고급 분석에 지속적으로 집중할 예정이다.

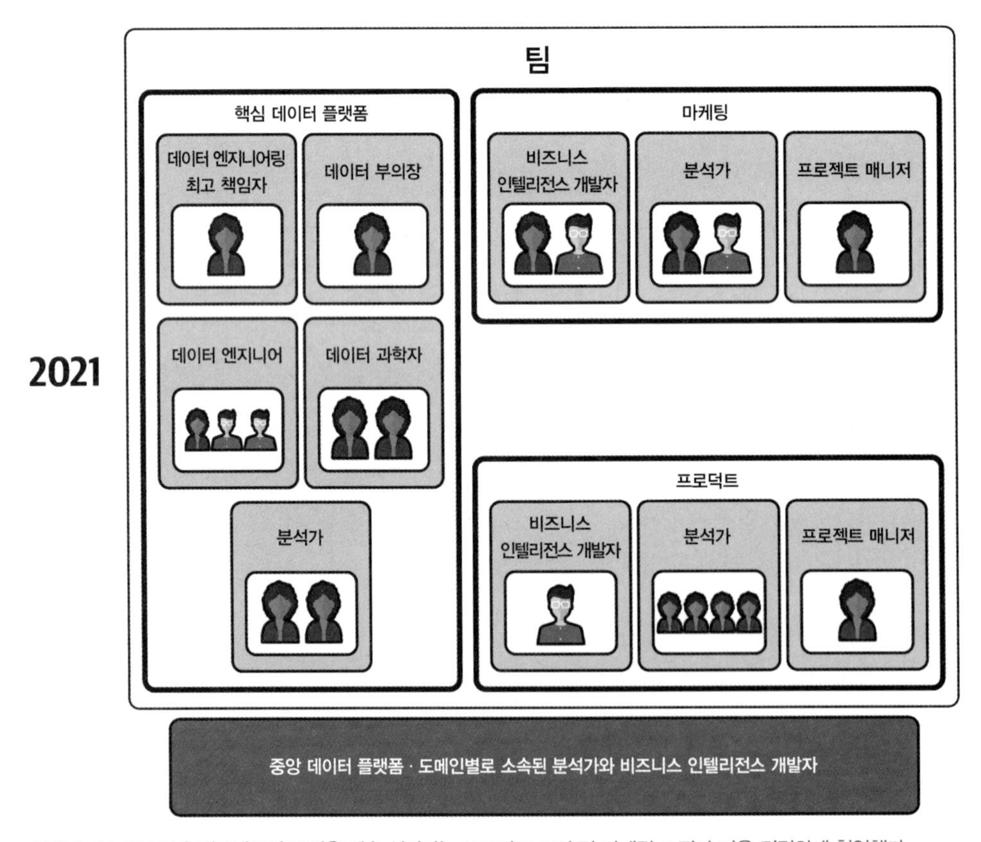

그림 9-11 2021년, 안토니오의 조직은 계속 성장하는 프로덕트 조직 및 마케팅 조직과 더욱 긴밀하게 협업했다.

2021년 데이터 조직은 데이터 플랫폼 팀, 마케팅 팀, 프로덕트 팀이 모두 동일한 병합 요청을 따르고 생산 프로세스로 배포할 수 있도록 개발 및 배포 프로세스(그림 9-12 참조)를 중앙 집중화하는 데 매진했다. 콜리브리의 데이터 기술 스택은 메타데이터 계층의 이점을 활용하여 보다 풍부한 변환을 만들고 데이터 품질의 가시성을 높이기 위해 dbt와 데이터 옵저버빌리티에 투자했다.

마지막으로 데이터 품질 문제를 해결하기 위해 데이터 웨어하우스의 전체 데이터 자산을 포괄하는 모니터링 솔루션에 투자하기로 결정했다. 해당 솔루션은 데이터의 엔드 투 엔드 계보를 파악하여 문제 해결 속도를 높일 수 있는 추가 기능을 제공한다.

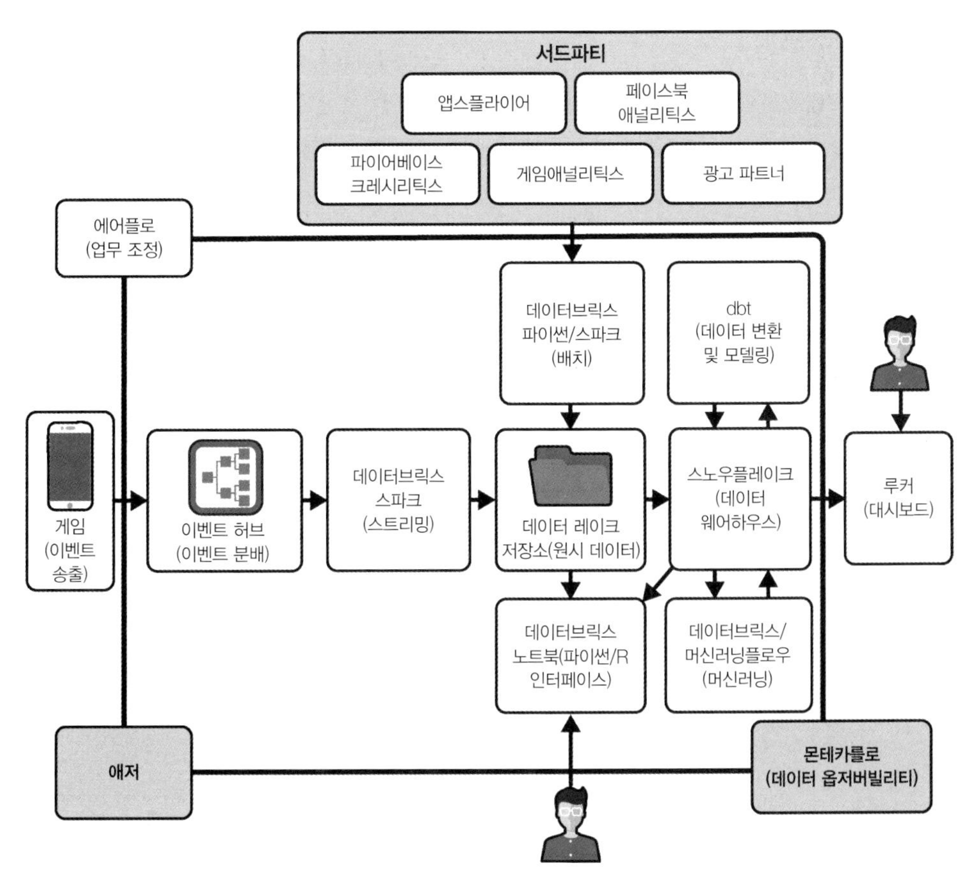

그림 9-12 콜리브리의 데이터 기술 스택은 2021년에도 지속적으로 성장했다.

9.4.7 5년간의 데이터 진화 과정에서 얻은 다섯 가지 교훈

데이터 중심 기업을 구축하는 과정은 단거리 경주가 아닌 마라톤이다.

앞의 사례에서 데이터 메시를 실행하고 엔드 투 엔드 데이터 신뢰성을 달성한 작업이 안토니오에게는 결정적인 순간이었다. 진화의 각 단계에서 성공을 위한 데이터 조직(형태나 규모에 관계없이)을 구성할 때 고려해야 할 내용은 다음과 같다.

- 자체적인 데이터 스택을 구축하면, 이러한 모든 기능을 제공하고 프로덕트 개발이나 팀 작업을 데이터 중심으로 수행할 수 있기 때문에 성과를 거둘 수 있다.
- 데이터 플랫폼에 대한 반복적인 경험을 해왔기 때문에 언제 기술을 변경해야 할지, 적절한 데이터의 양은 어느 정도인지, 어떤 프로세스를 실행해야 할지를 선택하고 이해할 수 있어야 한다.
- 데이터에 대한 신뢰를 확립하려면 보다 높은 수준의 옵저버빌리티를 갖추는 것이 매우 중요하다. 문제가 발생했을 때 이를 이해하고 쉽게 나타낼 수 있어야 한다.
- 보다 심화된 방식으로 데이터를 활용하기 전에 기초부터 제대로 확립하는 것이 중요하다. 우리의 경우에는 데이터를 더 많이 활용하기 위해 분석가를 좀 더 일찍 고용했어야 했다.
- 데이터 중심의 문화를 구축하는 것은 매우 중요하며, 때로는 적절한 기술 스택을 구축하는 것보다 훨씬 더 중요하다.

더 많은 조직이 데이터 메시와 분산 아키텍처를 채택하면서 혁신, 효율성, 확장성 기회가 그 어느 때보다 커졌다. 그런 만큼 데이터 메시를 구현하고 분산된 데이터 팀을 구축할 때 기술과 프로세스가 리드해 주는 영역을 정하는 일이 중요하다. 데이터 중심 기조는 결국 언제나 문화에서 시작되고 문화에서 끝난다. 이제 이 모든 데이터를 사용하여 비즈니스를 향상시키는 방법에 대해 살펴보자.

9.5 비즈니스에 메타데이터 활용

지난 10년 동안 데이터 조직은 대량의 데이터를 수집하는 일에 점점 능숙해졌다. 디지털 혁신과 보다 지능적인 의사 결정을 주도할 수 있는 잠재력이 있지만 기업들이 이해하지 못하거나 사용할 수 없는 데이터[11]도 쏟아지고 있다. 한편, 데이터 중심을 갈망하는 조직은 나무만 보고

11 「데이터의 홍수: 좋은 것이 너무 많으면 결국 좋지 않게 된다」, *https://oreil.ly/KLoyW*

숲은 보지 못한다. 명확한 적용 사례나 사용 사례가 없는 데이터는 데이터베이스의 파일이나 스프레드시트의 열에 불과하다.

최근 몇 년 동안 우리는 데이터가 급부상하는 모습을 목격했다. 이제 기업들은 데이터에 대한 데이터, 즉 메타데이터를 점점 더 많이 수집한다. 이는 업계의 큰 성과다. 클라우드 공급자가 스택의 데이터 솔루션 간에 메타데이터의 상호운용성을 더욱 매끄럽게 해주는 동안 dbt와 같은 ETL 솔루션은 메타데이터를 쉽게 추적하고 사용할 수 있게 해준다.

하지만 메타데이터에 대한 의존도가 높아지면서 실수를 반복하지 않는 것이 중요해졌다. 맥락 없는 데이터는 숫자 뭉치에 불과하듯, 메타데이터는 그 자체로는 쓸모가 없고 다른 정보에 대한 추가적인 정보일 뿐이다. 원하는 대로 수집할 수 있지만 실제 사용 사례가 없으면 메타데이터는 대부분 의미가 없다.

데이터 파이프라인의 업스트림과 다운스트림 종속성 간의 관계를 추적하는 메타데이터 유형인 계보를 예로 들 수 있다. 인상적이지만 맥락 없는 계보는 그저 임원들 앞에서 시연하기 좋은 눈요기일 뿐이고, 솔직히 그 이상은 아니다. 계보의 가치는 단순히 계보를 만드는 행위에서 오는 것이 아니라(그림 9-13 참조), 특정 활용 사례 또는 비즈니스에 실제로 적용하는 행위에서 얻을 수 있다.

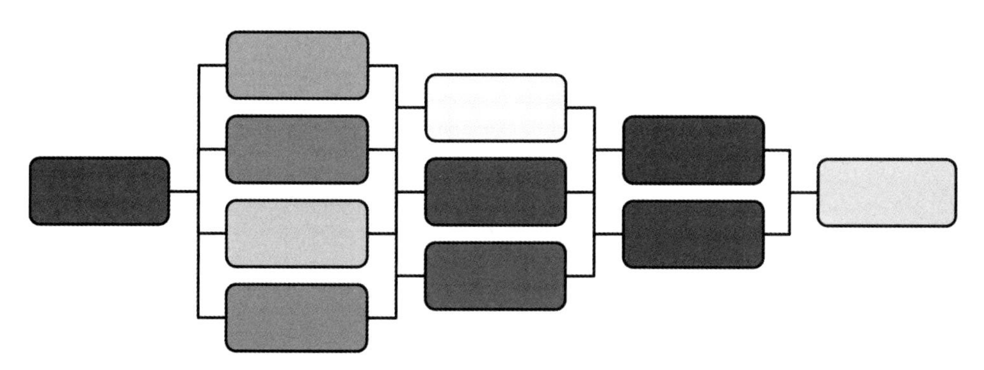

그림 9-13 맥락 없는 계보는 단지 눈요기일 뿐이다.

계보가 실제로 유용하게 사용될 부분은 어디일까? 화려한 시연이나 파워포인트 프레젠테이션에서 멋지게 보이는 것 외에도 데이터 계보는 다음을 이해하는 강력한 툴이 된다.

사용자에게 영향을 미칠 데이터 변경 사항을 이해하고 해당 활용 사례를 개선하기 위한 최선의 방침을 결정하는 방법

예를 들어 특정 필드를 변경한다고 가정해 보자. 계보가 없다면 여러분은 다운스트림에 영향을 미치지 않기를 바라며 무작정 변화를 시도할 가능성이 높다. 그리고 그저 "다운스트림 사용자들은 이 변화에 놀라지 않기를 바랍니다!"라고 희망하면 끝이다. 하지만 이는 바람직하지 않다.

필드 레벨과 테이블 레벨의 계보를 사용하면 특정 테이블, 보고서 그리고 이 점이 가장 중요한데 해당 자산을 사용하는 사용자가 변경의 영향을 받는지 알 수 있다.

데이터 자산이 손상되었을 때 문제의 근본 원인을 해결하는 방법

당장 다음날 아침 임원들 앞에서 발표해야 하는데 관련 대시보드가 고장 나 한밤중에 호출을 당했다고 상상해 보자. 이때 업스트림에서 무엇이 고장 나 태블로 그래프를 완전히 못 쓰게 됐는지 빨리 알아차려야 한다.

이 문제의 근본 원인은 정확히 무엇일까? 데이터 웨어하우스에 있는 100,000개의 테이블 중 수정해야 할 테이블은 무엇일까? 계보를 통해 데이터 다운타임의 원인이 되는 업스트림 자산을 즉시 확인하고 근본 원인을 정확히 파악할 수 있다.

손상된 데이터의 영향에 관해 사용자와 소통하는 방법

마지막으로 ETL 작업을 완료했는데 해당 컬럼 데이터의 80%가 결측치NULL인 데이터 중단 상황을 가정해 보자(실제로 흔한 상황임). 이 소리 없는 장애가 데이터 사용자에게 어떤 영향을 미치는지 강조할 필요가 있다.

누가 영향을 받고 알림을 받아야 할지 어떻게 알 수 있을까? 여러분이 문제를 해결하는 동안, 계보는 무엇이 어디서 발생했는지 이해관계자들이 지속적으로 알 수 있는 쉽고 빠른 소통 방법을 제공한다.

궁극적으로 계보와 메타데이터는 데이터 팀과 기업 전반에 걸쳐 매우 유용할 수 있지만, 이는 비즈니스에 직접 적용되는 경우에만 가능하다.

결국 메타데이터(계보를 포함하지만 이에 국한되지 않음)는 데이터에 대해 기본적으로 "누가, 언제, 어디서, 무엇을, 왜" 이상의 대답을 해야 한다(그림 9-14 참조). 메타데이터는 여러분의 (내부 또는 외부) 고객이 건넨 다음과 같은 고객의 고충 사항과 사용 사례, 관련된 질문에 대해 최신의 정확한 답변을 제공할 수 있어야 한다.

- 이 데이터가 중요한가?
- 이 데이터는 무엇을 나타내는가?
- 이 데이터가 이해관계자에게 중요하고 관련이 있는가?
- 이 데이터를 안전하고 규정을 준수하는 방식으로 사용할 수 있는가?
- 이 질문에 대한 답은 어디서 나오는가?
- 이 자산을 변경할 때 누가 영향을 받는가?
- 이 데이터를 신뢰할 수 있는가?

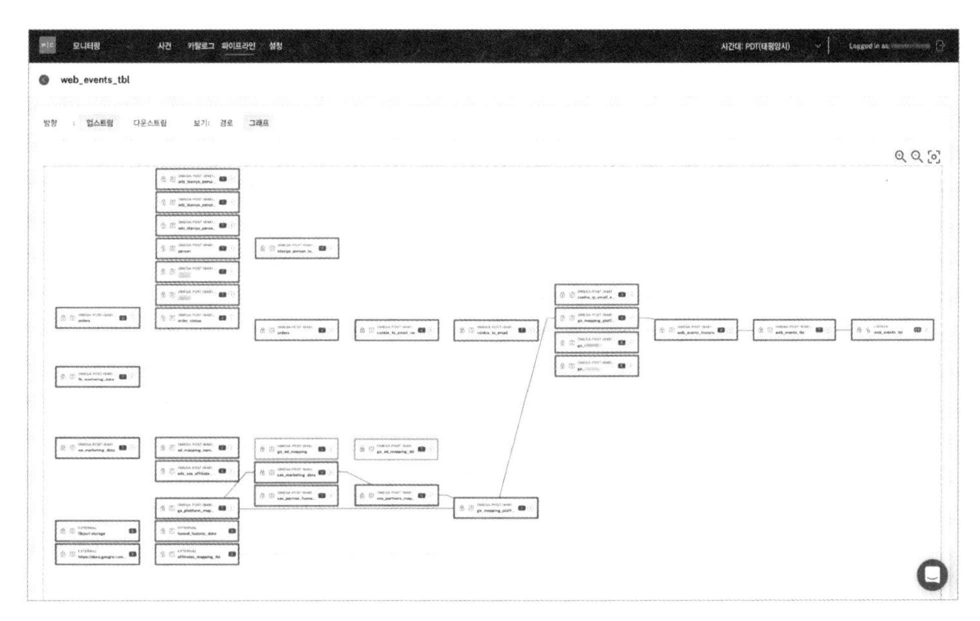

그림 9-14 전체적으로 그리고 비즈니스 적용의 맥락에서 볼 때, 메타데이터는 회사 전체에 승수 효과를 줄 수 있는 잠재력이 있다.

다수의 데이터 조직은 모델링 및 파이프라인 변환 툴, 데이터 카탈로그, 문서, 계보에 연결되는 API를 비롯한 다양한 솔루션을 통해 이러한 질문에 답을 하려고 노력한다. 이 네 가지 모두 데이터에 대한 풍부한 인사이트를 제공하지만 한 가지 핵심적인 요소가 빠져 있다. 바로 데이터를 비즈니스에 적용하는 것이다. 활용 사례가 없는 메타데이터는 흥미롭고 인상적일 수 있지만 딱히 유용하지는 않다.

메타데이터의 진정한 힘은 이를 어디서, 언제, 어떻게 사용하는지에 달려 있다. 특히, 해결하려는 문제에 구체적이고 시기적절하게 적용할 때 힘이 발휘된다. 메타데이터를 수집하고 관련 솔루션을 구축하는 것 외에도 데이터 조직은 다음과 같이 자문해야 한다.

- 이 메타데이터는 어떤 목적으로 사용되는가?
- 고객 고충 사항을 해결하기 위해 어떻게 적용해야 하는가?

9.6절에서는 비즈니스 가치를 염두에 두고, 메타데이터를 이해한 후 활용하는 새로운 접근 방식에 대해 살펴본다.

9.6 데이터 검색에서 얻는 메타데이터의 가치

지난 몇 년 동안 클라우드 데이터 웨어하우스와 데이터 레이크는 현대 데이터 스택의 필수 요소가 됐다. 그러나 데이터 액세스와 분석을 지원하는 기술은 성숙된 반면, 분산 환경에서 데이터를 이해하는 메커니즘은 상대적으로 여전히 뒤쳐졌다.

이 절에서는 데이터 카탈로그의 부족한 부분과 데이터 검색 툴(또는 연합 카탈로그)이 어떻게 데이터 늪이 되지 않도록 돕는지 확인할 수 있다. 카탈로그를 구축하고 사용하는 기술적인 방법과 지침을 살펴보려면 2장을 다시 확인하자.

9.6.1 데이터 웨어하우스와 데이터 레이크 고려 사항

데이터 플랫폼을 구축할 때 데이터 조직이 내려야 할 첫 번째 결정 사항 중 하나("왜 우리가 이 플랫폼을 구축해야 하는가?"에 이은 결정 사항)는 저장소를 작동시키고 분석 컴퓨팅을 할 데이터 웨어하우스 또는 데이터 레이크를 선택할지 여부다.

데이터 웨어하우스는 데이터 조직이 데이터를 효율적으로 운영할 수 있는 구조를 제공하지만 (즉, 분석적 인사이트 학습과 기계 학습 기능 지원) 이러한 구조는 특정 애플리케이션에서는 유연하지 않고 비용이 많이 들 수 있다. 한편, 데이터 레이크는 광범위한 사용 사례를 지원하기 위해 무한히 유연하게 맞춤형으로 사용할 수 있지만 이 같은 뛰어난 민첩성으로 인해 데이터 구성 및 거버넌스와 관련된 문제가 다수 발생한다.

결과적으로 데이터 레이크 또는 데이터 레이크하우스[12]로 전환하는 데이터 팀은 종종 다음과 같은 데이터에 대한 중요한 질문에 답하기 위해 고군분투한다.

- 내 데이터는 어디에 저장되는가?
- 누가 접근할 수 있는가?
- 이 데이터는 어떻게 사용할 수 있는가?
- 이 데이터는 최신인가?
- 이 데이터는 비즈니스에서 어떻게 사용되고 있는가?

데이터 운영이 고도화되고 데이터 파이프라인이 점점 복잡해지면서 기존 데이터 카탈로그는 이 질문들에 답하기 위한 데이터 검색 툴로서 기대하는 수준에 미치지 못할 때가 많다. 이제 최고의 데이터 엔지니어링 팀 중 일부가 데이터 카탈로그 구축에 대한 접근 방식을 재고하는 이유와 데이터 레이크 대신 필요한 데이터 검색 툴의 유형에 대해 설명하고자 한다.

9.6.2 데이터 레이크 또는 데이터 메시에 매몰될 수 있는 데이터 카탈로그

데이터 카탈로그는 메타데이터의 인벤토리 역할을 하며, 데이터 상태, 접근 가능성, 위치에 대한 정보를 제공한다. 또한 데이터 카탈로그는 데이터 팀이 데이터를 어디서 찾아야 하는지, 데이터가 무엇을 나타내는지, 데이터를 어떻게 사용할 수 있는지 답할 수 있도록 도와준다. 하지만 데이터가 어떻게 구성되어 있는지 모른다면, 우리가 세운 최선의 계획(또는 파이프라인)은 모두 헛수고가 될 것이다.

기업들이 데이터 레이크를 받아들이면서 웨어하우스에 데이터를 저장하는 데 따른 암묵적인 포함된 구조와 질서를 지키지 않고 있다. 데이터 웨어하우스는 엔지니어링 팀이 데이터를 구조화하거나 최소한 반구조화하도록 강제하므로, 비즈니스 사용자의 요구에 따라 쉽게 카탈로그를 만들고 검색할 수 있다.

12 「데이터 레이크하우스란 무엇인가」, *https://oreil.ly/KvCRz*

전통적으로 많은 기업이 데이터 자산의 발전에 따라 카탈로그 정보를 수동으로 입력하고 업데이트하는 데이터 팀에 의존하였기 때문에, 데이터 품질과 데이터 거버넌스 표준을 적용하기 위해 데이터 카탈로그를 사용했다. 하지만 데이터 레이크에서는 데이터가 분산되므로 라이프사이클에서 데이터가 진화하는 동안 이를 문서화하기가 어려워진다.

비정형 데이터는 체계화되어 있지 않기 때문에 데이터 카탈로그로 관리하기가 어렵다는 문제와 오픈 소스나 다른 기술들을 활용해야 한다는 불편함이 발생한다. 이는 데이터 웨어하우스에서 큐레이팅된 구조화 또는 반구조화된 데이터에 적용할 수 있지만, 분산 데이터 레이크의 맥락에서 데이터가 진화함에 따라 수동으로 거버넌스를 적용하려면 자동화 툴을 사용해야 한다. 이는 확장성을 보장하기 위함이다.

마찬가지로, 기존 카탈로그에 저장된 데이터는 데이터 메시와 같은 분산 데이터 아키텍처의 요구 사항을 충족하기 위해 확장하거나 진화하는 데 어려움이 있다. 데이터 메시는 분석 데이터가 모든 도메인에 걸쳐 연합 거버넌스 및 검색의 보편적 계층을 통해 분산 환경에서 처리되고 변환된다고 가정한다. 데이터 카탈로그의 수동적인 특성상 일반적으로 새로운 정보를 업데이트하고 조정하기 어렵고, 이로 인해 라이프사이클의 특정 단계에서 데이터의 현재 상태를 이해하기가 어렵다.

9.6.3 기존 데이터 카탈로그에서 최신 데이터 검색으로의 전환

서로 다른 데이터 자산 간의 관계를 이해하는 것은 중요하지만 시간이 지남에 따라 데이터 자산이 진화하면서 기존 데이터 카탈로그의 차원이 부족한 경우가 많다. 데이터 레이크를 포함한 현대의 데이터 아키텍처는 대부분 분산되어 있는데, 데이터 카탈로그는 보통 그렇지 않고 데이터를 1차원 엔터티처럼 취급한다. 비정형 데이터에는 대부분의 데이터 카탈로그가 작업을 수행하는 데 사용하는 사전 정의된 모델이 없으며, 사용하려면 여러 변환 과정을 거쳐야 한다.

그러나 기업에서는 데이터가 데이터 웨어하우스가 아닌 데이터 레이크에 저장된 경우에도 어디에 저장되어 있는지, 누가 접근할 수 있는지, 전반적 상태가 어떠한지 파악할 수 있어야 한다. 데이터 검색 툴을 통해 데이터 계보를 파악할 수 없다면 데이터 문제가 발생할 경우 팀은 계속해서 장애와 문제 해결에 귀중한 시간을 할애해야 할 것이다.

기존 데이터 카탈로그는 흔히 웨어하우스의 구조화된 데이터 요구를 충족시킬 수 있지만, 데이터 엔지니어가 데이터 레이크의 복잡한 영역을 탐색하는 것은 어떨까? 많은 데이터 카탈로그가 UI에 초점을 맞춘 워크플로를 가지고 있지만 데이터 엔지니어에게는 프로그래밍 방식으로 카탈로그와 상호작용할 수 있는 유연성이 필요하다. 이들 엔지니어는 스키마와 메타데이터를 관리하기 위해 카탈로그를 사용해야 하며, 광범위한 데이터 관리 작업을 수행하기 위해 API 중심의 접근 방식을 따라야 한다.

또한 데이터는 여러 진입 지점을 통해 데이터 레이크에 들어갈 수 있으므로 엔지니어에게는 각 진입 지점에 적용하고 설명할 수 있는 카탈로그가 필요하다. 또한 데이터가 유입되기 전에 정제 및 처리되는 데이터 웨어하우스와 달리, 데이터 레이크는 엔드 투 엔드 상태를 가정하지 않고 원시 데이터를 가져온다.

데이터 레이크 내에서 데이터 저장 작업은 저렴하고 유연하게 진행할 수 있지만, 데이터가 무엇인지, 데이터가 어떻게 사용되고 있는지 파악하기는 매우 어렵다. 데이터는 JSON 또는 파케이와 같이 다양한 방식으로 저장될 수 있으며, 데이터 엔지니어는 수행할 작업에 따라 데이터와 다르게 상호작용한다. 이들은 집계 작업에 스파크를 사용하거나 리포팅 또는 임시 쿼리에 프레스토Presto를 사용할 수 있다. 즉, 손상되거나 잘못된 데이터로 인해 장애가 발생할 가능성이 높다. 데이터 검색 툴과 데이터 계보가 없으면 데이터 레이크 내의 이러한 장애는 골치 아프고 진단하기도 어려울 수 있다.

데이터 레이크 안에서 데이터는 다양한 방식으로 상호작용할 수 있으며, 카탈로그는 무엇이 사용되고 무엇이 사용되지 않았는지에 대한 이해를 제공할 수 있어야 한다. 기존 카탈로그가 부족할 경우 데이터 검색 툴을 앞으로의 경로로 활용할 수 있다.

데이터 검색, 즉 연합 데이터 카탈로그는 데가니의 데이터 메시 모델이 제안한 분산 도메인 지향 아키텍처에 뿌리를 둔 새로운 접근 방식이다. 이 프레임워크에 따르면, 도메인별 데이터 소유자는 프로덕트형 데이터에 대한 책임과 도메인 간에 분산된 데이터 간 소통을 용이하게 할 책임이 있다. 최신 데이터 검색 툴은 다음 작업을 수행하여 기존 데이터 카탈로그의 부족한 부분을 보완한다.

데이터 레이크 전반에 걸쳐 확장이 가능하게 하는 자동화

데이터 검색 툴은 머신러닝을 사용하여 테이블 수준과 필드 수준의 계통 추적을 자동화하고, 업스트림과 다운스트림 종속성을 매핑한다. 데이터가 진화함에 따라, 데이터 검색 툴을 사용하면 데이터에 대한 이해와 데이터 사용 방식 또한 진화할 수 있다.

데이터 상태에 대한 실시간 가시성 제공

기존 데이터 카탈로그와 달리, 데이터 검색 툴은 '카탈로그화'되거나 이상적인 상태가 아닌 데이터의 현재 상태에 대한 실시간 가시성을 제공한다. 검색에는 데이터가 소비자에 의해 수집·저장·집계·사용되는 방식이 포함되기 때문에 어떤 데이터셋이 오래되고 중요도가 떨어져 사용되지 않을지, 특정 데이터셋이 프로덕트 수준의 품질인지 여부를 비롯해 주어진 테이블의 마지막 업데이트 시점 등의 인사이트를 얻을 수 있다.

데이터가 비즈니스에 미치는 영향을 이해하기 위한 데이터 계보 활용

데이터 검색 툴은 유연성과 역동성 덕분에 데이터 계보를 데이터 레이크로 가져와 적절한 시기에 적합한 정보를 제공하고, 가능한 많은 입력과 출력 흐름 간의 연결을 끌어내는 데 이상적인 툴이다. 데이터 계보를 사용하면 스키마 변경과 같은 자주 발견되지 않는 문제가 탐지되고 관련 종속성이 매핑되므로, 데이터 파이프라인이 손상됐을 때 문제를 보다 신속하게 해결할 수 있다.

도메인 전반에 걸친 자체 검색 기능 강화

데이터 검색 툴은 자체 서비스를 지원하므로 전담 지원 팀 없이도 데이터를 쉽게 활용하고 이해할 수 있다. 이 데이터를 신뢰할 수 있도록, 팀은 머신러닝과 사용자 지정 규칙을 사용하여 데이터 레이크 또는 다운스트림 파이프라인에서 문제가 발생할 때 실시간 경고 및 모니터링을 제공하는 데이터 옵저버빌리티에 투자해야 한다.

데이터 레이크 전반에 걸친 거버넌스와 최적화 보장

최신 데이터 검색 툴을 사용하면 기업은 라이프사이클 전체에 걸쳐 어떤 데이터가 사용·소비·저장·폐기되는지 뿐만 아니라, 데이터 거버넌스에 중요하며 데이터 레이크 전체에 걸쳐 최적화에 사용할 수 있는 인사이트를 제공하는 방법도 파악할 수 있다.

거버넌스의 관점에서 보면, 데이터 레이크에서 데이터를 쿼리하고 처리하는 작업은 다양한 툴과 기술(이를 위한 스파크 온 데이터브릭스, 프레스토 온 EMR 등)을 사용하여 발생하는 경우가 많으며, 결과적으로 (저장소에서 제공하는 것처럼) 읽기와 쓰기를 위한 신뢰할 만한 단일 출처가 없는 경우가 흔하다. 이때 적절한 데이터 검색 툴이 진실 공급원이 될 수 있다. 또한 최적화 관점에서 데이터 검색 툴을 사용하면 이해관계자가 가장 중요한 데이터 자산(지속적으로 쿼리되는 자산)과 사용되지 않는 자산을 쉽게 식별할 수 있으며, 두 가지 모두 파이프라인을 최적화하는 인사이트를 제공할 수 있다.

최근에는 기업들이 데이터 수집·저장·활용을 지속적으로 늘리고 있기 때문에, 앞으로 투명성과 검색 가능성을 높이는 기술이 핵심이 될 것이다. 점점 더 많은 최고의 카탈로그가 분산된 도메인별 검색으로 계층화되어 조직이 라이프사이클의 모든 단계에서 데이터를 완벽하게 신뢰하고 활용하는 데 필요한 가시성을 제공하고 있다. 개인적으로는 기업들이 데이터 검색 툴을 적극 도입하는 것이 더할 나위 없이 기쁘다. 이처럼 적절한 접근 방식으로 '데이터 늪'이라는 말장난에서 벗어나 제대로 일할 수 있게 되리라 기대한다.

하지만 데이터를 신뢰할 수 없다면 데이터가 얼마나 '검색 가능한지'는 중요하지 않다. 데이터 플랫폼을 구축할 때 데이터 품질이 가장 중요하지는 않지만(결국 데이터를 수집·저장·처리할 수 있어야 함), 불필요하고 불편한 데이터 다운타임을 방지하기 위해 우선순위를 끌어올릴 수 있다.

9.7절에서는 데이터 품질의 우선순위를 정하는 타당한 시기에 대해 생각해 보고, 데이터 검색 툴 및 데이터 메시 아키텍처와 같은 최신 데이터 기술과 방법론이 데이터 품질 이니셔티브를 통해 어떻게 더 성공적으로 운영되는지 설명한다.

9.7 데이터 품질 관리 시기 결정

조직이 대규모로 더 높은 데이터 품질을 달성하기 위해 적용해야 하는 기술, 프로세스, 매트릭스에 대해 잘 알게 되었다. 또한 데이터 조직이 이 세 가지를 모두 적용하여 훌륭한 결과를 달성한 폭스, 토스트, 블링키스트와 같은 선도적인 기업의 데이터 신뢰성 성공 사례도 살펴봤다. 하지만 데이터 품질을 관리할 시기에 대해서는 아직 언급하지 않았다. 실제로 데이터 리더에게 가장 자주 받는 질문 중 하나가 "언제 데이터 품질에 투자하는 것이 합리적인가?"다.

사실 데이터 플랫폼을 구축할 때 가장 먼저 생각하는 것은 "이 데이터를 신뢰할 수 있는가?"가 아닐 수도 있다. 오히려 도입을 촉진하고 시스템을 가동하는 데 더 관심이 있을 것이다. 그래서 언제 데이터 품질에 투자해야 하느냐고 묻는다면, 현실적으로 "상황에 따라 다르다."라고 답한다. 현실적으로 데이터 플랫폼을 구축할 때는 여러 단계를 거치며, 데이터 조직은 수십 개의 경쟁적인 우선순위를 조정해야 한다. 일례로 사내 데이터베이스에 몇 개의 대시보드가 연결되어 있는 회사에서는 데이터 옵저버빌리티가 의미 없을 수 있다.

반면, 데이터 플랫폼 개발 관련 투자를 늘려 온 많은 조직이 데이터 채택과 신뢰도 측면에서는 그에 상응해 발전하지 못했다. 회사에서 데이터를 사용하지 않거나 신뢰하지 않는다면, 데이터 플랫폼 장악을 위한 최선의 계획은 헛된 꿈일 뿐이다. 그래서 이제 데이터 품질에 투자할 때가 됐다는 것을 나타내는 일곱 가지 주요 지표에 관해 간략히 설명하고자 한다.

9.7.1 최근 클라우드 마이그레이션 완료

조직이 마이그레이션을 데이터 레이크로 하든, 클라우드 플랫폼(예 아마존 레드시프트에서 스노우플레이크로 마이그레이션) 사이에 하든, 데이터 팀이 할 일 중 가장 중요시해야 할 것은 데이터 품질 유지다.

다음 세 가지 이유 중 하나 때문에 마이그레이션할 가능성이 높다.

- 현재 데이터 플랫폼은 구식이므로 데이터 신뢰성이 낮고 아무도 데이터를 신뢰하지 않는다.
- 현재 플랫폼은 수많은 수작업 없이는 비즈니스와 함께 확장될 수 없거나 복잡한 데이터 요구 사항을 지원할 수 없다.
- 현재 사용 중인 플랫폼의 운영비가 많이 들기 때문에 제대로 유지 관리하는 비용보다 새 플랫폼이 더 저렴하다.

이런 이유들 때문에 마이그레이션을 할 때, 속도를 유지하면서 데이터 플랫폼에 대한 신뢰를 심어주는 것이 중요하다. 데이터 파이프라인을 구축하는 데 더 많은 시간을 쓰고, 문제가 발생하지 않도록 테스트를 기록하는 데는 더 적은 시간을 할애해야 한다.

오토트레이더 UK AutoTrader UK는 클라우드 데이터베이스 마이그레이션[13]의 초기 단계에서 데이터 옵저버빌리티에 대한 투자가 중요한 구성 요소였다. 오토트레이더 UK의 수석 개발자인 애

13 「데이터 신뢰 확장: 오토트레이더 UK가 몬테카를로와 함께 탈중앙화 데이터 플랫폼으로 마이그레이션한 방법」, *https://oreil.ly/dEP6n*

드워드 켄트Edward Kent는 "신뢰할 수 있는 사내 시스템을 클라우드로 마이그레이션하고 있기 때문에, 구형 시스템 사용자는 클라우드 기반의 새로운 기술이 과거에 사용했던 구형 시스템만큼 믿을 만하다고 믿어야만 한다."라고 말했다.

9.7.2 더 많은 데이터 소스·테이블·복잡성 기반의 데이터 스택 확장

데이터 프로덕트의 규모는 데이터 품질에 투자하는 유일한 기준은 아니지만 중요한 기준이다. 기계와 마찬가지로, 작동되는 부분이 많을수록 신뢰성 엔지니어링에 적절한 초점이 맞춰지지 않는다면 고장 날 가능성이 높다.

조직이 데이터 옵저버빌리티에 투자하기 전에 얼마나 많은 데이터 소스, 파이프라인, 테이블을 보유해야 하는지에 관한 엄격하고 꼭 맞는 규칙은 없지만 '50개 이상의 테이블'은 좋은 가이드라인이다. 하지만 테이블 수는 적어도 여기에 문제가 생겼을 때 조직의 데이터 다운타임 심각성이 크다면, 데이터 옵저버빌리티에 투자하는 것이 현명하다.

또 다른 중요한 고려 사항은 데이터 스택 증가 속도다. 예를 들어, 광고 플랫폼 츄즐Choozle은 새로운 플랫폼 업그레이드로 테이블이 무질서하게 증가할 것으로 예상했기 때문에 데이터 옵저버빌리티에 투자할 수 있었다.

츄즐의 CTO인 아담 우즈Adam Woods는 "광고주들이 구글, 빙, 페이스북 또는 다른 외부 플랫폼에 연결하면, 파이브트랜은 이를 통해 들어오는 데이터를 데이터 웨어하우스 보고서 스택에 저장한다. 그리고 이 과정을 자동화한다. 광고주가 언제 커넥터를 만들지 모르기 때문이다."라며, "이로 인해 테이블이 무질서하게 확장됐고 파편화됐다. 그래서 모든 테이블이 동기화되고 최신 상태인지 확인하기 위해 데이터 모니터링과 알림 기능이 필요했다. 이 기능이 없었다면 고객들이 불만을 토로했을 것이다."[14]라고 말했다.

9.7.3 데이터 조직의 성장 및 확장

데이터 조직이 성장 및 확장한다고 할 때 좋은 점은 조직이 데이터를 중요하게 여긴다는 것이고, 이는 더 많은 데이터 인력을 고용하고 데이터 스택에 최신 툴링을 채택하고 있다는 것을 의

14 「데이터 플랫폼 구축: 데이터 품질에 투자할 때라는 일곱 가지 신호」, *https://oreil.ly/nnhb8*

미한다. 그러나 이로 인해 데이터 조직 구조가 (중앙 집중형에서 분산형으로) 바뀌고, 새로운 프로세스가 채택되며, 데이터 조직의 초기 구성원 몇 명이 공유했던 데이터셋 관련 정보가 변경된다는 점은 유의해야 한다.

현재 데이터 조직이 이러한 문제를 겪고 있다면, 데이터 품질을 유지하기 위한 사전 예방적 접근 방식에 투자하기 좋은 시점이다. 그렇지 않으면 시간이 지남에 따라 기술 부채가 서서히 쌓이게 되고 데이터 조직은 문제를 해결하는 데 많은 시간을 허비하게 될 것이다.

고객 중 한 명이 "당신은 실제로 그 테이블을 사용하고 있는가?"라고 묻는 상황이 생겼다고 가정해 보자. 이때 답변하기 곤란한 이유는 데이터 플랫폼이 확장되면서 데이터 분석가들은 현재 활발히 관리되고 있는 테이블과 더 이상 쓸모없는 테이블을 구분하기 어려워졌기 때문이다.

데이터 인증 프로그램과 엔드 투 엔드 데이터 계보는 이러한 문제를 해결하는 데 도움이 된다. 다만, 데이터 조직이 성장하고 있는 것이 데이터 품질에 투자해야 한다는 신호인 한편, 데이터 조직이 1명일지라도 자동화를 통해 큰 이점을 얻을 수 있다는 점은 생각해 볼 만하다.

9.7.4 데이터 품질 문제 해결에 업무 시간의 30% 이상 할애

몬테카를로를 창업할 때 100명 이상의 데이터 리더를 인터뷰하여 데이터 시스템 관리와 관련된 고충을 파악했다. 그들 중 60% 이상이 데이터 신뢰성 구축의 초기 단계에 있다고 답했으며, 데이터 조직은 하루 중 절반 정도를 데이터 품질 문제를 해결하는 데 할애한다고 답했다.

이외에도 업계 설문조사에 따르면 데이터 엔지니어가 혁신보다는 수정에 너무 많은 시간을 할애하고 있었다. 뿐만 아니라 데이터 엔지니어링 조직이 손상된 파이프라인, 잘못된 모델, 오래된 대시보드를 처리하는 데 전체 업무 시간의 30~50%를 투입한다는 사실도 발견했다. 심지어 자체적으로 데이터 품질 플랫폼을 개발한 조직에서도 구축 및 업그레이드에 너무 많은 시간을 소비하고 있었다.

9.7.5 1년 전보다 늘어난 데이터 사용자

기업이 빠른 속도로 성장하고 있다는 것은 대단히 좋은 일이다. 이때 데이터는 채용 의사 결정, 프로덕트 기능, 예측 분석을 지원한다. 그러나 대부분 급속한 성장 때문에 데이터에 의존하는 비즈니스 이해관계자가 늘어나고, 더 다양한 데이터가 필요해지며, 궁극적으로 더 많은 데이터가 생성된다. 그러면 데이터 생태계에 불량 데이터가 유입될 가능성이 높아짐에 따라 큰 책임도 따라온다.

아이러니하게도 데이터 중심 조직일수록 그렇지 않은 조직보다 더 많은 데이터 사용자가 오류를 잡아낸다. 예를 들어, 오토트레이더 UK의 경우 전체 직원의 50% 이상이 매달 루커에 로그인하고 관련 데이터로 업무를 하는데, 여기에는 재무 리포팅과 같이 복잡하고 세간의 이목을 끄는 데이터 프로덕트가 포함된다. 일반적으로 이해관계자의 데이터 요구 증가는 최종 사용자의 데이터 신뢰성을 보장하기 위해 데이터 품질 문제를 사전에 해결해야 함을 나타내는 좋은 지표가 된다.

9.7.6 자체 서비스 분석 모델로 전환

기업들은 자체 서비스 분석 모델로 전환해 데이터 엔지니어링 시간을 단축하고 모든 비즈니스 사용자가 데이터에 직접 액세스하고 상호작용할 수 있도록 지원한다. 그러면 사내 데이터 조직은 더 이상 비즈니스 사용자의 임시 요청을 수행할 필요가 없기 때문에 만족한다. 또한 데이터에 액세스할 때 발생하는 병목현상이 사라지기 때문에 이해관계자들 역시 좋아한다.

사내의 데이터 조직에는 이런 전환이 흥미로운 일일 뿐이지만 이해관계자 입장에서는 데이터를 신뢰할 수 있어야 하기 때문에 중요하다. 만약 그렇지 않다면 그들은 데이터를 의사 결정에 사용하지 않을 것이다. 또한 최종 사용자가 데이터를 신뢰하지 못하면 궁극적으로는 자체 서비스 분석 모델로 전환하려는 목적을 달성하지 못한다.

데이터 품질 문제에는 예측할 수 있는 문제(알려진 미지)와 예측할 수 없는 문제(알려지지 않은 미지)의 두 가지 유형이 있다. 데이터 중심 조직의 일상적인 운영에 데이터가 점점 더 필수적인 요소가 됨에 따라, 신뢰할 수 있는 데이터에 대한 필요성이 더욱 커지고 있다.

9.7.7 고객 가치 제안의 핵심 요소인 데이터

모든 애플리케이션은 곧 데이터 애플리케이션이 될 것이다. 데이터 리더로서 데이터를 새로이 활용하는 사례를 발견할 때, 특히 고객을 대상으로 하는 경우에 더 주목하게 된다.

레스토랑 사업의 최전선에 있는 토스트는 고객에게 제공하는 비즈니스 인사이트를 바탕으로 경쟁업체와 차별화된다. 고객 레스토랑들은 토스트를 통해 비즈니스 운영 타임라인, 전일 대비 판매량, 상위 고객과 같은 수백 개의 데이터 포인트에 액세스할 수 있다.

토스트의 데이터 엔지니어링 매니저인 노아 에이브람슨Noah Abramson[15]은 "우리는 고객을 모두 토스트의 직원으로 여긴다."라고 말했다. 또한 "우리 팀은 프로덕트에서 시장 출시, 고객 지원, 하드웨어 운영에 이르기까지 모든 내부 데이터 요청을 처리한다."라고 언급했다.

이러한 마인드셋을 기반으로 하면 엄청난 부가가치를 지닌 데이터 스택을 고객에게 제공할 수 있다. 그런 만큼 데이터를 핵심 프로덕트와 동일한 신뢰성과 가동 시간 표준으로 다룬다. 반면, 데이터 품질에 우선순위를 두지 않으면 데이터 조직과 고객이 어려움을 겪게 된다.

9.7.8 신뢰에서 시작되는 데이터 품질

가스 회사가 소비자에게 가스와 석유를 제공하기 위해서는 석유 굴착 장치를 신뢰해야 하는 것과 마찬가지로, 조직은 이해관계자에게 잘 정제되고 믿을 수 있는 데이터를 제공하기 위해 데이터를 신뢰해야 한다. 데이터 품질에 대한 사전 예방적인 접근 방식을 통해 조직이 문제를 가장 먼저 파악할 수 있다. 다시 말해 정신없는 슬랙 메시지, 간결한 이메일, 기타 데이터 다운타임에 대한 후속 지표보다 훨씬 앞서 문제를 짚을 수 있다는 말이다.

그렇지 않으면 데이터 다운타임을 해결하는 데 귀중한 엔지니어링 시간을 모두 낭비하고, 데이터 중심 기업이 되기 위한 노력은 시간이 갈수록 요원해지며, 비즈니스 사용자는 데이터에 대한 신뢰를 잃게 된다. 물론 상황은 비즈니스에 따라 다를 수 있지만, 데이터 플랫폼을 만들 때 가능하면 초기에 데이터 품질을 향상시키는 것이 좋다.

15 「데이터 플랫폼 구축: 데이터 품질에 투자할 때라는 일곱 가지 신호」, https://oreil.ly/bgNQA

9.8 마치며

9장에서는 데이터 메시와 데이터 검색 툴을 포함하여 높은 데이터 품질을 달성하는 데 가장 중요한 기술과 주제를 재조명했다. 또한 린 스타트업인 콜리브리 게임즈가 데이터 스택을 처음부터 구축하면서 보다 지능적이고 자동화된 솔루션과 도메인 중심의 데이터 관리 방식을 적용해, 데이터 신뢰성 문제를 해결할 수 있었던 사례를 소개했다.

마지막으로는 데이터 품질에 지금 바로 투자해야 한다는 신호를 주는 일곱 가지 주요 지표를 제안했다. 물론 조직마다 데이터 요구 사항이 다를 수 있지만, 데이터 확장 전략을 설계할 때 해당 지표를 반드시 고려해 봐야 한다.

10장에서는 주요 학습 내용을 요약하고, 데이터 품질을 관리하고 유지할 때 필요한 노력과 리소스를 정당화하기 위한 설득력 있는 접근법을 제공한다. 더불어 데이터 품질의 미래를 업계 전반과 연관 지어 예측하고 그 인사이트를 공유한다.

CHAPTER 10

신뢰할 수 있는 데이터 시스템의 미래 개척

PREVIEW

10장에서는 신뢰할 수 없는 데이터가 비즈니스에 미치는 재정적 영향을 측정하기 위한 구체적인 계산법을 설명한다. 여기서 다루는 내용은 데이터 다운타임 해결이라는 임무를 지고 있을 많은 독자들이 문제를 해결하기 위해 더 많은 도구와 프로세스에 투자하는 리더십을 발휘하는 데 도움을 줄 것이다.

여러분이 이 책을 통해 더 넓은 범위에서 분석과 데이터 엔지니어링 현황을 새롭게 배울 수 있었다면, 지금 데이터는 하나의 산업 수준으로 성장하여 돌이킬 수 없는 거대한 변화를 겪고 있다고 봐도 무방하다.

불과 5년 전만 해도 조직들은 데이터를 사일로에 저장했다. 내부 시스템이 어떻게 활용되는지 파악하거나 애플리케이션 사용 시간 데이터를 쿼리하는 등의 별도 작업을 애드혹으로 수행하는 기능 조직들만 사일로에 접근할 수 있었다. 그러나 이제 분석 데이터는 현대 비즈니스에서 가장 중요하고 경쟁력 있는 통화(화폐)의 단위가 될 정도로 가치 있는 자산이 됐다. 기업이 데이터에 의존하는지 여부가 중요한 것이 아니라 얼마나 어떤 사용 사례에 의존하는지가 중요하다.

하지만 더 많은 데이터를 수집하는 것만으로는 충분하지 않다. 데이터를 신뢰할 수 있어야 한다. 그래서 클라우드 데이터 웨어하우스 및 데이터 레이크, 데이터 카탈로그, 오픈 소스 테스트 프레임워크 및 데이터 옵저버빌리티 솔루션 등을 데이터 신뢰성을 화두로 만들기 위해 계속 업데이트하고 있다. 스노우플레이크 및 레드시프트와 같은 웨어하우스는 신선도 및 볼륨에 대한 데이터 품질 메트릭을 쉽게 가져올 수 있고 dbt 및 그레이트 익스펙테이션스와 같은 오픈 소스 툴은 실무자가 보다 중요한 데이터셋을 신속하게 테스트할 수 있다. 얼레이션 및 콜리브라와 같은 카탈로그를 통해서도 정적 시점의 데이터 무결성 및 검색에 관한 통찰력을 얻을 수 있다.

덕분에 데이터 엔지니어링 조직은 데이터 신뢰를 확장하고 관련 문제를 해결할 때 흥미로운 신기술의 활용도를 높일 수 있었다. 지금까지는 데이터 관련 조직만 이렇게 새로운 툴을 확보해왔다. 그러나 궁극적으로 양질의 데이터 품질은 좋은 문화, 강력한 프로세스 및 이해관계자의 참여에서 시작하고 끝난다.

뉴욕타임즈의 데이터 및 분석 담당 수석 부사장이었던 셰인 머레이Shane Murray는 카탈로그 및 데이터 검색과 같은 프로젝트보다 데이터 품질 이니셔티브가 우선시되어야 한다고 강조했다. 뉴욕타임즈에서 8년 이상 근무한 머레이는 데이터 다운타임의 부작용에 대해 잘 알고 있었다.

그는 "결국 프로덕트 구축, 분석 강화, 이해관계자의 현명한 의사 결정을 돕기 위해 활용하는 데이터가 최신인지를 정확한지 모른다면 쌓여 있는 데이터에서 가치를 찾는 데 어려움을 겪을 것이다. 따라서 다운스트림 관계자들과 공유할 때 데이터를 신뢰할 수 있도록 만들어야 한다."라고 말했다.

데이터 신뢰는 성공적인 데이터 엔지니어링 또는 분석 이니셔티브에 매우 중요하지만, 달성하기 어렵고 유지 보수도 훨씬 어렵다. 이에 관해 동료 중 한 명인 마이클 세그너Michael Segner는 "데이터 신뢰는 쌓기는 어렵고 잃기는 쉽다."라고 말했다. 또한 데이터 품질을 개선하는 새로운 프로세스 또는 이니셔티브들을 채택하더라도 리소스 및 예산을 확보하기가 어렵다.

뉴욕타임즈의 머레이와 같은 노련한 리더들을 비롯해 이 책 전반에 인용된 다른 전문가들의 경고에도 불구하고, 데이터 품질에 투자하기란 쉬운 일이 아니다. 데이터 품질을 관리해서 얻을 수 있는 이점이나 관리하지 못해서 생기는 손해를 측정할 수 없다면 말이다. 안타깝게도 대부분은 데이터에 문제가 생기기 전까지 품질을 우선시하지 않는다. 이러한 문제에는 다운스트림 보고서의 결과를 비정상으로 만드는 스키마 변경, 중요한 마케팅 채널에 사용하는 사용자 행동 데이터의 부정확성, 심지어 CEO가 분석 작업에 의문을 제기하게 만드는 dbt 모델 등이 포함된다.

5장에서 데이터 다운타임을 계산하는 방정식을 다음과 같이 소개했는데, 이를 통해 데이터 다운타임의 영향을 측정할 수 있다. 해당 수식에는 데이터 사고가 일어나는 횟수와 이를 탐지하고 해결하는 데 걸리는 평균 시간이 포함된다.

$$DDT = N(TTD + TTR)$$

여기서 DDT는 데이터 다운타임, N은 사고 수, TTD는 탐지 시간, TTR은 해결 시간이다.

이 계산을 통해 데이터 품질 문제를 식별하고 해결하는 데 걸리는 시간을 알 수 있다. 이 계산식은 데이터 다운타임 비용을 파악하는 데 유용하다. 그렇다면 우수한 데이터 품질의 가치를 실제로 평가하여 보다 쉽게 문제를 해결할 수 있는 방법도 있을까? 데이터 다운타임 재해가 발생하지 않는다면 데이터 품질이 중요하다는 사실을 어떻게 강조할 것인가?

엔지니어링 팀이나 프로덕트 개발 팀이라면 누구나 알 수 있듯이 새로운 프로세스와 문화를 채택하는 것은 단거리 경주가 아니라 긴 여정이다. 한편, 데이터 엔지니어와 분석가들은 훨씬 더 많은 이해관계자들을 위해 매분 매초 백만 가지의 일을 처리하기 때문에 사전 예방 조치가 어려울 수 있다.

10.1 사후 대응이 아닌 사전 예방적 대응

2022년 5월, 게임 소프트웨어 회사인 유니티 테크놀로지스Unity Technologies에서 발생한 데이터 다운타임 사태는 시간이 걸리더라도 사후 대응보다 사전에 데이터 안정성을 확보하는 것이 훨씬 가치 있다는 사실을 여실히 보여주었다.

2022년 5월 11일, 유니티에서 광고 수익화 도구의 4분의 1 이상을 신선하지 못한 오래된 데이터로 작동시켰다는 뉴스가 나온 뒤 유니티 주식은 36% 폭락[1]했다. 몇 분기에 걸쳐 복잡해진 데이터 품질 사고로 인해 회사는 1억 천만 달러를 손해 봤다. 이렇게 혁신적이고 기술에 정통한 기업이 데이터 다운타임을 방지할 수 없다면, 나머지 기업들에게는 더 시급한 문제가 된다. 다른 회사의 데이터 사고를 타산지석 삼아서 데이터 신뢰를 최우선으로 고려하고자 한다면, 가장 먼저 할 수 있는 일은 사전 예방일 것이다.

닐 다이아몬드Neil Diamond가 1978년 히트곡 'Forever in Blue Jeans'에서 노래했듯이, "돈은 말을 하지 않고 걷는다". 이 말은 데이터 품질에도 적용된다. 나쁜 데이터 때문에 돈이 "떠날" 때 좋은 데이터가 얼마나 가치 있는지 분명해진다. 따라서 데이터 품질을 입증하기 위한 첫 번째 단계는 데이터 신뢰성이 비즈니스에 미치는 재정적 영향을 측정하는 것이다.

그 결과 데이터 품질 관련 비즈니스 사례를 쉽게 이해할 수 있도록, 그리고 데이터 다운타임을 방지하기 위한 사전 예방적 접근 방식을 취하도록 만들기 위해, 필자는 연간 데이터 다운타임 인건비 계산 방법을 고안했다. 즉, 어떤 회사에서 데이터 품질 문제를 해결하는 데 드는 대략적인 비용이 얼마인지 산정해 보는 작업이다. 이는 '데이터 엔지니어 수 × 1,804 × 62달러 ×

1 「유니티 주식 36% 폭락, 광고 지연이 연 수익에 영향 미칠 가능성도」, https://oreil.ly/EyfVH

데이터 다운타임 시간'으로 계산할 수 있다.

먼저 데이터 품질 문제를 해결하는 데 걸리는 연간 시간을 계산해야 한다. 실제로 몬테카를로 팀은 150개 이하 기업 풀pool을 보유한 환경에서 연간 15개의 테이블 중 1개가 데이터 사고의 영향을 받는다는 사실을 발견했다. 해당 데이터를 한 번 더 보완하기 위해 2022년 300명 이상의 데이터 엔지니어를 대상으로 웨이크필드 리서치[2]와 설문조사를 진행했다. 이 조사에서 대부분의 응답자들은 데이터 품질 문제를 탐지하는 데 4시간 이상, 발견한 문제를 해결하는 데 평균 9시간이 걸린다고 주장했다.

데이터 문제를 탐지하기까지 며칠 또는 몇 주가 걸릴 수 있다. 이 시기에 데이터 조직은 계보(존재하는 경우), 코드, 데이터, 운영 환경, 동료와의 대화 등 여러 단계를 포함하는 근본 원인 분석 프로세스를 거치느라 시간을 소모한다. 데이터 품질 성숙도가 낮은 팀은 평균 TTD와 TTR을 합쳐 8시간, 데이터 품질 성숙도가 평균 수준인 팀은 6시간, 데이터 품질 성숙도가 높은 팀은 4시간으로 추정한다.

이 계산에서는 데이터 다운타임 결과를 연간 총 8,760시간으로 제한한다. 조직에 중요한 16,425개 이상의 테이블이 있고, 데이터 품질 성숙도가 낮으면 데이터 다운타임(데이터 불완전, 부정확, 오류, 누락)이 1년 내내 지속적으로 발생한다.

산출식

(테이블 / 15) × (TTD + TTR). 값은 8,760을 초과할 수 없다.

변수

데이터 품질 성숙도가 낮은 경우 8시간, 평균 데이터 품질인 경우 6시간, 데이터 품질 성숙도가 높은 경우 4시간

근거

고객과의 대화, 독립적인 조사, 근본 원인 분석 프로세스에 대한 심층적인 경험

2 「데이터 품질 인사이트 및 벤치마크」, *https://oreil.ly/2AfGC*

데이터 다운타임이 회사에 미치는 재정적 영향, 즉 데이터 사고로 인한 금전적 비용에 대한 계산은 조직의 데이터 품질 성숙도가 낮은지, 중간인지 또는 높은지에 따라 데이터 엔지니어 시간의 20%, 35%, 50% 사이로 나타난다. 그런 다음 2022년 2월 미국노동부 통계에 따라 회사가 고용한 데이터 엔지니어 수에 연간 평균 근무 시간을 곱한 값(1,804시간)[3]에 데이터 엔지니어의 평균 급여를 곱한 값(시급 62달러)[4]을 곱한다.

산출식

데이터 엔지니어 수 × 1804 × 62달러 × 데이터 품질에 할애하는 시간 %

변수

데이터 품질 성숙도가 낮은 경우 50%, 평균 데이터 품질 성숙도인 경우 35%, 데이터 품질 성숙도가 높은 경우 20%

근거

공식 데이터 리더와의 대화 150건 이상, 공개된 사례 연구, 웨이크필드 리서치와 공동 진행한 설문 조사 결과 및 여러 업계 연구 결과

5,000개의 테이블, 평균 데이터 품질 위생(데이터를 충분히 청소하고 테스트하지만 매일 규칙적으로 하진 않음), 데이터 엔지니어 5명, 평균 TTD 및 TTR이 8시간이라고 가정해 보자. 앞서 제시한 논리에 따르면 데이터 다운타임의 양은 연간 2,664시간이며, 279,620달러 상당의 인건비가 소요된다.

이 계산에는 미처 기회 비용(즉, 부정확한 데이터로 잘못된 결정을 내릴 때 지불하는 대가)을 포함하지 못했다. 그러나 지금보다 산업이 더 고도화되면 인간보다 훨씬 더 똑똑한 알고리즘이 데이터 품질 문제가 비즈니스에 미치는 비용을 훨씬 종합적으로 잘 예측할 수 있으리라고 기대한다.

3 「미국 연간 평균 근무 시간 통계 자료」, https://oreil.ly/i6n4Y
4 「미국 데이터 엔지니어의 연봉은 얼마일까」, https://oreil.ly/b25H5

10.2 데이터 품질 및 신뢰성의 미래 예측

조직에 건전한 데이터 품질 관행을 구축하는 작업에 데이터 다운타임에 관한 사전 예방만 포함되는 것은 아니다. 현장의 진행 상황을 파악하고 조직의 목표와 전략을 능동적으로 관리하는 일도 중요하다.

기업과 직원들이 점점 더 데이터 액세스를 민주화하고 분석을 모든 기능의 중요한 부분으로 만들면서, 데이터 품질 문제를 해결하기 위한 요구 사항과 접근 방식도 자연스럽게 진화해 왔다. 이를 기반으로 특히 데이터 품질의 미래에 큰 영향을 미칠 네 가지 주요 동향을 예측해 보았다.

10.2.1 데이터 웨어하우스와 데이터 레이크의 통합

첫 번째 예측은 현대 데이터 시스템의 구성 요소인 스토리지 레이어와 관련이 있다. 수십 년 동안 데이터 웨어하우스와 데이터 레이크를 통해 기업은 대량의 운영 및 분석 데이터를 저장(그리고 때로는 처리)할 수 있었다. 웨어하우스는 스키마와 테이블을 통해 구조화된 상태로 데이터를 저장하지만 레이크는 주로 구조화되지 않은 데이터를 저장한다.

그러나 기술이 성숙하고 기업이 데이터 스토리지 전쟁에서 '승리'하기 위해 노력하면서, AWS, 스노우플레이크, 구글 및 데이터브릭스와 같은 기업은 두 요소의 장점을 결합한 솔루션을 개발하고 있으며, 이로 인해 웨어하우스 아키텍처와 레이크 아키텍처의 경계가 모호해지고 있다. 또한 점점 더 많은 기업이 하나의 솔루션 또는 여러 개의 패치워크patchwork[5]로 둘을 모두 채택한다.

전통적으로 데이터 품질은 웨어하우스에서 유지 관리하기가 더 쉬우며, 여기서 스키마, 볼륨 및 신선도를 기본적으로 추적하기가 더 쉽다. 일부 웨어하우스에서는 추출, 정제 및 변환 작업을 실행할 수도 있다. 반면, 데이터 레이크는 여러 개의 진입점으로 구성되어 있는데, 이는 운영상의 용도로 데이터가 정렬되고 분류되는 레이어를 의미한다. 데이터 레이크는 더 다양한 데이터 활용 방식과 유연성을 제공하지만 동시에 파이프라인이 많아짐에 따라 데이터 관리가 복잡할 수 있으며, 데이터 손상으로 인한 다운타임 발생 가능성이 높아질 수도 있다.

주요 웨어하우스 및 레이크 공급업체들은 주로 경쟁사에 뒤처지지 않기 위해 두 솔루션을 다른

5 옮긴이_여러 솔루션을 채택하는 방식을 뜻한다.

솔루션과 동등하게 만드는 새로운 기능을 개발하고 있다. 데이터 웨어하우스 소프트웨어가 데이터 과학 및 머신러닝 사용 사례를 포괄하도록 확장하는 동안, 레이크 회사들은 데이터 조직이 원시 데이터를 보다 효율적으로 활용할 수 있도록 솔루션을 구축하고 있다.

이것이 데이터 품질에 어떤 의미가 있을까? 결론적으로 말하면, 기술의 융합은 궁극적으로 좋은 소식이라고 볼 수 있다.

왜냐하면 적은 도구로 데이터를 효율적으로 운영할 방법이 있다는 말은 이론적으로 데이터 다운타임 가능성이 낮아질 수 있다는 의미이기 때문이다. 데이터 레이크하우스는 데이터 플랫폼의 작동 방식에 대한 표준화를 강화해야 하므로 데이터 품질과 옵저버빌리티에 대해 중앙 집중형 접근 방식을 택한다. ACID(원자성, 일관성, 격리성, 내구성)와 같은 프레임워크[6] 및 델타 레이크Delta Lake[7] 솔루션을 사용하면 데이터 계약 및 변경 관리를 보다 쉽게 규모에 맞게 관리할 수 있다.

이러한 솔루션 통합이 (재정적 측면과 자원 관리 측면 모두에서) 사용자에게 도움이 될 것으로 예상하지만 데이터 파이프라인을 과하게 복잡하게 만들 가능성도 있다. SQL 및 비SQL 파일 등 모든 형식에서 데이터 컴퓨팅 및 처리를 중앙 집중화하여 비즈니스 인텔리전스 및 머신러닝 사용 사례를 모두 처리할 수 있지만, 채택 범위가 넓어진다는 것은 그만큼 데이터 사용자가 증가한다는 의미이기 때문이다. 그러면 데이터 중복, 오류 및 다운스트림을 대비한 작업이 증가할 수 있다.

10.2.2 데이터 조직에서 새로운 역할의 출현

2012년 하버드 비즈니스 리뷰는 데이터 과학자를 21세기의 가장 섹시한 직업으로 선정[8]했다. 2015년에는 데이터 과학 박사 학위를 취득했고 링크드인 데이터 과학 책임자였던 DJ 파틸DJ Patil이 미국 최초의 CDO가 됐다. 그리고 2017년 아파치 에어플로 제작자 막심 부체민Maxime Beauchemin은 공식 블로그 게시물에서 '데이터 엔지니어의 위기'[9]를 예측했다.

6 「데이터 레이크하우스는 무엇인가」, https://oreil.ly/6TTFJ
7 「델타 레이크 웹페이지」, https://oreil.ly/lsmgM
8 「데이터 과학자: 21세기 가장 섹시한 직업」, https://oreil.ly/wfts3
9 「데이터 엔지니어의 위기」, https://oreil.ly/ERFIT

사일로에 갇힌 데이터베이스 관리자 또는 분석가의 시대는 이미 오래 전에 끝났다. 데이터 관련 직무는 데이터 과학자, 분석가 및 엔지니어와 같은 맞춤형 역할을 하는 자체적인 전사 조직으로 부상하고 있다. 앞으로 데이터의 수집·정제·변환·해석·분석·생산·신뢰성을 처리하기 위해 전문화된 직무가 훨씬 더 많이 등장할 것으로 예상한다.

물론 이러한 전문화 물결은 데이터에만 국한되지 않는다. 전문화는 거의 모든 산업에 공통으로 적용되며 규모, 속도 및 성능 향상의 필요성을 나타내는 시장 성숙도를 나타낸다. 이 과정에서 데이터 신뢰성은 데이터를 사용하여 책임감 있게 수행할 수 있는 일에 직접적으로 영향을 미치기 때문에 데이터 품질이 우선시돼야 한다.

향후 10년 동안 데이터 조직을 지배할 것으로 예상되는 역할은 다음과 같다.

데이터 프로덕트 매니저

데이터 프로덕트 매니저는 특정 데이터 프로덕트의 라이프사이클을 관리하며, 교차 기능 이해관계자로서 프로덕트 로드맵 및 기타 전략적 작업을 관리하는 역할을 담당하기도 한다.

분석 엔지니어

dbt 랩스에서 널리 사용되는 용어인 분석 엔지니어는 데이터 엔지니어와 분석가 사이에 있는 직책이다. 이해관계자가 해당 데이터를 신뢰하고 사용할 수 있도록 데이터를 변환하고 모델링하는 역할을 담당한다. 분석 엔지니어는 전문가이자 제너럴리스트generalist이며, 다양한 스택 툴을 사용한다. 분석 지식이 필요한 일과 엔지니어링 기술이 필요한 일 모두를 다룬다는 측면에서 요구되는 기술이 많든 적든, 다양한 작업을 저글링하듯 잘 수행한다.

데이터 신뢰성 엔지니어

데이터 신뢰성 엔지니어는 주로 데이터 옵저버빌리티, 테스트 및 기타 일반적인 접근 방식을 통해 보다 탄력적인 데이터 스택을 구축하는 데 전념하고 있다. 데이터 신뢰성 엔지니어는 종종 새로운 역할에 직접 적용할 수 있는 데브옵스 기술과 경험을 보유하고 있다.

데이터 디자이너

데이터 디자이너는 분석가와 긴밀하게 협력하여 비즈니스 인텔리전스 시각화 또는 기타 프레임워크를 통해 데이터에 대한 이야기를 전달할 수 있도록 지원한다. 데이터 디자이너는 대규모 조직에서 더 흔하며 프로덕트 디자이너 출신인 경우가 많다. 이 직무를 데이터베이스 디자이너와 혼동해서는 안 된다. 데이터베이스 디자이너는 스토리지 및 프로덕션을 위한 데이터를 실제로 모델링하고 구조화하는 전문적인 역할을 담당한다.

그렇다면 전문화된 데이터 직무의 역할과 대규모 데이터 조직의 증가가 데이터 품질에 어떤 영향을 미칠 것인가?

데이터 조직이 다양화되고 활용 사례가 증가함에 따라 이해관계자도 늘어날 것이다. 이는 더 큰 데이터 조직과 더 많은 이해관계자들이 데이터를 보고 있음을 의미한다. 동료 중 한 명인, 몬테카를로의 설립자 겸 엔지니어인 프라틱 차울라Prateek Chawla는 이에 관해 "사람들이 무언가를 더 많이 볼수록 불평할 거리를 더 찾는다."라고 말했다.

데이터 신뢰성 엔지니어를 고용한다고 해서 데이터 품질 문제가 바로 '해결'되지는 않는다. 그러나 상이한 조직 구성원과 이해관계자가 다운타임을 방지하고 협업에 어려움을 주지 않는 방식으로 데이터를 사용하는 방법을 이해하도록 도움으로써 조직이 올바른 방향으로 나아갈 수 있다.

10.2.3 자동화의 대두

데이터 엔지니어에게 물어보면 자동화를 더 많이 할수록 긍정적이라고 답할 것이다. 자동화는 수작업과 반복적인 프로세스를 줄여서 업무를 확장하며 대규모 시스템의 내결함성을 향상시킨다. 특히 데이터 품질 개선과 관련하여 테스트, 카탈로그 작성 및 기타 수동 프로세스가 실패할 경우 자동화를 통해 부족한 부분을 메울 기회가 많아진다.

향후 몇 년 동안 데이터 품질 및 거버넌스에 영향을 미치는 여러 데이터 엔지니어링 분야에 자동화가 점점 더 많이 적용될 것으로 예상한다.

하드 코딩 데이터 파이프라인

자동화된 수집 솔루션을 사용하면 데이터를 쉽고 빠르게 수집하여 저장 및 처리를 위해 데이터 웨어하우스 또는 데이터 레이크로 전송할 수 있다. 엔지니어가 원시 SQL을 CSV 파일에서 데이터 웨어하우스로 이동하는 데 시간을 할애해야 할 이유가 없다.

단위 테스트 및 오케스트레이션 검사

단위 테스트는 사실 규모의 문제다. 대부분의 조직은 모든 파이프라인을 엔드 투 엔드로 커버할 수 없고, 데이터가 손상될 수 있는 모든 방법에 대한 테스트를 준비할 수도 없다. 라이언이 한때 일했던 한 회사는 주요 파이프라인을 가지고 있었는데, 이 파이프라인을 소수의 전략적 고객들과 직접 연결하여 데이터를 제공하고 있었다. 이들은 각 파이프라인에 90개 이상의 규칙을 적용해 데이터 품질을 꼼꼼히 모니터링했다. 그런데 모니터링에 경고 알림이 울리지 않았는데도 갑자기 문제가 발생하여 50만 행이 사라지는 일이 있었다. 이는 단위 테스트로 인해 모니터링 시스템이 문제가 발생한 지점을 커버하지 못했기 때문에 벌어진 일이다. 앞으로는 더 많은 조직이 망가진 파이프라인에서 데이터 테스트와 서킷 브레이커 오케스트레이션 검사를 진행할 때 자동화된 매커니즘을 활용할 것으로 예상한다.

스테이징 환경에서 프로덕션 환경으로 데이터 이동

S3에 쓰는 스트림에 데이터가 있다고 가정해 보자. 스노우플레이크 환경에서 해당 데이터를 사용할 수 있도록 하려면 스노우플레이크에 직접 로그인하여 S3 데이터를 가리키는 외부 테이블을 정의해야 한다. 그러나 우리는 종종 스트림을 만들면서도 스노우플레이크에 테이블을 만드는 것을 잊는다. 또는 수작업 중에 작업을 중단시키는 오류를 발생시킬 수도 있다. 그런데 스트림이 생성될 때 스노우플레이크 테이블이 자동으로 생성된다면 어떨까. 다운스트림 스키마 중단을 방지하고 보다 안정적인 프로덕션 푸시를 가능하게 만들 것이다.

근본 원인 분석

데이터가 잘못되면 가장 조직적인 지식을 가지고 있고 이전에 이러한 유형의 문제를 본 적이 있는 데이터 엔지니어에게 가장 먼저 문의하게 된다. 아니면 수동으로 수천 개의 테이블을 검 검색한다. 둘 다 고통스럽다. 따라서 데이터 조직은 데이터 옵저버빌리티 플랫폼 또는 다른 유형의 데이터옵스 툴링을 사용하여 데이터 신뢰성 워크플로의 일부로, 근본 원인 분석을 자동으로 실행할 수 있기를 기대한다. 보통 해당 솔루션은 팀이 발생한 사건에 대한 메타데이터를 집계하여 발생한 일을 하나의 큰 그림으로 묶고 근본적인 문제를 해결하는 데 사용할 수 있다.

데이터 문서화, 카탈로그화 및 검색

데이터 스택 분야에서 앞으로 눈여겨보아야 할 분야는 시맨틱(의미론적) 또는 기술적 레이어다. 2장에서는 기존 데이터 카탈로그의 이점과 당면 과제에 대해 설명했지만, 카탈로그, 데이터 검색 또는 기타 툴을 사용하여 데이터셋을 문서화하는 자동화된 프로세스가 있어야 한다. 데이터 문서화가 자동화되지 않으면, 최소한으로 필요한 규모의 문서화가 달성되지 않는다는 것을 지난 수십 년간 경험해 왔다. "여전히 그 테이블을 쓰고 있나요?"라고 물어야 하는 문제, 데이터 엔지니어를 데이터 카탈로그처럼 취급하며 슬랙에서 계속 태그해 답변을 요구하는 문제의 원인이 바로 거기에 있다. 그리고 업스트림 및 다운스트림 계보 외에도 데이터에 대한 컨텍스트 생성을 자동화해야 한다.

앞에서 언급한 내용은 자동화가 더 나은 데이터 품질을 추구하는 데 도움이 될 수 있는 영역 중 극히 일부에 불과하다. 그러나 이것이 괜찮은 시작이라고 생각한다.

10.2.4 분산 환경 증가 및 데이터 도메인 증가

1장에서 설명한 것처럼, 데이터 메시와 같은 분산 데이터 패러다임을 통해 기업 전체의 기능 그룹이 특정 사용 사례에 대한 데이터를 더 쉽게 활용할 수 있게 되었다. 데이터 관리에 적용되는 도메인 지향 소유권의 잠재력은 높지만(더 빠른 데이터 액세스, 더 큰 데이터 민주화, 더 많은 정보를 가진 이해관계자 등), 그만큼 복잡해지는 것도 사실이다.

데이터 메시 형태의 아키텍처가 안정적으로 갖춰지고 업무가 본격적으로 시작되면, 데이터 조직은 단기 추세 예측 등 작은 규모의 데이터를 활용하는 일을 수행할 때 굳이 세부 아키텍처까지 들여다보지 않아도 된다. 분산된 접근 방식은 데이터 거버넌스를 시행할 때 기술 및 문화 수준 모두에서 더 많은 규율을 요구하기 때문이다.

물론 일반적으로 기술 구성 요소를 무시하면 데이터 품질 문제가 증가할 수 있다. 예를 들어, 한 도메인의 스키마 변경으로 인해 비즈니스의 다른 영역에서 데이터 품질 관련 대비 훈련이 발생하거나 비즈니스의 한 부분이 정기적으로 업데이트되거나, 중요한 테이블이 중복으로 보강되어 다른 도메인에서 사용할 경우 대혼란이 발생할 수 있다. 그래서 사전 예방적으로 이슈를 인지하고 데이터 작업 방법에 대한 컨텍스트를 만들지 않으면 데이터 메시 접근 방식을 확장하기가 어려울 수 있다.

데이터 메시가 도메인 간에 보편적인 연합 레이어(즉, 불가지론적 거버넌스)를 추구하고 널리 사용하게 만드는 반면, 조직은 특정 계약을 준수하고 전용 API를 사용해야 하므로 복잡도가 높아지고 혼란이 발생할 수 있다. 따라서 데이터 메시로 마이그레이션할지 여부를 결정하는 기업은 내부 조직이 긴밀하게 소통하여 해당 방법론을 적용할 수 있도록 촉진하고, 미숙한 마이크로서비스 롤아웃의 위험을 피할 수 있도록 심사숙고해야 한다.

10.3 이제부터 우리는 무엇을 해야 할까?

대다수의 조직이 앞으로 데이터 품질을 달성하는 작업을 더 쉽게 진행할 수 있을 것으로 기대하며, 이 책을 기반으로 데이터 관련 비즈니스 전략을 추진하면서 과제를 잘 해결해 나가기를 바란다.

시스템은 점점 더 복잡해지고, 더 많은 양의 데이터가 그 경향을 심화시킨다. 하지만 그만큼 발전하고 혁신하는 데이터 엔지니어링 기술은 데이터 다운타임 방지를 위해 자동화를 강화하고 '데이터 시스템의 기반을 든든히 잡아 줄 수 있는' 능력을 향상시키고 있다. 동시에 데이터 신뢰성을 측정하기 위해 노력하는 일은 모든 데이터 조직에 중요한 요소가 될 것이다.

앞으로 데이터 리더들이 기업에서 활용하는 데이터 품질의 성숙도를 가늠하는 길잡이로서 데이터 품질 측정을 시작하리라고 예상한다. 그리고 그 과정에서 이 책에 설명된 많은 기술과 접근 방식을 사용하여 보다 안정적인 시스템을 구축하기 위해 노력할 것이라고 기대한다.

앞으로 몇 개월에서 몇 년 사이 더 많은 데이터 조직이 데이터 아키텍처, 워크플로 및 조직 문화 등 모든 측면에서 데이터 신뢰성을 우선시하게 될 것이다. 하지만 이 책의 독자들은 걱정 없을 것이다. 이미 철저히 준비를 마쳤기 때문이다. 그때까지 모두에게 데이터 다운타임이 생기지 않기를 간절히 바란다.

INDEX

ㄱ ㄴ

ㄷ

INDEX

INDEX

ㅈ

ㅎ

A B

C

INDEX